© 2024, Author

ISBN13: 978-93-48012-65-4 Paperback Edition
ISBN13: 978-93-48012-96-8 Hardbound Edition
ISBN13: 978-93-48012-31-9 Digital Edition

This work is licensed under a Creative Commons Attribution 4.0 International License. Please visit
https://creativecommons.org/licenses/by/4.0/

Title: Dhatupatha Sanskrit Roots Indexes
Author: **Ashwini Kumar Aggarwal, Sadhvi Hemswaroopa**

Printed and Published by
Devotees of Sri Sri Ravi Shankar Ashram
34 Sunny Enclave, Devigarh Road,
Patiala 147001, Punjab, India

https://advaita56.weebly.com/   The Art of Living Centre
https://www.artofliving.org/

Devotees Library Cataloging-in-Publication Data
Aggarwal, Ashwini Kumar. Hemswaroopa, Sadhvi.
Language: English. Thema: CJBG CJPG 4CTM 2BBA
BISAC: LAN024000 LANGUAGE ARTS & DISCIPLINES / Linguistics / Etymology
Keywords: 1) Sanskrit Grammar. 2) Roots of Language. 3) Etymology.
Typeset in 12 Source Sans Pro

21st June 2024 International Day of Yoga IDY 2024, Terrific Yoga session with 1200 Army jawans and officers of Patiala Cantt. Jyeshtha Shukla Chaturdashi upari Poornima, Grishma Ritu, Jyeshtha Nakshatra

Vikram Samvat 2081 Krodhi, Saka Era 1946 Pingala

1st Edition June 2024

जय गुरुदेव

Dedication

H H Sri Sri Ravi Shankar
      whose discourse on the Bhagavad Gita is unparalleled
An offering at His Lotus feet

Front Cover Image credits

https://www.pexels.com/photo/1980s-vintage-desktop-28077390/

Blessing

If you chase desire after desire, it makes you weak, restless and leaves you without peace. Like an ocean, be fulfilled within yourself, and just see how whatever you need, will come to you spontaneously. Like the rivers flow into the ocean, so does your life. This is the Brahman state.

H H Sri Sri Ravi Shankar
Discourse on Gita 7th Chapter in Hindi, 4 to 6 Sep 2015
Yamuna Sports Complex, Delhi

Prayer

येनाक्षरसमाम्नायम् अधिगम्य महेश्वरात् । कृत्स्नं व्याकरणं प्रोक्तं तस्मै पाणिनये नमः ॥

yenākṣarasamāmnāyam adhigamya maheśvarāt |

kṛtsnaṃ vyākaraṇaṃ proktaṃ tasmai pāṇinaye namaḥ ||

By whom the letters were carefully chosen and collected, which were initially produced by Lord Shiva. Who wrote an exhaustive and complete grammar treatise, to that great Panini my sincerest obeisance.

वाक्यकारं वररुचिं भाष्यकारं पतञ्जलिम् । पाणिनिं सूत्रकारञ्च प्रणतोऽस्मि मुनित्रयम् ॥

vākyakāraṃ vararuciṃ bhāṣyakāraṃ patañjalim |

pāṇiniṃ sūtrakārañca praṇato'smi munitrayam ||

To the Explanatory Sentences of Vararuchi, and the indepth commentary of Patanjali, and the precise verses of Panini, my offering of cheerful and grateful praise.

Pronunciation of Sanskrit Letters

उच्चारणम्

अ son	आ father	इ it	ई beat	उ full	ऊ pool
ऋ rhythm	ॠ marine	ऌ revelry	ॡ		
ए play	ऐ aisle	ओ go	औ loud		

अं Anusvara is pure nasal – close the lips – similar to म्
अः Visarga is Breath release like ह् and preceding vowel sound
E.g. utter नमः as नमह , शान्तिः as शान्तिहि , विष्णुः as विष्णुहु ।

क seek	ख khan	ग get	घ loghut	ङ sing
च chunk	छ catchhim	ज jump	झ hedgehog	ञ bunch
ट true	ठ anthill	ड drum	ढ godhead	ण under
त tamil	थ thunder	द that	ध breathe	न nut
प put	फ fruit	ब bin	भ abhor	म much
य loyal	र red	ल luck	व vase	
श sure	ष shun	स so	hum ह	

Conjuncts – first utter the top part and then bottom one, e.g.
Bhagavad Gita 10.16 तिष्ठसि → ष्ठ = ष् ठ
Bhagavad Gita 10.23 शङ्करश्चास्मि → ङ्क = ङ् क , श्च = श् च

Specific Conjuncts ह् ण = ह्ण , ह् न = ह्न , ह् म = ह्म
Utter with emphasis on the chest.

Table of Contents

PRONUNCIATION OF SANSKRIT LETTERS — 4

INTRODUCTION — 13

THE SANSKRIT ALPHABET — 17

ALPHABET AS COMMONLY WRITTEN — 18
PLACE & EFFORT OF ENUNCIATION — 19

DHATUPATHA — 21

KANDVĀDI GANA — 37
GANASUTRAS FROM THE DHATUPATHA — 39
SAUTRA DHATU सौत्र — 43

ROOT CHARACTERISTICS — 44

INTERNAL GROUPING OF ROOTS अन्तर्गण: — 44
POLY / MONOSYLLABIC ROOTS IN ORIGINAL ENUNCIATION — 50
ROOT INITIAL LETTER IN ORIGINAL ENUNCIATION षू / णू उपदेश: — 51
ROOT ACCENT MARK IN ORIGINAL ENUNCIATION — 52
ROOT TAG LETTER इत् संज्ञा = अनुबन्ध: — 54
DHATUS WITH TAG Ā — 56
DHATUS WITH TAG I — 57
DHATUS WITH TAG IR — 61
DHATUS WITH TAG Ī — 62
DHATUS WITH TAG U — 64
DHATUS WITH TAG Ū — 66
DHATUS WITH TAG Ṛ — 67

DHATUS WITH TAG Ḷ	70
DHATUS WITH TAG E	71
DHATUS WITH TAG O	72
DHATUS WITH TAG Ṅ	73
DHATUS WITH TAG Ñ	74
DHATUS WITH TAG ÑI	75
DHATUS WITH TAG ṬU	75
DHATUS WITH TAG ḌU	76
DHATUS WITH OTHER TAGS – K, T, Ṇ, P, Ṣ	76
CONSONANT / VOWEL BEGINNING ROOTS	77

GANA VIKARANA AFFIXES TO MAKE GROUPS 1C – 10C 77

P A U CHARACTERISTIC TO DETERMINE TING AFFIX 78

PARASMAIPADA ROOTS	78
ATMANEPADA ROOTS	88
UBHAYEPADA ROOTS	93
P* / A* ROOTS	98

सेट् CHARACTERISTIC TO DETERMINE इट् AUGMENT 100

सेट् ROOTS	100
अनिट् ROOTS	112
वेट् ROOTS	116
(सेट्* / अनिट्* ROOTS)	117

OBJECT CHARACTERISTIC WHEN USAGE IN SENTENCE 118

TRANSITIVE सकर्मकः ROOTS	118

INTRANSITIVE अकर्मकः ROOTS	118
DUAL OBJECT द्विकर्मकः ROOTS 22NOS	118
(स॰* / अ॰* ROOTS)	119

GUNA VOWEL REPLACEMENT — 120

FINAL इक् VOWEL	120
PENULTIMATE SHORT इक् VOWEL	120

AUGMENT इट् ADDITION — 121

GENERAL RULE	121
RULE FOR लिट्	121

WHICH 1C- 9C ROOTS WILL TAKE GUNA OR इट् — 122

1) FINAL इक् PARASMAIPADA सेट् 33 ROOTS	122
2) FINAL इक् PARASMAIPADA अनिट् 53 ROOTS	122
3) FINAL इक् ATMANEPADA सेट् 7 ROOTS	122
4) FINAL इक् ATMANEPADA अनिट् 29 ROOTS	122
5) FINAL इक् UBHAYEPADA सेट् 11 ROOTS	122
6) FINAL इक् UBHAYEPADA अनिट् 22 ROOTS	123
7) FINAL इक् वेट् 4 ROOTS	123
COUNT OF FINAL इक् ROOTS FOR GUNA = 159 ROOTS	123
8) PENULTIMATE SHORT इक् PARASMAIPADA सेट् 229 ROOTS	125
9) PENULTIMATE SHORT इक् PARASMAIPADA अनिट् 35 ROOTS	125
10) PENULTIMATE SHORT इक् ATMANEPADA सेट् 42 ROOTS	126
11) PENULTIMATE SHORT इक् ATMANEPADA अनिट् 11 ROOTS	126
12) PENULTIMATE SHORT इक् UBHAYEPADA सेट् 14 ROOTS	126
13) PENULTIMATE SHORT इक् UBHAYEPADA अनिट् 25 ROOTS	126
14) PENULTIMATE SHORT इक् वेट् 17 ROOTS	126
COUNT OF PENULTIMATE SHORT इक् ROOTS FOR GUNA= 373 ROOTS	127

15) No इक् PARASMAIPADA सेट् 535 ROOTS	131
16) No इक् PARASMAIPADA अनिट् 81 ROOTS	133
17) No इक् ATMANEPADA सेट् 294 ROOTS	134
18) No इक् ATMANEPADA अनिट् 18 ROOTS	135
19) No इक् UBHAYEPADA सेट् 40 ROOTS	135
20) No इक् UBHAYEPADA अनिट् 16 ROOTS	136
21) No इक् वेट् 15 ROOTS	136
ROOTS WITH इक् BUT NO GUNA 2 ROOTS	136
DERIVATIVE SECONDARY ROOT AFFIX 1 NO	136
10C ROOTS नित्यं गुणः नित्यं इट् 410 ROOTS	136
TOTAL ROOT COUNT IS 1943	137

SOME COLLECTIONS OF ROOTS OF RELEVANCE   138

TAG इँ इदित् 244 ROOTS	138
FINAL आ / एच् 69 ROOTS	140
वेट् 36 ROOTS	140
ROOTS इक् BY GANA VIKARANA श्रु 5C FOR लट् लङ् लोट्	141
ROOTS इक् BY GANA VIKARANA उ 8C FOR लट् लङ् लोट्	141

ACCENTED ROOTS LIST   142

1C ROOTS ALPHABETICAL INDEX भ्वादिः 1 – 1010	144
2C ROOTS ALPHABETICAL INDEX अदादिः 1011 - 1082	165
3C ROOTS ALPHABETICAL INDEX जुहोत्यादिः 1083 - 1106	167
4C ROOTS ALPHABETICAL INDEX दिवादिः 1107 – 1246	168
5C ROOTS ALPHABETICAL INDEX स्वादिः 1247 - 1280	171
6C ROOTS ALPHABETICAL INDEX तुदादिः 1281 – 1437	172
7C ROOTS ALPHABETICAL INDEX रुधादिः 1438 - 1462	176
8C ROOTS ALPHABETICAL INDEX तनादिः 1463 - 1472	177
9C ROOTS ALPHABETICAL INDEX क्र्यादिः 1473 – 1533	178

10C Roots Alphabetical Index चुरादि: 1534 – 1943	180

ROOTS USUALLY SEEN PREFIXED WITH UPASARGA — 189

ROOTS WITH CHANGED VIKARANA AFFIXES — 190

Optional शप् / श्यन्, श / श्यन् 8 Roots	190
Gana Vikarana श्नु overrides शप् 1 Root	190
Optional Gana Vikarana शप् / श्नु 2 Roots	190
Gana Vikarana उ overrides शप् 2 Roots	190
Roots where आय overrides शप् 4 Roots	190
Roots where णिङ् overrides शप् 1 Root	190
Roots where सन् overrides शप् 6 Roots	190

ROOTS GOVERNED BY ASHTADHYAYI SUTRAS FOR TING — 191

घु Roots = 6nos	191
Roots beginning with ऋकार:	191
Roots with one Letter only	191
Roots with Initial ष् change to स् = 87nos	192
Roots with Initial ष् no change = 3nos	192
Roots with Initial ण् change to न् = 35nos	193
Samprasarana Roots = 21nos	194
Always सेट् Roots	195
Optional सेट् / अनिट् = वेट् 36 Roots	196
Optional इट् दीर्घ: for लृट् लृङ् लुट् A-लुङ् 26 Roots	196
Roots with Final long ऋकार:	197
Consonant ending Roots that drop penultimate nasal	198
Roots that take तुक् Augment to make च्छ् 29 Roots	198

Roots that take reduplication to make च्छ् 3 Roots	199
Root Substitutions during Conjugation	199
Roots of gana 2c, 3c, 4c, 6c, 7c, 9c ending in इण्	203
Consonant ending Roots of gana 5c	205
Vowel ending Roots of gana 5c	206
Roots of 7c - elision of initial न् for Sarvadhatuka	207
Roots with Initial ब् ग् ड् द् for 8.2.37 = 10 Roots	207
Changes when लिट् Affixes are applied	**208**
Optional लिट् I/1 Roots with Parasmaipada Ting	208
Optional लिट् II/1 अनिट् Roots with Parasmaipada Ting	209
Optional ढत्वम् for लिट् लुङ् आशीर्लिङ् II/3 Atmanepada सेट्	212
ढत्वम् for लुङ् आशीर्लिङ् II/3 Atmanepada अनिट् 33 Roots	212
Optional लिट् आम् = 4 Roots	212
लिट् आम् गुरुमान् 1c-9c Roots	212
लिट् आम् 10c Roots = 410 Roots + 1 Root of 1c	213
लिट् reduplicate letter drops	213
लिट् reduplicate letter changes	215
लिट् reduplication keeps खय् letter 47 Roots	219
Changes when लुङ् Affixes are applied	**221**
Roots that take लुङ् सिच् Vikarana Affix	221
Roots that take लुङ् क्स Vikarana Affix	221
Roots that take लुङ् चङ् Vikarana Affix	221
Roots that take लुङ् चङ् Vikarana Affix Optionally	221
Roots that take लुङ् अङ् Vikarana Affix	222
Roots that take लुङ् चिण् Vikarana Affix	223
लुङ् सिच् Vriddhi Roots with Parasmaipada Ting	224
Optional लुङ् सिच् Vriddhi Parasmaipada सेट् Roots	225
Roots with Final ऋकार: preceded by Conjunct	227

ROOTS GOVERNED BY SUTRAS FOR KRIT निष्ठा — 228

Roots of 10c – Elision of णिच् — 228
Roots with Initial Conjunct and a यण् Letter — 228
Unaccented Roots with Final Nasal Letter — 229
सेट् Roots of 1c with Penultimate उकारः — 230
अनिट् Roots with Final रेफः or दकारः — 231
अनिट् Roots ending in च्छ् or व् — 232
अनिट् Roots ending in र्छ् or र्व् — 233
Roots ending in उक् Pratyahara — 234

ROOTS CLASSIFIED AS मित् — 235

ASHTADHYAYI RULES FOR HRSVA DIRGHA — 235

ASHTADHYAYI RULES FOR CONSONANT SANDHI — 236

जश् त्वम् — 236
श्चु त्वम् — 236
चर् त्वम् — 236
ङम् आगम त्वम् — 238
नश्छव्य् त्वम् — 238
सुँ लोप त्वम् — 238
एच् लोप त्वम् — 239
अनुनासिक त्वम् — 239
तोर्लि त्वम् — 239

MASTERY OF DHATUPATHA - IDENTIFY THESE LETTERS — 240

Roots Indexed on Final Letter — 240

ROOTS INDEXED ON PENULTIMATE LETTER	260
ROOTS WITH FINAL CONJUNCT 550 ROOTS	278
ROOTS WITH INITIAL CONJUNCT 390 ROOTS	282

IDENTICAL ROOTS IN DHATUPATHA   284

ENGLISH MEANING OF ROOTS - INDEX   293

LATIN TRANSLITERATION CHART   302

ALPHABETICAL INDEX OF DHATUS   303

STANDARD ALPHABETICAL INDEX   316

MAHESHWAR SUTRAS   329

MAHESHWAR SUTRAS ELUCIDATED	330
PRATYAHARAS	332

REFERENCES   333

EPILOGUE   334

Introduction

Construction of Verbs by Conjugation using Roots from the Dhatupatha is one of the most complex and involved processes in Sanskrit Grammar.

It has been coded by the great grammarian Panini in a beautifully amazing way through the core texts, viz. The Dathupatha of Panini, The Ashtadhyayi of Panini and The Maheswar Sutras.

This book hopes to lay the coding methodology threadbare in a lucid manner for avid learners of the language, including Sanskrit scholars and Vyakarana pundits.

Key concepts of Grammar that are processed during Verb formation have been highlighted and Roots have been classified accordingly.

The words DHATU and ROOT mean the same. Synonyms.

A Verb is a finished word that can be used in a sentence. A Verb in Sanskrit has a construction mechanism. It involves
- taking a Root from the Dhatupatha, and
- adding an Affix to it from the Ashtadhyayi

A Root is a finite sound element that has meaning related to action. An Affix is a finite sound element that has meaning related to the Tenses and Moods.

So to construct a Verb, a simple equation is:
Root + Affix = Verb.
e.g. भू + तिप् = भवति । **He is. She is. It exists.**

However when we expand the "Affix element" we see that it has distinct sub-parts. Affix = The main Ting Affix, a Vikarana Affix, sometimes a Modifier Affix.

So generally, the equation will be:
Root + Vikarana Affix + Ting Affix = Verb. e.g.
भू + शप् + तिप् = भवति । **He is.**
भू + स्य + तिप् = भविष्यति । **He will be.**

Or the equation might be:
Root + (Modifier Affix)Vikarana Affix + Ting Affix = Verb.
भू + इट् स्य + तिप् = भविष्यति । **He will be.**

Or the equation might be:
(Modifier)Root + Vikarana Affix + (Modifier)Ting Affix = Verb.
अट् + भू + शप् + त् प् = अभवत् । **He was.**

This book throughs light on Roots in the following manner:
- characteristics of Roots essential in Verb construction
- which Roots get modified during Verb construction
- which Ting Affixes get a modifier affix for which Roots

Root + Vikarana Affix + Ting Affix = Verb, where
- Roots have two major attributes,

    i. P A U attribute ii. सेट् अनिट् वेट् attribute.
- Vikarana affixes are of two types,
    i. Gana Vikarana Affix and ii. Vikarana Affix.
    - o An Affix may be a) Sarvadhatuka or b) Ardhadhatuka. This affects Guna/Vriddhi.
- Ting affixes are of two types,
    i. Parasmaipada Ting Affix and ii. Atmanepada Ting Affix.
    - o Further, a Parasmaipada Ting Affix may be Sarvadhatuka or Ardhadhatuka. Similarly, an Atmanepada Ting Affix may be Sarvadhatuka or Ardhadhatuka. This affects Guna/Vriddhi.
    - o A Sarvadhatuka Ting Affix is of two types, पित् or अपित् that also affects Guna/Vriddhi.

Notes:
- Any affix whether Vikarana or Ting is further of two types, i. Consonant beginning or ii. Vowel beginning.
- Additionally, Affix modifiers (augments) may also be employed.
- Similarly, Root modifiers may also be employed.
- Each Root and Affix may have a Tag Letter, that is simply a marker to serve a specific purpose and then gets dropped.
- Dropping or Elision of certain parts of Root or Affix in certain cases.

Of utmost importance is understanding that the Tenses and Moods in Sanskrit Grammar (Present Tense, Past Tense, etc.) are **coded** in terminations known as Ting Affixes.

These Ting Affixes are of two basic types: Parasmaipada and Atmanepada, and these will **only join** a Root having the same attribute of Parasmaipada or Atmanepada.
> The Ubhayepada Ting Affixes are simply a combination of the two, *so Roots that are Ubhayepada will invariably be grouped under Parasmaipada and Atmanepada both.*

Major Concepts include:
- The Ten Tenses and Moods that reflect the Verb usage.
- Grouping of Roots in ten Ganas for Sarvadhatuka Ting Affixes.
- Tag Letters and their interpretation.
- Guna/Vriddhi of Vowels (whether of a Root or an Affix).
- Use of इट् augment and अट् / आट् augment.
- Correct use of Sarvadhatuka/Ardhadhatuka Affixes.

This books has been designed to look at all these grammatical concepts from the **Root-point-of-View**. It contains exhaustive lists of Roots that behave in a specific manner during Verb construction.

Indexes and collections are based on the **Dhatu Serial Number**, which is unique and easily referenced in standard Dhatupathas, including Siddhanta Kaumudi. Hence locating any Root is a snap.

So this book will primarily be used as a supplemental text for any standard text on Sanskrit Grammar. On its own also it can prove to be immensely useful if one wishes to master the Dhatupatha of Panini.

The Sanskrit Alphabet

संस्कृत वर्णमाला

Sanskrit संस्कृत is written in the देवनागरी Devanagari script, whereas English is written in the Latin (Roman) script.

अ आ इ ई उ ऊ ऋ ॠ ऌ ॡ   ए ऐ ओ औ   अं अः ॐ

क	ख	ग	घ	ङ	The Shiva Sounds
च	छ	ज	झ	ञ	
ट	ठ	ड	ढ	ण	The Brahma Sounds
त	थ	द	ध	न	
प	फ	ब	भ	म	The Vishnu Sounds
य र ल व			श ष स	ह	
			ळ	ळ्ह	Vedic Sanskrit
० १ २ ३ ४ ५ ६ ७ ८ ९					Numerals
क्ष ज्ञ श्र					Conjunct letter
Consonants are written with the vowel अ for enunciation					

The vowel long ॡ is not found in literature. It is given only in the alphabet, grammar books or in font sets. Hence crossed out.

Conjunct letter संयुक्त अक्षर

क्ष , ज्ञ , श्र are not letters of the alphabet. Rather these are conjuncts that have become popular in writing.

Alphabet as Commonly Written

The Sanskrit alphabet is written with or without a halant. Consonants cannot be uttered without a vowel. In teaching, consonants are supplied with vowel अ for uttering.

Here are the 56 letters of the Sanskrit Alphabet.

20 Vowels (ह्रस्व दीर्घ प्लुत short long hail)

अ आ अ३ इ ई इ३ उ ऊ उ३ ऋ ॠ ऋ३ ऌ ऌ३ ए ऐ ए३ ओ औ ओ३

34 Consonants (with halant the half-marker)

क्	ख्	ग्	घ्	ङ्
च्	छ्	ज्	झ्	ञ्
ट्	ठ्	ड्	ढ्	ण्
त्	थ्	द्	ध्	न्
प्	फ्	ब्	भ्	म्
य्	र्	ल्	व्	
श्	ष्	स्	ह्	
ळ्				

2 Ayogavahas (Anusvara, Visarga that appear during speaking)

अं अः (ardhavisarga अᳲ)

Notes:

- Pluta Vowels are rarely used in classical literature, but commonly used in Vedic texts.
- ळ् is seen in Vedic texts.
- Ardhavisarga ◌ᳲ is seen in Vedic texts, but has become popular in chanting classical texts as well.

Place & Effort of Enunciation

Place of speech	Vowels स्वर		Row Consonants व्यञ्जन Alpaprana Mahaprana					Semi vowel	Sibi lant
	Short	Long	1st	2nd	3rd	4th	5th		
throat	अ	आ	क्	ख्	ग्	घ्	ङ्		
palate	इ	ई	च्	छ्	ज्	झ्	ञ्	य्	श्
cerebral	ऋ	ॠ	ट्	ठ्	ड्	ढ्	ण्	र्	ष्
teeth	ऌ		त्	थ्	द्	ध्	न्	ल्	स्
lips	उ	ऊ	प्	फ्	ब्	भ्	म्		

कण्ठ – तालु	ए ऐ	Diphthongs = compound vowels have twin places of utterance
कण्ठ – ओष्ठ	ओ औ	
दन्त – ओष्ठ	व्	वकार is a special semivowel as it has twin places of utterance
नासिक्य	◌ं , अं	Anusvara is a pure Nasal
अनुनासिका	◌ँ , ॐ , यँ्	Candrabindu = Nasalization
कण्ठ soft mahaprana	ह्	हकार is an Aspirate. It is sounded like a soft release of breath
	◌ः	Visarga is sounded like ह् along with its preceding vowel
कण्ठ hard alpaprana	◌ᳵ + क्/ ख्	Ardhavisarga = Jihvamuliya utter as ह् = h
ओष्ठ hard alpaprana	◌ᳵ + प् / फ्	Ardhavisarga = Upadhmaniya utter as फ् = f

कण्ठ्य Guttural	तालव्य Palatal	मूर्धन्य Cerebral	दन्त्य Dental	ओष्ठ्य Labial

All vowels and semi vowels are termed voiced घोष वर्ण । This means that a background sound is produced from the tremor in the vocal cords in addition to the active sound produced in speaking. The 3rd, 4th and 5th letters of the row class consonants are also घोष वर्ण । The 1st and 2nd letters of the row class consonants, the sibilants and the aspirate are termed अघोष वर्ण । This means that no background sound arises from the tremor in the vocal cords. All row consonants are termed स्पर्शवर्ण i.e. Tongue makes contact.

Enunciation Time
- Unit of time for enunciation is a short vowel, 1 matra.
- Long vowels have 2 matras and are sounded twice as long as the short vowels.
- Diphthongs are combinations of two vowels सन्ध्यक्षर (सन्धि-अक्षर) having 2 matras and are sounded twice as long as the short vowels.
- A consonant has only ½ matra and it is supplied with a vowel for proper enunciation.
- Ardhavisarga is special with negligible vowel sound.

Pont of Contact of Tongue in the Mouth
GUTTURALS कण्ठ्य (also known as VELAR)
    Sounded from the throat with the tongue resting.
PALATALS तालव्य (soft palate)
    Sounded with the tongue raised slightly.
CEREBRALS मूर्धन्य (also RETROFLEX or LINGUAL, hard palate)
    Sounded with tongue touching roof of mouth.
DENTALS दन्त्य
    Sounded with the tongue distinctly touching the teeth.
LABIALS ओष्ठ्य
    Sounded with the lips distinctly touching each other.

Dhatupatha

Standard Dhatupatha of Panini. Contains 1943 Roots. However 1081 चर्करीतं च is a Ganasutra and not a Dhatu. Hence sum total of Parasmaipada Atmanepada Ubhayepada Roots is 1942. Similarly सेट् अनिट् वेट् count is 1942, सकर्मकः अकर्मकः द्विकर्मकः count is also 1942.

1c

1 भू सत्तायाम् 2 एध वृद्धौ 3 स्पर्ध सङ्घर्षे 4 गाधृ प्रतिष्ठालिप्सयोर्ग्रन्थे च 5 बाधृ विलोडने 6 नाथृ 7 नाधृ याञ्चोपतापैश्वर्याशीष्षु 8 दध धारणे 9 स्कुदि आप्रवणे 10 श्विदि श्वैत्ये 11 वदि अभिवादनस्तुत्योः 12 भदि कल्याणे सुखे च 13 मदि स्तुतिमोदमदस्वप्नकान्तिगतिषु 14 स्पदि किञ्चित् चलने 15 क्लिदि परिदेवने 16 मुद हर्षे 17 दद दाने 18 ष्वद 19 स्वर्द आस्वादने 20 उर्द माने क्रीडायां च 21 कुर्द 22 खुर्द 23 गुर्द 24 गुद क्रीडायाम् एव 25 षूद क्षरणे 26 ह्राद अव्यक्ते शब्दे 27 ह्लादी सुखे च 28 स्वाद आस्वादने 29 पर्द कुत्सिते शब्दे 30 यती प्रयत्ने 31 युतृ 32 जुतृ भासने 33 विथृ 34 वेथृ याचने 35 श्रथि शैथिल्ये 36 ग्रथि कौटिल्ये 37 कत्थ श्लाघायाम् 38 अत सातत्यगमने 39 चिती संज्ञाने 40 च्युतिर् आसेचने 41 श्च्युतिर् क्षरणे 42 मन्थ विलोडने 43 कुथि 44 पुथि 45 लुथि 46 मथि हिंसासङ्क्लेशनयोः 47 षिध गत्याम् 48 षिधू शास्त्रे माङ्गल्ये च 49 खादृ भक्षणे 50 खद स्थैर्ये हिंसायां च 51 बद स्थैर्ये 52 गद व्यक्तायां वाचि 53 रद विलेखने 54 णद अव्यक्ते शब्दे 55 अर्द गतौ याचने च 56 नर्द 57 गर्द शब्दे 58 तर्द हिंसायाम् 59 कर्द कुत्सिते शब्दे 60 खर्द दन्दशूके 61 अति 62 अदि बन्धने 63 इदि परमैश्वर्ये 64 बिदि अवयवे 65 गडि वदनैकदेशे 66 णिदि कुत्सायाम् 67 टुनदि समृद्धौ 68 चदि आह्लादने दीप्तौ च 69 त्रदि चेष्टायाम् 70 कदि 71 क्रदि 72 क्लदि आह्वाने रोदने च 73 क्लिदि परिदेवने 74 शुन्ध शुद्धौ 75 शीकृ सेचने 76 लोकृ दर्शने 77 श्लोकृ सङ्घाते 78 द्रेकृ 79 ध्रेकृ शब्दोत्साहयोः 80 रेकृ शङ्कायाम् 81 सेकृ 82 स्रेकृ 83 स्रकि 84 श्रकि 85 श्लकि गतौ 86 शकि शङ्कायाम् 87 अकि लक्षणे 88 वकि कौटिल्ये 89 मकि मण्डने 90 कक लौल्ये 91 कुक 92 वृक आदाने 93 चक तृप्तौ प्रतिघाते च 94 ककि 95 वकि 96 श्वकि 97 त्रकि 98 ढौकृ 99 त्रौकृ 100 ष्वष्क 101 वस्क 102 मस्क 103 टिकृ 104 टीकृ 105 तिकृ 106 तीकृ 107 रघि 108 लघि गत्यर्थाः 109 अघि 110 वघि 111 मघि

गत्याक्षेपे 112 राघृ 113 लाघृ 114 द्राघृ सामर्थ्ये 115 श्लाघृ कत्थने 116 फक्क नीचैर्गतौ 117 तक हसने 118 तकि कृच्छ्रजीवने 119 बुक्क भषणे 120 कख हसने 121 ओखृ 122 राखृ 123 लाखृ 124 द्राखृ 125 ध्राखृ शोषणालमर्थयोः 126 शाखृ 127 श्लाखृ व्याप्तौ 128 उख 129 उखि 130 वख 131 वखि 132 मख 133 मखि 134 णख 135 णखि 136 रख 137 रखि 138 लख 139 लखि 140 इख 141 इखि 142 ईखि 143 वल्ग 144 रगि 145 लगि 146 अगि 147 वगि 148 मगि 149 तगि 150 त्वगि 151 श्रगि 152 श्लगि 153 इगि 154 रिगि 155 लिगि गत्यर्थाः 156 युगि 157 जुगि 158 बुगि वर्जने 159 घघ हसने 160 मघि मण्डने 161 शिघि आघ्राणे 162 वर्च दीप्तौ 163 षच सेचने सेवने च 164 लोचृ दर्शने 165 शच व्यक्तायां वाचि 166 श्वच 167 श्वचि गतौ 168 कच बन्धने 169 कचि 170 काचि दीप्तिबन्धनयोः 171 मच 172 मुचि कल्कने 173 मचि धारणोच्छ्रायपूजनेषु 174 पचि व्यक्तीकरणे 175 ष्टुच प्रसादे 176 ऋज गतिस्थानार्जनोपार्जनेषु 177 ऋजि 178 भृजी भर्जने 179 एजृ 180 भ्रेजृ 181 भ्राजृ दीप्तौ 182 ईज गतिकुत्सनयोः 183 शुच शोके 184 कुच शब्दे तारे 185 कुञ्च 186 क्रुञ्च कौटिल्याल्पीभावयोः 187 लुञ्च अपनयने 188 अञ्चु गतिपूजनयोः 189 वञ्चु 190 चञ्चु 191 तञ्चु 192 त्वञ्चु 193 म्रुञ्चु 194 म्लुञ्चु 195 म्रुचु 196 म्लुचु गत्यर्थाः 197 ग्रुचु 198 ग्लुचु 199 कुजु 200 खुजु स्तेयकरणे 201 ग्लुञ्चु 202 षस्ज गतौ 203 गुजि अव्यक्ते शब्दे 204 अर्च पूजायाम् 205 म्लेछ अव्यक्ते शब्दे 206 लछ 207 लाछि लक्षणे 208 वाछि इच्छायाम् 209 आछि आयामे 210 ह्रीछ लज्जायाम् 211 हुर्छा कौटिल्ये 212 मुर्छा मोहसमुच्छ्राययोः 213 स्फुर्छा विस्तृतौ 214 युछ प्रमादे 215 उछि उञ्छे 216 उछी विवासे 217 ध्रज 218 ध्रजि 219 धृज 220 धृजि 221 ध्वज 222 ध्वजि गतौ 223 कूज अव्यक्ते शब्दे 224 अर्ज 225 षर्ज अर्जने 226 गर्ज शब्दे 227 तर्ज भर्त्सने 228 कर्ज व्यथने 229 खर्ज पूजने च 230 अज गतिक्षेपणयोः 231 तेज पालने 232 खज मन्थे 233 खजि गतिवैकल्ये 234 एजृ कम्पने 235 टुओस्फूर्जा वज्रनिर्घोषे 236 क्षि क्षये 237 क्षीज अव्यक्ते शब्दे 238 लज 239 लजि भर्त्सने 240 लाज 241 लाजि भर्जने च 242 जज 243 जजि युद्धे 244 तुज हिंसायाम् 245 तुजि पालने 246 गज 247 गजि 248 गृज 249 गृजि 250 मुज 251 मुजि शब्दार्थाः 252 वज 253 व्रज गतौ 254 अट्ट अतिक्रमहिंसनयोः 255 वेष्ट वेष्टने 256 चेष्ट चेष्टायाम् 257 गोष्ट 258 लोष्ट सङ्घाते 259 घट्ट चलने 260 स्फुट विकसने 261 अठि गतौ 262 वठि एकचर्यायाम् 263 मठि 264 कठि शोके 265 मुठि

पालने 266 हेठ विबाधायाम् 267 एठ च 268 हिडि गत्यनादरयोः 269 हुडि संघाते 270 कुडि दाहे 271 वडि विभाजने 272 मडि च 273 भडि परिभाषणे 274 पिडि सङ्घाते 275 मुडि मार्जने 276 तुडि तोडने 277 हुडि वरणे 278 चडि कोपे 279 शडि रुजायां सङ्घाते च 280 तडि ताडने 281 पडि गतौ 282 कडि मदे 283 खडि मन्थे 284 हेडृ 285 होडृ अनादरे 286 बाडृ आप्लाव्ये 287 द्राडृ 288 ध्राडृ विशरणे 289 शाडृ श्लाघायाम् 290 शौटृ गर्वे 291 यौटृ बन्धे 292 म्लेटृ 293 म्रेडृ उन्मादे 294 कटे वर्षावरणयोः 295 अट 296 पट गतौ 297 रट परिभाषणे 298 लट बाल्ये 299 शट रुजाविशरणगत्यवसादनेषु 300 वट वेष्टने 301 किट 302 खिट त्रासे 303 शिट 304 षिट अनादरे 305 जट 306 झट सङ्घाते 307 भट भृतौ 308 तट उच्छ्राये 309 खट काङ्क्षायाम् 310 णट नृत्तौ 311 पिट शब्दसङ्घातयोः 312 हट दीप्तौ 313 षट अवयवे 314 लुट विलोडने 315 चिट परप्रेष्ये 316 विट शब्दे 317 बिट आक्रोशे 318 इट 319 किट 320 कटी गतौ 321 मडि भूषायाम् 322 कुडि वैकल्ये 323 मुड 324 प्रुड मर्दने 325 चुडि अल्पीभावे 326 मुडि खण्डने 327 रुटि 328 लुटि स्तेये 329 स्फुटिर् विशरणे 330 पठ व्यक्तायां वाचि 331 वठ स्थौल्ये 332 मठ मदनिवासयोः 333 कठ कृच्छ्रजीवने 334 रट परिभाषणे 335 हठ प्लुतिशठत्वयोः 336 रुठ 337 लुठ 338 उठ उपघाते 339 पिठ हिंसासङ्क्लेशनयोः 340 शठ कैतवे च 341 शुठ गतिप्रतिघाते 342 कुठि च 343 लुठि आलस्ये प्रतिघाते च 344 शुठि शोषणे 345 रुठि 346 लुठि गतौ 347 चुड्ड भावकरणे 348 अड्ड अभियोगे 349 कड्ड कार्कश्ये 350 क्रीडृ विहारे 351 तुडृ तोडने 352 हुडृ 353 हूडृ 354 होडृ गतौ 355 रौडृ अनादरे 356 रोडृ 357 लोडृ उन्मादे 358 अड उद्यमे 359 लड विलासे 360 कड मदे 361 गडि वदनैकदेशे 362 तिपृ 363 तेपृ 364 ष्टिपृ 365 ष्टेपृ क्षरणार्थाः 366 ग्लेपृ दैन्ये 367 टुवेपृ कम्पने 368 केपृ 369 गेपृ 370 ग्लेपृ च 371 मेपृ 372 रेपृ 373 लेपृ गतौ 374 त्रपूष् लज्जायाम् 375 कपि चलने 376 रबि 377 लबि 378 अबि शब्दे 379 लबि अवस्रंसने च 380 कबृ वर्णे 381 क्लीबृ अधार्ष्ट्ये 382 क्षीबृ मदे 383 शीभृ कत्थने 384 चीभृ च 385 रेभृ शब्दे 386 ष्टभि 387 स्कभि प्रतिबन्धे 388 जभी 389 जृभि गात्रविनामे 390 शल्भ कत्थने 391 वल्भ भोजने 392 गल्भ धार्ष्ट्ये 393 श्रम्भु प्रमादे 394 ष्टुभु स्तम्भे 395 गुपू रक्षणे 396 धूप सन्तापे 397 जप 398 जल्प व्यक्तायां वाचि 399 चप सान्त्वने 400 षप समवाये 401 रप 402 लप व्यक्तायां वाचि 403 चुप मन्दायां गतौ 404 तुप 405 तुम्प 406 त्रुप 407 त्रुम्प 408 तुफ 409 तुम्फ 410

त्रुफ 411 त्रुम्फ हिंसार्थाः 412 पर्प 413 रफ 414 रफि 415 अर्ब 416 पर्ब 417 लर्ब 418 बर्ब 419 मर्ब 420 कर्ब 421 खर्ब 422 गर्ब 423 शर्ब 424 षर्ब 425 चर्ब गतौ 426 कुबि आच्छादने 427 लुबि 428 तुबि अर्दने 429 चुबि वक्रसंयोगे 430 षृभु 431 षृम्भु हिंसार्थौ 432 शुभ 433 शुम्भ भाषणे । भासन इत्येके 434 घिणि 435 घुणि 436 घृणि ग्रहणे 437 घुण 438 घूर्ण भ्रमणे 439 पण व्यवहारे स्तुतौ च 440 पन च 441 भाम क्रोधे 442 क्षमूष् सहने 443 कमु कान्तौ 444 अण 445 रण 446 वण 447 भण 448 मण 449 कण 450 क्वण 451 व्रण 452 भ्रण 453 ध्वण शब्दार्थाः 454 ओणृ अपनयने 455 शोणृ वर्णगत्योः 456 श्रोणृ सङ्घाते 457 श्लोणृ च 458 पैणृ गतिप्रेरणश्लेषणेषु 459 ध्रण शब्दे 460 कनी दीप्तिकान्तिगतिषु 461 ष्टन 462 वन शब्दे 463 वन 464 षण सम्भक्तौ 465 अम गत्यादिषु 466 द्रम 467 हम्म 468 मीमृ गतौ 469 चमु 470 छमु 471 जमु 472 झमु अदने 473 क्रमु पादविक्षेपे 474 अय 475 वय 476 पय 477 मय 478 चय 479 तय 480 णय गतौ 481 दय दानगतिरक्षणहिंसादानेषु 482 रय गतौ 483 ऊयी तन्तुसन्ताने 484 पूयी विशरणे दुर्गन्धे च 485 क्नूयी शब्दे उन्दने च 486 क्ष्मायी विधूनने 487 स्फायी 488 ओप्यायी वृद्धौ 489 तायृ सन्तानपालनयोः 490 शल चलनसंवरणयोः 491 वल 492 वल्ल संवरणे सञ्चरणे च 493 मल 494 मल्ल धारणे 495 भल 496 भल्ल परिभाषणहिंसादानेषु 497 कल शब्दसङ्ख्यानयोः 498 कल्ल अव्यक्ते शब्दे 499 तेवृ 500 देवृ देवने 501 षेवृ 502 गेवृ 503 ग्लेवृ 504 पेवृ 505 मेवृ 506 म्लेवृ सेवने 507 रेवृ प्लवगतौ 508 मव्य बन्धने 509 सूर्क्ष्य 510 ईर्क्ष्य 511 ईर्ष्य ईर्ष्यार्थाः 512 हय गतौ 513 शुच्य अभिषवे 514 हर्य गतिकान्त्योः 515 अल भूषणपर्याप्तिवारणेषु 516 ञिफला विशरणे 517 मील 518 श्मील 519 स्मील 520 क्ष्मील निमेषणे 521 पील प्रतिष्टम्भे 522 णील वर्णे 523 शील समाधौ 524 कील बन्धने 525 कूल आवरणे 526 शूल रुजायां सङ्घोषे च 527 तूल निष्कर्षे 528 पूल सङ्घाते 529 मूल प्रतिष्ठायाम् 530 फल निष्पत्तौ 531 चुल्ल भावकरणे 532 फुल्ल विकसने 533 चिल्ल शैथिल्ये भावकरणे च 534 तिल गतौ 535 वेलृ 536 चेलृ 537 केलृ 538 खेलृ 539 क्ष्वेलृ 540 वेल्ल चलने 541 पेलृ 542 फेलृ 543 शेलृ गतौ 544 स्खल सञ्चलने 545 खल सञ्चये 546 गल अदने 547 षल गतौ 548 दल विशरणे 549 श्वल 550 श्वल्ल आशुगमने 551 खोलृ 552 खोर्ऋ गतिप्रतिघाते 553 धोर्ऋ गतिचातुर्ये 554 त्सर छद्मगतौ 555 क्मर हूर्च्छने 556 अभ्र 557 वभ्र 558 मभ्र 559 चर गत्यर्थाः 560 ष्ठिवु निरसने

561 जि जये 562 जीव प्राणधारणे 563 पीव 564 मीव 565 तीव 566 णीव स्थौल्ये 567 क्षीवु 568 क्षेवु निरसने 569 उर्वी 570 तुर्वी 571 थुर्वी 572 दुर्वी 573 धुर्वी हिंसार्थाः 574 गुर्वी उद्यमने 575 मुर्वी बन्धने 576 पुर्व 577 पर्व 578 मर्व पूरणे 579 चर्व अदने 580 भर्व हिंसायाम् 581 कर्व 582 खर्व 583 गर्व दर्पे 584 अर्व 585 शर्व 586 षर्व हिंसायाम् 587 इवि व्याप्तौ 588 पिवि 589 मिवि 590 णिवि सेचने 591 हिवि 592 दिवि 593 धिवि 594 जिवि प्रीणनार्थाः 595 रिवि 596 रवि 597 धवि गत्यर्थाः 598 कृवि हिंसाकरणयोश्च 599 मव बन्धने 600 अव रक्षणगतिकान्तिप्रीतितृप्त्यवगमप्रवेशश्रवणस्वाम्यर्थयाचनक्रियेच्छादीप्त्यवाप्त्यालिङ्गनहिंसा-दानभागवृद्धिषु 601 धावु गतिशुद्ध्योः 602 धुक्ष 603 धिक्ष सन्दीपनक्लेशनजीवनेषु 604 वृक्ष वरणे 605 शिक्ष विद्योपादाने 606 भिक्ष भिक्षायामलाभे लाभे च 607 क्लेश अव्यक्तायां वाचि 608 दक्ष वृद्धौ शीघ्रार्थे च 609 दीक्ष मौण्ड्येज्योपनयननियमव्रतादेशेषु 610 ईक्ष दर्शने 611 ईष गतिहिंसादर्शनेषु 612 भाष व्यक्तायां वाचि 613 वर्ष स्नेहने 614 गेषृ अन्विच्छायाम् 615 पेषृ प्रयत्ने 616 जेषृ 617 णेषृ 618 एषृ 619 प्रेषृ गतौ 620 रेषृ 621 हेषृ 622 ह्रेषृ अव्यक्ते शब्दे 623 कासृ शब्दकुत्सायाम् 624 भासृ दीप्तौ 625 णासृ 626 रासृ शब्दे 627 णस कौटिल्ये 628 भ्यस भये 629 आङःशसि इच्छायाम् 630 ग्रसु 631 ग्लसु अदने 632 ईह चेष्टायाम् 633 बहि 634 महि वृद्धौ 635 अहि गतौ 636 गर्ह 637 गल्ह कुत्सायाम् 638 बर्ह 639 बल्ह प्राधान्ये 640 वर्ह 641 वल्ह परिभाषणहिंसाच्छादनेषु 642 प्लिह गतौ 643 वेहृ 644 जेहृ 645 वाहृ प्रयत्ने 646 द्राहृ निद्राक्षये 647 काशृ दीप्तौ 648 ऊह वितर्के 649 गाहू विलोडने 650 गृहू ग्रहणे 651 ग्लह च 652 घुषि कान्तिकरणे 653 घुषिर् अविशब्दने 654 अक्षू व्याप्तौ 655 तक्षू 656 त्वक्षू तनूकरणे 657 उक्ष सेचने 658 रक्ष पालने 659 णिक्ष चुम्बने 660 त्रक्ष 661 ष्ट्रक्ष 662 णक्ष गतौ 663 वक्ष रोषे 664 मृक्ष सङ्घाते 665 तक्ष त्वचने 666 सूर्क्ष आदरे 667 काक्षि 668 वाक्षि 669 माक्षि काङ्क्षायाम् 670 द्राक्षि 671 ध्राक्षि 672 ध्वाक्षि घोरवासिते च 673 चूष पाने 674 तूष तुष्टौ 675 पूष वृद्धौ 676 मूष स्तेये 677 लूष 678 रूष भूषायाम् 679 शूष प्रसवे 680 यूष हिंसायाम् 681 जूष च 682 भूष अलङ्कारे 683 ऊष रुजायाम् 684 ईष उञ्छे 685 कष 686 खष 687 शिष 688 जष 689 झष 690 शष 691 वष 692 मष 693 रुष 694 रिष हिंसार्थाः 695 भष भर्त्सने 696 उष दाहे 697 जिषु 698 विषु 699 मिषु सेचने 700 पुष पुष्टौ 701 श्रिषु 702 श्लिषु 703 प्रुषु 704 प्लुषु दाहे 705

पृषु 706 वृषु 707 मृषु सेचने 708 घृषु सङ्घर्षे 709 हृषु अलीके 710 तुस 711 ह्रस 712 ह्लस 713 रस शब्दे 714 लस श्लेषणक्रीडनयोः 715 घस्लृ अदने 716 जर्ज 717 चर्च 718 झर्झ परिभाषणहिंसातर्जनेषु 719 पिसृ 720 पेसृ गतौ 721 हसे हसने 722 णिश समाधौ 723 मिश 724 मश शब्दे रोषकृते च 725 शव गतौ 726 शश प्लुतगतौ 727 शसु हिंसायाम् 728 शंसु स्तुतौ 729 चह परिकल्कने 730 मह पूजायाम् 731 रह त्यागे 732 रहि गतौ 733 दृह 734 दृहि 735 बृह 736 बृहि वृद्धौ 737 तुहिर् 738 दुहिर् 739 उहिर् अर्दने 740 अर्ह पूजायाम् 741 द्युत दीप्तौ 742 श्विता वर्णे 743 ञिमिदा स्नेहने 744 ञिष्विदा स्नेहनमोचनयोः 745 रुच दीप्तावभिप्रीतौ च 746 घुट परिवर्तने 747 रुट 748 लुट 749 लुठ प्रतीघाते 750 शुभ दीप्तौ 751 क्षुभ सञ्चलने 752 णभ 753 तुभ हिंसायाम् 754 स्रंसु अवस्रंसने 755 ध्वंसु 756 भ्रंसु अवस्रंसने 757 स्रम्भु विश्वासे 758 वृतु वर्तने 759 वृधु वृद्धौ 760 शृधु शब्दकुत्सायाम् 761 स्यन्दू प्रस्रवणे 762 कृपू सामर्थ्ये 763 घट चेष्टायाम् 764 व्यथ भयसञ्चलनयोः 765 प्रथ प्रख्याने 766 प्रस विस्तारे 767 म्रद मर्दने 768 स्खद स्खदने 769 क्षजि गतिदानयोः 770 दक्ष गतिहिंसनयोः 771 क्रप कृपायां गतौ च 772 कदि 773 क्रदि 774 क्लदि वैक्लब्ये 775 ञित्वरा सम्भ्रमे 776 ज्वर रोगे 777 गड सेचने 778 हेड वेष्टने 779 वट 780 भट परिभाषणे 781 णट नृत्तौ 782 ष्टक प्रतिघाते 783 चक तृप्तौ 784 कखे हसने 785 रगे शङ्कायाम् 786 लगे सङ्गे 787 ह्रगे 788 ह्लगे 789 षगे 790 ष्टगे संवरणे 791 कगे नोच्यते 792 अक 793 अग कुटिलायां गतौ 794 कण 795 रण गतौ 796 चण 797 शण 798 श्रण दाने च 799 श्रथ 800 क्नथ 801 क्रथ 802 क्लथ हिंसार्थाः 803 वन च 804 ज्वल दीप्तौ 805 ह्वल 806 ह्मल चलने 807 स्मृ आध्याने 808 दृ भये 809 नृ नये 810 श्रा पाके 811 मारणतोषणनिशामनेषु ज्ञा 812 कम्पने चलिः 813 छदिः ऊर्जने 814 जिह्वोन्मथने लडिः 815 मदी हर्षग्लेपनयोः 816 ध्वन शब्दे 817 स्वन अवतंसने 818 शमो दर्शने 819 यमोऽपरिवेषणे 820 स्खदिर् अवपरिभ्यां च 821 फण गतौ 822 राजृ दीप्तौ 823 टुभ्राजृ 824 टुभ्राशृ 825 टुभ्लाशृ दीप्तौ 826 स्यमु 827 स्वन 828 ध्वन शब्दे 829 षम 830 ष्टम अवैकल्ये 831 ज्वल दीप्तौ 832 चल कम्पने 833 जल घातने 834 टल 835 ट्वल वैक्लव्ये 836 ष्ठल स्थाने 837 हल विलेखने 838 णल गन्धे 839 पल गतौ 840 बल प्राणने धान्यावरोधने च 841 पुल महत्त्वे 842 कुल संस्त्याने बन्धुषु च 843 शल 844 हुल 845 पत्लृ गतौ 846 क्वथे निष्पाके 847 पथे गतौ 848 मथे विलोडने 849 टुवम

उद्गिरणे 850 भ्रमु चलने 851 क्षर सञ्चलने 852 षह मर्षणे 853 रमु क्रीडायाम् 854 षद्लृ विशरणगत्यवसादनेषु 855 शद्लृ शातने 856 क्रुश आह्वाने रोदने च 857 कुच सम्पर्चनकौटिल्यप्रतिष्ठम्भविलेखनेषु 858 बुध अवगमने 859 रुह बीजजन्मनि प्रादुर्भावे च 860 कस गतौ 861 हिक्क अव्यक्ते शब्दे 862 अञ्चु गतौ याचने च 863 टुयाचृ याञ्चायाम् 864 रेटृ परिभाषणे 865 चते 866 चदे याचने 867 प्रोथृ पर्याप्तौ 868 मिदृ 869 मेदृ मेधाहिंसनयोः 870 मेधृ सङ्गमे च 871 णिदृ 872 णेदृ कुत्सासन्निकर्षयोः 873 शृधु 874 मृधु उन्दने 875 बुधिर् बोधने 876 उबुन्दिर् निशामने 877 वेणृ गतिज्ञानचिन्तानिशामनवादित्रग्रहणेषु 878 खनु अवदारणे 879 चीवृ आदानसंवरणयोः 880 चायृ पूजानिशामनयोः 881 व्यय गतौ 882 दाशृ दाने 883 भेषृ भये 884 भ्रेषृ 885 भ्लेषृ गतौ 886 अस गतिदीप्त्यादानेषु 887 स्पश बाधनस्पर्शनयोः 888 लष कान्तौ 889 चष भक्षणे 890 छष हिंसायाम् 891 झष आदानसंवरणयोः 892 भ्रक्ष 893 भ्लक्ष अदने 894 दासृ दाने 895 माहृ माने 896 गुहू संवरणे 897 श्रिञ् सेवायाम् 898 भृञ् भरणे 899 हृञ् हरणे 900 धृञ् धारणे 901 णीञ् प्रापणे 902 धेट् पाने 903 ग्लै 904 म्लै हर्षक्षये 905 द्यै न्यक्करणे 906 द्रै स्वप्ने 907 ध्रै तृप्तौ 908 ध्यै चिन्तायाम् 909 रै शब्दे 910 स्त्यै 911 ष्ट्यै शब्दसङ्घातयोः 912 खै खदने 913 क्षै 914 जै 915 षै क्षये 916 कै 917 गै शब्दे 918 शै 919 श्रै पाके 920 पै 921 ओवै शोषणे 922 ष्टै 923 ष्णै वेष्टने 924 दैप् शोधने 925 पा पाने 926 घ्रा गन्धोपादाने 927 ध्मा शब्दाग्निसंयोगयोः 928 ष्ठा गतिनिवृत्तौ 929 म्ना अभ्यासे 930 दाण् दाने 931 ह्वृ कौटिलये 932 स्वृ शब्दोपतापयोः 933 स्मृ चिन्तायाम् 934 ह्वृ संवरणे 935 सृ गतौ 936 ऋ गतिप्रापणयोः 937 गृ 938 घृ सेचने 939 ध्वृ हूर्च्छने 940 स्रु गतौ 941 षु प्रसवैश्वर्ययोः 942 श्रु श्रवणे 943 ध्रु स्थैर्ये 944 दु 945 द्रु गतौ 946 जि 947 ज्रि अभिभवे 948 ष्मिङ् ईषद्धसने 949 गुङ् अव्यक्ते शब्दे 950 गाङ् गतौ 951 कुङ् 952 घुङ् 953 उङ् 954 ङुङ् शब्दे 955 च्युङ् 956 ज्युङ् 957 प्रुङ् 958 प्लुङ् गतौ 959 रुङ् गतिरेषणयोः 960 धृङ् अवध्वंसने 961 मेङ् प्रणिदाने 962 देङ् रक्षणे 963 श्यैङ् गतौ 964 प्यैङ् वृद्धौ 965 त्रैङ् पालने 966 पूङ् पवने 967 मूङ् बन्धने 968 डीङ् विहायसा गतौ 969 तॄ प्लवनतरणयोः 970 गुप गोपने 971 तिज निशाने 972 मान पूजायाम् 973 बध बन्धने 974 रभ राभस्ये 975 डुलभष् प्राप्तौ 976 ष्वञ्ज परिष्वङ्गे 977 हद पुरीषोत्सर्गे 978 ञिष्विदा अव्यक्ते शब्दे 979 स्कन्दिर् गतिशोषणयोः 980 यभ मैथुने 981 णम

प्रह्वत्वे शब्दे च 982 गमॢ 983 सृपॢ गतौ 984 यम उपरमे 985 तप सन्तापे 986 त्यज हानौ 987 षञ्ज सङ्गे 988 दृशिर् प्रेक्षणे 989 दंश दशने 990 कृष विलेखने 991 दह भस्मीकरणे 992 मिह सेचने 993 कित निवासे रोगापनयने च 994 दान खण्डने 995 शान तेजने 996 डुपचष् पाके 997 षच समवाये 998 भज सेवायाम् 999 रञ्ज रागे 1000 शप आक्रोशे 1001 त्विष दीप्तौ 1002 यज देवपूजासङ्गतिकरणदानेषु 1003 डुवप बीजसन्ताने 1004 वह प्रापणे 1005 वस निवासे 1006 वेञ् तन्तुसन्ताने 1007 व्येञ् संवरणे 1008 ह्वेञ् स्पर्धायां शब्दे च 1009 वद व्यक्तायां वाचि 1010 टुओश्वि गतिवृद्ध्योः ।

2c

1011 अद भक्षणे 1012 हन हिंसागत्योः 1013 द्विष अप्रीतौ 1014 दुह प्रपूरणे 1015 दिह उपचये 1016 लिह आस्वादने 1017 चक्षिङ् व्यक्तायां वाचि 1018 ईर गतौ कम्पने च 1019 ईड स्तुतौ 1020 ईश ऐश्वर्ये 1021 आस उपवेशने 1022 आङः शासु इच्छायाम् 1023 वस आच्छादने 1024 कसि गतिशासनयोः 1025 णिसि चुम्बने 1026 णिजि शुद्धौ 1027 शिजि अव्यक्ते शब्दे 1028 पिजि वर्णे 1029 वृजी वर्जने 1030 पृची सम्पर्चने 1031 षूङ् प्राणिगर्भविमोचने 1032 शीङ् स्वप्ने 1033 यु मिश्रणेऽमिश्रणे च 1034 रु शब्दे 1035 णु स्तुतौ 1036 टुक्षु शब्दे 1037 क्ष्णु तेजने 1038 ष्णु प्रस्रवणे 1039 ऊर्णुञ् आच्छादने 1040 द्यु अभिगमने 1041 षु प्रसवैश्वर्ययोः 1042 कु शब्दे 1043 ष्टुञ् स्तुतौ 1044 ब्रूञ् व्यक्तायां वाचि 1045 इण् गतौ 1046 इङ् अध्ययने 1047 इक् स्मरणे 1048 वी गतिव्याप्तिप्रजनकान्त्यसनखादनेषु 1049 या प्रापणे 1050 वा गतिगन्धनयोः 1051 भा दीप्तौ 1052 ष्णा शौचे 1053 श्रा पाके 1054 द्रा कुत्सायां गतौ 1055 प्सा भक्षणे 1056 पा रक्षणे 1057 रा दाने 1058 ला आदाने 1059 दाप् लवने 1060 ख्या प्रकथने 1061 प्रा पूरणे 1062 मा माने 1063 वच परिभाषणे 1064 विद ज्ञाने 1065 अस भुवि 1066 मृजू शुद्धौ 1067 रुदिर् अश्रुविमोचने 1068 ञिष्वप शये 1069 श्वस प्राणने 1070 अन च 1071 जक्ष भक्षहसनयोः 1072 जागृ निद्राक्षये 1073 दरिद्रा दुर्गतौ 1074 चकासृ दीप्तौ 1075 शासु अनुशिष्टौ 1076 दीधीङ् दीप्तिदेवनयोः 1077 वेवीङ् वेतिना तुल्ये 1078 षस 1079 षस्ति स्वप्ने 1080 वश कान्तौ 1081 चर्करीतं च 1082 ह्नुङ् अपनयने ।

3c

1083 हु दानादनयोः 1084 ञिभी भये 1085 ह्री लज्जायाम् 1086 पृ पालनपूरणयोः 1087 डुभृञ् धारणपोषणयोः 1088 माङ् माने शब्दे च 1089 ओहाङ् गतौ 1090 ओहाक् त्यागे 1091 डुदाञ् दाने 1092 डुधाञ् धारणपोषणयोः 1093 णिजिर् शौचपोषणयोः 1094 विजिर् पृथग्भावे 1095 विषॢ व्याप्तौ 1096 घृ क्षरणदीप्त्योः 1097 हृ प्रसह्यकरणे 1098 ऋ 1099 सृ गतौ 1100 भस भर्त्सनदीप्त्योः 1101 कि ज्ञाने 1102 तुर त्वरणे 1103 धिष शब्दे 1104 धन धान्ये 1105 जन जनने 1106 गा स्तुतौ ।

4c

1107 दिवु क्रीडाविजिगीषाव्यवहारद्युतिस्तुतिमोदमदस्वप्नकान्तिगतिषु 1108 षिवु तन्तुसन्ताने 1109 स्रिवु गतिशोषणयोः 1110 ष्ठिवु निरसने 1111 ष्णुसु अदने 1112 ष्णसु निरसने 1113 क्नसु ह्वरणदीप्त्योः 1114 व्युष दाहे 1115 प्लुष च 1116 नृती गात्रविक्षेपे 1117 त्रसी उद्वेगे 1118 कुथ पूतीभावे 1119 पुथ हिंसायाम् 1120 गुध परिवेष्टने 1121 क्षिप प्रेरणे 1122 पुष्प विकसने 1123 तिम 1124 ष्टिम 1125 ष्टीम आर्द्रीभावे 1126 व्रीड चोदने लज्जायां च 1127 इष गतौ 1128 षह 1129 षुह चक्यर्थे 1130 जृष् 1131 झृष् वयोहानौ 1132 षूङ् प्राणिप्रसवे 1133 दूङ् परितापे । 1134 दीङ् क्षये 1135 डीङ् विहायसा गतौ 1136 धीङ् आधारे 1137 मीङ् हिंसायाम् 1138 रीङ् श्रवणे 1139 लीङ् श्लेषणे 1140 व्रीङ् वृणोत्यर्थे 1141 पीङ् पाने 1142 माङ् माने 1143 ईङ् गतौ 1144 प्रीङ् प्रीतौ 1145 शो तनूकरणे 1146 छो छेदने 1147 षो अन्तकर्मणि 1148 दो अवखण्डने 1149 जनी प्रादुर्भावे 1150 दीपी दीप्तौ 1151 पूरी आप्यायने 1152 तूरी गतित्वरणहिंसनयोः 1153 धूरी 1154 गूरी हिंसागत्योः 1155 घूरी 1156 जूरी हिंसावयोहान्योः 1157 शूरी हिंसास्तम्भनयोः 1158 चूरी दाहे 1159 तप ऐश्वर्ये वा 1160 वृतु वरणे 1161 क्लिश उपतापे 1162 काशृ दीप्तौ 1163 वाशृ शब्दे 1164 मृष तितिक्षायाम् 1165 ईशुचिर् पूतीभावे । 1166 णह बन्धने 1167 रञ्ज रागे 1168 शप आक्रोशे 1169 पद गतौ 1170 खिद दैन्ये 1171 विद सत्तायाम् 1172 बुध अवगमने 1173 युध सम्प्रहारे 1174 अनोरुध कामे 1175 अण प्राणने 1176 मन ज्ञाने 1177 युज समाधौ 1178 सृज विसर्गे 1179 लिश अल्पीभावे 1180 राधोऽकर्मकाद् वृद्धावेव 1181 व्यध ताडने 1182 पुष पुष्टौ 1183 शुष शोषणे 1184 तुष प्रीतौ 1185 दुष वैकृत्ये 1186 श्लिष आलिङ्गने 1187

शक विभाषितो मर्षणे 1188 ष्विदा गात्रप्रक्षरणे 1189 क्रुध क्रोधे 1190 क्षुध बुभुक्षायाम् 1191 शुध शौचे 1192 षिधु संराद्धौ 1193 रध हिंसासंराद्ध्योः 1194 णश अदर्शने 1195 तृप प्रीणने 1196 दृप हर्षमोहनयोः 1197 द्रुह जिघांसायाम् 1198 मुह वैचित्त्ये 1199 ष्णुह उद्गिरणे 1200 ष्णिह प्रीतौ 1201 शमु उपशमे 1202 तमु काङ्क्षायाम् 1203 दमु उपशमे 1204 श्रमु तपसि खेदे च 1205 भ्रमु अनवस्थाने 1206 क्षमू सहने 1207 क्लमु ग्लानौ 1208 मदी हर्षे 1209 असु क्षेपणे 1210 यसु प्रयत्ने 1211 जसु मोक्षणे 1212 तसु उपक्षये 1213 दसु च 1214 वसु स्तम्भे 1215 व्युष विभागे 1216 प्लुष दाहे 1217 बिस प्रेरणे 1218 कुस संश्लेषणे 1219 बुस उत्सर्गे 1220 मुस खण्डने 1221 मसी परिणामे 1222 लुट विलोडने 1223 उच समवाये 1224 भृशु 1225 भ्रंशु अधःपतने 1226 वृश वरणे 1227 कृश तनूकरणे 1228 ञितृषा पिपासायाम् 1229 हृष तुष्टौ 1230 रुष 1231 रिष हिंसायाम् 1232 डिप क्षेपे 1233 कुप क्रोधे 1234 गुप व्याकुलत्वे 1235 युप 1236 रुप 1237 लुप विमोहने 1238 लुभ गार्ध्ये 1239 क्षुभ सञ्चलने 1240 णभ 1241 तुभ हिंसायाम् 1242 क्लिदू आर्द्रीभावे 1243 ञिमिदा स्नेहने 1244 ञिक्ष्विदा स्नेहनमोचनयोः 1245 ऋधु वृद्धौ 1246 गृधु अभिकाङ्क्षायाम् ।

5c

1247 षुञ् अभिषवे 1248 षिञ् बन्धने 1249 शिञ् निशाने 1250 डुमिञ् प्रक्षेपणे 1251 चिञ् चयने 1252 स्तृञ् आच्छादने 1253 कृञ् हिंसायाम् 1254 वृञ् वरणे 1255 धुञ् कम्पने 1256 टुदु उपतापे 1257 हि गतौ वृद्धौ च 1258 पृ प्रीतौ 1259 स्पृ प्रीतिपालनयोः 1260 आपॢ व्याप्तौ 1261 शक्लृ शक्तौ 1262 राध 1263 साध संसिद्धौ 1264 अशू व्याप्तौ सङ्घाते च 1265 ष्टिघ आस्कन्दने 1266 तिक 1267 तिग गतौ च 1268 षघ हिंसायाम् 1269 ञिधृषा प्रागल्भ्ये 1270 दम्भु दम्भने 1271 ऋधु वृद्धौ 1272 अह व्याप्तौ 1273 दघ घातने पालने च 1274 चमु भक्षणे 1275 रि 1276 क्षि 1277 चिरि 1278 जिरि 1279 दाश 1280 दृ हिंसायाम् ।

6c

1281 तुद व्यथने 1282 णुद प्रेरणे 1283 दिश अतिसर्जने 1284 भ्रस्ज पाके 1285 क्षिप प्रेरणे 1286 कृष विलेखने 1287 ऋषी गतौ 1288 जुषी प्रीतिसेवनयोः 1289 ओविजी भयचलनयोः 1290 ओलजी 1291 ओलस्जी व्रीडायाम् 1292 ओव्रश्चू छेदने

1293 व्यच व्याजीकरणे 1294 उछि उञ्छे 1295 उछी विवासे 1296 ऋच्छ गतीन्द्रियप्रलयमूर्तिभावेषु 1297 मिछ उत्क्लेशे 1298 जर्ज 1299 चर्च 1300 झर्झ परिभाषणभर्त्सनयोः 1301 त्वच संवरणे 1302 ऋच स्तुतौ 1303 उब्ज आर्जवे 1304 उज्झ उत्सर्गे 1305 लुभ विमोहने 1306 रिफ कत्थनयुद्धनिन्दाहिंसादानेषु 1307 तृप 1308 तृम्फ तृप्तौ 1309 तुप 1310 तुम्प 1311 तुफ 1312 तुम्फ हिंसायाम् 1313 दृप 1314 दृम्फ उत्क्लेशे 1315 ऋफ 1316 ऋम्फ हिंसायाम् 1317 गुफ 1318 गुम्फ ग्रन्थे 1319 उभ 1320 उम्भ पूरणे 1321 शुभ 1322 शुम्भ शोभार्थे 1323 दृभी ग्रन्थे 1324 चृती हिंसाश्रन्थनयोः 1325 विध विधाने 1326 जुड गतौ 1327 मृड सुखने 1328 पृड च 1329 पृण प्रीणने 1330 वृण च 1331 मृण हिंसायाम् 1332 तुण कौटिल्ये 1333 पुण कर्मणि शुभे 1334 मुण प्रतिज्ञाने 1335 कुण शब्दोपकरणयोः 1336 शुन गतौ 1337 द्रुण हिंसागतिकौटिल्येषु 1338 घुण 1339 घूर्ण भ्रमणे 1340 षुर ऐश्वर्यदीप्त्योः 1341 कुर शब्दे 1342 खुर छेदने 1343 मुर संवेष्टने 1344 क्षुर विलेखने 1345 घुर भीमार्थशब्दयोः 1346 पुर अग्रगमने 1347 वृहू उद्यमने 1348 तृहू 1349 स्तृहू 1350 तृंहू हिंसार्थाः 1351 इष इच्छायाम् 1352 मिष स्पर्धायाम् 1353 किल श्वैत्यक्रीडनयोः 1354 तिल स्नेहने 1355 चिल वसने 1356 चल विलसने 1357 इल स्वप्नक्षेपणयोः 1358 विल संवरणे 1359 बिल भेदने 1360 णिल गहने 1361 हिल भावकरणे 1362 शिल 1363 षिल उञ्छे 1364 मिल श्लेषणे 1365 लिख अक्षरविन्यासे 1366 कुट कौटिल्ये 1367 पुट संश्लेषणे 1368 कुच सङ्कोचने 1369 गुज शब्दे 1370 गुड रक्षायाम् 1371 डिप क्षेपे 1372 छुर छेदने 1373 स्फुट विकसने 1374 मुट आक्षेपमर्दनयोः 1375 त्रुट छेदने 1376 तुट कलहकर्मणि 1377 चुट 1378 छुट छेदने 1379 जुड बन्धने 1380 कड मदे 1381 लुट संश्लेषणे 1382 कृड घनत्वे 1383 कुड बाल्ये 1384 पुड उत्सर्गे 1385 घुट प्रतिघाते 1386 तुड तोडने 1387 थुड 1388 स्थुड संवरणे 1389 स्फुर 1390 स्फुल सञ्चलने 1391 स्फुड 1392 चुड 1393 व्रुड संवरणे 1394 क्रुड 1395 भृड निमज्जन इत्येके 1396 गुरी उद्यमने 1397 णू स्तवने 1398 धू विधूनने 1399 गु पुरीषोत्सर्गे 1400 ध्रु गतिस्थैर्ययोः 1401 कुङ् शब्दे 1402 पृङ् व्यायामे 1403 मृङ् प्राणत्यागे 1404 रि 1405 पि गतौ 1406 धि धारणे 1407 क्षि निवासगत्योः 1408 षू प्रेरणे 1409 कॄ विक्षेपे 1410 गॄ निगरणे 1411 दृङ् आदरे 1412 धृङ् अवस्थाने 1413 प्रछ ज्ञीप्सायाम् 1414 सृज विसर्गे 1415 टुमस्जो शुद्धौ 1416 रुजो भङ्गे 1417 भुजो

कौटिल्ये 1418 छुप स्पर्शे 1419 रुश 1420 रिश हिंसायाम् 1421 लिश गतौ 1422 स्पृश संस्पर्शने 1423 विछ गतौ 1424 विश प्रवेशने 1425 मृश आमर्शने 1426 णुद प्रेरणे 1427 षद्‍ॢ विशरणगत्यवसादनेषु 1428 शद्‍ॢ शातने 1429 मिल सङ्गमे 1430 मुच्‍ॢ मोक्षणे 1431 लुप्‍ॢ छेदने 1432 विद्‍ॢ लाभे 1433 लिप उपदेहे 1434 षिच क्षरणे 1435 कृती छेदने 1436 खिद परिघाते 1437 पिश अवयवे ।

7c

1438 रुधिर् आवरणे 1439 भिदिर् विदारणे 1440 छिदिर् द्वैधीकरणे 1441 रिचिर् विरेचने 1442 विचिर् पृथग्भावे 1443 क्षुदिर् सम्पेषणे 1444 युजिर् योगे 1445 उछृदिर् दीप्तिदेवनयोः 1446 उतृदिर् हिंसाऽनादरयोः 1447 कृती वेष्टने 1448 ञिइन्धी दीप्तौ 1449 खिद दैन्ये 1450 विद विचारणे 1451 शिष्‍ॢ विशेषणे 1452 पिष्‍ॢ सञ्चूर्णने 1453 भञ्जो आमर्दने 1454 भुज पालनाभ्यवहारयोः 1455 तृह 1456 हिसि हिंसायाम् 1457 उन्दी क्लेदने 1458 अञ्जू व्यक्तिम्रक्षणकान्तिगतिषु 1459 तञ्चू सङ्कोचने 1460 ओविजी भयचलनयोः 1461 वृजी वर्जने 1462 पृची सम्पर्के ।

8c

1463 तनु विस्तारे 1464 षणु दाने 1465 क्षणु हिंसायाम् 1466 क्षिणु च 1467 ऋणु गतौ 1468 तृणु अदने 1469 घृणु दीप्तौ 1470 वनु याचने 1471 मनु अवबोधने 1472 डुकृञ् करणे ।

9c

1473 डुक्रीञ् द्रव्यविनिमये 1474 प्रीञ् तर्पणे कान्तौ च 1475 श्रीञ् पाके 1476 मीञ् हिंसायाम् 1477 षिञ् बन्धने 1478 स्कुञ् आप्रवणे 1479 युञ् बन्धने 1480 क्नूञ् शब्दे 1481 द्रूञ् हिंसायाम् 1482 पूञ् पवने 1483 लूञ् छेदने 1484 स्तृञ् आच्छादने 1485 कृञ् हिंसायाम् 1486 वृञ् वरणे 1487 धूञ् कम्पने 1488 शॄ हिंसायाम् 1489 पॄ पालनपूरणयोः 1490 वॄ वरणे 1491 भॄ भर्त्सने 1492 मॄ हिंसायाम् 1493 दॄ विदारणे 1494 जॄ वयोहानौ 1495 नॄ नये 1496 कॄ हिंसायाम् 1497 ॠ गतौ 1498 गॄ शब्दे 1499 ज्या वयोहानौ 1500 री गतिरेषणयोः 1501 ली श्लेषणे 1502 व्ली वरणे 1503 प्ली गतौ 1504 व्री वरणे 1505 भ्री भये 1506 क्षीष् हिंसायाम् 1507 ज्ञा अवबोधने 1508 बन्ध बन्धने 1509 वृङ् सम्भक्तौ 1510 श्रन्थ

विमोचनप्रतिहर्षयोः 1511 मन्थ विलोडने 1512 श्रन्थ 1513 ग्रन्थ सन्दर्भे 1514 कुन्थ संश्लेषणे 1515 मृद क्षोदे 1516 मृड च 1517 गुध रोषे 1518 कुष निष्कर्षे 1519 क्षुभ सञ्चलने 1520 णभ 1521 तुभ हिंसायाम् 1522 क्लिशू विबाधने 1523 अश भोजने 1524 उध्रस उञ्छे 1525 इष आभीक्ष्ण्ये 1526 विष विप्रयोगे 1527 प्रुष 1528 प्लुष स्नेहनसेवनपूरणेषु 1529 पुष पुष्टौ 1530 मुष स्तेये 1531 खच भूतप्रादुर्भावे 1532 हेठ च 1533 ग्रह उपादाने ।

10c

1534 चुर स्तेये 1535 चिति स्मृत्याम् 1536 यत्रि सङ्कोचने 1537 स्फुडि परिहासे 1538 लक्ष दर्शनाङ्कनयोः 1539 कुद्रि अनृतभाषणे 1540 लड उपसेवायाम् 1541 मिदि स्नेहने 1542 ओलडि उत्क्षेपणे 1543 जल अपवारणे 1544 पीड अवगाहने 1545 नट अवस्यन्दने 1546 श्रथ प्रयत्ने 1547 बध संयमने 1548 पॄ पूरणे 1549 ऊर्ज बलप्राणनयोः 1550 पक्ष परिग्रहे 1551 वर्ण 1552 चूर्ण प्रेरणे 1553 प्रथ प्रख्याने 1554 पृथ प्रक्षेपे 1555 षम्ब सम्बन्धने 1556 शम्ब च 1557 भक्ष अदने 1558 कुट्ट छेदनभर्त्सनयोः 1559 पुट्ट 1560 चुट्ट अल्पीभावे 1561 अट्ट 1562 षुट्ट अनादरे 1563 लुण्ठ स्तेये 1564 शठ 1565 श्वठ असंस्कारगत्योः 1566 तुजि 1567 पिजि हिंसाबलादाननिकेतनेषु 1568 पिस गतौ 1569 षान्त्व सामप्रयोगे 1570 श्वल्क 1571 वल्क परिभाषणे 1572 ष्णिह स्नेहने 1573 स्मिट अनादरे 1574 श्लिष श्लेषणे 1575 पथि गतौ 1576 पिछ कुट्टने 1577 छदि संवरणे 1578 श्रण दाने 1579 तड आघाते 1580 खड 1581 खडि 1582 कडि भेदने 1583 कुडि रक्षणे 1584 गुडि वेष्टने 1585 खुडि खण्डने 1586 वटि विभाजने 1587 मडि भूषायां हर्षे च 1588 भडि कल्याणे 1589 छर्द वमने 1590 पुस्त 1591 बुस्त आदरानादरयोः 1592 चुद सञ्चोदने 1593 नक्क 1594 धक्क नाशने 1595 चक्क 1596 चुक्क व्यथने 1597 क्षल शौचकर्मणि 1598 तल प्रतिष्ठायाम् 1599 तुल उन्माने 1600 दुल उत्क्षेपे 1601 पुल महत्त्वे 1602 चुल समुच्छ्राये 1603 मूल रोहणे 1604 कल 1605 विल क्षेपे 1606 बिल भेदने 1607 तिल स्नेहने 1608 चल भृतौ 1609 पाल रक्षणे 1610 लूष हिंसायाम् 1611 शुल्ब माने 1612 शूर्प च 1613 चुट छेदने 1614 मुट सञ्चूर्णने 1615 पडि 1616 पसि नाशने 1617 व्रज मार्गसंस्कारगत्योः 1618 शुल्क अतिस्पर्शने 1619 चपि गत्याम् 1620 क्षपि क्षान्त्याम् 1621 छजि कृच्छ्रजीवने 1622 श्वर्त गत्याम् 1623

श्वभ्र च 1624 ज्ञप ज्ञानज्ञापनमारणतोषणनिशाननिशामनेषु 1625 यम च परिवेषणे 1626 चह परिकल्कने 1627 रह त्यागे 1628 बल प्राणने 1629 चिञ् चयने 1630 घट्ट चलने 1631 मुस्त सङ्घाते 1632 खट्ट संवरणे 1633 षट्ट 1634 स्फिट्ट 1635 चुबि हिंसायाम् 1636 पूल सङ्घाते 1637 पुंस अभिवर्धने 1638 टकि बन्धने 1639 धूस कान्तिकरणे 1640 कीट वर्णे 1641 चूर्ण सङ्कोचने 1642 पूज पूजायाम् 1643 अर्क स्तवने 1644 शुठ आलस्ये 1645 शुठि शोषणे 1646 जुड प्रेरणे 1647 गज 1648 मार्ज शब्दार्थौ 1649 मर्च च 1650 घृ प्रस्रवणे 1651 पचि विस्तारवचने 1652 तिज निशाने 1653 कृत संशब्दने 1654 वर्ध छेदनपूरणयोः 1655 कुबि आच्छादने 1656 लुबि 1657 तुबि अदर्शने 1658 ह्लप व्यक्तायां वाचि 1659 चुटि छेदने 1660 इल प्रेरणे 1661 म्रक्ष म्लेच्छने 1662 म्लेछ अव्यक्तायां वाचि 1663 ब्रूस 1664 बर्ह हिंसायाम् 1665 गुर्द पूर्वनिकेतने 1666 जसि रक्षणे 1667 ईड स्तुतौ 1668 जसु हिंसायाम् 1669 पिडि सङ्घाते 1670 रुष रोषे 1671 डिप क्षेपे 1672 ष्टुप समुच्छ्राये 1673 चित सञ्चेतने 1674 दशि दंशने 1675 दसि दर्शनदंशनयोः 1676 डप 1677 डिप सङ्घाते 1678 तत्रि कुटुम्बधारणे 1679 मत्रि गुप्तपरिभाषणे 1680 स्पश ग्रहणसंश्लेषणयोः 1681 तर्ज 1682 भर्त्स तर्जने 1683 बस्त 1684 गन्ध अर्दने 1685 विष्क हिंसायाम् 1686 निष्क परिमाणे 1687 लल ईप्सायाम् 1688 कूण सङ्कोचे 1689 तूण पूरणे 1690 भ्रूण आशाविशङ्कयोः 1691 शठ श्लाघायाम् 1692 यक्ष पूजायाम् 1693 स्यम वितर्के 1694 गूर उद्यमने 1695 शम 1696 लक्ष आलोचने 1697 कुत्स अवक्षेपणे 1698 त्रुट छेदने 1699 गल स्रवणे 1700 भल आभण्डने 1701 कूट आप्रदाने 1702 कुट्ट प्रतापने 1703 वञ्चु प्रलम्भने 1704 वृष शक्तिबन्धने 1705 मद तृप्तियोगे 1706 दिवु परिकूजने 1707 गृ विज्ञाने 1708 विद चेतनाख्याननिवासेषु 1709 मान स्तम्भे 1710 यु जुगुप्सायाम् 1711 कुस्म नाम्नो वा 1712 चर्च अध्ययने 1713 बुक्क भाषणे 1714 शब्द उपसर्गादाविष्कारे च 1715 कण निमीलने 1716 जभि नाशने 1717 षूद क्षरणे 1718 जसु ताडने 1719 पश बन्धने 1720 अम रोगे 1721 चट 1722 स्फुट भेदने 1723 घट सङ्घाते 1724 दिवु मर्दने 1725 अर्ज प्रतियत्ने 1726 घुषिर् विशब्दने 1727 आङः क्रन्द सातत्ये 1728 लस शिल्पयोगे 1729 तसि 1730 भूष अलङ्करणे 1731 अर्ह पूजायाम् 1732 ज्ञा नियोगे 1733 भज विश्राणने 1734 शृधु प्रसहने 1735 यत निकारोपस्कारयोः 1736 रक 1737 लग आस्वादने 1738 अञ्चु विशेषणे 1739 लिगि चित्रीकरणे 1740 मुद संसर्गे

1741 त्रस धारणे 1742 उध्रस उञ्छे 1743 मुच प्रमोचने मोदने च 1744 वस स्नेहच्छेदापहरणेषु 1745 चर संशये 1746 च्यु सहने 1747 भुवोऽवकल्कने 1748 कृपेश्च 1749 ग्रस ग्रहणे 1750 पुष धारणे 1751 दल विदारणे 1752 पट 1753 पुट 1754 लुट 1755 तुजि 1756 मिजि 1757 पिजि 1758 लुजि 1759 भजि 1760 लघि 1761 त्रसि 1762 पिसि 1763 कुसि 1764 दशि 1765 कुशि 1766 घट 1767 घटि 1768 बृहि 1769 बर्ह 1770 बल्ह 1771 गुप 1772 धूप 1773 विछ 1774 चीव 1775 पुथ 1776 लोकृ 1777 लोचृ 1778 णद 1779 कुप 1780 तर्क 1781 वृतु 1782 वृधु भाषार्थाः 1783 रुट 1784 लजि 1785 अजि 1786 दसि 1787 भृशि 1788 रुशि 1789 शीक 1790 रुसि 1791 नट 1792 पुटि 1793 जि 1794 चि 1795 रघि 1796 लघि 1797 अहि 1798 रहि 1799 महि च 1800 लडि 1801 तड 1802 नल च 1803 पूरी आप्यायने 1804 रुज हिंसायाम् 1805 ष्वद आस्वादने 1806 युज 1807 पृच संयमने 1808 अर्च पूजायाम् 1809 षह मर्षणे 1810 ईर क्षेपे 1811 ली द्रवीकरणे 1812 वृजी वर्जने 1813 वृञ् आवरणे 1814 जॄ वयोहानौ 1815 ज्रि च 1816 रिच वियोजनसम्पर्चनयोः 1817 शिष असर्वोपयोगे 1818 तप दाहे 1819 तृप तृप्तौ 1820 छृदी सन्दीपने 1821 दृभी भये 1822 दृभ सन्दर्भे 1823 श्रथ मोक्षणे 1824 मी गतौ 1825 ग्रन्थ बन्धने 1826 शीक आमर्षणे 1827 चीक च 1828 अर्द हिंसायाम् 1829 हिसि हिंसायाम् 1830 अर्ह पूजायाम् 1831 आङः षद पद्यर्थे 1832 शुन्ध शौचकर्मणि 1833 छद अपवारणे 1834 जुष परितर्कणे 1835 धूञ् कम्पने 1836 प्रीञ् तर्पणे 1837 श्रन्थ 1838 ग्रन्थ सन्दर्भे 1839 आपॢ लम्भने 1840 तनु श्रद्धोपकरणयोः 1841 वद सन्देशवचने 1842 वच परिभाषणे 1843 मान पूजायाम् 1844 भू प्राप्तौ 1845 गर्ह विनिन्दने 1846 मार्ग अन्वेषणे 1847 कठि शोके 1848 मृजू शौचालङ्करणयोः 1849 मृष तितिक्षायाम् 1850 धृष प्रसहने 1851 कथ वाक्यप्रबन्धे 1852 वर ईप्सायाम् 1853 गण सङ्ख्याने 1854 शठ 1855 श्वठ सम्यगवभाषणे 1856 पट 1857 वट ग्रन्थे 1858 रह त्यागे 1859 स्तन 1860 गदी देवशब्दे 1861 पत गतौ वा 1862 पष अनुपसर्गात् 1863 स्वर आक्षेपे 1864 रच प्रतियत्ने 1865 कल गतौ सङ्ख्याने च 1866 चह परिकल्कने 1867 मह पूजायाम् 1868 सार 1869 कृप 1870 श्रथ दौर्बल्ये 1871 स्पृह ईप्सायाम् 1872 भाम क्रोधे 1873 सूच पैशुन्ये 1874 खेट भक्षणे 1875 क्षोट क्षेपे 1876 गोम उपलेपने 1877 कुमार

क्रीडायाम् 1878 शील उपधारणे 1879 साम सान्त्वप्रयोगे 1880 वेल कालोपदेशे 1881 पल्पूल लवनपवनयोः 1882 वात सुखसेवनयोः 1883 गवेष मार्गणे 1884 वास उपसेवायाम् 1885 निवास आच्छादने 1886 भाज पृथक्कर्मणि 1887 सभाज प्रीतिदर्शनयोः 1888 ऊन परिहाणे 1889 ध्वन शब्दे 1890 कूट परितापे 1891 सङ्केत 1892 ग्राम 1893 कुण 1894 गुण चामन्त्रणे 1895 केत श्रावणे निमन्त्रणे च 1896 कूण सङ्कोचनेऽपि 1897 स्तेन चौर्ये 1898 पद गतौ 1899 गृह ग्रहणे 1900 मृग अन्वेषणे 1901 कुह विस्मापने 1902 शूर 1903 वीर विक्रान्तौ 1904 स्थूल परिबृंहणे 1905 अर्थ उपयाच्ञायाम् 1906 सत्र सन्तानक्रियायाम् 1907 गर्व माने 1908 सूत्र वेष्टने 1909 मूत्र प्रस्रवणे 1910 रूक्ष पारुष्ये 1911 पार 1912 तीर कर्मसमाप्तौ 1913 पुट संसर्गे 1914 धेक दर्शन इत्येके 1915 कत्र शैथिल्ये 1916 बष्क दर्शने 1917 चित्र चित्रीकरणे 1918 अंस समाघाते 1919 वट विभाजने 1920 लज प्रकाशने 1921 मिश्र सम्पर्के 1922 सङ्ग्राम युद्धे 1923 स्तोम श्लाघायाम् 1924 छिद्र कर्णभेदने 1925 अन्ध दृष्ट्युपघाते 1926 दण्ड दण्डनिपातने 1927 अङ्क पदे लक्षणे च 1928 अङ्ग च 1929 सुख 1930 दुःख तत्क्रियायाम् 1931 रस आस्वादनस्नेहनयोः 1932 व्यय वित्तसमुत्सर्गे 1933 रूप रूपक्रियायाम् 1934 छेद द्वैधीकरणे 1935 छद अपवारणे 1936 लाभ प्रेरणे 1937 व्रण गात्रविचूर्णने 1938 वर्ण वर्णक्रियाविस्तारगुणवचनेषु 1939 पर्ण हरितभावे 1940 विष्क दर्शने 1941 क्षिप प्रेरणे 1942 वस निवासे 1943 तुत्थ आवरणे ॥

------------End-----------

KandvAdi Gana

Some Dhatus are listed in the Ganapatha book. The Ganapatha is a collection of stems that is an Appendix to the Ashtadhyayi. These stems are used as Dhatus, i.e. derived to make Verbs, and are also used as noun stems, i.e. declined to make Nouns.

3.1.27 **कण्ड्वादिभ्यो यक्** । This Ashtadhyayi Sutra points to the Ganapatha. It says that the Stems beginning with कण्डूञ् shall take the vikarana यक् ।

अथ कण्ड्वादिः ।

Sutra No	Dhatu / Noun Stem	Meaning	Verb Usage
1	कण्डूञ्	गात्रविघर्षणे ।	कण्डूयति–ते
2	मन्तु	अपराधे ।	मन्तूयति
3	वल्गु	पूजामाधुर्ययोः ।	वल्गूयति
4a	असु	उपतापे । असू असूञ् इत्येके ।	असूयति
4b	मनस्	उपतापे ।	मनस्यति
5a	लेट्	धौर्त्ये पूर्वभावे स्वप्ने च । दीप्तावित्येके ।	लेट्यति
5b	लोट्	धौर्त्ये पूर्वभावे स्वप्ने च ।	लोट्यति
5c	लेला	दीप्तौ इत्येके ।	लेलायति
6a	इरज्	ईर्ष्यायाम् ।	इरज्यति
6b	इयस्	ईर्ष्यायाम् ।	इयस्यति
6c	इरञ्	ईर्ष्यायाम् ।	इर्यति-ते
7	उषस्	प्रभातीभावे ।	उषस्यति
8	वेद	धौर्त्ये स्वप्ने प्रभाते च ।	वेद्यति
9	मेधा	आशुग्रहणे ।	मेधायति
10	कुषुभ (नमस्)	क्षेपे ।	कुषुभ्यति
11	मगध	परिवेष्टने । नीचदास्य इत्यन्ये	मगध्यति
12a	तन्तस्	दुःखे ।	तन्तस्यति
12b	पम्पस् (पपस्)	दुःखे ।	पम्पस्यति
13a	सुख	तत् क्रियायाम् ।	सुख्यति
13b	दुःख	तत् क्रियायाम् । (भिक्ष चरम	दुःख्यति

		अवर)	
14	सपर	पूजायाम् ।	सपर्यति
15	अरर (अरर्)	आराकर्मणि ।	अर्यति
16	भिषज्	चिकित्सायाम् ।	भिषज्यति
17	भिष्णज् (तिषज्)	उपसेवायाम् ।	भिष्णज्यति
18	इषुध	शरधारणे ।	इषुध्यति
19a	चरण	गतौ ।	चरण्यति
19b	वरण	गतौ ।	वरण्यति
20	चुरण	चौर्ये ।	चुरण्यति
21	तुरण	त्वरायाम् ।	तुरण्यति
22	भुरण	धारणपोषणयोः ।	भुरण्यति
23	गद्गद	वाक्स्खलने ।	गद्गद्यति
24a	एला	विलासे । वेला शेला इला इत्यन्ये ।	एलायति
24b	केला	विलासे ।	केलायति
24c	खेला	विलासे ।	खेलायति
25	लेखा (लेख)	स्खलने च । अदन्तोऽयमित्येके	लेखायति
26	लिट्	अल्पकुत्सनयोः ।	लिट्यति
27	लाट्	जीवने ।	लाट्यति
28	हृणीङ्	रोषणे लज्जायां च ।	हृणीयते
29	महीङ्	पूजायाम् ।	महीयते
30	रेखा	श्लाघासादनयोः ।	रेखायति
31	द्रवस्	परितापपरिचरणयोः ।	द्रवस्यति
32	तिरस्	अन्तर्द्धौ ।	तिरस्यति
33	अगद	नीरोगत्वे ।	अगद्यति
34	उरस्	बलार्थः ।	उरस्यति
35	तरण (तरिण)	गतौ ।	तरण्यति
36	पयस्	प्रसृतौ ।	पयस्यति
37	सम्भूयस्	प्रभूतभावे ।	सम्भूयस्यति
38a	अम्बर	संवरणे ।	अम्बरयति
38b	संवर	संवरणे ।	संवरयति

आकृतिगणोऽयम् । इति कण्डवादिः ॥

GanaSutras from the Dhatupatha

The word Gana Sutra गणसूत्र refers to statements that qualify one or more Dhatus in the Dhatupatha of Panini. Similarly, Ganasutra also refers to statements that qualify one or more Noun Stems in the Ganapatha of Panini. Also, the Kashika Vritti has additional gana sutras.

Here we give the GanaSutras from the Dhatupatha of Panini.

The Dhatupatha consists of two types of statements.
The main statements or sutras name the Dhatus explicitly.
So these are called Dhatu Sutras. The Dhatus are placed in ganas or groups (1c to 10c) for ease of deriving the Sarvadhatuka affixed Verbs and Nouns. There are 1943 explicit Dhatu Sutras according to the Kashika Vritti and also verified by Siddhanta Kaumudi. However the Root 1081 चर्करीतं च is a Ganasutra and not a Dhatusutra.

The other statements are called Gana Sutras. There are the statements that qualify or give additional information for one or more Dhatus. Also, these statements give the information regarding the beginning of a gana and ending of a gana. Sometimes the same statement is referred to both as a Dhatusutra and a Ganasutra.

Note that the Dhatu gana or grouping is relevant only for Sarvadhatuka Affixes. When using the Ardhadhatuka Afixes, the entire Dhatupatha of 1943 Dhatus is one set only.

GanaSutra statements are listed here in the order of their appearance in the Dhatupatha of Panini.

Gana	Applies to Dhatu	GanaSutra
1c	775 ञित्वरा सम्भ्रमे ।	घटादयः षितः ।
1c	811 ज्ञा मारणतोषणनिशामनेषु ।	मारणतोषणनिशामनेषु ज्ञा ।
1c	812 कम्पने चलिः ।	कम्पने चलिः ।
1c	813 छदिः ऊर्जने ।	छदिः ऊर्जने ।
1c	814 लडिः जिह्वोन्मथने ।	जिह्वोन्मथने लडिः ।
1c	815 मदी हर्षग्लेपनयोः ।	मदी हर्षग्लेपनयोः ।
1c	816 ध्वन शब्दे ।	ध्वन शब्दे ।
1c	548 दल 491 वल 544 स्खल 445 रण 795 रण 816 ध्वन 374 त्रपूष् 913 क्षै	दलि-वलि-स्खलि-रणि-ध्वनि-त्रपि-क्षपयश्च ।
1c	817 स्वन अवतंसने ।	स्वन अवतंसने ।
1c	Roots 763 घट चेष्टायाम् to 817 स्वन अवतंसने ।	घटादयो मितः ।
1c	442 क्षम् 466 द्रम् 470 छम् 471 जम् 472 झम् 473 क्रम् 826 स्यम् 829 सम् 830 स्तम् 849 वम् 850 भ्रम् 853 रम् 981 नम् 982 गम् 984 यम् 1201 शम् 1202 तम् 1203 दम् 1204 श्रम् 1205 भ्रम् 1206 क्षम् 1207 क्लम्	जनीजॄष्क्नसुरञ्जोऽमन्ताश्च ।
1c	804 ज्वल् 805 ह्वल् 806 ह्मल् (981 नम्)	ज्वलह्वलह्मलनमामनुपसर्गाद्वा ।
1c	903 ग्लै 1052 ष्णा 803 वन् 849 टुवम्	ग्लास्नावनुवमां च ।
1c	443 कम् 465 अम् 469 चम् 1274 चम्	न कम्यमिचमाम् ।
1c	818 शमोऽदर्शने ।	शमोऽदर्शने ।
1c	819 यमोऽपरिवेषणे ।	यमोऽपरिवेषणे ।

1c	820 स्खदिर् अवपरिभ्यां च ।	स्खदिर् अवपरिभ्यां च ।
1c	821 फण गतौ ।	फण गतौ ।
2c	1081 चर्करीतं च । All Roots in Dhatupatha that are monosyllabic and Consonant beginning.	चर्करीतं च ।
	This is actually a Ganasutra, however it has been numbered as a Dhatusutra. Hence even though the actual Root count in a standard Dhatupatha is 1942, the Dhatu Serial Number runs till 1943. This collects all Roots that will undergo यङ् लुक् i.e. Verbs that drop यङ् also drop शप् Gana Vikarana during application of यङ् Secondary Root Affix to make Intensive/Repetitive Verbs. Note: यङ् gets added to Roots that are monosyllabic and Consonant beginning.	
3c	None	
4c	1159 तप ऐश्वर्ये वा ।	तप ऐश्वर्ये वा ।
	1160 वृतु वरणे ।	वा वृतु वरणे ।
	1140 व्रीङ् वृणोत्यर्थे ।	स्वादय ओदितः ।
5c 6c 7c 8c 9c	None	
10c	1624 ज्ञप ज्ञानज्ञापनमारणतोषणनिशान-निशामनेषु ।	ज्ञप मिच्च ।
	1629 चिञ् चयने ।	नान्ये मितोऽहेतौ ।
	1673 चित सञ्चेतने ।	आकुस्मादात्मनेपदिनः ।
	1724 दिवु मर्दने ।	हन्त्यर्थाश्च ।
	1747 भुवोऽवकल्कने ।	भुवोऽवकल्कने ।
	1748 कृपेश्च ।	कृपेश्च ।

	1749 ग्रस ग्रहणे ।	आस्वदः सकर्मकात्
	1806 युज संयमने ।	आधृषाद्वा ।
	1831 आङः षद पद्यर्थे ।	आङः षदः पद्यर्थे ।
	1851 कथ वाक्यप्रबन्धे ।	अथादन्ताः ।
	1861 पत गतौ वा ।	पत गतौ वा । वा णिजन्तः ।
	1862 पष अनुपसर्गात् ।	पष अनुपसर्गात् ।
	1898 पद गतौ ।	आ गर्वादात्मनेपदिनः ।
	1916 बष्क दर्शने ।	**प्रातिपदिकाद्धात्वर्थे बहुलमिष्ठवच्च ।**
	-	तत्करोति तदाचष्टे ।
	-	तेनातिक्रामति ।
	-	धातुरूपं च ।
	-	कर्तृकरणाद्धात्वर्थे ।
	1929 सुख तत्क्रियायाम् ।	सुख दुःख तत्क्रियायाम् ।
	1939 पर्ण हरितभावे ।	बहुलमेतन्निदर्शनम् ।
	1943 तुत्थ आवरणे ।	**Last Dhatu of Dhatupatha**
	-	णिङङ्गान्निरसने ।
	-	श्वेताश्वाश्वतरगालोडिताह्वरकाणामश्वतरेतकलोपश्च ।
	-	**पुच्छादिषु धात्वर्थे इत्येव सिद्धम् ।**
Dhatupatha Ends		

Sautra Dhatu सौत्र

Some Dhatus are not listed in the Dhatupatha. However, these or their finished words are seen in the Ashtadhyayi and in Literature. Such a Dhatu is given the term सौत्र धातुः i.e. from the Sutrapatha.

SN	सौत्र Dhatu	Ashtadhyayi Sutra
1	ऋतिः घृणायाम् ।	3.1.29 ऋतेरीयङ् ।
	ऋत् । ऋतीयते । Conjugates as a 2c Root with शप् लुक् 3.1.31 आयादय आर्धद्धातुके वा । This Root will take इयङ् affix	
2a 2b 2c 2d	स्तन्भुँ , स्तुन्भुँ , स्कन्भुँ , स्कुन्भुँ	3.1.82 स्तन्भुस्तुन्भुस्कन्भुस्कुन्भुस्कञ्भ्यः श्नुश्च । Refer 387 स्कभि प्रतिबन्धे । 1c
	स्तन्भ् स्तुन्भ् स्कन्भ् स्कुन्भ् रोधने । Conjugate as श्ना 9c and श्नु 5c both. E.g. स्तन्भ् + श्ना + ति → स्तभ्नाति । स्तन्भ् + श्नु + ति → स्तभ्नोति । Both forms.	
3	सातिः सुखे । सातयति ।	3.1.138 अनुपसर्गाल्लिम्पविन्दधारिपारिवेद्युदेजिचेतिसातिसाहिभ्यश्च ।
4	जु वेगितायां गतौ । जवति ।	3.2.150 जुचङ्क्रम्यदन्द्रम्यसृगृधिज्वलशुचलषपतपदः ।
	जु वेगितायां गतौ । जूतिः ।	3.3.97 ऊतियूतिजूतिसातिहेतिकीर्तयश्च ।
5	विरिब्ध, विरेभितमन्यत् । रेभृ । रिभिं सौत्रं धातुं ।	7.2.18 क्षुब्धस्वान्तध्वान्तलग्नम्लिष्टविरिब्धफाण्टबाढानि मन्थमनस्तमःसक्ताविस्पष्टस्वरानायासभृशेषु ।
6	तु गतिवृद्धिहिंसासु तु । तौति ।	7.3.95 तुरुस्तुशम्यमः सार्वधातुके । Refer 1034 रु शब्दे । 2c
7	ई गतिव्याप्ति॰ । एति ।	1048 वी गतिव्याप्तिप्रजनकान्त्यसनखादनेषु ।
	This 2c Root includes two Roots i.e. वी and ई । Thus Root ई is considered प्रश्लिष्ट । सौत्र । ई । एति ।	

Root Characteristics

Internal Grouping of Roots अन्तर्गणः

From Standard Dhatupatha of Panini. Not all Roots fall under any internal group, so the sum total of these Roots is very less. Some Roots fall under more than one internal group.

1c

द्युतादिः 741 द्युत् 742 श्वित् 743 मिद् 744 स्विद् 745 रुच् 746 घुट् 747 रुट् 748 लुट् 749 लुठ् 750 शुभ् 751 क्षुभ् 752 नभ् 753 तुभ् 754 स्रंस् 755 ध्वंस् 756 भ्रंस् 757 स्रम्भ् 758 वृत् 759 वृध् 760 शृध् 761 स्यन्द् 762 कृप्

वृतादिः 758 वृत् 759 वृध् 760 शृध् 761 स्यन्द् 762 कृप्

घटादिः 763 घट् 764 व्यथ् 765 प्रथ् 766 प्रस् 767 म्रद् 768 स्खद् 769 क्षञ्ज् 770 दक्ष् 771 क्रप् 772 कन्द् 773 क्रन्द् 774 क्लन्द् 775 त्वर् 776 ज्वर् 777 गड् 778 हेड् 779 वट् 780 भट् 781 नट् 782 स्तक् 783 चक् 784 कख् 785 रग् 786 लग् 787 ह्रग् 788 ह्लग् 789 सग् 790 स्तग् 791 कग् 792 अक् 793 अग् 794 कण् 795 रण् 796 चण् 797 शण् 798 श्रण् 799 श्रथ् 800 क्नथ् 801 क्रथ् 802 क्लथ् 803 वन् 804 ज्वल् 805 ह्वल् 806 ह्मल् 807 स्मृ 808 दॄ 809 नॄ नये 810 श्रा 811 ज्ञा 812 चल् 813 छद् 814 लड् 815 मद् 816 ध्वन् 817 स्वन् 818 शम् 819 यम् 820 स्खद् 821 फण्

फणादिः 821 फण् 822 राज् 823 भ्राज् 824 भ्राश् 825 भ्लाश् 826 स्यम् 827 स्वन्

ज्वलादिः 831 ज्वल् 832 चल् 833 जल् 834 टल् 835 ट्वल् 836 स्थल् 837 हल् 838 नल् 839 पल् 840 बल् 841 पुल् 842 कुल् 843 शल् 844 हुल् 845 पत् 846 क्वत् 847 पथ् 848 मथ् 849 वम् 850 भ्रम् 851 क्षर् 852 सह् 853 रम् 854 सद् 855 शद् 856 क्रुश् 857 कुच् 858 बुध् 859 रुह् 860 कस्

यजादिः 1002 यज् 1003 वप् 1004 वह् 1005 वस् 1006 वेञ् 1007 व्येञ् 1008 ह्वेञ् 1009 वद् 1010 श्वि

काण्यादिः (not a contiguous group) 266 हेठ् 445 रण् 447 भण् 449 कण् 794 कण् 795 रण् 798 श्रण् 1237 लुप् 1431 लुप् 1532 हेठ् 1578 श्रण् 1716 कण्

2c
रुदादिः 1067 रुदिँर् 1068 ञिष्वप् 1069 श्वस् 1070 अन् 1071 जक्ष्

जक्षित्यादिः 1071 जक्ष् 1072 जागृ 1073 दरिद्रा 1074 चकासृँ 1075 शासुँ 1076 दीधीङ् 1077 वेवीङ्

3c
भृञादिः 1087 डुभृञ् 1088 माङ् 1089 ओँहाङ्

णिजादिः 1093 णिजिँर् 1094 विजिँर् 1095 विष्

4c
स्वादिः 1132 षूङ् 1133 दूङ् 1134 दीङ् 1135 डीङ् 1136 धीङ् 1137 मीङ् 1138 रीङ् 1139 लीङ् 1140 व्रीङ्

शमादिः 1201 शम् 1202 तम् 1203 दम् 1204 श्रम् 1205 भ्रम् 1206 क्षम् 1207 क्लम् 1208 मद्

रधादिः 1193 रध् 1194 नश् 1195 तृप् 1196 दृप् 1197 द्रुह् 1198 मुह् 1199 स्नुह् 1200 स्निह्

पुषादिः 1182 पुष् 1183 शुष् 1184 तुष् 1185 दुष् 1186 श्लिष् 1187 शक् 1188 स्विद् 1189 क्रुध् 1190 क्षुध् 1191 शुध् 1192 सिध् 1193 रध् 1194 नश् 1195 तृप् 1196 दृप् 1197 द्रुह् 1198 मुह् 1199 स्नुह् 1200 स्निह् 1201 शम् 1202 तम् 1203 दम् 1204 श्रम् 1205 भ्रम् 1206 क्षम् 1207 क्लम् 1208 मद् 1209 अस् 1210 यस् 1211 जस् 1212 तस् 1213 दस् 1214 वस् 1215 व्युष्

1216 प्लुष् 1217 बिस् 1218 कुस् 1219 बुस् 1220 मुस् 1221 मस् 1222 लुट्
1223 उच् 1224 भृश् 1225 भ्रंश् 1226 वृश् 1227 कृश् 1228 तृष् 1229 हृष्
1230 रुष् 1231 रिष् 1232 डिप् 1233 कुप् 1234 गुप् 1235 युप् 1236 रुप्
1237 लुप् 1238 लुभ् 1239 क्षुभ् 1240 नभ् 1241 तुभ् 1242 क्लिद् 1243 मिद्
1244 क्ष्विद् 1245 ऋध् 1246 गृध्

5c None

6c

मुचादिः 1430 मुच् 1431 लुप् 1432 विद् 1433 लिप् 1434 षिच् 1435 कृत्
1436 खिद् 1437 पिश्

कुटादिः 1366 कुट् 1367 पुट् 1368 कुच् 1369 गुज् 1370 गुड् 1371 डिप् 1372
छुर् 1373 स्फुट् 1374 मुट् 1375 त्रुट् 1376 तुट् 1377 चुट् 1378 छुट् 1379 जुड्
1380 कड् 1381 लुट् 1382 कृड् 1383 कुड् 1384 पुड् 1385 घुट् 1386 तुड् 1387
थुड् 1388 स्थुड् 1389 स्फुर् 1390 स्फुल् 1391 स्फुड् 1392 चुड् 1393 व्रुड्
1394 क्रुड् 1395 भृड् 1396 गुर् 1397 नू 1398 धू 1399 गु 1400 ध्रु 1401 कुङ्

किरादिः 1409 कॄ 1410 गॄ 1411 दृङ् 1412 धृङ् 1413 प्रच्छ्

(तृम्फादिः Not a standard internal group 1308 तृम्फ 1310 तुम्प 1312
तुम्फ 1314 दृम्फ 1316 ऋम्फ 1318 गुम्फ 1320 उम्भ 1322 शुम्भ)

7c None

8c तनोत्यादिः 1463 तन् 1465 क्षण् 1466 क्षिण् 1467 ऋण् 1468 तृण् 1469
घृण् 1470 वन् 1471 मन्

9c प्वादिः 1482 पूञ् 1483 लूञ् 1484 स्तॄञ् 1485 कॄञ् 1486 वॄञ् 1487 धूञ्
1488 शॄ 1489 पॄ 1490 वॄ 1491 भॄ 1492 मॄ 1493 दॄ 1494 जॄ 1495 नॄ 1496
कॄ 1497 ॠ 1498 गॄ 1499 ज्या 1500 री 1501 ली 1502 व्ली 1503 प्ली 1504
व्री 1505 भ्री 1506 क्षी

ल्वादिः 1483 लूञ् 1484 स्तॄञ् 1485 कॄञ् 1486 वॄञ् 1487 धूञ् 1488 शॄ 1489 पॄ 1490 वॄ 1491 भॄ 1492 मॄ 1493 दॄ 1494 जॄ 1495 नॄ 1496 कॄ 1497 ॠ 1498 गॄ 1499 ज्या 1500 री 1501 ली 1502 व्ली 1503 प्ली

10c **ज्ञपादिः** 1624 ज्ञप् 1625 यम् 1626 चह् 1627 रह् 1628 बल् 1629 चिञ्

आकुस्मीयः 1673 चित् 1674 दंश् 1675 दंस् 1676 डप् 1677 डिप् 1678 तन्त्र् 1679 मन्त्र् 1680 स्पश् 1681 तर्ज् 1682 भर्त्स् 1683 बस्त्   1684 गन्ध् 1685 विष्क् 1686 निष्क् 1687 लल् 1688 कूण् 1689 तूण् 1690 भ्रूण् 1691 शठ् 1692 यक्ष् 1693 स्यम् 1694 गूर् 1695 शम् 1696 लक्ष् 1697 कुत्स् 1698 त्रुट् 1699 गल् 1700 भल् 1701 कूट् 1702 कुट्ट् 1703 वञ्च् 1704 वृष् 1705 मद् 1706 दिव् 1707 गृ 1708 विद् 1709 मान् 1710 यु 1711 कुस्म्

आगर्वीयः 1898 पद् 1899 गृह् 1900 मृग् 1901 कुह् 1902 शूर्   1903 वीर् 1904 स्थूल् 1905 अर्थ् 1906 सत्र् 1907 गर्व्

आस्वदीयः 1749 ग्रस् पुष् दल् पट् पुट् लुट् तुञ्ज् मिञ्ज् पिञ्ज् लुञ्ज् भञ्ज् लङ्घ् त्रंस् पिंस् कुंस् दंश् कुंश् घट् घण्ट् बृंह् बर्ह् बल्ह् गुप् धूप् विच्छ् चीव् पुथ् लोक् लोच् नद् कुप् तर्क् वृत् वृध् रुट् लञ्ज् अञ्ज् दंस् भृंश् रुंश् शीक् रुंस् नण्ट् पुण्ट् जि चि रन्ध् लङ्घ् अंह् रंह् मंह् लण्ड्   तड् नल् पूर् रुज् to 1805 स्वद्

आधृषीयः 1806 युज्   1807 पृच् 1808 अर्च् 1809 षह् 1810 ईर् 1811 ली 1812 वृज् 1813 वृञ् 1814 जॄ 1815 ज्रि 1816 रिच् 1817 शिष् 1818 तप् 1819 तृप् 1820 छृद् 1821 दृभ् 1822 दृभ् 1823 श्रथ् 1824 मी 1825 ग्रन्थ् 1826 शीक् 1827 चीक् 1828 अर्द् 1829 हिंस् 1830 अर्ह् 1831 सद् 1832 शुन्ध् 1833 छद् 1834 जुष् 1835 धूञ् 1836 प्रीञ् 1837 श्रन्थ् 1838 ग्रन्थ् 1839 आप् 1840 तन् 1841 वद् 1842 वच् 1843 मान् 1844 भू 1845 गर्ह् 1846 मार्ग् 1847 कण्ठ् 1848 मृज् 1849 मृष् 1850 धृष्

कथादिः अग्लोपि 1851 कथ to 1943 तुत्थ

As we know, the Dhatupatha of Panini is divided into 10 Groups so that there is an ease in using Sarvadhatuka Affixes. Within these ganas, there is sometimes an internal sub-grouping to indicate that such Roots behave similarly. गणः and अन्तर्गणः । Here is presented such a list of Internal Grouping of Roots within the Dhatupatha. The Reference to the internal group is mentioned, it may be a Sutra from the Ashtadhyayi, a Vartika, or a Ganasutra from the Dhatupatha.

Gana	from Dhatu	to Dhatu	Internal Group	Ashtadhyayi Sutra / Ganasutra
1c	741 द्युत	762 कृपू	द्युतादिः	1.3.91द्युद्भ्यो लुङि ।
1c	758 वृतु	762 कृपू	वृतादिः	1.3.92वृद्भ्यः स्यसनोः ।
1c	763 घट	775 जित्वरा	घटादिः	3.3.104 षिद्भिदादिभ्योऽङ् । GanaSutra घटादयः षितः ।
1c	763 घट	821 फण	घटादिः	6.4.92 मितां ह्रस्वः । GanaSutra घटादयो मितः ।
1c	821 फण	827 स्वन	फणादिः	6.4.125 फणां च सप्तानाम् ।
1c	831 ज्वल	860 कस	ज्वलादिः	3.1.140 ज्वलितिकसन्तेभ्यो णः
1c	1002 यज	1010 टुओश्वि	यजादिः	6.1.15 वचिस्वपियजादीनां किति
2c	1067 रुदिर्	1071 जक्ष	रुदादिः	7.2.76 रुदादिभ्यः सार्वधातुके ।
	1071 जक्ष	1077 वेवीङ्	जक्षादिः	6.1.6 जक्षित्यादयः षट् ।
3c	1093 णिजिर्	1095 विषॢ	णिजादिः	7.4.75 णिजां त्रयाणां गुणः श्लौ ।
	1087 डुभृञ्	1089 ओहाङ्	भृञादिः	7.4.76 भृञामित् ।
4c	1132 षूङ्	1140 व्रीङ्	स्वादिः	Gana Sutra स्वादय ओदितः ।
	1145 शो	1148 दो	श्यादिः	7.3.71 ओतः श्यनि ।

	1182 पुष	1246 गृधु	पुषादिः	3.1.55 पुषादिद्युताद्य्लृदितः परस्मैपदेषु ।
	1193 रध	1200 ष्णिह	रधादिः	7.2.45 रधादिभ्यश्च ।
	1201 शमु	1208 मदी	शमादिः	7.3.74 शमामष्टानां दीर्घः श्यनि ।
6c	1308 तृम्फ	1322 शुम्भ	तृम्फादिः	6.4.24 अनिदितां हल उपधायाः क्ङिति । Vartika शे तृम्फादीनां नुम् वाच्यः ।
	1366 कुट	1401 कुङ्	कुटादिः	1.2.1 गाङ्कुटादिभ्योऽञ्णिन्ङित् ।
	1409 कृ	1413 प्रच्छ	किरादिः	7.2.75 किरश्च पञ्चभ्यः ।
	1430 मुच्लृ	1437 पिश	मुचादिः	7.1.59 शे मुचादीनाम् ।
8c	1463 तनु	1471 मनु	तनोत्यादिः	6.4.37 अनुदात्तोपदेशवनतितनोत्यादीनामनुनासिकलोपो झलि क्ङिति । (except 1464 षणु since 6.4.42 applies)
9c	1482 पूञ्	1503 प्ली	प्वादयः	7.3.80 प्वादीनां ह्रस्वः ।
9c	1483 लूञ्	1503 प्ली	ल्वादयः	8.2.44 ल्वादिभ्यः ।
10c	1624 ज्ञप	1629 चिञ्	ज्ञपादयः	Gana Sutra ज्ञप मिच्च । नान्ये मितोऽहेतौ ।
10c	1673 चित	1711 कुस्म	आकुस्मीयाः	Gana Sutra आकुस्मादात्मनेपदिनः।
10c	1749 ग्रस	1805 ष्वद	आस्वदीयाः	Gana Sutra आस्वदः सकर्मकात् ।
10c	1806 युज	1850 धृष	आधृषीयाः (युजादयः)	Gana Sutra आधृषाद्वा ।

10c	1851 कथ	1943 तुत्थ	कथादयः	Gana Sutra अथादन्ताः ।
10c	1898 पद	1907 गर्व	आगर्वीयाः	Gana Sutra आगर्वादात्मनेपदिनः ।
10c	1916 बष्क	1943 तुत्थ	नामधातवः	Gana Sutra प्रातिपदिकाद्धात्वर्थे बहुलमिष्ठवच्च

3.3.104 षिद्भिदादिभ्योऽङ् ।
Roots having the Tag letter षकारः and Roots listed in the Ganapatha under भिदादिः take the अङ् afffix in the feminine, when the Karaka is not कर्ता and when used in भावे । i.e. from Dhatupatha the Roots त्रपूष् क्षमूष् जृष् झृष् क्षीष् ।
and from Ganapatha the Noun Stems भिदा छिदा विदा क्षिपा गुहा श्रद्धा मेधा गोधा आरा हारा कारा क्षिया तारा धारा लेखा रेखा चूडा पीडा वपा वसा सृजा कृपा । A ganasutra from the Kashika Vritti "क्रपेः सम्प्रसारणं च" clarifies that कृपा is from Root 771 क्रप (and not from 762 कृपू).

Poly / Monosyllabic Roots in Original Enunciation

अच् सञ्ज्ञा From Standard Dhatupatha of Panini.

Polysyllabic अनेकाच् (अनेक अच्) with more than one vowel 17 Roots 1039 ऊर्णु 1072 जागृ 1073 दरिद्रा 1074 चकास् 1076 दीधी 1077 वेवी 1277 चिरि 1278 जिरि 1542 ओलण्ड् 1742 उध्रस् 1877 कुमार् 1881 पल्पूल् 1883 गवेष् 1885 निवास् 1887 सभाज् 1891 सङ्केत् 1922 सङ्ग्राम्

Monosyllabic Roots एकाच् (एक अच्) with single vowel
All the remaining 1942 - 17 = 1925 Roots are monosyllabic in the original enunciation of the Dhatupatha.

Root Initial Letter in Original Enunciation ष् / ण् उपदेशः

From Standard Dhatupatha of Panini. Count of these Roots will be very less as only few Roots have **षकारः** or **णकारः** as initial letter.

षोपदेशः Roots with initial **षकारः** 85 Roots

18 ष्वद स्वद् 25 षूद सूद् 47 षिध सिध् 48 षिधू सिध् 100 ष्वष्क ष्वष्क् 163 षच सच् 175 ष्टुच स्तुच् 202 षस्ज सस्ज् 225 षर्ज सर्ज् 304 षिट सिट् 313 षट सट् 364 ष्टिपृ स्तिप् 365 ष्टेपृ स्तेप् 386 ष्टभि स्तम्भ् 394 ष्टुभु स्तुभ् 400 षप सप् 424 षर्ब सर्ब् 430 षृभु सृभ् 431 षृम्भु सृम्भ् 461 ष्टन स्तन् 464 षण सण् 501 षेवृ सेव् 547 षल सल् 560 ष्ठिवु ष्ठिव् 586 षर्व सर्व् 661 ष्ट्रक्ष स्त्रक्ष् 782 ष्टक स्तक् 789 षगे सग् 790 ष्टगे स्तग् 829 षम सम् 830 ष्टम स्तम् 836 ष्ठल स्थल् 852 षह सह् 854 षद्लृ सद् 911 ष्ट्यै स्त्यै 915 षै सै 922 ष्टै स्तै 923 ष्णै स्नै 928 ष्ठा स्था 941 षु सु 948 ष्मिङ् स्मि 976 ष्वञ्ज स्वञ्ज् 987 षञ्ज सञ्ज् 997 षच सच् 1031 षूङ् सू 1038 ष्णु स्नु 1041 षु सु 1043 ष्टुञ् स्तु 1052 ष्णा स्ना 1078 षस सस् 1079 षस्ति संस्त् 1108 षिवु सिव् 1110 ष्ठिवु ष्ठिव् 1111 ष्णुसु स्नुस् 1112 ष्णसु स्नस् 1124 ष्टिम स्तिम् 1125 ष्टीम स्तीम् 1128 षह सह् 1129 षुह सुह् 1132 षूङ् सू 1147 षो सो 1188 ष्विदा स्विद् 1192 षिधु सिध्1199 ष्णुह स्नुह् 1200 ष्णिह स्निह् 1247 षुञ् सु 1248 षिञ् सि 1265 ष्टिघ स्तिघ् 1268 षघ सघ् 1340 षुर सुर् 1363 षिल सिल् 1408 षू सू 1427 षद्लृ सद् 1434 षिच सिच् 1464 षणु सन् 1477 षिञ् सि 1555 षम्ब सम्ब् 1562 षुट्ट सुट्ट् 1569 षान्त्व सान्त्व् 1572 ष्णिह स्निह् 1633 षट्ट सट्ट् 1672 ष्टुप स्तुप् 1717 षूद सूद् 1805 ष्वद स्वद् 1809 षह सह्

णोपदेशः Roots with initial **णकारः** 35 Roots

54 णद नद् 66 णिदि निन्द् 134 णख नख् 135 णखि नङ्ख् 310 णट नट् 480 णय नय् 522 णील नील् 566 णीव नीव् 590 णिवि निन्व् 617 णेषृ नेष् 625 णासृ नास् 627 णस नस् 659 णिक्ष निक्ष् 662 णक्ष नक्ष् 722 णिश निश् 752 णभ नभ् 781 णट नट् 838 णल नल् 871 णिदृ निद् 872 णेदृ नेद् 901 णीञ् नी 981 णम नम् 1025 णिसि निंस् 1026 णिजि निञ्ज् 1035 णु नु 1093 णिजिर् निज् 1166 णह नह् 1194 णश नश् 1240 णभ नभ् 1282 णुद नुद् 1360 णिल निल् 1397 णू नू 1426 णुद नुद् 1520 णभ नभ् 1778 णद नद्

Root Accent Mark in Original Enunciation

स्वरः = उदात्तः / अनुदात्तः / स्वरितः From Standard Dhatupatha of Panini. These Accents are actually Tag marks that get dropped after their purpose is served.

उदात्तोपदेशः Roots with Udatta Accent i.e. no marking. This will primarily specify the Root to be Parasmaipada. However if the Root contains ञ् Tag letter, it means Root will be Ubhayepada. Similarly if the Root contains ङ् Tag letter, it means Root will be Atmanepada.

अनुदात्तोपदेशः Roots with Anudatta Accent i.e. horizontal bar below. 1.3.12 अनुदात्तङित आत्मनेपदम् । Anudata Accent on <u>Tag Vowel</u> (not Root Vowel) or ङित् Root i.e. with ङ् Tag means Root will be Atmanepada. E.g. 1021 आसँ॒ आस् Atmanepada Root.
A Karika states that Root with Anudata Accent on <u>Root Vowel</u> means it is अनिट् Root. E.g. 1011 अ॒दँ अ॒द् अनिट् Root.

Examples of Accents and Tags and their Effect.

1011	अ॒दँ	अ॒द् अँ	P	अनिट्	Anudata Accent on Root Vowel→ अनिट्
1017	च॒क्षि॒ङ्	च॒क्ष् इँ॒ङ्	A	अनिट्	Anudata Accent on Root Vowel→ अनिट् Anudata Accent on Tag Vowel→ A (Also ङ् Tag → A)
1021	आसँ॒	आस् अँ॒	A	सेट्	Anudata Accent on Tag Vowel→ A
1039	ऊर्णुञ्	ऊर्णु ञ्	U	सेट्	ञ् Tag → U
1046	इ॒ङ्	इ॒ ङ्	A	अनिट्	Anudata Accent on Root Vowel→ अनिट् ङ् Tag → A
1015	दि॒हँ॑	दि॒ह् अँ॑	U	अनिट्	Anudata Accent on Root Vowel→ अनिट् Svarita Accent on Tag Vowel→ U

स्वरितोपदेशः Roots with Svarita Accent i.e. vertical bar on top. 1.3.72 स्वरितञितः कर्त्रभिप्राये क्रियाफले । Svarita Accent on Tag Vowel causes Root to be Ubhayepada, or ञित् Root i.e. with ञ् Tag means Root will be Ubhayepada.

Some Roots are explicitly stated to be Ubhayepada without any marking or by Ashtadhyayi Sutra. 10c Roots become Ubhayepada due to secondary Root णिच् affix).

1c 601 धावुँ॑ 822 राजृँ॑ 861 हिक्कँ॑ 862 अञ्चुँ॑ 863 टुयाचृँ॑ 864 रेटृँ॑ 865 चतेँ॑ 866 चदेँ॑ 867 प्रोथृँ॑ 868 मिदृँ॑ 869 मेदृँ॑ 870 मेधृँ॑ 871 णिदृँ॑ 872 णेदृँ॑ 873 शृधुँ॑ 874 मृधुँ॑ 875 बुधिँर् 876 उबुन्दिँर् 877 वेणृँ॑ 878 खनुँ॑ 879 चीवृँ॑ 880 चायृँ॑ 881 व्ययँ॑ 882 दाशृँ॑ 883 भेषृँ॑ 884 भ्रेषृँ॑ 885 भ्लेषृँ॑ 886 असँ॑ 887 स्पशँ॑ 888 लषँ॑ 889 चषँ॑ 890 छषँ॑ 891 झषँ॑ 892 भ्रक्षँ॑ 893 भ्लक्षँ॑ 894 दासृँ॑ 895 माहृँ॑ 896 गुहूँ॑ 994 दानँ॑ 995 शानँ॑ 996 डुपचँ॑ष् 997 षचँ॑ 998 भजँ॑ 999 रञ्जँ॑ 1000 शपँ॑ 1001 त्विषँ॑ 1002 यजँ॑ 1003 डुवपँ॑ 1004 वहँ॑ 1093 णिजिँर्

3c 1094 विजिँर् 1095 विषॢँ॑

4c 1164 मृषँ॑ 1165 ईशुचिँर् 1166 णहँ॑ 1167 रञ्जँ॑ 1168 शपँ॑

6c 1281 तुदँ॑ 1282 णुदँ॑ 1283 दिशँ॑ 1284 भ्रस्जँ॑ 1285 क्षिपँ॑ 1286 कृषँ॑ 1429 मिलँ॑ 1430 मुचॢँ॑ 1431 लुपॢँ॑ 1432 विदॢँ॑ 1433 लिपँ॑ 1434 षिचँ॑

7c 1438 रुधिँर् 1439 भिदिँर् 1440 छिदिँर् 1441 रिचिँर् 1442 विचिँर् 1443 क्षुदिँर् 1444 युजिँर् 1445 उच्छृदिँर् 1446 उतृदिँर्

8c 1463 तनुँ॑ 1464 षणुँ॑ 1465 क्षणुँ॑ 1466 क्षिणुँ॑ 1467 ऋणुँ॑ 1468 तृणुँ॑ 1469 घृणुँ॑

9c 1533 ग्रहँ॑

Root Tag letter इत् संज्ञा = अनुबन्धः

From Standard Dhatupatha of Panini. Count of these Roots will be less since not all Roots are marked with a Tag.

Dhatu Tag Letters and their Relevance from Ashtadhyayi		
Tag Letter		Ashtadhyayi Sutra
अँ	अदित्	This Tag is primarily given as a *simple cap*, to be opened only during usage.
आँ	आदित्	7.2.16 आदितश्च । इति निष्ठायाम् इट् निषेधः । Augment इट् is prevented for Nishtha Affixes
	आदित्	7.2.17 विभाषा भावादिकर्मणोः । निष्ठायाम् इट् विभाषा । Augment इट् is Optional for Nishtha Affix क्त used in Impersonal sense or to indicate beginning of Action
इँ	इदित्	7.1.58 इदितो नुम् धातोः । इति धातोः नुम् आगमः । Such Roots will get Augment नुम् that changes to appropriate nasal by 8.3.24 and नश्चापदान्तस्य झलि 8.4.58 अनुस्वारस्य ययि परसवर्णः
इँर्	इरित्	3.1.57 इरितो वा । Vartika इर इत् संज्ञा वाच्या । च्लेः अङ् वा । Optionally च्लि gets replaced by अङ् for लुङ् Aorist Past Tense
ईँ	ईदित्	7.2.14 श्वि-ईदितो निष्ठायाम् । निष्ठायाम् इट् अभावः । Augment इट् is prevented for Nishtha Affixes
उँ	उदित्	7.2.56 उदितो वा । क्त्वायाम् इट् विकल्पः । Optional Augment इट् for क्त्वा Affixes
	उदित्	7.2.15 यस्य विभाषा । निष्ठायाम् इट् अभावः । Augment इट् is prevented for Nishtha Affixes in matters where इट् is Optional
ऊँ	ऊदित्	7.2.44 स्वरतिसूतिसूयतिधूञ्-ऊदितो वा । वलादेः आर्धधातुकस्य इट् विकल्पः । Optional Augment इट् for Ardhadhatuka Affixes beginning with any consonant except य्
ॠँ	ॠदित्	7.4.2 नाग्लोपिशास्वृ-ॠदिताम् । णौ चङि उपधायाः ह्रस्व अभावः । Penultimate Letter of such Angas does not

		become ह्रस्वः
ऌँ	ऌदित्	3.1.55 पुषादिद्युताद्य्-ऌदितः परस्मैपदेषु । च्लेः अङ् । च्लि gets replaced by अङ् for लुङ् Aorist Past Tense
एँ	एदित्	7.2.5 ह्म्यन्तक्षणश्वसजागृणिश्वि-एदिताम् । इट् आदौ सिचि वृद्धि अभावः । Prevention of वृद्धिः for सिच् Affixes having इट् Augment
ओँ	ओदित्	8.2.45 ओदितश्च । निष्ठातस्य नत्वम् । Nishtha तकारः gets replaced by नकारः ।
	ओदित्	4c GanaSutra स्वादय ओदितः । निष्ठातस्य नत्वम् । Nishtha तकारः gets replaced by नकारः ।
क्	कित्	No connected Sutra. Roots – 2c 1047 इक् । 3c 1090 ओहाक् ।
ङ्	ङित्	1.3.12 अनुदात्त-ङित आत्मनेपदम् । आत्मनेपदित्वम् । Atmanepada Affixes for such Roots
ञ्	ञित्	1.3.72 स्वरित-ञितः कर्त्रभिप्राये क्रियाफले । उभयपदित्वम् । Ubhayepada – Both Parasmaipada & Atmanepada Affixes for such Roots
ञि	ञीत्	3.2.187 ञीतः क्तः । वर्तमाने क्तः । Nishtha Affix क्त gets applied in the sense of Present Tense. (By default क्त is only in the sense of Past Tense).
ट्	टित्	4.1.15 टिड्ढाणञ्द्वयसज्दघ्नञ्मात्रच्तयप्ठक्ठञ्कञ्क्वरपः । स्त्रीयाम् ङीप् । In Feminine sense, Affix ङीप् gets applied. Root – 1c 902 धेट् ।
टु	ट्वित्	3.3.89 ट्वितोऽथुच् । अथुच् । Affix अथुच् gets applied
डु	ड्वित्	3.3.88 ड्वितः क्त्रिः । क्त्रि (मम् च, 4.4.20) । Affix क्त्रि gets applied
ण्	णित्	7.3.78 पाघ्राध्मास्थाम्ना-दाण्-दृश्यर्तिसर्त्तिशदसदां पिबजिघ्रधमतिष्ठमनयच्छपश्यर्च्छधौशीयसीदाः । यच्छ । Root 1c 930 दाण् gets replaced by यच्छ, when facing शित् Affix. Notice that by 1.1.20 दाधा घ्वदाप् दाण् is घु संज्ञा । Also see Root 2c 1045 इण्
म्	मित्	6.4.92 मितां ह्रस्वः । णौ उपधाया ह्रस्वः । When such Root faces णिच् affix, penultimate letter of Root takes Short Vowel

प्	पित्	1.1.20 दाधा घु-अदाप् । Definition घु does not include 1059 दाप् । Also see Root 924 दैप्
ष्	षित्	3.3.104 षित्-भिदादिभ्योऽङ् । अङ् । In Feminine sense, Affix अङ् gets applied

Notes

Roots having multiple Tags आ-ञि, डु-ष् , etc. simply get a combination of above procedures. E.g. 975 डुपचष् पाके

Difference between Initial initial and Final Tag? No functional difference. It is just a mathematical beauty of Panini's programming.

e.g. Root 1010 टुओश्वि , the Tag ओ has been placed before the Root whereas in 1415 टुमस्जो it is at end. Both apply 8.2.45 ओदितश्च । निष्ठातस्य नत्वम् । Thus शूनः , मग्नः ।

Tag ङ् causes Root to be Atmanepada. Also Anudata Accent on Root Vowel causes Root to be Atmanepada.

Tag ञ् causes Root to be Ubhayepada. Also Svarita Accent on Root Vowel causes Root to be Ubhayepada.

Dhatus with Tag ā

7.2.16 आदितश्च । इति निष्ठायाम् इण्णिषेधः ।

e.g. Root 742 श्विता वर्णे → श्वित्तः । e.g. Root 743 ञिमिदा स्नेहने → मिन्नः ।

211	हुर्छा	हुर्च्छ्	775	ञित्वरा	त्वर्
212	मुर्छा	मुर्च्छ्	978	ञिष्विदा	स्विद्
213	स्फुर्छा	स्फुर्च्छ्	1188	ष्विदा	स्विद्
235	टुओस्फूर्जा	स्फूर्ज्	1188	ञिष्विदा	स्विद्
516	ञिफला	फल्	1228	ञितृषा	तृष्
742	श्विता	श्वित्	1243	ञिमिदा	मिद्
743	ञिमिदा	मिद्	1244	ञिक्ष्विदा	क्ष्विद्
744	ञिष्विदा	स्विद्	1269	ञिधृषा	धृष्

Dhatus with Tag i

The Tag Letter इँ enforces Sutra 7.1.58 इदितो नुम् धातोः ।
e.g. Root 87 अकि लक्षणे gets a नुम् augment and its Anga for derivation becomes अन्क् । In all such cases, the Anusvara Sutras 8.3.24 नश्चापदान्तस्य झलि and 8.4.58 अनुस्वारस्य ययि परसवर्णः apply in conjunction and the Anga effectively becomes अङ्क् ।

1c	**इदित्**		71	क्रदि	क्रन्द्	135	णखि	नङ्ख्
9	स्कुदि	स्कुन्द्	72	क्लदि	क्लन्द्	137	रखि	रङ्ख्
10	श्विदि	श्विन्द्	73	क्लिदि	क्लिन्द्	139	लखि	लङ्ख्
11	वदि	वन्द्	83	स्रकि	स्रङ्क्	141	इखि	इङ्ख्
12	भदि	भन्द्	84	श्रकि	श्रङ्क्	142	ईखि	ईङ्ख्
13	मदि	मन्द्	85	श्लकि	श्लङ्क्	144	रगि	रङ्ग्
14	स्पदि	स्पन्द्	86	शकि	शङ्क्	145	लगि	लङ्ग्
15	क्लिदि	क्लिन्द्	87	अकि	अङ्क्	146	अगि	अङ्ग्
35	श्रथि	श्रन्थ्	88	वकि	वङ्क्	147	वगि	वङ्ग्
36	ग्रथि	ग्रन्थ्	89	मकि	मङ्क्	148	मगि	मङ्ग्
43	कुथि	कुन्थ्	94	ककि	कङ्क्	149	तगि	तङ्ग्
44	पुथि	पुन्थ्	95	वकि	वङ्क्	150	त्वगि	त्वङ्ग्
45	लुथि	लुन्थ्	96	श्वकि	श्वङ्क्	151	श्रगि	श्रङ्ग्
46	मथि	मन्थ्	97	त्रकि	त्रङ्क्	152	श्लगि	श्लङ्ग्
61	अति	अन्त्	107	रघि	रङ्घ्	153	इगि	इङ्ग्
62	अदि	अन्द्	108	लघि	लन्घ्	154	रिगि	रिङ्ग्
63	इदि	इन्द्	109	अघि	अङ्घ्	155	लिगि	लिङ्ग्
64	बिदि	बिन्द्	110	वघि	वङ्घ्	156	युगि	युङ्ग्
65	गडि	गण्ड्	111	मघि	मङ्घ्	157	जुगि	जुङ्ग्
66	णिदि	निन्द्	118	तकि	तङ्क्	158	बुगि	बुङ्ग्
68	चदि	चन्द्	129	उखि	उङ्ख्	160	मघि	मङ्घ्
69	त्रदि	त्रन्द्	131	वखि	वङ्ख्	161	शिघि	शिङ्घ्
70	कदि	कन्द्	133	मखि	मङ्ख्	167	श्वचि	श्वञ्च्

169	कचि	कञ्च्	262	वठि	वण्ठ्	326	मुडि	मुण्ड्
170	काचि	काञ्च्	263	मठि	मण्ठ्	327	रुटि	रुण्ट्
172	मुचि	मुञ्च्	264	कठि	कण्ठ्	328	लुटि	लुण्ट्
173	मचि	मञ्च्	265	मुठि	मुण्ठ्	342	कुठि	कुण्ठ्
174	पचि	पञ्च्	268	हिडि	हिण्ड्	343	लुठि	लुण्ठ्
177	ऋजि	ऋञ्ज्	269	हुडि	हुण्ड्	344	शुठि	शुण्ठ्
203	गुजि	गुञ्ज्	270	कुडि	कुण्ड्	345	रुठि	रुण्ठ्
207	लाछि	लाञ्छ्	271	वडि	वण्ड्	346	लुठि	लुण्ठ्
208	वाछि	वाञ्छ्	272	मडि	मण्ड्	361	गडि	गण्ड्
209	आछि	आञ्छ्	273	भडि	भण्ड्	375	कपि	कम्प्
215	उछि	उञ्छ्	274	पिडि	पिण्ड्	376	रबि	रम्ब्
218	ध्रजि	ध्रञ्ज्	275	मुडि	मुण्ड्	377	लबि	लम्ब्
220	धृजि	धृञ्ज्	276	तुडि	तुण्ड्	378	अबि	अम्ब्
222	ध्वजि	ध्वञ्ज्	277	हुडि	हुण्ड्	379	लबि	लम्ब्
233	खजि	खञ्ज्	278	चडि	चण्ड्	386	ष्टभि	स्तम्भ्
239	लजि	लञ्ज्	279	शडि	शण्ड्	387	स्कभि	स्कम्भ्
241	लाजि	लाञ्ज्	280	तडि	तण्ड्	389	जृभि	जृम्भ्
243	जजि	जञ्ज्	281	पडि	पण्ड्	414	रफि	रम्फ्
245	तुजि	तुञ्ज्	282	कडि	कण्ड्	426	कुबि	कुम्ब्
247	गजि	गञ्ज्	283	खडि	खण्ड्	427	लुबि	लुम्ब्
249	गृजि	गृञ्ज्	321	मडि	मण्ड्	428	तुबि	तुम्ब्
251	मुजि	मुञ्ज्	322	कुडि	कुण्ड्	429	चुबि	चुम्ब्
261	अठि	अण्ठ्	325	चुडि	चुण्ड्	434	घिणि	घिण्ण्

435	घुणि	घुण्ण्
436	घृणि	घृण्ण्
587	इवि	इन्व्
588	पिवि	पिन्व्
589	मिवि	मिन्व्
590	णिवि	निन्व्
591	हिवि	हिन्व्
592	दिवि	दिन्व्
593	धिवि	धिन्व्
594	जिवि	जिन्व्
595	रिवि	रिन्व्
596	रवि	रन्व्
597	धवि	धन्व्
598	कृवि	कृन्व्
629	शसि	शंस्
633	बहि	बंह्
634	महि	मंह्
635	अहि	अंह्
652	घुषि	घुंष्
667	काक्षि	काङ्क्ष्
668	वाक्षि	वाङ्क्ष्
669	माक्षि	माङ्क्ष्
670	द्राक्षि	द्राङ्क्ष्
671	ध्राक्षि	ध्राङ्क्ष्
672	ध्वाक्षि	ध्वाङ्क्ष्
732	रहि	रंह्
734	दृहि	दृंह्
736	बृहि	बृंह्
769	क्षजि	क्षञ्ज्
772	कदि	कन्द्
773	क्रदि	क्रन्द्
774	क्लदि	क्लन्द्
67	टुनदि	नन्द्

2c

1024	कसि	कंस्
1025	णिसि	निंस्
1026	णिजि	निञ्ज्
1027	शिजि	शिञ्ज्
1028	पिजि	पिञ्ज्
1079	षस्ति	संस्त्

6c

1294	उछि	उञ्छ्

7c

1456	हिसि	हिंस्

10c

1535	चिति	चिन्त्
1536	यत्रि	यन्त्र्
1537	स्फुडि	स्फुण्ड्
1539	कुद्रि	कुन्द्र्
1541	मिदि	मिन्द्
1542	ओलडि	ओलण्ड्
1566	तुजि	तुञ्ज्
1567	पिजि	पिञ्ज्
1575	पथि	पन्थ्
1577	छदि	छन्द्
1581	खडि	खण्ड्
1582	कडि	कण्ड्
1583	कुडि	कुण्ड्
1584	गुडि	गुण्ड्
1585	खुडि	खुण्ड्
1586	वटि	वण्ट्
1587	मडि	मण्ड्
1588	भडि	भण्ड्
1615	पडि	पण्ड्
1616	पसि	पंस्
1619	चपि	चम्प्
1620	क्षपि	क्षम्प्

1621	छजि	छञ्ज्	1760	लघि	लङ्घ्
1635	चुबि	चुम्ब्	1761	त्रसि	त्रंस्
1638	टकि	टङ्क्	1762	पिसि	पिंस्
1645	शुठि	शुण्ठ्	1763	कुसि	कुंस्
1651	पचि	पञ्च्	1764	दशि	दंश्
1655	कुबि	कुम्ब्	1765	कुशि	कुंश्
1656	लुबि	लुम्ब्	1767	घटि	घण्ट्
1657	तुबि	तुम्ब्	1768	बृहि	बृंह्
1659	चुटि	चुण्ट्	1784	लजि	लञ्ज्
1666	जसि	जंस्	1785	अजि	अञ्ज्
1669	पिडि	पिण्ड्	1786	दसि	दंस्
1674	दशि	दंश्	1787	भृशि	भृंश्
1675	दसि	दंस्	1788	रुशि	रुंश्
1678	तत्रि	तन्त्र्	1790	रुसि	रुंस्
1679	मत्रि	मन्त्र्	1792	पुटि	पुण्ट्
1716	जभि	जम्भ्	1795	रघि	रङ्घ्
1729	तसि	तंस्	1796	लघि	लङ्घ्
1739	लिगि	लिङ्ग्	1797	अहि	अंह्
1755	तुजि	तुञ्ज्	1798	रहि	रंह्
1756	मिजि	मिञ्ज्	1799	महि	मंह्
1757	पिजि	पिञ्ज्	1800	लडि	लण्ड्
1758	लुजि	लुञ्ज्	1829	हिसि	हिंस्
1759	भजि	भञ्ज्	1847	कठि	कण्ठ्

Dhatus with Tag ir

3.1.57 इरितो वा । इर् इत् । इरित् ।

1c	**इर्**		**7c**		
40	च्युतिर्	च्युत्	1438	रुधिर्	रुध्
41	श्च्युतिर्	श्च्युत्	1439	भिदिर्	भिद्
329	स्फुटिर्	स्फुट्	1440	छिदिर्	छिद्
653	घुषिर्	घुष्	1441	रिचिर्	रिच्
737	तुहिर्	तुह्	1442	विचिर्	विच्
738	दुहिर्	दुह्	1443	क्षुदिर्	क्षुद्
739	उहिर्	उह्	1444	युजिर्	युज्
875	बुधिर्	बुध्	1446	उतृदिर्	तृद्
979	स्कन्दिर्	स्कन्द्	1445	उछृदिर्	छृद्
988	दृशिर्	दृश्	**10c**		
876	उबुन्दिर्	बुन्द्	1726	घुषिर्	घुष्
2c					
1067	रुदिर्	रुद्			
3c					
1093	णिजिर्	निज्			
1094	विजिर्	विज्			
4c					
1165	ईशुचिर्	शुच्			

Dhatus with Tag ī

1c	**ईदित्**	
27	ह्लादी	ह्लाद्
30	यती	यत्
39	चिती	चित्
178	भृजी	भृज्
216	उछी	उच्छ्
320	कटी	कट्
388	जभी	जम्भ्
460	कनी	कन्
483	ऊयी	ऊय्
484	पूयी	पूय्
485	क्नूयी	क्नूय्
486	क्ष्मायी	क्ष्माय्
487	स्फायी	स्फाय्
569	उर्वी	उर्व्
570	तुर्वी	तुर्व्
571	थुर्वी	थुर्व्
572	दुर्वी	दुर्व्
573	धुर्वी	धुर्व्
574	गुर्वी	गुर्व्
575	मुर्वी	मुर्व्
815	मदी	मद्
488	ओप्यायी	प्याय्

2c		
1029	वृजी	वृज्
1030	पृची	पृच्
4c		
1165	ईशुचिर्	शुच्
1116	नृती	नृत्
1117	त्रसी	त्रस्
1149	जनी	जन्
1150	दीपी	दीप्
1151	पूरी	पूर्
1152	तूरी	तूर्
1153	धूरी	धूर्
1154	गूरी	गूर्
1155	घूरी	घूर्
1156	जूरी	जूर्
1157	शूरी	शूर्
1158	चूरी	चूर्
1208	मदी	मद्
1221	मसी	मस्

6c

1287	ऋषी	ऋष्
1288	जुषी	जुष्
1295	उछी	उच्छ्
1323	दृभी	दृभ्
1324	चृती	चृत्
1396	गुरी	गुर्
1435	कृती	कृत्
1289	ओविजी	विज्
1290	ओलजी	लज्
1291	ओलस्जी	लस्ज्

7c

1447	कृती	कृत्
1457	उन्दी	उन्द्
1461	वृजी	वृज्
1462	पृची	पृच्
1460	ओविजी	विज्
1448	ञिइन्धी	इन्ध्

10c

1803	पूरी	पूर्
1811	ली	ली
1812	वृजी	वृज्
1820	छृदी	छृद्
1821	दृभी	दृभ्
1860	गदी	गद्

Dhatus with Tag u

7.2.56 उदितो वा । उ इत् । उदित् ।

1c	**उदित्**		472	झमु	झम्	755	ध्वंसु	ध्वंस्
188	अञ्चु	अञ्च्	473	क्रमु	क्रम्	756	भ्रंसु	भ्रंस्
189	वञ्चु	वञ्च्	560	ष्ठिवु	ष्ठिव्	757	स्रम्भु	स्रम्भ्
190	चञ्चु	चञ्च्	567	क्षीवु	क्षीव्	758	वृतु	वृत्
191	तञ्चु	तञ्च्	568	क्षेवु	क्षेव्	759	वृधु	वृध्
192	त्वञ्चु	त्वञ्च्	601	धावु	धाव्	760	शृधु	शृध्
193	म्रुञ्चु	म्रुञ्च्	630	ग्रसु	ग्रस्	826	स्यमु	स्यम्
194	म्लुञ्चु	म्लुञ्च्	631	ग्लसु	ग्लस्	850	भ्रमु	भ्रम्
195	म्रुचु	म्रुच्	697	जिषु	जिष्	853	रमु	रम्
196	म्लुचु	म्लुच्	698	विषु	विष्	862	अञ्चु	अञ्च्
197	ग्रुचु	ग्रुच्	699	मिषु	मिष्	873	शृधु	शृध्
198	ग्लुचु	ग्लुच्	701	श्रिषु	श्रिष्	874	मृधु	मृध्
199	कुजु	कुज्	702	श्लिषु	श्लिष्	878	खनु	खन्
200	खुजु	खुज्	703	प्रुषु	प्रुष्			
201	ग्लुञ्चु	ग्लुञ्च्	704	प्लुषु	प्लुष्			
393	श्रम्भु	श्रम्भ्	705	पृषु	पृष्			
394	ष्टुभु	स्तुभ्	706	वृषु	वृष्			
430	षृभु	सृभ्	707	मृषु	मृष्			
431	षृम्भु	सृम्भ्	708	घृषु	घृष्			
443	कमु	कम्	709	हृषु	हृष्			
469	चमु	चम्	727	शसु	शस्			
470	छमु	छम्	728	शंसु	शंस्			
471	जमु	जम्	754	स्रंसु	स्रंस्			

2c						**9c**		
1075	शासु	शास्	1214	वसु	वस्	1524	उध्रस	ध्रस्
4c			1224	भृशु	भृश्	**10c**		
1107	दिवु	दिव्	1225	भ्रंशु	भ्रंश्	1668	जसु	जस्
1108	षिवु	सिव्	1245	ऋधु	ऋध्	1703	वञ्चु	वञ्च्
1109	स्रिवु	स्रिव्	1246	गृधु	गृध्	1706	दिवु	दिव्
1110	ष्ठिवु	ष्ठिव्	**5c**			1718	जसु	जस्
1111	ष्णुसु	स्नुस्	1270	दम्भु	दम्भ्	1724	दिवु	दिव्
1112	ष्णसु	स्नस्	1271	ऋधु	ऋध्	1734	शृधु	शृध्
1113	क्नसु	क्नस्	1274	चमु	चम्	1738	अञ्चु	अञ्च्
1160	वृतु	वृत्				1781	वृतु	वृत्
1192	षिधु	सिध्	**7c**			1782	वृधु	वृध्
1201	शमु	शम्	1445	उछृदिर्	छृद्	1840	तनु	तन्
1202	तमु	तम्	**8c**					
1203	दमु	दम्	1463	तनु	तन्			
1204	श्रमु	श्रम्	1464	षणु	सन्			
1205	भ्रमु	भ्रम्	1465	क्षणु	क्षण्			
1207	क्लमु	क्लम्	1466	क्षिणु	क्षिण्			
1209	असु	अस्	1467	ऋणु	ऋण्			
1210	यसु	यस्	1468	तृणु	तृण्			
1211	जसु	जस्	1469	घृणु	घृण्			
1212	तसु	तस्	1470	वनु	वन्			
1213	दसु	दस्	1471	मनु	मन्			

Dhatus with Tag ū

7.2.44 स्वरतिसूतिसूयतिधूञूदितो वा । स्वरति सूति सूयति धूञित्येतेभ्यः, ऊदित् धातुभ्यः च उत्तरस्य वलादेः आर्धधातुकस्य वा इडागमः । इति वेट् । ऊ इत् । ऊदित् ।

1c	**ऊदित्**	
48	षिधू	सिध्
395	गुपू	गुप्
396	धूप	धूप्
649	गाहू	गाह्
650	गृहू	गृह्
654	अक्षू	अक्ष्
655	तक्षू	तक्ष्
656	त्वक्षू	त्वक्ष्
761	स्यन्दू	स्यन्द्
762	कृपू	क्लृप्
896	गुहू	गुह्
374	त्रपूष्	त्रप्
442	क्षमूष्	क्षम्
2c		
1066	मृजू	मृज्
4c		
1206	क्षमू	क्षम्
1242	क्लिदू	क्लिद्
5c		
1264	अशू	अश्
6c		
1347	वृहू	वृह्
1348	तृहू	तृह्
1349	स्तृहू	स्तृह्
1350	तृंहू	तृंह्
1292	ओव्रश्चू	व्रश्च्
7c		
1458	अञ्जू	अञ्ज्
1459	तञ्चू	तञ्च्
9c		
1522	क्लिशू	क्लिश्
10c		
1848	मृजू	मृज्

Dhatus with Tag ṛ

1c	**ऋदित्**		106	तीकृ	तीक्	290	शौटृ	शौट्
4	गाधृ	गाध्	112	राघृ	राघ्	291	यौटृ	यौट्
5	बाधृ	बाध्	113	लाघृ	लाघ्	292	म्लेटृ	म्लेट्
6	नाथृ	नाथ्	114	द्राघृ	द्राघ्	293	म्रेडृ	म्रेड्
7	नाधृ	नाध्	115	श्लाघृ	श्लाघ्	350	क्रीडृ	क्रीड्
31	युतृ	युत्	121	ओखृ	ओख्	351	तुडृ	तुड्
32	जुतृ	जुत्	122	राखृ	राख्	352	हुडृ	हुड्
33	विथृ	विथ्	123	लाखृ	लाख्	353	हूडृ	हूड्
34	वेथृ	वेथ्	124	द्राखृ	द्राख्	354	होडृ	होड्
49	खादृ	खाद्	125	ध्राखृ	ध्राख्	355	रौडृ	रौड्
75	शीकृ	शीक्	126	शाखृ	शाख्	356	रोडृ	रोड्
76	लोकृ	लोक्	127	श्लाखृ	श्लाख्	357	लोडृ	लोड्
77	श्लोकृ	श्लोक्	164	लोचृ	लोच्	362	तिपृ	तिप्
78	द्रेकृ	द्रेक्	179	एजृ	एज्	363	तेपृ	तेप्
79	ध्रेकृ	ध्रेक्	180	भ्रेजृ	भ्रेज्	364	ष्टिपृ	स्तिप्
80	रेकृ	रेक्	181	भ्राजृ	भ्राज्	365	ष्टेपृ	स्तेप्
81	सेकृ	सेक्	234	एजृ	एज्	366	ग्लेपृ	ग्लेप्
82	स्रेकृ	स्रेक्	284	हेडृ	हेड्	367	टुवेपृ	वेप्
98	ढौकृ	ढौक्	285	होडृ	होड्	368	केपृ	केप्
99	त्रौकृ	त्रौक्	286	बाडृ	बाड्	369	गेपृ	गेप्
103	टिकृ	टिक्	287	द्राडृ	द्राड्	370	ग्लेपृ	ग्लेप्
104	टीकृ	टीक्	288	ध्राडृ	ध्राड्	371	मेपृ	मेप्
105	तिकृ	तिक्	289	शाडृ	शाड्	372	रेपृ	रेप्

373	लेपृ	लेप्	535	वेलृ	वेल्	626	रासृ	रास्
380	कबृ	कब्	536	चेलृ	चेल्	643	वेहृ	वेह्
381	क्लीबृ	क्लीब्	537	केलृ	केल्	644	जेहृ	जेह्
382	क्षीबृ	क्षीब्	538	खेलृ	खेल्	645	वाहृ	वाह्
383	शीभृ	शीभ्	539	क्ष्वेलृ	क्ष्वेल्	646	द्राहृ	द्राह्
384	चीभृ	चीभ्	541	पेलृ	पेल्	647	काशृ	काश्
385	रेभृ	रेभ्	542	फेलृ	फेल्	719	पिसृ	पिस्
454	ओणृ	ओण्	543	शेलृ	शेल्	720	पेसृ	पेस्
455	शोणृ	शोण्	551	खोलृ	खोल्	822	राजृ	राज्
456	श्रोणृ	श्रोण्	552	खोरृ	खोर्	864	रेटृ	रेट्
457	श्लोणृ	श्लोण्	553	धोरृ	धोर्	877	वेणृ	वेण्
458	पैणृ	पैण्	614	गेषृ	गेष्	879	चीवृ	चीव्
468	मीमृ	मीम्	615	पेषृ	पेष्	880	चायृ	चाय्
489	तायृ	ताय्	616	जेषृ	जेष्	882	दाशृ	दाश्
499	तेवृ	तेव्	617	णेषृ	नेष्	883	भेषृ	भेष्
500	देवृ	देव्	618	एषृ	एष्	884	भ्रेषृ	भ्रेष्
501	षेवृ	सेव्	619	प्रेषृ	प्रेष्	885	भ्लेषृ	भ्लेष्
502	गेवृ	गेव्	620	रेषृ	रेष्	894	दासृ	दास्
503	ग्लेवृ	ग्लेव्	621	हेषृ	हेष्	895	माहृ	माह्
504	पेवृ	पेव्	622	ह्लेषृ	ह्लेष्	823	टुभ्राजृ	भ्राज्
505	मेवृ	मेव्	623	कासृ	कास्	824	टुभ्राशृ	भ्राश्
506	म्लेवृ	म्लेव्	624	भासृ	भास्	825	टुभ्लाशृ	भ्लाश्
507	रेवृ	रेव्	625	णासृ	नास्	863	टुयाचृ	याच्

867	प्रोथृ	प्रोथ्
868	मिदृ	मिद्
869	मेदृ	मेद्
870	मेधृ	मेध्
871	णिदृ	निद्
872	णेदृ	नेद्
2c		
1074	चकासृ	चकास्
4c		
1162	काशृ	काश्
1163	वाशृ	वाश्
10c		
1776	लोकृ	लोक्
1777	लोचृ	लोच्

Dhatus with Tag !

3.1.55 पुषादिद्युताद्य्ऌदितः परस्मैपदेषु । ऌ इत् । ऌदित् ।

1c	715	घसॢ	घस्	ऌ
1c	845	पतॢ	पत्	ऌ
1c	854	षदॢ	सद्	ऌ
1c	855	शदॢ	शद्	ऌ
1c	982	गमॢ	गम्	ऌ
1c	983	सृपॢ	सृप्	ऌ
3c	1095	विषॢ	विष्	ऌ
5c	1260	आपॢ	आप्	ऌ
5c	1261	शकॢ	शक्	ऌ
6c	1427	षदॢ	सद्	ऌ
6c	1428	शदॢ	शद्	ऌ
6c	1430	मुचॢ	मुच्	ऌ
6c	1431	लुपॢ	लुप्	ऌ
6c	1432	विदॢ	विद्	ऌ
7c	1451	शिषॢ	शिष्	ऌ
7c	1452	पिषॢ	पिष्	ऌ
10c	1839	आपॢ	आप्	ऌ

Dhatus with Tag e

एदित्

1c	294	कटे	सेट्	कट्	ए
1c	721	हसे	सेट्	हस्	ए
1c	784	कखे	सेट्	कख्	ए
1c	785	रगे	सेट्	रग्	ए
1c	786	लगे	सेट्	लग्	ए
1c	787	ह्लगे	सेट्	ह्लग्	ए
1c	788	ह्लगे	सेट्	ह्लग्	ए
1c	789	षगे	सेट्	सग्	ए
1c	790	ष्टगे	सेट्	स्तग्	ए
1c	791	कगे	सेट्	कग्	ए
1c	846	क्नथे	सेट्	क्नथ्	ए
1c	847	पथे	सेट्	पथ्	ए
1c	848	मथे	सेट्	मथ्	ए
1c	865	चते	सेट्	चत्	ए
1c	866	चदे	सेट्	चद्	ए

Dhatus with Tag o

8.2.45 ओदितश्च । ओकारः इत् धातोः उत्तरस्य निष्ठायाः तकारस्य नकारः आदेशः । ओ इत् । ओदित् ।

1c	235	टुओस्फूर्जा	स्फूर्ज्	आ, टु, ओ
1c	921	ओवै	वै	ओ
1c	1010	टुओश्वि	श्वि	टु, ओ
3c	1090	ओहाक्	हा	क्, ओ
3c	1089	ओहाङ्	हा	ङ्, ओ
6c	1289	ओविजी	विज्	ई, ओ
6c	1290	ओलजी	लज्	ई, ओ
6c	1291	ओलस्जी	लस्ज्	ई, ओ
6c	1292	ओव्रश्चू	व्रश्च्	ऊ, ओ
6c	1416	रुजो	रुज्	ओ
6c	1417	भुजो	भुज्	ओ
6c	1415	टुमस्जो	मस्ज्	ओ, टु
7c	1460	ओविजी	विज्	ई, ओ

Dhatus with Tag ṅ

ङित् Roots are Atmanpada

1c	ङ् इत्		2c					
948	ष्मिङ्	स्मि	1017	चक्षिङ्	चक्ष्	1142	माङ्	मा
949	गुङ्	गु	1031	षूङ्	सू	1143	ईङ्	ई
950	गाङ्	गा	1032	शीङ्	शी	1144	प्रीङ्	प्री
951	कुङ्	कु	1046	इङ्	इ	**6c**		
952	घुङ्	घु	1076	दीधीङ्	दीधी	1401	कुङ्	कु
953	उङ्	उ	1077	वेवीङ्	वेवी	1402	पृङ्	पृ
954	ङुङ्	ङु	1082	ह्नुङ्	ह्नु	1403	मृङ्	मृ
955	च्युङ्	च्यु	**3c**			1411	दृङ्	दृ
956	ज्युङ्	ज्यु	1088	माङ्	मा	1412	धृङ्	धृ
957	प्रुङ्	प्रु	1089	ओहाङ्	हा	**9c**		
958	प्लुङ्	प्लु	**4c**			1509	वृङ्	वृ
959	रुङ्	रु	1132	षूङ्	सू			
960	धृङ्	धृ	1133	दूङ्	दू			
961	मेङ्	मे	1134	दीङ्	दी			
962	देङ्	दे	1135	डीङ्	डी			
963	श्यैङ्	श्यै	1136	धीङ्	धी			
964	प्यैङ्	प्यै	1137	मीङ्	मी			
965	त्रैङ्	त्रै	1138	रीङ्	री			
966	पूङ्	पू	1139	लीङ्	ली			
967	मूङ्	मू	1140	व्रीङ्	व्री			
968	डीङ्	डी	1141	पीङ्	पी			

Dhatus with Tag ñ

ञ् इत् = ञित् Roots are Ubhayepada

1c	**ञ् इत्**		1253	कृञ्	कृ	**10c**		
897	श्रिञ्	श्रि	1254	वृञ्	वृ	1629	चिञ्	चि
898	भृञ्	भृ	1255	धुञ्	धु	1813	वृञ्	वृ
899	हृञ्	हृ		धूञ्	धू	1835	धूञ्	धू
900	धृञ्	धृ	1250	डुमिञ्	मि	1836	प्रीञ्	प्री
901	णीञ्	नी	**8c**					
1006	वेञ्	वे	1472	डुकृञ्	कृ			
1007	व्येञ्	व्ये	**9c**					
1008	ह्वेञ्	ह्वे	1473	डुक्रीञ्	क्री			
2c			1474	प्रीञ्	प्री			
1039	ऊर्णुञ्	ऊर्णु	1475	श्रीञ्	श्री			
1043	ष्टुञ्	स्तु	1476	मीञ्	मी			
1044	ब्रूञ्	ब्रू	1477	षिञ्	सि			
3c			1478	स्कुञ्	स्कु			
1087	डुभृञ्	भृ	1479	युञ्	यु			
1091	डुदाञ्	दा	1480	क्नूञ्	क्नू			
1092	डुधाञ्	धा	1481	द्रूञ्	द्रू			
5c			1482	पूञ्	पू			
1247	षुञ्	सु	1483	लूञ्	लू			
1248	षिञ्	सि	1484	स्तॄञ्	स्तॄ			
1249	शिञ्	शि	1485	कॄञ्	कॄ			
1251	चिञ्	चि	1486	वॄञ्	वॄ			
1252	स्तृञ्	स्तृ	1487	धूञ्	धू			

Dhatus with Tag ñi

ञि इत् = ञीत्

1c	ञि इत्		4c		
516	ञिफला	फल्	1188	ञिष्विदा	स्विद्
743	ञिमिदा	मिद्	1228	ञितृषा	तृष्
744	ञिष्विदा	स्विद्	1243	ञिमिदा	मिद्
775	ञित्वरा	त्वर्	1244	ञिक्ष्विदा	क्ष्विद्
978	ञिष्विदा	स्विद्	**5c**		
2c			1269	ञिधृषा	धृष्
1068	ञिष्वप	स्वप्	**7c**		
3c			1448	ञिइन्धी	इन्ध्
1084	ञिभी	भी			

Dhatus with Tag ṭu

3.3.89 ट्वितोऽथुच् । टु इत् । ट्वित् ।

1c	टु		2c		
849	टुवम	वम्	1036	टुक्षु	क्षु
235	टुओस्फूर्जा	स्फूर्ज्	**5c**		
67	टुनदि	नन्द्	1256	टुदु	दु
823	टुभ्राजृ	भ्राज्	**6c**		
824	टुभ्राशृ	भ्राश्	1415	टुमस्जो	मस्ज्
825	टुभ्लाशृ	भ्लाश्			
863	टुयाचृ	याच्			
1010	टुओश्वि	श्वि			

Dhatus with Tag ḍu

3.3.88 ड्वितः क्त्रिः । डु इत् । ड्वित् ।

1c डु	1003	डुवप	वप्
	975	डुलभष्	लभ्
	996	डुपचष्	पच्
3c	1087	डुभृञ्	भृ
	1091	डुदाञ्	दा
	1092	डुधाञ्	धा
5c	1250	डुमिञ्	मि
8c	1472	डुकृञ्	कृ
9c	1473	डुक्रीञ्	क्री

Dhatus with Other Tags – k, t, ṇ, p, ṣ

3c	1090	ओहाक्	हा	क्	k
1c	902	धेट्	धे	ट्	t
1c	930	दाण्	दा	ण्	ṇ
2c	1045	इण्	इ	ण्	ṇ
1c	924	दैप्	दै	प्	p
2c	1059	दाप्	दा	प्	
1c	374	त्रपूष्	त्रप्	ष्	ṣ
1c	442	क्षमूष्	क्षम्	ष्	
4c	1130	जॄष्	जॄ	ष्	
4c	1131	झॄष्	झॄ	ष्	
9c	1506	क्षीष्	क्षी	ष्	

Consonant / Vowel beginning Roots

From Standard Dhatupatha of Panini. Sum total of these will be 1942.

अच् आदिः = अजादिः ।
हल् आदिः = हलादिः ।

This characteristic brings in अट् / आट् augment for certain conjugation processes.

6.4.71 लुङ्लङ्लृङ्क्ष्वडुदात्तः ।
6.4.72 आडजादीनाम् । The आट् augment is applied to Roots beginning with a vowel when facing लुङ् , लङ् , लृङ् affixes of the Aorist, Imperfect Past Tense and Conditional mood.
6.1.90 आटश्च । This आट् augment does Vriddhi.

Gana Vikarana Affixes to make groups 1c – 10c

Gana Vikarana for Sarvadhatuka Ting Affixes लट् लङ् लोट् विधिलिङ् ।

1. 3.1.68 कर्तरि शप् । 1c Roots take शप् ।
2. 2.4.72 अदिप्रभृतिभ्यः शपः । 2c Roots take शप् लुक् ।
3. 2.4.75 जुहोत्यादिभ्यः श्लुः । 3c Roots take शप् श्लुः ।
4. 3.1.69 दिवादिभ्यः श्यन् । 4c Roots take श्यन् ।
5. 3.1.73 स्वादिभ्यः श्नुः । 5c Roots take श्नु ।
6. 3.1.77 तुदादिभ्यः शः । 6c Roots take श ।
7. 3.1.78 रुधादिभ्यः श्नम् । 7c Roots take श्नम्।
8. 3.1.79 तनादिकृञ्भ्य उः । 8c Roots take उ ।
9. 3.1.81 क्र्यादिभ्यः श्ना । 9c Roots take श्ना ।
10. 3.1.25 सत्यापपाशरूपवीणातूलश्लोकसेनालोमत्वचवर्म-वर्णचूर्णचुरादिभ्यो णिच् । 10c Roots take णिच् ।

P A U Characteristic to determine Ting Affix

Parasmaipada Roots

From Standard Dhatupatha of Panini.

Dhatu SN	Dhatu	P A U	सेट् अनिट् वेट्	स० अ० द्वि०
1	भू	P	सेट्	अ०

Note: P* are Parasmaipada Roots take may take Atmanepada Ting affix in specific case.

1c

1 भू P सेट् अ० 38 अत् P सेट् स० 39 चित् P सेट् अ० 40 च्युत् P सेट् स० 41 श्च्युत् P सेट् स० 42 मन्थ् P सेट् द्वि० 43 कुन्थ् P सेट् स० 44 पुन्थ् P सेट् स० 45 लुन्थ् P सेट् स० 46 मन्थ् P सेट् स० 47 सिध् P सेट् स० 48 सिध् P वेट् स० 49 खाद् P सेट् स० 50 खद् P सेट् स०* 51 बद् P सेट् अ० 52 गद् P सेट् स० 53 रद् P सेट् स० 54 नद् P सेट् अ० 55 अर्द् P सेट् स०* 56 नर्द् P सेट् अ० 57 गर्द् P सेट् अ० 58 तर्द् P सेट् स० 59 कर्द् P सेट् अ० 60 खर्द् P सेट् स० 61 अन्त् P सेट् स० 62 अन्द् P सेट् स० 63 इन्द् P सेट् अ० 64 बिन्द् P सेट् अ० 65 गण्ड् P सेट् अ० 66 निन्द् P सेट् स० 67 नन्द् P सेट् अ० 68 चन्द् P सेट् स०* 69 त्रन्द् P सेट् अ० 70 कन्द् P सेट् स०* 71 क्रन्द् P सेट् स०* 72 क्लन्द् P सेट् स०* 73 क्लिन्द् P सेट् स० 74 शुन्ध् P सेट् अ० 116 फक्क् P सेट् स० 117 तक् P सेट् अ० 118 तङ्क् P सेट् अ० 119 बुक्क् P सेट् अ० 120 कख् P सेट् अ० 121 ओख् P सेट् स० 122 राख् P सेट् स० 123 लाख् P सेट् स० 124 द्राख् P सेट् स० 125 ध्राख् P सेट् स० 126 शाख् P सेट् स० 127 श्लाख् P सेट् स० 128 उख् P सेट् स० 129 उङ्ख् P सेट् स० 130 वख् P सेट् स० 131 वङ्ख् P सेट् स० 132 मख् P सेट् स० 133 मङ्ख् P सेट् स० 134 नख् P सेट् स० 135 नङ्ख् P सेट् स० 136 रख् P सेट् स० 137 रङ्ख् P सेट् स० 138 लख् P सेट् स० 139 लङ्ख् P सेट् स० 140 इख् P सेट् स०141 इङ्ख् P सेट् स० 142 ईङ्ख् P सेट् स० 143 वल्ग् P सेट् स० 144 रङ्ग् P सेट् स० 145 लङ्ग् P सेट् स० 146 अङ्ग् P सेट् स० 147 वङ्ग् P सेट् स० 148 मङ्ग् P सेट् स० 149 तङ्ग् P सेट् स० 150 त्वङ्ग् P सेट् स० 151 श्रङ्ग् P सेट् स० 152 श्लङ्ग् P सेट् स० 153 इङ्ग्

P सेट् स० 154 रिङ्ग् P सेट् स० 155 लिङ्ग् P सेट् स० 156 युङ्ग् P सेट् स० 157 जुङ्ग् P सेट् स० 158 बुङ्ग् P सेट् अ० 159 घघ् P सेट् स० 160 मङ्घ् P सेट् अ० 161 शिङ्घ् P सेट् स० 183 शुच् P सेट् अ० 184 कुच् P सेट् स० 185 कुञ्च् P सेट् अ० 186 क्रुञ्च् P सेट् अ० 187 लुञ्च् P सेट् स० 188 अञ्च् P सेट् स० 189 वञ्च् P सेट् स० 190 चञ्च् P सेट् स० 191 तञ्च् P सेट् स० 192 त्वञ्च् P सेट् स० 193 म्रुञ्च् P सेट् स० 194 म्लुञ्च् P सेट् स० 195 म्रुच् P सेट् स० 196 म्लुच् P सेट् स० 197 ग्रुच् P सेट् स० 198 ग्लुच् P सेट् स० 199 कुज् P सेट् स० 200 खुज् P सेट् स० 201 ग्लुञ्च् P सेट् स० 202 सस्ज् P* सेट् स० 203 गुञ्ज् P सेट् अ० 204 अर्च् P सेट् स० 205 म्लेच्छ् P सेट् अ० 206 लच्छ् P सेट् स० 207 लाञ्छ् P सेट् स० 208 वाञ्छ् P सेट् स० 209 आञ्छ् P सेट् स० 210 ह्रीछ् P सेट् अ० 211 हुर्छ् P सेट् अ० 212 मुर्छ् P सेट् अ० 213 स्फुर्छ् P सेट् अ० 214 युच्छ् P सेट् अ० 215 उञ्छ् P सेट् स० 216 उच्छ् P सेट् स० 217 ध्रज् P सेट् स० 218 ध्रञ्ज् P सेट् स० 219 धृज् P सेट् स० 220 धृञ्ज् P सेट् स० 221 ध्वज् P सेट् स० 222 ध्वञ्ज् P सेट् स० 223 कूज् P सेट् अ० 224 अर्ज् P सेट् स० 225 सर्ज् P सेट् स० 226 गर्ज् P सेट् अ० 227 तर्ज् P सेट् स० 228 कर्ज् P सेट् स० 229 खर्ज् P सेट् स० 230 अज् P सेट् स० 231 तेज् P सेट् स० 232 खज् P सेट् स० 233 खञ्ज् P सेट् अ० 234 एज् P सेट् अ० 235 स्फूर्ज् P सेट् अ० 236 क्षि P अनिट् अ०* 237 क्षीज् P सेट् अ० 238 लज् P सेट् स० 239 लञ्ज् P सेट् स० 240 लाज् P सेट् स० 241 लाञ्ज् P सेट् स० 242 जज् P सेट् अ० 243 जञ्ज् P सेट् अ० 244 तुज् P सेट् स० 245 तुञ्ज् P सेट् स० 246 गज् P सेट् अ० 247 गञ्ज् P सेट् अ० 248 गृज् P सेट् अ० 249 गृञ्ज् P सेट् अ० 250 मुज् P सेट् अ० 251 मुञ्ज् P सेट् अ० 252 वज् P सेट् स० 253 व्रज् P सेट् स० 290 शौट् P सेट् अ० 291 यौट् P सेट् स० 292 म्लेट् P सेट् अ० 293 म्रेड् P सेट् अ० 294 कट् P सेट् स० 295 अट् P सेट् स० 296 पट् P सेट् स० 297 रट् P सेट् स० 298 लट् P सेट् अ० 299 शट् P सेट् स० 300 वट् P सेट् स० 301 किट् P सेट् अ० 302 खिट् P सेट् अ० 303 शिट् P सेट् स० 304 सिट् P सेट् स० 305 जट् P सेट् अ० 306 झट् P सेट् अ० 307 भट् P सेट् स० 308 तट् P सेट् अ० 309 खट् P सेट् स० 310 नट् P सेट् अ० 311 पिट् P सेट् अ० 312 हट् P सेट् अ० 313 सट् P सेट् अ० 314 लुट् P सेट् स० 315 चिट् P सेट् अ० 316 विट् P सेट् अ० 317 बिट् P सेट् स० 318 इट् P सेट् स० 319 किट् P सेट् अ० 320 कट् P सेट् स० 321 मण्ड् P सेट् स० 322 कुण्ड् P सेट् अ० 323 मुड् P सेट् स० 324 प्रुड् P सेट् स० 325 चुण्ड् P सेट् अ० 326 मुण्ड् P सेट् स० 327 रुण्ट् P सेट् स० 328 लुण्ट् P

सेट् अ० 329 स्फुट् P सेट् अ० 330 पठ् P सेट् स० 331 वठ् P सेट् अ० 332 मठ् P सेट् अ० 333 कठ् P सेट् अ० 334 रट् P सेट् स० 335 हठ् P सेट् अ० 336 रुठ् P सेट् स० 337 लुठ् P सेट् स० 338 उठ् P सेट् स० 339 पिठ् P सेट् स० 340 शठ् P सेट् स० 341 शुठ् P सेट् स० 342 कुण्ठ् P सेट् स० 343 लुण्ठ् P सेट् स० 344 शुण्ठ् P सेट् स० 345 रुण्ठ् P सेट् स० 346 लुण्ठ् P सेट् स० 347 चुड्ड् P सेट् अ० 348 अड्ड् P सेट् स० 349 कड्ड् P सेट् अ० 350 क्रीड् P सेट् अ० 351 तुड् P सेट् स० 352 हुड् P सेट् स० 353 हूड् P सेट् स० 354 होड् P सेट् स० 355 रौड् P सेट् स० 356 रोड् P सेट् अ० 357 लोड् P सेट् अ० 358 अड् P सेट् स० 359 लड् P सेट् अ० 360 कड् P सेट् अ० 361 गण्ड् P सेट् अ० 395 गुप् P वेट् स० 396 धूप् P सेट् स० 397 जप् P सेट् स० 398 जल्प् P सेट् स० 399 चप् P सेट् स० 400 सप् P सेट् स० 401 रप् P सेट् स० 402 लप् P सेट् अ० 403 चुप् P सेट् अ० 404 तुप् P सेट् स० 405 तुम्प् P सेट् स० 406 त्रुप् P सेट् स० 407 त्रुम्प् P सेट् स० 408 तुफ् P सेट् स० 409 तुम्फ् P सेट् स० 410 त्रुफ् P सेट् स० 411 त्रुम्फ् P सेट् स० 412 पर्प् P सेट् स० 413 रफ् P सेट् स० 414 रम्फ् P सेट् स० 415 अर्ब् P सेट् स० 416 पर्ब् P सेट् स० 417 लर्ब् P सेट् स० 418 बर्ब् P सेट् स० 419 मर्ब् P सेट् स० 420 कर्ब् P सेट् स० 421 खर्ब् P सेट् स० 422 गर्ब् P सेट् स० 423 शर्ब् P सेट् स० 424 सर्ब् P सेट् स० 425 चर्ब् P सेट् स० 426 कुम्ब् P सेट् स० 427 लुम्ब् P सेट् स० 428 तुम्ब् P सेट् स० 429 चुम्ब् P सेट् स० 430 सृभ् P सेट् स० 431 सृम्भ् P सेट् स० 432 शुभ् P सेट् स० 433 शुम्भ् P सेट् स० 444 अण् P सेट् स० 445 रण् P सेट् अ० 446 वण् P सेट् अ० 447 भण् P सेट् अ० 448 मण् P सेट् अ० 449 कण् P सेट् अ० 450 क्वण् P सेट् अ० 451 व्रण् P सेट् अ० 452 भ्रण् P सेट् अ० 453 ध्वण् P सेट् स० 454 ओण् P सेट् स० 455 शोण् P सेट् अ० 456 श्रोण् P सेट् अ० 457 श्लोण् P सेट् अ० 458 पैण् P सेट् स० 459 ध्रण् P सेट् स० 460 कन् P सेट् अ० 461 स्तन् P सेट् अ० 462 वन् P सेट् स० 463 वन् P सेट् स० 464 सण् P सेट् स० 465 अम् P सेट् स० 466 द्रम् P सेट् स० 467 हम्म् P सेट् स० 468 मीम् P सेट् स०* 469 चम् P सेट् स० 470 छम् P सेट् स० 471 जम् P सेट् स० 472 झम् P सेट् स० 473 क्रम् P* सेट्* स० 508 मव्य् P सेट् स० 509 सूर्क्ष्य् P सेट् अ० 510 ईर्क्ष्य् P सेट् अ० 511 ईर्ष्य् P सेट् अ० 512 हय् P सेट् स० 513 शुच्य् P सेट् अ० 514 हर्य् P सेट् स० 515 अल् P* सेट् स० 516 फल् P सेट् अ० 517 मील् P सेट् अ० 518 श्मील् P सेट् अ० 519 स्मील् P सेट् अ० 520 क्ष्मील् P सेट् अ० 521 पील् P सेट् स० 522 नील् P सेट् अ० 523 शील् P सेट् अ०

524 कील् P सेट् स० 525 कूल् P सेट् स० 526 शूल् P सेट् स० 527 तूल् P सेट् स० 528 पूल् P सेट् अ० 529 मूल् P सेट् अ० 530 फल् P सेट् अ० 531 चुल्ल् P सेट् अ० 532 फुल्ल् P सेट् अ० 533 चिल्ल् P सेट् अ० 534 तिल् P सेट् स० 535 वेल् P सेट् स० 536 चेल् P सेट् अ० 537 केल् P सेट् अ० 538 खेल् P सेट् अ० 539 क्ष्वेल् P सेट् अ० 540 वेल्ल् P सेट् अ० 541 पेल् P सेट् स० 542 फेल् P सेट् स० 543 शेल् P सेट् स० 544 स्खल् P सेट् अ० 545 खल् P सेट् स० 546 गल् P सेट् स० 547 सल् P सेट् स० 548 दल् P सेट् अ० 549 श्वल् P सेट् अ० 550 श्वल्ल् P सेट् अ० 551 खोल् P सेट् अ० 552 खोर् P सेट् अ० 553 धोर् P सेट् अ० 554 त्सर् P सेट् अ० 555 क्मर् P सेट् अ० 556 अभ्र् P सेट् स० 557 वभ्र् P सेट् स० 558 मभ्र् P सेट् स० 559 चर् P सेट् स० 560 ष्ठिव् P सेट् अ० 561 जि P अनिट् अ० 562 जीव् P सेट् अ० 563 पीव् P सेट् अ० 564 मीव् P सेट् अ० 565 तीव् P सेट् अ० 566 नीव् P सेट् अ० 567 क्षीव् P सेट् स० 568 क्षेव् P सेट् स० 569 उर्व् P सेट् स० 570 तुर्व् P सेट् स० 571 थुर्व् P सेट् स० 572 दुर्व् P सेट् स० 573 धुर्व् P सेट् स० 574 गुर्व् P सेट् अ० 575 मुर्व् P सेट् स० 576 पुर्व् P सेट् स० 577 पर्व् P सेट् अ० 578 मर्व् P सेट् स० 579 चर्व् P सेट् स० 580 भर्व् P सेट् स० 581 कर्व् P सेट् अ० 582 खर्व् P सेट् अ० 583 गर्व् P सेट् अ० 584 अर्व् P सेट् स० 585 शर्व् P सेट् स० 586 सर्व् P सेट् स० 587 इन्व् P सेट् स० 588 पिन्व् P सेट् स० 589 मिन्व् P सेट् स० 590 निन्व् P सेट् स० 591 हिन्व् P सेट् स० 592 दिन्व् P सेट् स० 593 धिन्व् P सेट् स० 594 जिन्व् P सेट् स० 595 रिन्व् P सेट् स० 596 रन्व् P सेट् स० 597 धन्व् P सेट् स० 598 कृन्व् P सेट् स० 599 मव् P सेट् स० 600 अव् P सेट् स० 653 घुष् P सेट् स० 654 अक्ष् P वेट् स० 655 तक्ष् P वेट् स० 656 त्वक्ष् P वेट् स० 657 उक्ष् P सेट् स० 658 रक्ष् P सेट् स० 659 निक्ष् P सेट् स० 660 त्रक्ष् P सेट् स० 661 स्त्रक्ष् P सेट् स० 662 नक्ष् P सेट् स० 663 वक्ष् P सेट् अ० 664 मृक्ष् P सेट् अ० 665 तक्ष् P सेट् स० 666 सूर्क्ष् P सेट् स० 667 काङ्क्ष् P सेट् स० 668 वाङ्क्ष् P सेट् स० 669 माङ्क्ष् P सेट् स० 670 द्राङ्क्ष् P सेट् अ० 671 ध्राङ्क्ष् P सेट् अ० 672 ध्वाङ्क्ष् P सेट् अ० 673 चूष् P सेट् स० 674 तूष् P सेट् अ० 675 पूष् P सेट् अ० 676 मूष् P सेट् स० 677 लूष् P सेट् स० 678 रूष् P सेट् स० 679 शूष् P सेट् स० 680 यूष् P सेट् स० 681 जूष् P सेट् स० 682 भूष् P सेट् स० 683 ऊष् P सेट् स० 684 ईष् P सेट् स० 685 कष् P सेट् स० 686 खष् P सेट् स० 687 शिष् P अनिट् स० 688 जष् P सेट् स० 689 झष् P सेट् स० 690 शष् P सेट् स० 691 वष् P सेट् स० 692 मष् P सेट् स० 693 रुष् P सेट्* स० 694 रिष् P सेट् स०

695 भष् P सेट् अ० 696 उष् P सेट् स० 697 जिष् P सेट् स० 698 विष् P अनिट् स० 699 मिष् P सेट् स० 700 पुष् P सेट् स० 701 श्रिष् P सेट् स० 702 श्लिष् P सेट् स० 703 प्रुष् P सेट् स० 704 प्लुष् P सेट् स० 705 पृष् P सेट् स० 706 वृष् P सेट् स० 707 मृष् P सेट् स० 708 घृष् P सेट् स० 709 हृष् P सेट् अ० 710 तुस् P सेट् अ० 711 ह्रस् P सेट् अ० 712 ह्लस् P सेट् अ० 713 रस् P सेट् अ० 714 लस् P सेट् अ० 715 घस् P अनिट् स० 716 जर्ज् P सेट् स० 717 चर्च् P सेट् स० 718 झर्झ् P सेट् स० 719 पिस् P सेट् स० 720 पेस् P सेट् स० 721 हस् P सेट् अ० 722 निश् P सेट् अ० 723 मिश् P सेट् अ० 724 मश् P सेट् अ० 725 शव् P सेट् स० 726 शश् P सेट् अ० 727 शस् P सेट् स० 728 शंस् P सेट् स० 729 चह् P सेट् अ० 730 मह् P सेट् स० 731 रह् P सेट् स० 732 रंह् P सेट् स० 733 दृह् P सेट् अ० 734 दृंह् P सेट् अ० 735 बृह् P सेट् अ० 736 बृंह् P सेट् अ० 737 तुह् P सेट् स० 738 दुह् P सेट् स० 739 उह् P सेट् स० 740 अर्ह् P सेट् स० 776 ज्वर् P सेट् अ० 777 गड् P सेट् स० 778 हेड् P सेट् स० 779 वट् P सेट् स० 780 भट् P सेट् स० 781 नट् P सेट् अ० 782 स्तक् P सेट् स० 783 चक् P सेट् अ० 784 कख् P सेट् अ० 785 रग् P सेट् स० 786 लग् P सेट् अ० 787 ह्रग् P सेट् स० 788 ह्लग् P सेट् स० 789 सग् P सेट् स० 790 स्तग् P सेट् स० 791 कग् P सेट् स० 792 अक् P सेट् अ० 793 अग् P सेट् अ० 794 कण् P सेट् अ० 795 रण् P सेट् स० 796 चण् P सेट् स० 797 शण् P सेट् स० 798 श्रण् P सेट् स० 799 श्रथ् P सेट् स० 800 क्नथ् P सेट् स० 801 क्रथ् P सेट् स० 802 क्लथ् P सेट् स० 803 वन् P सेट् स० 804 ज्वल् P सेट् अ० 805 ह्वल् P सेट् अ० 806 ह्मल् P सेट् अ० 807 स्मृ P अनिट् स० 808 दृ P सेट् अ० 809 नृ P सेट् स० 810 श्रा P अनिट् स० 811 ज्ञा P सेट् स० 812 चल् P सेट् अ० 813 छद् P सेट् अ० 814 लड् P सेट् अ० 815 मद् P सेट् अ० 816 ध्वन् P सेट् अ० 817 स्वन् P सेट् अ० 818 शम् P सेट् स० 819 यम् P सेट् स० 821 फण् P सेट् स० 826 स्यम् P सेट् अ० 827 स्वन् P सेट् अ० 828 ध्वन् P सेट् अ० 829 सम् P सेट् अ० 830 स्तम् P सेट् अ० 831 ज्वल् P सेट् अ० 832 चल् P सेट् अ० 833 जल् P सेट् स० 834 टल् P सेट् अ० 835 ट्वल् P सेट् अ० 836 स्थल् P सेट् अ० 837 हल् P सेट् स० 838 नल् P सेट् स० 839 पल् P सेट् स० 840 बल् P सेट् अ० 841 पुल् P सेट् अ० 842 कुल् P सेट् अ० 843 शल् P सेट् स० 844 हुल् P सेट् स० 845 पत् P सेट् अ०* 846 क्वथ् P सेट् अ० 847 पथ् P सेट् स० 848 मथ् P सेट् द्वि० 849 वम् P सेट् स० 850 भ्रम् P सेट् अ० 851 क्षर् P सेट् अ० 854 सद् P अनिट् स० 855 शद् P* अनिट् अ० 856

क्रुश् P अनिट् स० 857 कुच् P सेट् स० 858 बुध् P सेट् स०* 859 रुह् P अनिट् अ० 860 कस् P सेट् स० 902 धे P अनिट् स० 903 ग्लै P अनिट् अ० 904 म्लै P अनिट् अ० 905 द्यै P अनिट् स० 906 द्रै P अनिट् अ० 907 ध्रै P अनिट् स० 908 ध्यै P अनिट् स० 909 रै P अनिट् अ० 910 स्त्यै P अनिट् अ० 911 स्त्यै P अनिट् अ० 912 खै P अनिट् स० 913 क्षै P अनिट् अ० 914 जै P अनिट् अ० 915 सै P अनिट् अ० 916 कै P अनिट् अ० 917 गै P अनिट् अ० 918 शै P अनिट् स० 919 श्रै P अनिट् स० 920 पै P अनिट् अ० 921 वै P अनिट् अ० 922 स्तै P अनिट् स० 923 स्नै P अनिट् स० 924 दै P अनिट् स० 925 पा P अनिट् स० 926 घ्रा P अनिट् स० 927 ध्मा P अनिट् स० 928 स्था P* अनिट् अ० 929 म्ना P अनिट् स० 930 दा P अनिट् स० 931 ह्वृ P अनिट् अ० 932 स्वृ P वेट् अ० 933 स्मृ P अनिट् स० 934 ह्वृ P अनिट् स० 935 सृ P अनिट् स० 936 ऋ P अनिट् स० 937 गृ P अनिट् स० 938 घृ P अनिट् स० 939 ध्वृ P अनिट् अ० 940 स्रु P अनिट् स० 941 सु P अनिट् स०* 942 श्रु P अनिट् स० 943 ध्रु P अनिट् अ० 944 दु P अनिट् स० 945 द्रु P अनिट् स० 946 जि P अनिट् द्वि०* 947 ज्रि P अनिट् स०* 969 तृ P सेट् स० 978 स्विद् P सेट् अ० 979 स्कन्द् P अनिट् स० 980 यभ् P अनिट् अ० 981 नम् P अनिट् स० 982 गम् P अनिट् स० 983 सृप् P अनिट् स० 984 यम् P अनिट् स० 985 तप् P अनिट् स० 986 त्यज् P अनिट् स० 987 सञ्ज् P अनिट् स० 988 दृश् P अनिट् स० 989 दंश् P अनिट् स० 990 कृष् P अनिट् द्वि० 991 दह् P अनिट् स० 992 मिह् P अनिट् स० 993 कित् P सेट् स० 1005 वस् P अनिट् अ० 1009 वद् P* सेट् स० 1010 श्वि P सेट् अ०

2c

1011 अद् P अनिट् स० 1012 हन् P* अनि* स० 1033 यु P सेट् स० 1034 रु P सेट् स० 1035 नु P* सेट् स० 1036 क्षु P सेट् अ० 1037 क्ष्णु P सेट् स० 1038 स्नु P सेट् अ० 1040 द्यु P अनिट् स० 1041 सु P अनिट् स० 1042 कु P अनिट् अ० 1045 इ P अनिट् स० 1047 इ P अनिट् स० 1048 वी P अनिट् स० 1049 या P अनिट् स० 1050 वा P अनिट् स० 1051 भा P अनिट् अ० 1052 स्ना P अनिट् अ० 1053 श्रा P अनिट् स० 1054 द्रा P अनिट् अ० 1055 प्सा P अनिट् स० 1056 पा P अनिट् स० 1057 रा P अनिट् स० 1058 ला P अनिट् स० 1059 दा P अनिट् स० 1060 ख्या P अनिट् स० 1061 प्रा P अनिट् स० 1062 मा P अनिट् स० 1063 वच् P अनिट् द्वि० 1064 विद् P

सेट् स० 1065 अस् P सेट् अ० 1066 मृज् P वेट् स० 1067 रुद् P सेट् अ० 1068 स्वप् P अनिट् अ० 1069 श्वस् P सेट् अ० 1070 अन् P सेट् अ० 1071 जक्ष् P सेट् स०* 1072 जागृ P सेट् अ० 1073 दरिद्रा P सेट् अ० 1074 चकास् P सेट् अ० 1075 शास् P सेट् द्वि० 1078 सस् P सेट् अ० 1079 संस्त् P सेट् अ० 1080 वश् P सेट् स०

3c

1083 हु P अनिट् स० 1084 भी P अनिट् अ० 1085 ह्री P अनिट् अ० 1086 पृ P सेट् स० 1090 हा P अनिट् स० 1096 घृ P अनिट् स० 1097 हृ P अनिट् स० 1098 ऋ P अनिट् स० 1099 सृ P अनिट् स० 1100 भस् P सेट् अ० 1101 कि P अनिट् स० 1102 तुर् P सेट् अ० 1103 धिष् P सेट् अ० 1104 धन् P सेट् अ० 1105 जन् P सेट् अ०* 1106 गा P अनिट् स०

4c

1107 दिव् P सेट् स० 1108 सिव् P सेट् स० 1109 स्रिव् P सेट् स० 1110 ष्ठिव् P सेट् स० 1111 स्नुस् P सेट् स० 1112 स्नस् P सेट् स० 1113 क्नस् P सेट् अ० 1114 व्युष् P सेट् स० 1115 प्लुष् P सेट् स० 1116 नृत् P सेट् अ० 1117 त्रस् P सेट् अ० 1118 कुथ् P सेट् अ० 1119 पुथ् P सेट् स० 1120 गुध् P सेट् स० 1121 क्षिप् P अनिट् स० 1122 पुष्प् P सेट् अ० 1123 तिम् P सेट् अ० 1124 स्तिम् P सेट् अ० 1125 स्तीम् P सेट् अ० 1126 व्रीड् P सेट् स० 1127 इष् P सेट् स० 1128 सह् P सेट् अ० 1129 सुह् P सेट् अ० 1130 जृ P सेट् अ० 1131 झृ P सेट् अ० 1145 शो P अनिट् स० 1146 छो P अनिट् स० 1147 सो P अनिट् स० 1148 दो P अनिट् स० 1180 राध् P अनिट् अ० 1181 व्यध् P अनिट् स० 1182 पुष् P अनिट् स०* 1183 शुष् P अनिट् अ० 1184 तुष् P अनिट् अ० 1185 दुष् P अनिट् अ० 1186 श्लिष् P अनिट् स० 1188 स्विद् P अनिट् अ० 1189 क्रुध् P अनिट् अ० 1190 क्षुध् P अनिट् अ० 1191 शुध् P अनिट् अ० 1192 सिध् P अनिट् अ० 1193 रध् P वेट् स० 1194 नश् P वेट् अ० 1195 तृप् P वेट् स०* 1196 दृप् P वेट् स० 1197 द्रुह् P वेट् स० 1198 मुह् P वेट् स० 1199 स्नुह् P वेट् स० 1200 स्निह् P वेट् अ० 1201 शम् P सेट् अ० 1202 तम् P सेट् अ० 1203 दम् P सेट् स० 1204 श्रम् P सेट् अ० 1205 भ्रम् P सेट् अ० 1206 क्षम् P वेट् स० 1207 क्लम् P सेट् अ० 1208 मद् P सेट् अ० 1209 अस् P सेट् स० 1210 यस् P सेट् अ० 1211 जस् P सेट् स० 1212 तस् P सेट् स० 1213 दस् P सेट् स० 1214 वस् P सेट् अ०1215 व्युष्

P सेट् स० 1216 प्लुष् P सेट् स० 1217 बिस् P सेट् स० 1218 कुस् P सेट् स० 1219 बुस् P सेट् स० 1220 मुस् P सेट् स० 1221 मस् P सेट् अ० 1222 लुट् P सेट् अ० 1223 उच् P सेट् अ० 1224 भृश् P सेट् अ० 1225 भ्रंश् P सेट् अ० 1226 वृश् P सेट् स० 1227 कृश् P सेट् स० 1228 तृष् P सेट् अ० 1229 हृष् P सेट् अ० 1230 रुष् P सेट् अ० 1231 रिष् P सेट् स० 1232 डिप् P सेट् स० 1233 कुप् P सेट् अ० 1234 गुप् P सेट् अ० 1235 युप् P सेट् स० 1236 रुप् P सेट् स० 1237 लुप् P सेट् स० 1238 लुभ् P सेट् स० 1239 क्षुभ् P सेट् अ० 1240 नभ् P सेट् स० 1241 तुभ् P सेट् स० 1242 क्लिद् P वेट् अ० 1243 मिद् P सेट् अ० 1244 क्ष्विद् P सेट् अ० 1245 ऋध् P सेट् अ० 1246 गृध् P सेट् स०

5c

1256 दु P अनिट् स० 1257 हि P अनिट् स० 1258 पृ P अनिट् स० 1259 स्पृ P अनिट् स० 1260 1260 आप् P अनिट् स० 1261 शक् P अनिट् अ० 1262 राध् P अनिट् अ० 1263 साध् P अनिट् स० 1266 तिक् P सेट् स० 1267 तिग् P सेट् स० 1268 सघ् P सेट् स० 1269 धृष् P सेट् अ० 1270 दम्भ् P सेट् स० 1271 ऋध् P सेट् अ०* 1272 अह् P सेट् स० 1273 दघ् P सेट् स० 1274 चम् P सेट् स० 1275 रि P अनिट् स० 1276 क्षि P अनिट् स० 1277 चिरि P सेट् स० 1278 जिरि P सेट् स० 1279 दाश् P सेट् स० 1280 दृ P अनिट् स०

6c

1287 ऋष् P सेट् स० 1292 व्रश्च् P वेट् स० 1293 व्यच् P सेट् स० 1294 उञ्छ् P सेट् स० 1295 उच्छ् P सेट् स० 1296 ऋच्छ् P सेट् अ० 1297 मिच्छ् P सेट् स०* 1298 जर्ज् P सेट् स० 1299 चर्च् P सेट् स० 1300 झर्झ् P सेट् स० 1301 त्वच् P सेट् स० 1302 ऋच् P सेट् स० 1303 उब्ज् P सेट् अ० 1304 उज्झ् P सेट् स० 1305 लुभ् P सेट् स० 1306 रिफ् P सेट् स० 1307 तृप् P सेट् स० 1308 तृम्फ् P सेट् अ० 1309 तुप् P सेट् स० 1310 तुम्प् P सेट् स० 1311 तुफ् P सेट् स० 1312 तुम्फ् P सेट् स० 1313 दृप् P सेट् अ० 1314 दृम्फ् P सेट् अ० 1315 ऋफ् P सेट् स० 1316 ऋम्फ् P सेट् स० 1317 गुफ् P सेट् स० 1318 गुम्फ् P सेट् स० 1319 उभ् P सेट् स० 1320 उम्भ् P सेट् स० 1321 शुभ् P सेट् अ० 1322 शुम्भ् P सेट् अ० 1323 दृभ् P सेट् स० 1324 चृत् P सेट् स० 1325 विध् P सेट् स० 1326 जुड् P सेट् स० 1327 मृड् P सेट् स० 1328 पृड् P सेट्

स० 1329 पृण् P सेट् स० 1330 वृण् P सेट् स० 1331 मृण् P सेट् स० 1332 तुण् P सेट् अ० 1333 पुण् P सेट् अ० 1334 मुण् P सेट् स० 1335 कुण् P सेट् अ० 1336 शुन् P सेट् स० 1337 द्रुण् P सेट् स० 1338 घुण् P सेट् अ० 1339 घूर्ण् P सेट् अ० 1340 सुर् P सेट् अ० 1341 कुर् P सेट् अ० 1342 खुर् P सेट् स० 1343 मुर् P सेट् स० 1344 क्षुर् P सेट् स० 1345 घुर् P सेट् अ० 1346 पुर् P सेट् अ० 1347 वृह् P वेट् स० 1348 तृह् P वेट् स० 1349 स्तृह् P वेट् स० 1350 तृंह् P वेट् स० 1351 इष् P सेट् स० 1352 मिष् P सेट् स० 1353 किल् P सेट् अ०1354 तिल् P सेट् अ० 1355 चिल् P सेट् स० 1356 चल् P सेट् अ० 1357 इल् P सेट् स० 1358 विल् P सेट् स० 1359 बिल् P सेट् स० 1360 निल् P सेट् स० 1361 हिल् P सेट् स० 1362 शिल् P सेट् स० 1363 सिल् P सेट् स० 1364 मिल् P सेट् स० 1365 लिख् P सेट् स० 1366 कुट् P सेट् अ० 1367 पुट् P सेट् स० 1368 कुच् P सेट् स० 1369 गुज् P सेट् अ० 1370 गुड् P सेट् स० 1371 डिप् P सेट् स० 1372 छुर् P सेट् स० 1373 स्फुट् P सेट् अ० 1374 मुट् P सेट् अ० 1375 त्रुट् P सेट् स० 1376 तुट् P सेट् स० 1377 चुट् P सेट् स० 1378 छुट् P सेट् स० 1379 जुड् P सेट् स० 1380 कड् P सेट् स० 1381 लुट् P सेट् स० 1382 कृड् P सेट् अ० 1383 कुड् P सेट् अ० 1384 पुड् P सेट् स० 1385 घुट् P सेट् स० 1386 तुड् P सेट् स० 1387 थुड् P सेट् स० 1388 स्थुड् P सेट् स० 1389 स्फुर् P सेट् अ० 1390 स्फुल् P सेट् अ० 1391 स्फुड् P सेट् स० 1392 चुड् P सेट् स० 1393 व्रुड् P सेट् स० 1394 क्रुड् P सेट् अ० 1395 भृड् P सेट् अ० 1397 नू P सेट् स० 1398 धू P सेट् स० 1399 गु P अनिट् अ० 1400 ध्रु P अनिट् अ० 1404 रि P अनिट् स० 1405 पि P अनिट् स० 1406 धि P अनिट् स० 1407 क्षि P अनिट् स० 1408 सू P सेट् स० 1409 कृ P सेट् स० 1410 गृ P सेट् स० 1413 प्रच्छ् P अनिट् द्वि० 1414 सृज् P अनिट् स० 1415 मस्ज् P अनिट् अ० 1416 रुज् P अनिट् स० 1417 भुज् P अनिट् अ० 1418 छुप् P अनिट् स० 1419 रुश् P अनिट् स० 1420 रिश् P अनिट् स० 1421 लिश् P अनिट् स० 1422 स्पृश् P अनिट् स० 1423 विच्छ् P सेट् स० 1424 विश् P अनिट् स० 1425 मृश् P अनिट् स० 1426 नुद् P अनिट् स० 1427 सद् P अनिट् अ० 1428 शद् P* अनिट् अ० 1435 कृत् P सेट्* स० 1436 खिद् P अनिट् स० 1437 पिश् P सेट् अ०

7c

1447 कृत् P सेट् स० 1451 शिष् P अनिट् स० 1452 पिष् P अनिट् स० 1453 भञ्ज् P अनिट् स० 1454 भुज् P* अनिट् स० 1455 तृह् P सेट् स० 1456 हिंस् P सेट् स० 1457 उन्द् P सेट् स० 1458 अञ्ज् P वेट् स० 1459 तञ्च् P वेट् स० 1460 विज् P सेट् अ० 1461 वृज् P सेट् स० 1462 पृच् P सेट् स०

8c

None

9c

1488 शृ P सेट् स० 1489 पृ P सेट् स० 1490 वृ P सेट् स० 1491 भृ P सेट् स० 1492 मृ P सेट् स० 1493 दृ P सेट् स० 1494 जृ P सेट् अ० 1495 नृ P सेट् स० 1496 कृ P सेट् स० 1497 ऋ P सेट् स० 1498 गृ P सेट् अ० 1499 ज्या P अनिट् अ० 1500 री P अनिट् स० 1501 ली P अनिट् अ० 1502 व्ली P अनिट् स० 1503 प्ली P अनिट् स० 1504 व्री P अनिट् स० 1505 भ्री P अनिट् अ० 1506 क्षी P अनिट् स० 1507 ज्ञा P* अनिट् स० 1508 बन्ध् P अनिट् स० 1510 श्रन्थ् P सेट् स० 1511 मन्थ् P सेट् द्वि० 1512 श्रन्थ् P सेट् स० 1513 ग्रन्थ् P सेट् स० 1514 कुन्थ् P सेट् स० 1515 मृद् P सेट् स० 1516 मृड् P सेट् स० 1517 गुध् P सेट् अ० 1518 कुष् P सेट् स० 1519 क्षुभ् P सेट् अ० 1520 नभ् P सेट् स० 1521 तुभ् P सेट् स० 1522 क्लिश् P वेट् अ०* 1523 अश् P सेट् स० 1524 ध्रस् P सेट् स० 1525 इष् P सेट् स० 1526 विष् P अनिट् अ० 1527 प्रुष् P सेट् स० 1528 प्लुष् P सेट् स० 1529 पुष् P सेट् स० 1530 मुष् P सेट् द्वि० 1531 खच् P सेट् अ० 1532 हेठ् P सेट् स०

10c

None

Atmanepada Roots

From Standard Dhatupatha of Panini.

Dhatu SN	Dhatu	P A U	सेट् अनिट् वेट्	स० अ० द्वि०
2	एध्	A	सेट्	अ०

Note: A* are Atmanepada Roots that may take Parasmaipada Ting affix in specific case.

1c

2 एध् A सेट् अ० 3 स्पर्ध् A सेट् अ० 4 गाध् A सेट् स०* 5 बाध् A सेट् स० 6 नाथ् A* सेट् स० 7 नाध् A सेट् स० 8 दध् A सेट् स० 9 स्कुन्द् A सेट् स० 10 श्विन्द् A सेट् अ० 11 वन्द् A सेट् स० 12 भन्द् A सेट् अ० 13 मन्द् A सेट् स०* 14 स्पन्द् A सेट् अ० 15 क्लिन्द् A सेट् अ० 16 मुद् A सेट् अ० 17 दद् A सेट् स० 18 स्वद् A* सेट् स० 19 स्वर्द् A सेट् स० 20 उर्द् A सेट् अ० 21 कुर्द् A सेट् अ० 22 खुर्द् A सेट् अ० 23 गुर्द् A सेट् अ० 24 गुद् A सेट् अ० 25 सूद् A सेट् अ० 26 ह्राद् A सेट् अ० 27 ह्लाद् A सेट् अ० 28 स्वाद् A सेट् स० 29 पर्द् A सेट् अ० 30 यत् A सेट् अ० 31 युत् A सेट् अ० 32 जुत् A सेट् अ० 33 विथ् A सेट् द्वि० 34 वेथ् A सेट् द्वि० 35 श्रन्थ् A सेट् अ० 36 ग्रन्थ् A सेट् अ० 37 कत्थ् A सेट् स० 75 शीक् A सेट् स० 76 लोक् A सेट् स० 77 श्लोक् A सेट् स०* 78 द्रेक् A सेट् अ० 79 ध्रेक् A सेट् अ० 80 रेक् A सेट् स० 81 सेक् A सेट् स० 82 स्रेक् A सेट् स० 83 स्रङ्क् A सेट् स० 84 श्रङ्क् A सेट् स० 85 श्लङ्क् A सेट् स० 86 शङ्क् A सेट् स० 87 अङ्क् A सेट् स० 88 वङ्क् A सेट् अ० 89 मङ्क् A सेट् स० 90 कक् A सेट् अ० 91 कुक् A सेट् स० 92 वृक् A सेट् स० 93 चक् A सेट् स०* 94 कङ्क् A सेट् स० 95 वङ्क् A सेट् स० 96 श्वङ्क् A सेट् स० 97 त्रङ्क् A सेट् स० 98 ढौक् A सेट् स० 99 त्रौक् A सेट् स० 100 ष्वष्क् A सेट् स० 101 वस्क् A सेट् स० 102 मस्क् A सेट् स०103 टिक् A सेट् स० 104 टीक् A सेट् स० 105 तिक् A सेट् स० 106 तीक् A सेट् स० 107 रङ्घ् A सेट् स० 108 लङ्घ् A सेट् स०* 109 अङ्घ् A सेट् अ० 110 वङ्घ् A सेट् स० 111 मङ्घ् A सेट् स० 112 राघ् A सेट् अ० 113 लाघ् A सेट् अ० 114 द्राघ् A सेट् अ० 115 श्लाघ् A सेट् स० 162 वर्च् A सेट् अ० 163 सच् A सेट् स० 164 लोच् A सेट् स० 165 शच् A सेट् स० 166 श्वच् A सेट् स० 167 श्वञ्च् A सेट् स० 168 कच् A सेट् स० 169 कञ्च् A सेट् स०* 170 काञ्च् A सेट् स०*

171 मच् A सेट् अ० 172 मुञ्च् A सेट् अ० 173 मञ्च् A सेट् स० 174 पञ्च् A सेट् स० 175 स्तुच् A सेट् अ० 176 ऋज् A सेट् स० 177 ऋञ्ज् A सेट् स० 178 भृज् A सेट् स० 179 एज् A सेट् अ० 180 भ्रेज् A सेट् अ० 181 भ्राज् A सेट् अ० 182 ईज् A सेट् स० 254 अट्ट् A सेट् स० 255 वेष्ट् A सेट् स० 256 चेष्ट् A सेट् अ० 257 गोष्ट् A सेट् अ० 258 लोष्ट् A सेट् अ० 259 घट्ट् A सेट् अ० 260 स्फुट् A सेट् अ० 261 अण्ठ् A सेट् स० 262 वण्ठ् A सेट् अ० 263 मण्ठ् A सेट् स० 264 कण्ठ् A सेट् स० 265 मुण्ठ् A सेट् स० 266 हेठ् A सेट् स० 267 एठ् A सेट् स० 268 हिण्ड् A सेट् स० 269 हुण्ड् A सेट् स० 270 कुण्ड् A सेट् स० 271 वण्ड् A सेट् स० 272 मण्ड् A सेट् स० 273 भण्ड् A सेट् स० 274 पिण्ड् A सेट् अ० 275 मुण्ड् A सेट् स० 276 तुण्ड् A सेट् स० 277 हुण्ड् A सेट् स० 278 चण्ड् A सेट् अ० 279 शण्ड् A सेट् अ० 280 तण्ड् A सेट् स० 281 पण्ड् A सेट् स० 282 कण्ड् A सेट् अ० 283 खण्ड् A सेट् स० 284 हेड् A सेट् स० 285 होड् A सेट् स० 286 बाड् A सेट् अ० 287 द्राड् A सेट् अ० 288 ध्राड् A सेट् अ० 289 शाड् A सेट् स० 362 तिप् A अनिट् अ० 363 तेप् A सेट् अ० 364 स्तिप् A सेट् अ० 365 स्तेप् A सेट् अ० 366 ग्लेप् A सेट् स० 367 वेप् A सेट् अ० 368 केप् A सेट् अ० 369 गेप् A सेट् स० 370 ग्लेप् A सेट् स० 371 मेप् A सेट् स० 372 रेप् A सेट् स० 373 लेप् A सेट् स० 374 त्रप् A वेट् अ० 375 कम्प् A सेट् अ० 376 रम्ब् A सेट् अ० 377 लम्ब् A सेट् अ० 378 अम्ब् A सेट् अ० 379 लम्ब् A सेट् अ० 380 कब् A सेट् अ० 381 क्लीब् A सेट् अ० 382 क्षीब् A सेट् अ० 383 शीभ् A सेट् स० 384 चीभ् A सेट् स० 385 रेभ् A सेट् अ० 386 स्तम्भ् A सेट् स० 387 स्कम्भ् A सेट् स० 388 जम्भ् A सेट् अ० 389 जृम्भ् A सेट् अ० 390 शल्भ् A सेट् स० 391 वल्भ् A सेट् स० 392 गल्भ् A सेट् अ० 393 श्रम्भ् A सेट् अ० 394 स्तुभ् A सेट् अ० 434 घिण्ण् A सेट् स० 435 घुण्ण् A सेट् स० 436 घृण्ण् A सेट् स० 437 घुण् A सेट् अ० 438 घूर्ण् A सेट् अ० 439 पण् A* सेट् स० 440 पन् A* सेट् स० 441 भाम् A सेट् अ० 442 क्षम् A वेट् स० 443 कम् A सेट् स० 474 अय् A सेट् स० 475 वय् A सेट् स० 476 पय् A सेट् स० 477 मय् A सेट् स० 478 चय् A सेट् स० 479 तय् A सेट् स० 480 नय् A सेट् स० 481 दय् A सेट् स० 482 रय् A सेट् स० 483 ऊय् A सेट् स० 484 पूय् A सेट् अ० 485 क्नूय् A सेट् स० 486 क्ष्माय् A सेट् स० 487 स्फाय् A सेट् अ० 488 प्याय् A सेट् अ० 489 ताय् A सेट् स०* 490 शल् A सेट् अ० 491 वल् A सेट् स० 492 वल्ल् A सेट् स० 493 मल् A सेट् स० 494 मल्ल् A सेट् स० 495 भल् A सेट् स० 496 भल्ल् A सेट् स० 497 कल् A सेट् अ० 498 कल्ल् A सेट् स० 499 तेव् A सेट् अ० 500 देव् A

सेट् अ० 501 सेव् A सेट् स० 502 गेव् A सेट् स० 503 ग्लेव् A सेट् स० 504 पेव् A सेट् स० 505 मेव् A सेट् स० 506 म्लेव् A सेट् स० 507 रेव् A सेट् अ० 602 धुक्ष् A सेट् स० 603 धिक्ष् A सेट् स० 604 वृक्ष् A सेट् स० 605 शिक्ष् A सेट् स० 606 भिक्ष् A सेट् स० 607 क्लेश् A सेट् स० 608 दक्ष् A सेट् अ० 609 दीक्ष् A सेट् अ० 610 ईक्ष् A सेट् स० 611 ईष् A सेट् स० 612 भाष् A सेट् स० 613 वर्ष् A सेट् अ० 614 गेष् A सेट् स० 615 पेष् A सेट् स० 616 जेष् A सेट् स० 617 नेष् A सेट् स० 618 एष् A सेट् स० 619 प्रेष् A सेट् स० 620 रेष् A सेट् अ० 621 हेष् A सेट् अ० 622 ह्रेष् A सेट् अ० 623 कास् A सेट् अ० 624 भास् A सेट् अ० 625 नास् A सेट् अ० 626 रास् A सेट् अ० 627 नस् A सेट् अ० 628 भ्यस् A सेट् अ० 629 शंस् A सेट् स० 630 ग्रस् A सेट् स० 631 ग्लस् A सेट् स० 632 ईह् A सेट् अ० 633 बंह् A सेट् अ० 634 मंह् A सेट् अ० 635 अंह् A सेट् स० 636 गर्ह् A सेट् स० 637 गल्ह् A सेट् स० 638 बर्ह् A सेट् स० 639 बल्ह् A सेट् स० 640 वर्ह् A सेट् स० 641 वल्ह् A सेट् स० 642 प्लिह् A सेट् स० 643 वेह् A सेट् अ० 644 जेह् A सेट् अ० 645 वाह् A सेट् अ० 646 द्राह् A सेट् अ० 647 काश् A सेट् अ० 648 ऊह् A सेट् स० 649 गाह् A वेट् स० 650 गृह् A वेट् स० 651 ग्लह् A सेट् स० 652 घुंष् A सेट् स० 741 द्युत् A* सेट् अ० 742 श्वित् A* सेट् अ० 743 मिद् A* सेट् अ० 744 स्विद् A* सेट् अ० 745 रुच् A* सेट् अ० 746 घुट् A* सेट् स० 747 रुट् A* सेट् स० 748 लुट् A* सेट् स० 749 लुठ् A* सेट् स० 750 शुभ् A* सेट् अ० 751 क्षुभ् A* सेट् अ० 752 नभ् A* सेट् स० 753 तुभ् A* सेट् स० 754 स्रंस् A* सेट् अ० 755 ध्वंस् A* सेट् अ० 756 भ्रंस् A* सेट् अ० 757 स्रम्भ् A* सेट् अ० 758 वृत् A* सेट् अ० 759 वृध् A* सेट् अ० 760 शृध् A* सेट् अ० 761 स्यन्द् A* वेट् अ० 762 क्लृप् A* वेट् अ० 763 घट् A सेट् अ० 764 व्यथ् A सेट् अ० 765 प्रथ् A सेट् अ० 766 प्रस् A सेट् स० 767 म्रद् A सेट् स० 768 स्खद् A सेट् स० 769 क्षञ्ज् A सेट् स० 770 दक्ष् A सेट् स० 771 क्रप् A सेट् स० 772 कन्द् A सेट् अ० 773 क्रन्द् A सेट् अ० 774 क्लन्द् A सेट् अ० 775 त्वर् A सेट् अ० 820 स्खद् A सेट् स० 823 भ्राज् A सेट् अ० 824 भ्राश् A सेट् अ० 825 भ्लाश् A सेट् अ० 852 सह् A सेट् स० 853 रम् A अनिट् अ० 948 स्मि A अनिट् अ० 949 गु A अनिट् अ० 950 गा A अनिट् स० 951 कु A अनिट् अ० 952 घु A अनिट् अ० 953 उ A अनिट् अ० 954 ङु A अनिट् स० 955 च्यु A अनिट् स० 956 ज्यु A अनिट् स० 957 प्रु A अनिट् स० 958 प्लु A अनिट् स० 959 रु A अनिट् स० 960 धृ A अनिट् अ० 961 मे A अनिट् स० 962 दे A अनिट् स० 963 श्यै A अनिट् स० 964 प्यै A अनिट् अ० 965 त्रै A अनिट् स० 966 पू A

सेट् स० 967 मू A सेट् स० 968 डी A सेट् स० 970 गुप् A सेट् स० 971 तिज् A सेट् स० 972 मान् A सेट् स० 973 बध् A सेट् स० 974 रभ् A अनिट् स० 975 लभ् A अनिट् स० 976 स्वञ्ज् A अनिट् स० 977 हद् A अनिट् अ०

2c
1017 चक्ष् A अनिट् स० 1018 ईर् A सेट् स० 1019 ईड् A सेट् स० 1020 ईश् A सेट् अ० 1021 आस् A सेट् अ० 1022 शास् A सेट् स० 1023 वस् A सेट् स० 1024 कंस् A सेट् स० 1025 निंस् A सेट् स० 1026 निञ्ज् A सेट् स० 1027 शिञ्ज् A सेट् अ० 1028 पिञ्ज् A सेट् स०* 1029 वृज् A सेट् स० 1030 पृच् A सेट् स० 1031 सू A वेट् स० 1032 शी A सेट् अ० 1046 इ A अनिट् स० 1076 दीधी A सेट् अ० 1077 वेवी A सेट् स०* 1082 ह्नु A अनिट् स०

3c
1088 मा A अनिट् स०* 1089 हा A अनिट् स०

4c
1132 सू A वेट् स० 1133 दू A सेट् अ० 1134 दी A अनिट् अ० 1135 डी A सेट् अ० 1136 धी A अनिट् स० 1137 मी A अनिट् अ० 1138 री A अनिट् स० 1139 ली A अनिट् अ० 1140 व्री A अनिट् स० 1141 पी A अनिट् स० 1142 मा A अनिट् स० 1143 ई A अनिट् स० 1144 प्री A अनिट् स०* 1149 जन् A सेट् अ० 1150 दीप् A सेट् अ० 1151 पूर् A सेट् स० 1152 तूर् A सेट् स० 1153 धूर् A सेट् स० 1154 गूर् A सेट् स० 1155 घूर् A सेट् स० 1156 जूर् A सेट् स० 1157 शूर् A सेट् स० 1158 चूर् A सेट् स० 1159 तप् A अनिट् अ० 1160 वृत् A सेट् स० 1161 क्लिश् A सेट् अ० 1162 काश् A सेट् अ० 1163 वाश् A सेट् अ० 1169 पद् A अनिट् स० 1170 खिद् A अनिट् अ० 1171 विद् A अनिट् अ० 1172 बुध् A अनिट् स० 1173 युध् A अनिट् अ० 1174 रुध् A अनिट् अ० 1175 अण् A सेट् अ० 1176 मन् A अनिट् स० 1177 युज् A अनिट् अ० 1178 सृज् A अनिट् अ० 1179 लिश् A अनिट् अ०

5c
1264 अश् A वेट् स० 1265 स्तिघ् A सेट् स०

6c
1288 जुष् A सेट् स० 1289 विज् A सेट् अ० 1290 लज् A सेट् अ० 1291 लस्ज् A सेट् अ० 1396 गुर् A सेट् अ० 1401 कु A अनिट् अ० 1402 पृ A अनिट् अ० 1403 मृ A* अनिट् अ० 1411 दृ A अनिट् स० 1412 धृ A अनिट् अ०

7c
1448 इन्ध् A सेट् अ० 1449 खिद् A अनिट् अ० 1450 विद् A अनिट् स०

8c
1470 वन् A* सेट् स० 1471 मन् A सेट् स०

9c
1509 वृ A सेट् स०

10c
1673 चित् A सेट् स० 1674 दंश् A सेट् स० 1675 दंस् A सेट् स० 1676 डप् A सेट् स० 1677 डिप् A सेट् स० 1678 तन्त्र् A सेट् अ० 1679 मन्त्र् A सेट् स० 1680 स्पश् A सेट् स० 1681 तर्ज् A सेट् स० 1682 भर्त्स् A सेट् स० 1683 बस्त् A सेट् स० 1684 गन्ध् A सेट् स० 1685 विष्क् A सेट् स० 1686 निष्क् A सेट् स० 1687 लल् A सेट् स० 1688 कूण् A सेट् स० 1689 तूण् A सेट् स० 1690 भ्रूण् A सेट् स० 1691 शठ् A सेट् स० 1692 यक्ष् A सेट् स० 1693 स्यम् A सेट् स० 1694 गूर् A सेट् स० 1695 शम् A सेट् स० 1696 लक्ष् A सेट् स० 1697 कुत्स् A सेट् स० 1698 त्रुट् A सेट् स० 1699 गल् A सेट् अ० 1700 भल् A सेट् स० 1701 कूट् A सेट् स० 1702 कुट्ट् A सेट् स० 1703 वञ्च् A सेट् स० 1704 वृष् A सेट् अ० 1705 मद् A सेट् स० 1706 दिव् A सेट् अ० 1707 गृ A सेट् स० 1708 विद् A सेट् स० 1709 मान् A सेट् अ० 1710 यु A सेट् स० 1711 कुस्म् A सेट् अ० 1844 भू A* सेट् स० 1898 पद् A सेट् स० 1899 गृह् A सेट् स० 1900 मृग् A सेट् स० 1901 कुह् A सेट् स० 1902 शूर् A सेट् स० 1903 वीर् A सेट् स० 1904 स्थूल् A सेट् अ० 1905 अर्थ् A सेट् स० 1906 सत्र् A सेट् अ० 1907 गर्व् A सेट् अ० 1922 सङ्ग्राम् A सेट् अ०

Ubhayepada Roots

From Standard Dhatupatha of Panini.

Dhatu SN	Dhatu	P A U	सेट् अनिट् वेट्	स० अ० द्वि०
601	धाव्	U	सेट्	स०

1c

601 धाव् U सेट् स०* 822 राज् U सेट् अ० 861 हिक्क् U सेट् अ० 862 अञ्च् U सेट् स० 863 याच् U सेट् द्वि० 864 रेट् U सेट् स० 865 चत् U सेट् स० 866 चद् U सेट् स० 867 प्रोथ् U सेट् अ० 868 मिद् U सेट् स० 869 मेद् U सेट् स० 870 मेध् U सेट् स० 871 निद् U सेट् स० 872 नेद् U सेट् स० 873 श्रृध् U सेट् अ० 874 मृध् U सेट् अ० 875 बुध् U सेट् स० 876 बुन्द् U सेट् स० 877 वेण् U सेट् स० 878 खन् U सेट् स० 879 चीव् U सेट् स० 880 चाय् U सेट् स० 881 व्यय् U* सेट् स० 882 दाश् U सेट् स० 883 भेष् U सेट् अ० 884 भ्रेष् U सेट् स० 885 भ्लेष् U सेट् अ० 886 अस् U सेट् स० 887 स्पश् U सेट् स० 888 लष् U सेट् स० 889 चष् U सेट् स० 890 छष् U सेट् स० 891 झष् U सेट् स० 892 भ्रक्ष् U सेट् स० 893 भ्लक्ष् U सेट् स० 894 दास् U सेट् स० 895 माह् U सेट् स० 896 गुह् U वेट् स० 897 श्रि U सेट् स० 898 भृ U अनिट् स० 899 हृ U अनिट् द्वि० 900 धृ U अनिट् स० 901 नी U अनिट् द्वि० 994 दान् U सेट् स० 995 शान् U सेट् स० 996 पच् U अनिट् द्वि० 997 सच् U सेट् अ० 998 भज् U अनिट् स० 999 रञ्ज् U अनिट् अ० 1000 शप् U अनिट् स० 1001 त्विष् U अनिट् अ० 1002 यज् U अनिट् स० 1003 वप् U अनिट् स० 1004 वह् U अनिट् द्वि०* 1006 वे U अनिट् स० 1007 व्ये U अनिट् स० 1008 ह्वे U अनिट् स०

2c

1013 द्विष् U अनिट् स० 1014 दुह् U अनिट् द्वि० 1015 दिह् U अनिट् अ० 1016 लिह् U अनिट् स० 1039 ऊर्णु U सेट् स० 1043 स्तु U अनिट् स० 1044 ब्रू U सेट्* द्वि०

3c
1087 भृ U अनिट् स० 1091 दा U अनिट् स० 1092 धा U अनिट् स० 1093 निज् U अनिट् स० 1094 विज् U अनिट् अ० 1095 विष् U अनिट् स०

4c
1164 मृष् U सेट् स० 1165 शुच् U सेट् अ० 1166 नह् U अनिट् स० 1167 रञ्ज् U अनिट् अ० 1168 शप् U अनिट् स० 1187 शक् U अनिट्* अ०

5c
1247 सु U अनिट् स०* 1248 सि U अनिट् स० 1249 शि U अनिट् स० 1250 मि U अनिट् स० 1251 चि U अनिट् द्वि० 1252 स्तृ U अनिट् स० 1253 कृ U अनिट् स० 1254 वृ U सेट् स० 1255 धु U अनिट् स०

6c
1281 तुद् U अनिट् स० 1282 नुद् U अनिट् स० 1283 दिश् U अनिट् स० 1284 भ्रस्ज् U अनिट् स० 1285 क्षिप् U अनिट् स० 1286 कृष् U अनिट् स० 1429 मिल् U सेट् अ० 1430 मुच् U अनिट् स० 1431 लुप् U अनिट् स० 1432 विद् U अनिट्* स० 1433 लिप् U अनिट् स० 1434 सिच् U अनिट् स०

7c
1438 रुध् U अनिट् द्वि० 1439 भिद् U अनिट् स० 1440 छिद् U अनिट् स० 1441 रिच् U अनिट् स० 1442 विच् U अनिट् स० 1443 क्षुद् U अनिट् स० 1444 युज् U अनिट् स० 1445 छृद् U सेट् स०* 1446 तृद् U सेट् स०

8c
1463 तन् U सेट् स० 1464 सन् U सेट् स० 1465 क्षण् U सेट् स० 1466 क्षिण् U सेट् स० 1467 ऋण् U सेट् स० 1468 तृण् U सेट् स० 1469 घृण् U सेट् स० 1472 कृ U अनिट् स०

9c
1473 क्री U अनिट् स० 1474 प्री U अनिट् स० 1475 श्री U अनिट् स० 1476 मी U अनिट् स० 1477 सि U अनिट् स० 1478 स्कु U अनिट् स० 1479 यु U अनिट् स०

1480 क्नू U सेट् अ० 1481 द्रू U सेट् स० 1482 पू U सेट् स० 1483 लू U सेट् स०
1484 स्तृ U सेट् स० 1485 कृ U सेट् स० 1486 वृ U सेट् स० 1487 धू U वेट् स०
1533 ग्रह् U सेट् स०

10c
1534 चुर् U सेट् स० 1535 चिन्त् U सेट् स० 1536 यन्त्र् U सेट् स० 1537 स्फुण्ड् U सेट् स० 1538 लक्ष् U सेट् स० 1539 कुन्द्र् U सेट् स० 1540 लड् U सेट् स० 1541 मिन्द् U सेट् स० 1542 ओलण्ड् U सेट् स० 1543 जल् U सेट् स० 1544 पीड् U सेट् स० 1545 नट् U सेट् स० 1546 श्रथ् U सेट् अ० 1547 बध् U सेट् स० 1548 पृ U सेट् स० 1549 ऊर्ज् U सेट् अ० 1550 पक्ष् U सेट् स० 1551 वर्ण् U सेट् स० 1552 चूर्ण् U सेट् स० 1553 प्रथ् U सेट् स० 1554 पृथ् U सेट् स० 1555 सम्ब् U सेट् स० 1556 शम्ब् U सेट् स० 1557 भक्ष् U सेट् स० 1558 कुट्ट् U सेट् स० 1559 पुट्ट् U सेट् अ० 1560 चुट्ट् U सेट् अ० 1561 अट्ट् U सेट् स० 1562 सुट्ट् U सेट् स० 1563 लुण्ठ् U सेट् स० 1564 शठ् U सेट् स० 1565 श्वठ् U सेट् स० 1566 तुञ्ज् U सेट् स० 1567 पिञ्ज् U सेट् स० 1568 पिस् U सेट् स० 1569 सान्त्व् U सेट् स० 1570 श्वल्क् U सेट् स० 1571 वल्क् U सेट् स० 1572 स्निह् U सेट् अ० 1573 स्मिट् U सेट् स० 1574 श्लिष् U सेट् स० 1575 पन्थ् U सेट् स० 1576 पिच्छ् U सेट् स० 1577 छन्द् U सेट् स० 1578 श्रण् U सेट् स० 1579 तड् U सेट् स० 1580 खड् U सेट् स० 1581 खण्ड् U सेट् स० 1582 कण्ड् U सेट् स० 1583 कुण्ड् U सेट् स० 1584 गुण्ड् U सेट् स० 1585 खुण्ड् U सेट् स० 1586 वण्ट् U सेट् स० 1587 मण्ड् U सेट् स० 1588 भण्ड् U सेट् स० 1589 छर्द् U सेट् अ० 1590 पुस्त् U सेट् स० 1591 बुस्त् U सेट् स० 1592 चुद् U सेट् स०* 1593 नक्क् U सेट् स० 1594 धक्क् U सेट् स० 1595 चक्क् U सेट् स० 1596 चुक्क् U सेट् स०1597 क्षल् U सेट् स० 1598 तल् U सेट् स० 1599 तुल् U सेट् स० 1600 दुल् U सेट् स० 1601 पुल् U सेट् अ० 1602 चुल् U सेट् स० 1603 मूल् U सेट् स० 1604 कल् U सेट् स० 1605 विल् U सेट् स० 1606 बिल् U सेट् स० 1607 तिल् U सेट् अ० 1608 चल् U सेट् अ० 1609 पाल् U सेट् स० 1610 लूष् U सेट् स० 1611 शुल्ब् U सेट् स० 1612 शूर्प् U सेट् स० 1613 चुट् U सेट् स० 1614 मुट् U सेट् स० 1615 पण्ड् U सेट् स० 1616 पंस् U सेट् स० 1617 व्रज् U सेट् स० 1618 शुल्क् U सेट् स० 1619 चम्प् U सेट् स० 1620 क्षम्प् U सेट् स० 1621 छञ्ज् U सेट् अ० 1622 श्वर्त् U सेट् स० 1623

श्वभ्र् U सेट् स० 1624 ज्ञप् U सेट् स० 1625 यम् U सेट् स० 1626 चह् U सेट् स० 1627 रह् U सेट् स० 1628 बल् U सेट् स० 1629 चि U सेट् द्वि० 1630 घट्ट् U सेट् अ० 1631 मुस्त् U सेट् अ० 1632 खट्ट् U सेट् स० 1633 सट्ट् U सेट् स० 1634 स्फिट्ट् U सेट् स० 1635 चुम्ब् U सेट् स० 1636 पूल् U सेट् स० 1637 पुंस् U सेट् स० 1638 टङ्क् U सेट् स० 1639 धूस् U सेट् स० 1640 कीट् U सेट् स० 1641 चूर्ण् U सेट् स० 1642 पूज् U सेट् स० 1643 अर्क् U सेट् स० 1644 शुठ् U सेट् अ० 1645 शुण्ठ् U सेट् स० 1646 जुड् U सेट् स० 1647 गज् U सेट् अ० 1648 मार्ज् U सेट् अ० 1649 मर्च् U सेट् अ० 1650 घृ U सेट् स० 1651 पञ्च् U सेट् स० 1652 तिज् U सेट् स० 1653 कृत् U सेट् स० 1654 वर्ध् U सेट् स० 1655 कुम्ब् U सेट् स० 1656 लुम्ब् U सेट् स० 1657 तुम्ब् U सेट् स० 1658 ह्लप् U सेट् स० 1659 चुण्ट् U सेट् स० 1660 इल् U सेट् स० 1661 म्रक्ष् U सेट् अ० 1662 म्लेच्छ् U सेट् अ० 1663 ब्रूस् U सेट् स० 1664 बर्ह् U सेट् स० 1665 गुर्द् U सेट् अ० 1666 जंस् U सेट् स० 1667 ईड् U सेट् स० 1668 जस् U सेट् स० 1669 पिण्ड् U सेट् अ० 1670 रुष् U सेट् अ० 1671 डिप् U सेट् स० 1672 स्तुप् U सेट् स० 1712 चर्च् U सेट् स० 1713 बुक्क् U सेट् अ० 1714 शब्द् U सेट् स० 1715 कण् U सेट् स० 1716 जम्भ् U सेट् स० 1717 सूद् U सेट् स० 1718 जस् U सेट् स० 1719 पश् U सेट् स० 1720 अम् U सेट् स० 1721 चट् U सेट् स० 1722 स्फुट् U सेट् अ० 1723 घट् U सेट् स० 1724 दिव् U सेट् स० 1725 अर्ज् U सेट् स० 1726 घुष् U सेट् स० 1727 आक्रन्द् U सेट् अ० 1728 लस् U सेट् अ० 1729 तंस् U सेट् स० 1730 भूष् U सेट् स० 1731 अर्ह् U सेट् स० 1732 ज्ञा U सेट् स० 1733 भज् U सेट् स० 1734 शृध् U सेट् स० 1735 यत् U सेट् अ० 1736 रक् U सेट् स० 1737 लग् U सेट् स० 1738 अञ्च् U सेट् स० 1739 लिङ्ग् U सेट् स० 1740 मुद् U सेट् स० 1741 त्रस् U सेट् स० 1742 उध्रस् U सेट् स० 1743 मुच् U सेट् स० 1744 वस् U सेट् स० 1745 चर् U सेट् स० 1746 च्यु U सेट् स० 1747 भू U सेट् स० 1748 कृप् U सेट् अ० 1749 ग्रस् U सेट् स० 1750 पुष् U सेट् स० 1751 दल् U सेट् स० 1752 पट् U सेट् स० 1753 पुट् U सेट् स० 1754 लुट् U सेट् स० 1755 तुञ्ज् U सेट् स० 1756 मिञ्ज् U सेट् स० 1757 पिञ्ज् U सेट् स० 1758 लुञ्ज् U सेट् स० 1759 भञ्ज् U सेट् स० 1760 लङ्घ् U सेट् स० 1761 त्रंस् U सेट् स० 1762 पिंस् U सेट् स० 1763 कुंस् U सेट् स० 1764 दंश् U सेट् स० 1765 कुंश् U सेट् स० 1766 घट् U सेट् स० 1767 घण्ट् U सेट् स० 1768 बृंह् U सेट् स० 1769 बर्ह् U सेट् स० 1770 बल्ह् U सेट् स० 1771 गुप् U सेट् स० 1772 धूप् U सेट् स०

1773 विच्छ् U सेट् स० 1774 चीव् U सेट् स० 1775 पुथ् U सेट् स० 1776 लोक् U सेट् स० 1777 लोच् U सेट् स० 1778 नद् U सेट् स० 1779 कुप् U सेट् स० 1780 तर्क् U सेट् स० 1781 वृत् U सेट् स० 1782 वृध् U सेट् स० 1783 रुट् U सेट् स० 1784 लञ्ज् U सेट् स० 1785 अञ्ज् U सेट् स० 1786 दंस् U सेट् स० 1787 भृंश् U सेट् स० 1788 रुंश् U सेट् स० 1789 शीक् U सेट् स० 1790 रुंस् U सेट् स० 1791 नट् U सेट् स० 1792 पुण्ट् U सेट् स० 1793 जि U सेट् स० 1794 चि U सेट् स० 1795 रङ्घ् U सेट् स० 1796 लङ्घ् U सेट् स० 1797 अंह् U सेट् स० 1798 रंह् U सेट् स० 1799 मंह् U सेट् स० 1800 लण्ड् U सेट् स० 1801 तड् U सेट् स० 1802 नल् U सेट् स० 1803 पूर् U सेट् स० 1804 रुज् U सेट् स० 1805 स्वद् U सेट् स० 1806 युज् U सेट् स० 1807 पृच् U सेट् स० 1808 अर्च् U सेट् स० 1809 सह् U सेट् स० 1810 ईर् U सेट् स० 1811 ली U सेट् स० 1812 वृज् U सेट् स० 1813 वृ U सेट् स० 1814 जृ U सेट् अ० 1815 ज्रि U सेट् स० 1816 रिच् U सेट् स० 1817 शिष् U सेट् स० 1818 तप् U सेट् स० 1819 तृप् U सेट् स० 1820 छृद् U सेट् स० 1821 दृभ् U सेट् स० 1822 दृभ् U सेट् स० 1823 श्रथ् U सेट् स० 1824 मी U सेट् स० 1825 ग्रन्थ् U सेट् स० 1826 शीक् U सेट् स० 1827 चीक् U सेट् स० 1828 अर्द् U सेट् स०* 1829 हिंस् U सेट् स० 1830 अर्ह् U सेट् स० 1831 सद् U सेट्* स० 1832 शुन्ध् U सेट् अ० 1833 छद् U सेट् स० 1834 जुष् U सेट् स० 1835 धू U सेट् स० 1836 प्री U सेट् स० 1837 श्रन्थ् U सेट् स० 1838 ग्रन्थ् U सेट् स० 1839 आप् U सेट् स० 1840 तन् U सेट् स० 1841 वद् U सेट् स० 1842 वच् U सेट् स० 1843 मान् U सेट् स० 1845 गर्ह् U सेट् स० 1846 मार्ग् U सेट् स० 1847 कण्ठ् U सेट् अ० 1848 मृज् U सेट् स० 1849 मृष् U सेट् स० 1850 धृष् U सेट् स० 1851 कथ U सेट् स० 1852 वर U सेट् स० 1853 गण U सेट् स० 1854 शठ U सेट् स० 1855 श्वठ U सेट् स० 1856 पट U सेट् स० 1857 वट U सेट् स० 1858 रह U सेट् स० 1859 स्तन U सेट् स० 1860 गद U सेट् स० 1861 पत U सेट् स० 1862 पष U सेट् स० 1863 स्वर U सेट् स० 1864 रच U सेट् स० 1865 कल U सेट् स० 1866 चह U सेट् अ० 1867 मह U सेट् स० 1868 सार U सेट् स० 1869 कृप U सेट् अ० 1870 श्रथ U सेट् अ० 1871 स्पृह U सेट् स० 1872 भाम U सेट् अ० 1873 सूच U सेट् स० 1874 खेट U सेट् स० 1875 क्षोट U सेट् स० 1876 गोम U सेट् स० 1877 कुमार U सेट् स० 1878 शील U सेट् स० 1879 साम U सेट् स० 1880 वेल U सेट् स० 1881 पल्पूल U सेट् स० 1882 वात U सेट् स० 1883 गवेष U सेट् स० 1884 वास U सेट् स०

1885 निवास U सेट् स० 1886 भाज U सेट् स० 1887 सभाज U सेट् स० 1888 ऊन U सेट् स० 1889 ध्वन U सेट् अ० 1890 कूट U सेट् अ० 1891 सङ्केत U सेट् स० 1892 ग्राम U सेट् स० 1893 कुण U सेट् स० 1894 गुण U सेट् स० 1895 केत U सेट् स० 1896 कूट U सेट् स० 1897 स्तेन U सेट् स० 1908 सूत्र U सेट् स० 1909 मूत्र U सेट् स० 1910 रूक्ष U सेट् अ० 1911 पार U सेट् स० 1912 तीर U सेट् अ० 1913 पुट U सेट् स० 1914 धेक U सेट् स० 1915 कत्र U सेट् अ० 1916 बष्क U सेट् स० 1917 चित्र U सेट् स० 1918 अंस U सेट् अ० 1919 वट U सेट् स० 1920 लज U सेट् अ० 1921 मिश्र U सेट् स० 1923 स्तोम U सेट् स० 1924 छिद्र U सेट् स० 1925 अन्ध U सेट् स० 1926 दण्ड U सेट् द्वि० 1927 अङ्क U सेट् स० 1928 अङ्ग U सेट् स० 1929 सुख U सेट् स० 1930 दुःख U सेट् स० 1931 रस U सेट् स० 1932 व्यय U सेट् स० 1933 रूप U सेट् स० 1934 छेद U सेट् स० 1935 छद U सेट् स० 1936 लाभ U सेट् स० 1937 व्रण U सेट् स० 1938 वर्ण U सेट् स० 1939 पर्ण U सेट् अ० 1940 विष्क U सेट् स० 1941 क्षिप U सेट् अ० 1942 वस U सेट् स० 1943 तुत्थ U सेट् स०

P* / A* Roots

Note: P* Parasmaipada Roots that may take Atmanepada Ting affix.

202	सस्ज्	P*	सेट्	स०	Siddhanta Kaumudi अयमात्मनेपद्यपि
473	क्रम्	P*	सेट्*	स०	1.3.43 अनुपसर्गाद्वा
515	अल्	P*	सेट्	स०	केचित् उभयपदी
855	शद्	P*	अनिट्	अ०	1.3.60 शदेः शितः
928	स्था	P*	अनिट्	अ०	1.3.23 प्रकाशनस्थेयाख्ययोश्च
1009	वद्	P*	सेट्	स०	1.3.47 भास॰ वदः
1012	हन्	P*	अनिट्*	स०	1.3.28 आङो यमहनः
1035	नु	P*	सेट्	स०	1.3.21 क्रीडोऽनुसम्परिभ्यश्च Vartika
1428	शद्	P*	अनिट्	अ०	1.3.60 शदेः शितः
1454	भुज्	P*	अनिट्	स०	1.3.66 भुजोऽनवने
1507	ज्ञा	P*	अनिट्	स०	1.3.76 अनुपसर्गाज्ज्ञः

Note: A* Atmanepada Roots that may take Parasmaipada Ting affix.

6	नाथ्	A*	सेट्	स०	1.3.21 Vartika
18	स्वद्	A*	सेट्	स०	P form is seen स्वदन्ति देवा उभयानि हव्या 7.2.2.5 Rigveda
439	पण्	A*	सेट्	स०	3.1.28 गुपूधूपविच्छिपणिपनिभ्य आयः only P forms
440	पन्	A*	सेट्	स०	3.1.28 गुपूधूपविच्छिपणिपनिभ्य आयः only P forms
741 द्युत् - 762 क्लृप् A* (द्युतादि)					1.3.91 द्युद्भ्यो लुङि
1017	चक्षिङ्	A*	सेट्*	स०	2.4.54 चक्षिङः ख्याञ्
1403	मृ	A*	अनिट्	अ०	1.3.61 म्रियतेर्लुङ्लिङोश्च
1470	वन्	A*	सेट्	स०	Grammarian चान्द्रमते परस्मैपदी
1844	भू	A*	सेट्	स०	Parasmaipada forms also 1 भू

881	व्यय्	U*	सेट्	स०	गतौ अर्थे उभयपदी। वित्तत्यागः अर्थे आत्मनेपदी एव

सेट् Characteristic to determine इट् Augment

सेट् Roots

From Standard Dhatupatha of Panini. In this classification it is **not needed** to mark the ten Dhatu groups, however we have still done it for clarity.

1c

1 भू P सेट् अ० 2 एध् A सेट् अ० 3 स्पर्ध् A सेट् अ० 4 गाध् A सेट् स०* 5 बाध् A सेट् स० 6 नाथ् A* सेट् स० 7 नाध् A सेट् स० 8 दध् A सेट् स० 9 स्कुन्द् A सेट् स० 10 श्विन्द् A सेट् अ० 11 वन्द् A सेट् स० 12 भन्द् A सेट् अ० 13 मन्द् A सेट् स०* 14 स्पन्द् A सेट् अ० 15 क्लिन्द् A सेट् अ० 16 मुद् A सेट् अ० 17 दद् A सेट् स० 18 स्वद् A* सेट् स० 19 स्वर्द् A सेट् स० 20 उर्द् A सेट् अ० 21 कुर्द् A सेट् अ० 22 खुर्द् A सेट् अ० 23 गुर्द् A सेट् अ० 24 गुद् A सेट् अ० 25 सूद् A सेट् अ० 26 ह्राद् A सेट् अ० 27 ह्लाद् A सेट् अ० 28 स्वाद् A सेट् स० 29 पर्द् A सेट् अ० 30 यत् A सेट् अ० 31 युत् A सेट् अ० 32 जुत् A सेट् अ० 33 विथ् A सेट् द्वि० 34 वेथ् A सेट् द्वि० 35 श्रन्थ् A सेट् अ० 36 ग्रन्थ् A सेट् अ० 37 कत्थ् A सेट् स० 38 अत् P सेट् स० 39 चित् P सेट् अ० 40 च्युत् P सेट् स० 41 श्च्युत् P सेट् स० 42 मन्थ् P सेट् द्वि० 43 कुन्थ् P सेट् स० 44 पुन्थ् P सेट् स० 45 लुन्थ् P सेट् स० 46 मन्थ् P सेट् स० 47 सिध् P सेट् स० 49 खाद् P सेट् स० 50 खद् P सेट् स०* 51 बद् P सेट् अ० 52 गद् P सेट् स० 53 रद् P सेट् स० 54 नद् P सेट् अ० 55 अर्द् P सेट् स०* 56 नर्द् P सेट् अ० 57 गर्द् P सेट् अ० 58 तर्द् P सेट् स० 59 कर्द् P सेट् अ० 60 खर्द् P सेट् स० 61 अन्त् P सेट् स० 62 अन्द् P सेट् स० 63 इन्द् P सेट् अ० 64 बिन्द् P सेट् अ०65 गण्ड् P सेट् अ० 66 निन्द् P सेट् स० 67 नन्द् P सेट् अ० 68 चन्द् P सेट् स०* 69 त्रन्द् P सेट् अ० 70 कन्द् P सेट् स०* 71 क्रन्द् P सेट् स०* 72 क्लन्द् P सेट् स०* 73 क्लिन्द् P सेट् स० 74 शुन्ध् P सेट् अ० 75 शीक् A सेट् स० 76 लोक् A सेट् स० 77 श्लोक् A सेट् स०* 78 द्रेक् A सेट् अ० 79 ध्रेक् A सेट् अ० 80 रेक् A सेट् स० 81 सेक् A सेट् स० 82 स्रेक् A सेट् स० 83 स्रङ्क् A सेट् स० 84 श्रङ्क् A सेट् स० 85 श्लङ्क् A सेट् स० 86 शङ्क् A सेट् स० 87 अङ्क् A सेट् स० 88 वङ्क् A सेट् अ० 89 मङ्क् A सेट् स० 90 कक् A

सेट् अ० 91 कुक् A सेट् स० 92 वृक् A सेट् स० 93 चक् A सेट् स०* 94 कङ्क् A सेट् स० 95 वङ्क् A सेट् स० 96 श्वङ्क् A सेट् स० 97 त्रङ्क् A सेट् स० 98 ढौक् A सेट् स० 99 त्रौक् A सेट् स० 100 ष्वष्क् A सेट् स० 101 वस्क् A सेट् स० 102 मस्क् A सेट् स० 103 टिक् A सेट् स० 104 टीक् A सेट् स० 105 तिक् A सेट् स० 106 तीक् A सेट् स० 107 रङ्घ् A सेट् स० 108 लङ्घ् A सेट् स०* 109 अङ्घ् A सेट् अ० 110 वङ्घ् A सेट् स० 111 मङ्घ् A सेट् स० 112 राघ् A सेट् अ० 113 लाघ् A सेट् अ० 114 द्राघ् A सेट् अ० 115 श्लाघ् A सेट् स० 116 फक्क् P सेट् स० 117 तक् P सेट् अ० 118 तङ्क् P सेट् अ० 119 बुक्क् P सेट् अ० 120 कख् P सेट् अ० 121 ओख् P सेट् स० 122 राख् P सेट् स० 123 लाख् P सेट् स० 124 द्राख् P सेट् स० 125 ध्राख् P सेट् स० 126 शाख् P सेट् स० 127 श्लाख् P सेट् स० 128 उख् P सेट् स० 129 उङ्ख् P सेट् स० 130 वख् P सेट् स० 131 वङ्ख् P सेट् स० 132 मख् P सेट् स० 133 मङ्ख् P सेट् स० 134 नख् P सेट् स० 135 नङ्ख् P सेट् स० 136 रख् P सेट् स० 137 रङ्ख् P सेट् स० 138 लख् P सेट् स० 139 लङ्ख् P सेट् स० 140 इख् P सेट् स० 141 इङ्ख् P सेट् स० 142 ईङ्ख् P सेट् स० 143 वल्ग् P सेट् स० 144 रङ्ग् P सेट् स० 145 लङ्ग् P सेट् स० 146 अङ्ग् P सेट् स० 147 वङ्ग् P सेट् स० 148 मङ्ग् P सेट् स० 149 तङ्ग् P सेट् स० 150 त्वङ्ग् P सेट् स० 151 श्रङ्ग् P सेट् स० 152 श्लङ्ग् P सेट् स० 153 इङ्ग् P सेट् स० 154 रिङ्ग् P सेट् स० 155 लिङ्ग् P सेट् स० 156 युङ्ग् P सेट् स० 157 जुङ्ग् P सेट् स० 158 बुङ्ग् P सेट् अ० 159 घघ् P सेट् स० 160 मङ्घ् P सेट् अ० 161 शिङ्घ् P सेट् स० 162 वर्च् A सेट् अ० 163 सच् A सेट् स० 164 लोच् A सेट् स० 165 शच् A सेट् स० 166 श्वच् A सेट् स० 167 श्वञ्च् A सेट् स० 168 कच् A सेट् स० 169 कञ्च् A सेट् स०* 170 काञ्च् A सेट् स०* 171 मच् A सेट् अ० 172 मुञ्च् A सेट् अ० 173 मञ्च् A सेट् स० 174 पञ्च् A सेट् स० 175 स्तुच् A सेट् अ० 176 ऋज् A सेट् स० 177 ऋञ्ज् A सेट् स० 178 भृज् A सेट् स० 179 एज् A सेट् अ० 180 भ्रेज् A सेट् अ० 181 भ्राज् A सेट् अ० 182 ईज् A सेट् स० 183 शुच् P सेट् अ० 184 कुच् P सेट् स० 185 कुञ्च् P सेट् अ० 186 क्रुञ्च् P सेट् अ० 187 लुञ्च् P सेट् स० 188 अञ्च् P सेट् स० 189 वञ्च् P सेट् स० 190 चञ्च् P सेट् स० 191 तञ्च् P सेट् स० 192 त्वञ्च् P सेट् स० 193 म्रुञ्च् P सेट् स० 194 म्लुञ्च् P सेट् स० 195 म्रुच् P सेट् स० 196 म्लुच् P सेट् स० 197 ग्रुच् P सेट् स० 198 ग्लुच् P सेट् स० 199 कुज् P सेट् स० 200 खुज् P सेट् स० 201 ग्लुञ्च् P सेट् स० 202

सस्ज् P* सेट् स० 203 गुञ्ज् P सेट् अ० 204 अर्च् P सेट् स० 205 म्लेच्छ् P सेट् अ० 206 लच्छ् P सेट् स० 207 लाञ्छ् P सेट् स० 208 वाञ्छ् P सेट् स० 209 आञ्छ् P सेट् स० 210 ह्रीच्छ् P सेट् अ० 211 हुर्छ् P सेट् अ० 212 मुर्छ् P सेट् अ० 213 स्फुर्छ् P सेट् अ० 214 युच्छ् P सेट् अ० 215 उञ्छ् P सेट् स० 216 उच्छ् P सेट् स० 217 ध्रज् P सेट् स० 218 ध्रञ्ज् P सेट् स० 219 धृज् P सेट् स० 220 धृञ्ज् P सेट् स० 221 ध्वज् P सेट् स० 222 ध्वञ्ज् P सेट् स० 223 कूज् P सेट् अ० 224 अर्ज् P सेट् स० 225 सर्ज् P सेट् स० 226 गर्ज् P सेट् अ० 227 तर्ज् P सेट् स० 228 कर्ज् P सेट् स० 229 खर्ज् P सेट् स० 230 अज् P सेट् स० 231 तेज् P सेट् स० 232 खज् P सेट् स० 233 खञ्ज् P सेट् अ० 234 एज् P सेट् अ० 235 स्फूर्ज् P सेट् अ० 237 क्षीज् P सेट् अ० 238 लज् P सेट् स० 239 लञ्ज् P सेट् स० 240 लाज् P सेट् स० 241 लाञ्ज् P सेट् स० 242 जज् P सेट् अ० 243 जञ्ज् P सेट् अ० 244 तुज् P सेट् स० 245 तुञ्ज् P सेट् स० 246 गज् P सेट् अ० 247 गञ्ज् P सेट् अ० 248 गृज् P सेट् अ० 249 गृञ्ज् P सेट् अ० 250 मुज् P सेट् अ० 251 मुञ्ज् P सेट् अ० 252 वज् P सेट् स० 253 व्रज् P सेट् स० 254 अट्ट् A सेट् स० 255 वेष्ट् A सेट् स० 256 चेष्ट् A सेट् अ० 257 गोष्ट् A सेट् अ० 258 लोष्ट् A सेट् अ० 259 घट्ट् A सेट् अ० 260 स्फुट् A सेट् अ० 261 अण्ठ् A सेट् स० 262 वण्ठ् A सेट् अ० 263 मण्ठ् A सेट् स० 264 कण्ठ् A सेट् स० 265 मुण्ठ् A सेट् स० 266 हेठ् A सेट् स० 267 एठ् A सेट् स० 268 हिण्ड् A सेट् स० 269 हुण्ड् A सेट् स० 270 कुण्ड् A सेट् स० 271 वण्ड् A सेट् स० 272 मण्ड् A सेट् स० 273 भण्ड् A सेट् स० 274 पिण्ड् A सेट् अ० 275 मुण्ड् A सेट् स० 276 तुण्ड् A सेट् स० 277 हुण्ड् A सेट् स० 278 चण्ड् A सेट् अ० 279 शण्ड् A सेट् अ० 280 तण्ड् A सेट् स० 281 पण्ड् A सेट् स० 282 कण्ड् A सेट् अ० 283 खण्ड् A सेट् स० 284 हेड् A सेट् स० 285 होड् A सेट् स० 286 बाड् A सेट् अ० 287 द्राड् A सेट् अ० 288 ध्राड् A सेट् अ० 289 शाड् A सेट् स० 290 शौट् P सेट् अ० 291 यौट् P सेट् स० 292 म्लेट् P सेट् अ० 293 म्रेड् P सेट् अ० 294 कट् P सेट् स० 295 अट् P सेट् स० 296 पट् P सेट् स० 297 रट् P सेट् स० 298 लट् P सेट् अ० 299 शट् P सेट् स० 300 वट् P सेट् स० 301 किट् P सेट् अ० 302 खिट् P सेट् अ० 303 शिट् P सेट् स० 304 सिट् P सेट् स० 305 जट् P सेट् अ० 306 झट् P सेट् अ० 307 भट् P सेट् स० 308 तट् P सेट् अ० 309 खट् P सेट् स० 310 नट् P सेट् अ० 311 पिट् P सेट् अ० 312 हट् P

सेट् अ० 313 सट् P सेट् अ० 314 लुट् P सेट् स० 315 चिट् P सेट् अ० 316 विट् P सेट् अ० 317 बिट् P सेट् स० 318 इट् P सेट् स० 319 किट् P सेट् अ० 320 कट् P सेट् स० 321 मण्ड् P सेट् स० 322 कुण्ड् P सेट् अ० 323 मुड् P सेट् स० 324 प्रुड् P सेट् स० 325 चुण्ड् P सेट् अ० 326 मुण्ड् P सेट् स० 327 रुण्ट् P सेट् स० 328 लुण्ट् P सेट् अ० 329 स्फुट् P सेट् अ० 330 पठ् P सेट् स० 331 वठ् P सेट् अ० 332 मठ् P सेट् अ० 333 कठ् P सेट् अ० 334 रट् P सेट् स० 335 हठ् P सेट् अ० 336 रुठ् P सेट् स० 337 लुठ् P सेट् स० 338 उठ् P सेट् स० 339 पिठ् P सेट् स० 340 शठ् P सेट् स० 341 शुठ् P सेट् स० 342 कुण्ठ् P सेट् स० 343 लुण्ठ् P सेट् स० 344 शुण्ठ् P सेट् स० 345 रुण्ठ् P सेट् स० 346 लुण्ठ् P सेट् स० 347 चुड्ड् P सेट् अ० 348 अड्ड् P सेट् स० 349 कड्ड् P सेट् अ० 350 क्रीड् P सेट् अ० 351 तुड् P सेट् स० 352 हुड् P सेट् स० 353 हूड् P सेट् स० 354 होड् P सेट् स० 355 रौड् P सेट् स० 356 रोड् P सेट् अ० 357 लोड् P सेट् अ० 358 अड् P सेट् स० 359 लड् P सेट् अ० 360 कड् P सेट् अ० 361 गण्ड् P सेट् अ० 363 तेप् A सेट् अ० 364 स्तिप् A सेट् अ० 365 स्तेप् A सेट् अ० 366 ग्लेप् A सेट् स० 367 वेप् A सेट् अ० 368 केप् A सेट् अ० 369 गेप् A सेट् स० 370 ग्लेप् A सेट् स० 371 मेप् A सेट् स० 372 रेप् A सेट् स० 373 लेप् A सेट् स० 375 कम्प् A सेट् अ० 376 रम्ब् A सेट् अ० 377 लम्ब् A सेट् अ० 378 अम्ब् A सेट् अ० 379 लम्ब् A सेट् अ० 380 कब् A सेट् अ० 381 क्लीब् A सेट् अ० 382 क्षीब् A सेट् अ० 383 शीभ् A सेट् स० 384 चीभ् A सेट् स० 385 रेभ् A सेट् अ० 386 स्तम्भ् A सेट् स० 387 स्कम्भ् A सेट् स० 388 जम्भ् A सेट् अ० 389 जृम्भ् A सेट् अ० 390 शल्भ् A सेट् स० 391 वल्भ् A सेट् स० 392 गल्भ् A सेट् अ० 393 श्रम्भ् A सेट् अ० 394 स्तुभ् A सेट् अ० 396 धूप् P सेट् स० 397 जप् P सेट् स० 398 जल्प् P सेट् स० 399 चप् P सेट् स० 400 सप् P सेट् स० 401 रप् P सेट् स० 402 लप् P सेट् अ० 403 चुप् P सेट् अ० 404 तुप् P सेट् स० 405 तुम्प् P सेट् स० 406 त्रुप् P सेट् स० 407 त्रुम्प् P सेट् स० 408 तुफ् P सेट् स० 409 तुम्फ् P सेट् स० 410 त्रुफ् P सेट् स० 411 त्रुम्फ् P सेट् स० 412 पर्प् P सेट् स० 413 रफ् P सेट् स० 414 रम्फ् P सेट् स० 415 अर्ब् P सेट् स० 416 पर्ब् P सेट् स० 417 लर्ब् P सेट् स० 418 बर्ब् P सेट् स० 419 मर्ब् P सेट् स० 420 कर्ब् P सेट् स० 421 खर्ब् P सेट् स० 422 गर्ब् P सेट् स० 423 शर्ब् P सेट् स० 424 सर्ब् P सेट् स० 425 चर्ब् P सेट् स० 426 कुम्ब् P सेट्

स० 427 लुम्ब् P सेट् स० 428 तुम्ब् P सेट् स० 429 चुम्ब् P सेट् स० 430 सृभ् P सेट् स० 431 सृम्भ् P सेट् स० 432 शुभ् P सेट् स० 433 शुम्भ् P सेट् स० 434 घिण्ण् A सेट् स० 435 घुण्ण् A सेट् स० 436 घृण्ण् A सेट् स० 437 घुण् A सेट् अ० 438 घूर्ण् A सेट् अ० 439 पण् A* सेट् स० 440 पन् A* सेट् स० 441 भाम् A सेट् अ० 443 कम् A सेट् स० 444 अण् P सेट् स० 445 रण् P सेट् अ० 446 वण् P सेट् अ० 447 भण् P सेट् अ० 448 मण् P सेट् अ० 449 कण् P सेट् अ० 450 क्वण् P सेट् अ० 451 व्रण् P सेट् अ० 452 भ्रण् P सेट् अ० 453 ध्वण् P सेट् स० 454 ओण् P सेट् स० 455 शोण् P सेट् अ० 456 श्रोण् P सेट् अ० 457 श्लोण् P सेट् अ० 458 पैण् P सेट् स० 459 ध्रण् P सेट् स० 460 कन् P सेट् अ० 461 स्तन् P सेट् अ० 462 वन् P सेट् स० 463 वन् P सेट् स० 464 सण् P सेट् स० 465 अम् P सेट् स० 466 द्रम् P सेट् स० 467 हम्म् P सेट् स० 468 मीम् P सेट् स०* 469 चम् P सेट् स० 470 छम् P सेट् स० 471 जम् P सेट् स० 472 झम् P सेट् स० 473 क्रम् P* सेट्* स० 474 अय् A सेट् स० 475 वय् A सेट् स० 476 पय् A सेट् स० 477 मय् A सेट् स० 478 चय् A सेट् स० 479 तय् A सेट् स० 480 नय् A सेट् स० 481 दय् A सेट् स० 482 रय् A सेट् स० 483 ऊय् A सेट् स० 484 पूय् A सेट् अ० 485 क्नूय् A सेट् स० 486 क्ष्माय् A सेट् स० 487 स्फाय् A सेट् अ० 488 प्याय् A सेट् अ० 489 ताय् A सेट् स०* 490 शल् A सेट् अ० 491 वल् A सेट् स० 492 वल्ल् A सेट् स० 493 मल् A सेट् स० 494 मल्ल् A सेट् स० 495 भल् A सेट् स० 496 भल्ल् A सेट् स० 497 कल् A सेट् अ० 498 कल्ल् A सेट् स० 499 तेव् A सेट् अ० 500 देव् A सेट् अ० 501 सेव् A सेट् स० 502 गेव् A सेट् स० 503 ग्लेव् A सेट् स० 504 पेव् A सेट् स० 505 मेव् A सेट् स० 506 म्लेव् A सेट् स० 507 रेव् A सेट् अ० 508 मव्य् P सेट् स० 509 सूर्क्ष्य् P सेट् अ० 510 ईर्क्ष्य् P सेट् अ० 511 ईर्ष्य् P सेट् अ० 512 हय् P सेट् स० 513 शुच्य् P सेट् अ० 514 हर्य् P सेट् स० 515 अल् P* सेट् स० 516 फल् P सेट् अ० 517 मील् P सेट् अ० 518 श्मील् P सेट् अ० 519 स्मील् P सेट् अ० 520 क्ष्मील् P सेट् अ० 521 पील् P सेट् स० 522 नील् P सेट् अ० 523 शील् P सेट् अ० 524 कील् P सेट् स० 525 कूल् P सेट् स० 526 शूल् P सेट् स० 527 तूल् P सेट् स० 528 पूल् P सेट् अ० 529 मूल् P सेट् अ० 530 फल् P सेट् अ० 531 चुल्ल् P सेट् अ० 532 फुल्ल् P सेट् अ० 533 चिल्ल् P सेट् अ० 534 तिल् P सेट् स० 535 वेल् P सेट् स० 536 चेल् P सेट् अ० 537 केल् P सेट् अ०

538 खेल् P सेट् अ० 539 क्ष्वेल् P सेट् अ० 540 वेल्ल् P सेट् अ० 541 पेल् P सेट् स० 542 फेल् P सेट् स० 543 शेल् P सेट् स० 544 स्खल् P सेट् अ० 545 खल् P सेट् स० 546 गल् P सेट् स० 547 सल् P सेट् स० 548 दल् P सेट् अ० 549 श्वल् P सेट् अ० 550 श्वल्ल् P सेट् अ० 551 खोल् P सेट् अ० 552 खोर् P सेट् अ० 553 धोर् P सेट् अ० 554 त्सर् P सेट् अ० 555 क्मर् P सेट् अ० 556 अभ्र् P सेट् स० 557 वभ्र् P सेट् स० 558 मभ्र् P सेट् स० 559 चर् P सेट् स० 560 ष्ठिव् P सेट् अ० 562 जीव् P सेट् अ० 563 पीव् P सेट् अ० 564 मीव् P सेट् अ० 565 तीव् P सेट् अ० 566 नीव् P सेट् अ० 567 क्षीव् P सेट् स० 568 क्षेव् P सेट् स० 569 उर्व् P सेट् स० 570 तुर्व् P सेट् स० 571 थुर्व् P सेट् स० 572 दुर्व् P सेट् स० 573 धुर्व् P सेट् स० 574 गुर्व् P सेट् अ० 575 मुर्व् P सेट् स० 576 पुर्व् P सेट् स० 577 पर्व् P सेट् अ० 578 मर्व् P सेट् स० 579 चर्व् P सेट् स० 580 भर्व् P सेट् स० 581 कर्व् P सेट् अ० 582 खर्व् P सेट् अ० 583 गर्व् P सेट् अ० 584 अर्व् P सेट् स० 585 शर्व् P सेट् स० 586 सर्व् P सेट् स० 587 इन्व् P सेट् स० 588 पिन्व् P सेट् स० 589 मिन्व् P सेट् स० 590 निन्व् P सेट् स० 591 हिन्व् P सेट् स० 592 दिन्व् P सेट् स० 593 धिन्व् P सेट् स० 594 जिन्व् P सेट् स० 595 रिन्व् P सेट् स० 596 रन्व् P सेट् स० 597 धन्व् P सेट् स० 598 कृन्व् P सेट् स० 599 मव् P सेट् स० 600 अव् P सेट् स० 601 धाव् U सेट् स०* 602 धुक्ष् A सेट् स० 603 धिक्ष् A सेट् स० 604 वृक्ष् A सेट् स० 605 शिक्ष् A सेट् स० 606 भिक्ष् A सेट् स० 607 क्लेश् A सेट् स० 608 दक्ष् A सेट् अ० 609 दीक्ष् A सेट् अ० 610 ईक्ष् A सेट् स० 611 ईष् A सेट् स० 612 भाष् A सेट् स० 613 वर्ष् A सेट् अ० 614 गेष् A सेट् स० 615 पेष् A सेट् स० 616 जेष् A सेट् स० 617 नेष् A सेट् स० 618 एष् A सेट् स० 619 प्रेष् A सेट् स० 620 रेष् A सेट् अ० 621 हेष् A सेट् अ० 622 ह्रेष् A सेट् अ० 623 कास् A सेट् अ० 624 भास् A सेट् अ० 625 नास् A सेट् अ० 626 रास् A सेट् अ० 627 नस् A सेट् अ० 628 भ्यस् A सेट् अ० 629 शंस् A सेट् स० 630 ग्रस् A सेट् स० 631 ग्लस् A सेट् स० 632 ईह् A सेट् अ० 633 बंह् A सेट् अ० 634 मंह् A सेट् अ० 635 अंह् A सेट् स० 636 गर्ह् A सेट् स० 637 गल्ह् A सेट् स० 638 बर्ह् A सेट् स० 639 बल्ह् A सेट् स० 640 वर्ह् A सेट् स० 641 वल्ह् A सेट् स० 642 प्लिह् A सेट् स० 643 वेह् A सेट् अ० 644 जेह् A सेट् अ० 645 वाह् A सेट् अ० 646 द्राह् A सेट् अ० 647 काश् A सेट् अ० 648 ऊह् A सेट् स० 651 ग्लह् A

सेट् स० 652 घुंष् A सेट् स० 653 घुष् P सेट् स० 657 उक्ष् P सेट् स० 658 रक्ष् P सेट् स० 659 निक्ष् P सेट् स० 660 त्रक्ष् P सेट् स० 661 स्त्रक्ष् P सेट् स० 662 नक्ष् P सेट् स० 663 वक्ष् P सेट् अ० 664 मृक्ष् P सेट् अ० 665 तक्ष् P सेट् स० 666 सूर्क्ष् P सेट् स० 667 काङ्क्ष् P सेट् स० 668 वाङ्क्ष् P सेट् स० 669 माङ्क्ष् P सेट् स० 670 द्राङ्क्ष् P सेट् अ० 671 ध्राङ्क्ष् P सेट् अ० 672 ध्वाङ्क्ष् P सेट् अ० 673 चूष् P सेट् स० 674 तूष् P सेट् अ० 675 पूष् P सेट् अ० 676 मूष् P सेट् स० 677 लूष् P सेट् स० 678 रूष् P सेट् स० 679 शूष् P सेट् स० 680 यूष् P सेट् स० 681 जूष् P सेट् स० 682 भूष् P सेट् स० 683 ऊष् P सेट् स० 684 ईष् P सेट् स० 685 कष् P सेट् स० 686 खष् P सेट् स० 688 जष् P सेट् स० 689 झष् P सेट् स० 690 शष् P सेट् स० 691 वष् P सेट् स० 692 मष् P सेट् स० 693 रुष् P सेट्* स० 694 रिष् P सेट् स० 695 भष् P सेट् अ० 696 उष् P सेट् स० 697 जिष् P सेट् स० 699 मिष् P सेट् स० 700 पुष् P सेट् स० 701 श्रिष् P सेट् स० 702 श्लिष् P सेट् स० 703 प्रुष् P सेट् स० 704 प्लुष् P सेट् स० 705 पृष् P सेट् स० 706 वृष् P सेट् स० 707 मृष् P सेट् स० 708 घृष् P सेट् स० 709 हृष् P सेट् अ० 710 तुस् P सेट् अ० 711 ह्रस् P सेट् अ० 712 ह्लस् P सेट् अ० 713 रस् P सेट् अ० 714 लस् P सेट् अ० 716 जर्ज् P सेट् स० 717 चर्च् P सेट् स० 718 झर्झ् P सेट् स० 719 पिस् P सेट् स० 720 पेस् P सेट् स० 721 हस् P सेट् अ० 722 निश् P सेट् अ० 723 मिश् P सेट् अ० 724 मश् P सेट् अ० 725 शव् P सेट् स० 726 शश् P सेट् अ० 727 शस् P सेट् स० 728 शंस् P सेट् स० 729 चह् P सेट् अ० 730 मह् P सेट् स० 731 रह् P सेट् स० 732 रंह् P सेट् स० 733 दृह् P सेट् अ० 734 दृंह् P सेट् अ० 735 बृह् P सेट् अ० 736 बृंह् P सेट् अ० 737 तुह् P सेट् स० 738 दुह् P सेट् स० 739 उह् P सेट् स० 740 अर्ह् P सेट् स० 741 द्युत् A* सेट् अ० 742 श्वित् A* सेट् अ० 743 मिद् A* सेट् अ० 744 स्विद् A* सेट् अ० 745 रुच् A* सेट् अ० 746 घुट् A* सेट् स० 747 रुट् A* सेट् स० 748 लुट् A* सेट् स० 749 लुठ् A* सेट् स० 750 शुभ् A* सेट् अ० 751 क्षुभ् A* सेट् अ० 752 नभ् A* सेट् स० 753 तुभ् A* सेट् स० 754 स्रंस् A* सेट् अ० 755 ध्वंस् A* सेट् अ० 756 भ्रंस् A* सेट् अ० 757 स्रम्भ् A* सेट् अ० 758 वृत् A* सेट्* अ० 759 वृध् A* सेट्* अ० 760 शृध् A* सेट्* अ० 763 घट् A सेट् अ० 764 व्यथ् A सेट् अ० 765 प्रथ् A सेट् अ० 766 प्रस् A सेट् स० 767 म्रद् A सेट् स० 768 स्खद् A सेट् स० 769 क्षञ्ज् A सेट् स० 770 दक्ष् A सेट् स० 771

क्रप् A सेट् स० 772 कन्द् A सेट् अ० 773 क्रन्द् A सेट् अ० 774 क्लन्द् A सेट् अ० 775 त्वर् A सेट् अ० 776 ज्वर् P सेट् अ० 777 गड् P सेट् स० 778 हेड् P सेट् स० 779 वट् P सेट् स० 780 भट् P सेट् स० 781 नट् P सेट् अ० 782 स्तक् P सेट् स० 783 चक् P सेट् अ० 784 कख् P सेट् अ० 785 रग् P सेट् स० 786 लग् P सेट् अ० 787 ह्रग् P सेट् स० 788 ह्लग् P सेट् स० 789 सग् P सेट् स० 790 स्तग् P सेट् स० 791 कग् P सेट् स० 792 अक् P सेट् अ० 793 अग् P सेट् अ० 794 कण् P सेट् अ० 795 रण् P सेट् स० 796 चण् P सेट् स० 797 शण् P सेट् स० 798 श्रण् P सेट् स० 799 श्रथ् P सेट् स० 800 क्रथ् P सेट् स० 801 क्रथ् P सेट् स० 802 क्लथ् P सेट् स० 803 वन् P सेट् स० 804 ज्वल् P सेट् अ० 805 ह्वल् P सेट् अ० 806 ह्मल् P सेट् अ० 808 दृ P सेट् अ० 809 नृ P सेट् स० 811 ज्ञा P सेट् स० 812 चल् P सेट् अ० 813 छद् P सेट् अ० 814 लड् P सेट् अ० 815 मद् P सेट् अ० 816 ध्वन् P सेट् अ० 817 स्वन् P सेट् अ० 818 शम् P सेट् स० 819 यम् P सेट् स० 820 स्खद् A सेट् स० 821 फण् P सेट् स० 822 राज् U सेट् अ० 823 भ्राज् A सेट् अ० 824 भ्राश् A सेट् अ० 825 भ्लाश् A सेट् अ० 826 स्यम् P सेट् अ० 827 स्वन् P सेट् अ० 828 ध्वन् P सेट् अ० 829 सम् P सेट् अ० 830 स्तम् P सेट् अ० 831 ज्वल् P सेट् अ० 832 चल् P सेट् अ० 833 जल् P सेट् स० 834 टल् P सेट् अ० 835 ट्वल् P सेट् अ० 836 स्थल् P सेट् अ० 837 हल् P सेट् स० 838 नल् P सेट् स० 839 पल् P सेट् स० 840 बल् P सेट् अ० 841 पुल् P सेट् अ० 842 कुल् P सेट् अ० 843 शल् P सेट् स० 844 हुल् P सेट् स० 845 पत् P सेट् अ०* 846 क्रथ् P सेट् अ० 847 पथ् P सेट् स० 848 मथ् P सेट् स० 849 वम् P सेट् स० 850 भ्रम् P सेट् अ० 851 क्षर् P सेट् अ० 852 सह् A सेट् स० 857 कुच् P सेट् स० 858 बुध् P सेट् स०* 860 कस् P सेट् स० 861 हिक्क् U सेट् अ० 862 अञ्च् U सेट् स० 863 याच् U सेट् द्वि० 864 रेट् U सेट् स० 865 चत् U सेट् स० 866 चद् U सेट् स० 867 प्रोथ् U सेट् अ० 868 मिद् U सेट् स० 869 मेद् U सेट् स० 870 मेध् U सेट् स० 871 निद् U सेट् स० 872 नेद् U सेट् स० 873 शृध् U सेट् अ० 874 मृध् U सेट् अ० 875 बुध् U सेट् स० 876 बुन्द् U सेट् स० 877 वेण् U सेट् स० 878 खन् U सेट् स० 879 चीव् U सेट् स० 880 चाय् U सेट् स० 881 व्यय् U* सेट् स० 882 दाश् U सेट् स० 883 भेष् U सेट् अ० 884 भ्रेष् U सेट् स० 885 भ्लेष् U सेट् अ० 886 अस् U सेट् स० 887 स्पश् U सेट् स० 888 लष् U सेट्

स० 889 चष् U सेट् स० 890 छष् U सेट् स० 891 झष् U सेट् स० 892 भ्रक्ष् U सेट् स० 893 भ्लक्ष् U सेट् स० 894 दास् U सेट् स० 895 माह् U सेट् स० 897 श्रि U सेट् स० 966 पू A सेट् स० 967 मू A सेट् स० 968 डी A सेट् स० 969 तृ P सेट् स० 970 गुप् A सेट् स० 971 तिज् A सेट् स० 972 मान् A सेट् स० 973 बध् A सेट् स० 978 स्विद् P सेट् अ० 993 कित् P सेट् स० 994 दान् U सेट् स० 995 शान् U सेट् स० 997 सच् U सेट् अ० 1009 वद् P* सेट् स० 1010 श्वि P सेट् अ०

2c

1017 चक्ष् A* सेट्* स० 1018 ईर् A सेट् स० 1019 ईड् A सेट् स० 1020 ईश् A सेट् अ० 1021 आस् A सेट् अ० 1022 शास् A सेट् स० 1023 वस् A सेट् स० 1024 कंस् A सेट् स० 1025 निंस् A सेट् स० 1026 निञ्ज् A सेट् स० 1027 शिञ्ज् A सेट् अ० 1028 पिञ्ज् A सेट् स०* 1029 वृज् A सेट् स० 1030 पृच् A सेट् स० 1032 शी A सेट् अ० 1033 यु P सेट् स० 1034 रु P सेट् स० 1035 नु P* सेट् स० 1036 क्षु P सेट् अ० 1037 क्ष्णु P सेट् स० 1038 स्नु P सेट् अ० 1039 ऊर्णु U सेट् स० 1044 ब्रू U सेट्* द्वि० 1064 विद् P सेट् स० 1065 अस् P सेट् अ० 1066 मृज् P वेट् स० 1067 रुद् P सेट् अ० 1068 स्वप् P अनिट् अ० 1069 श्वस् P सेट् अ० 1070 अन् P सेट् अ० 1071 जक्ष् P सेट् स०* 1072 जागृ P सेट् अ० 1073 दरिद्रा P सेट् अ० 1074 चकास् P सेट् अ० 1075 शास् P सेट् द्वि० 1077 वेवी A सेट् स०* 1078 सस् P सेट् अ० 1079 संस्त् P सेट् अ० 1080 वश् P सेट् स०

3c

1086 पृ P सेट् स० 1100 भस् P सेट् अ० 1102 तुर् P सेट् अ० 1103 धिष् P सेट् अ० 1104 धन् P सेट् अ० 1105 जन् P सेट् अ०*

4c

1107 दिव् P सेट् स० 1108 सिव् P सेट् स० 1109 स्रिव् P सेट् स० 1110 ष्ठिव् P सेट् स० 1111 स्नुस् P सेट् स० 1112 स्नस् P सेट् स० 1113 क्नस् P सेट् अ० 1114 व्युष् P सेट् स० 1115 प्लुष् P सेट् स० 1116 नृत् P सेट् अ० 1117 त्रस् P सेट् अ० 1118 कुथ् P सेट् अ० 1119 पुथ् P सेट् स० 1120 गुध् P सेट् स० 1122 पुष्प् P सेट् अ० 1123 तिम्

P सेट् अ० 1124 स्तिम् P सेट् अ० 1125 स्तीम् P सेट् अ० 1126 व्रीड् P सेट् स० 1127 इष् P सेट् स० 1128 सह् P सेट् अ० 1129 सुह् P सेट् अ० 1130 जॄ P सेट् अ० 1131 झॄ P सेट् अ० 1133 दू A सेट् अ० 1135 डी A सेट् अ० 1149 जन् A सेट् अ० 1150 दीप् A सेट् अ० 1151 पूर् A सेट् स० 1152 तूर् A सेट् स० 1153 धूर् A सेट् स० 1154 गूर् A सेट् स० 1155 घूर् A सेट् स० 1156 जूर् A सेट् स० 1157 शूर् A सेट् स० 1158 चूर् A सेट् स० 1160 वृत् A सेट् स० 1161 क्लिश् A सेट् अ० 1162 काश् A सेट् अ० 1163 वाश् A सेट् अ० 1164 मृष् U सेट् स० 1165 शुच् U सेट् अ० 1175 अण् A सेट् अ० 1201 शम् P सेट् अ० 1202 तम् P सेट् अ० 1203 दम् P सेट् स० 1204 श्रम् P सेट् अ० 1205 भ्रम् P सेट् अ० 1207 क्षम् P सेट् अ० 1208 मद् P सेट् अ० 1209 अस् P सेट् स० 1210 यस् P सेट् अ० 1211 जस् P सेट् स० 1212 तस् P सेट् स० 1213 दस् P सेट् स० 1214 वस् P सेट् अ० 1215 व्युष् P सेट् स० 1216 प्लुष् P सेट् स० 1217 बिस् P सेट् स० 1218 कुस् P सेट् स० 1219 बुस् P सेट् स० 1220 मुस् P सेट् स० 1221 मस् P सेट् अ०1222 लुट् P सेट् अ० 1223 उच् P सेट् अ० 1224 भृश् P सेट् अ० 1225 भ्रंश् P सेट् अ० 1226 वृश् P सेट् स० 1227 कृश् P सेट् स० 1228 तृष् P सेट् अ० 1229 हृष् P सेट् अ० 1230 रुष् P सेट् अ० 1231 रिष् P सेट् स० 1232 डिप् P सेट् स० 1233 कुप् P सेट् अ० 1234 गुप् P सेट् अ० 1235 युप् P सेट् स० 1236 रुप् P सेट् स० 1237 लुप् P सेट् स० 1238 लुभ् P सेट् स० 1239 क्षुभ् P सेट् अ० 1240 नभ् P सेट् स० 1241 तुभ् P सेट् स० 1243 मिद् P सेट् अ० 1244 क्ष्विद् P सेट् अ० 1245 ऋध् P सेट् अ० 1246 गृध् P सेट् स०

5c

1266 तिक् P सेट् स० 1267 तिग् P सेट् स० 1268 सघ् P सेट् स० 1269 धृष् P सेट् अ० 1270 दम्भ् P सेट् स० 1271 ऋध् P सेट् अ०* 1272 अह् P सेट् स० 1273 दघ् P सेट् स० 1274 चम् P सेट् स० 1277 चिरि P सेट् स० 1278 जिरि P सेट् स० 1279 दाश् P सेट् स० 1265 स्तिघ् A सेट् स० 1254 वृ U सेट् स०

6c

1287 ऋष् P सेट् स० 1288 जुष् A सेट् स० 1289 विज् A सेट् अ० 1290 लज् A सेट् अ० 1291 लस्ज् A सेट् अ० 1293 व्यच् P सेट् स० 1294 उञ्छ् P सेट् स० 1295 उच्छ् P सेट् स० 1296 ऋच्छ् P सेट् अ० 1297 मिच्छ् P सेट् स०* 1298 जर्ज् P सेट् स०

1299 चर्च् P सेट् स० 1300 झर्झ् P सेट् स० 1301 त्वच् P सेट् स० 1302 ऋच् P सेट् स० 1303 उब्ज् P सेट् अ० 1304 उज्झ् P सेट् स० 1305 लुभ् P सेट् स० 1306 रिफ् P सेट् स० 1307 तृप् P सेट् स० 1308 तृम्फ् P सेट् अ० 1309 तुप् P सेट् स० 1310 तुम्प् P सेट् स० 1311 तुफ् P सेट् स० 1312 तुम्फ् P सेट् स० 1313 दृप् P सेट् अ० 1314 दृम्फ् P सेट् अ० 1315 ऋफ् P सेट् स० 1316 ऋम्फ् P सेट् स० 1317 गुफ् P सेट् स० 1318 गुम्फ् P सेट् स० 1319 उभ् P सेट् स० 1320 उम्भ् P सेट् स० 1321 शुभ् P सेट् अ० 1322 शुम्भ् P सेट् अ० 1323 दृभ् P सेट् स० 1324 चृत् P सेट् स० 1325 विध् P सेट् स० 1326 जुड् P सेट् स० 1327 मृड् P सेट् स० 1328 पृड् P सेट् स० 1329 पृण् P सेट् स० 1330 वृण् P सेट् स० 1331 मृण् P सेट् स० 1332 तुण् P सेट् अ० 1333 पुण् P सेट् अ० 1334 मुण् P सेट् स० 1335 कुण् P सेट् अ० 1336 शुन् P सेट् स० 1337 द्रुण् P सेट् स० 1338 घुण् P सेट् अ० 1339 घूर्ण् P सेट् अ० 1340 सुर् P सेट् अ० 1341 कुर् P सेट् अ० 1342 खुर् P सेट् स० 1343 मुर् P सेट् स० 1344 क्षुर् P सेट् स० 1345 घुर् P सेट् अ० 1346 पुर् P सेट् अ० 1351 इष् P सेट् स० 1352 मिष् P सेट् स० 1353 किल् P सेट् अ० 1354 तिल् P सेट् अ०1355 चिल् P सेट् स० 1356 चल् P सेट् अ० 1357 इल् P सेट् स० 1358 विल् P सेट् स० 1359 बिल् P सेट् स० 1360 निल् P सेट् स० 1361 हिल् P सेट् स० 1362 शिल् P सेट् स० 1363 सिल् P सेट् स० 1364 मिल् P सेट् स० 1365 लिख् P सेट् स० 1366 कुट् P सेट् अ० 1367 पुट् P सेट् स० 1368 कुच् P सेट् स० 1369 गुज् P सेट् अ० 1370 गुड् P सेट् स० 1371 डिप् P सेट् स० 1372 छुर् P सेट् स० 1373 स्फुट् P सेट् अ० 1374 मुट् P सेट् अ० 1375 त्रुट् P सेट् स० 1376 तुट् P सेट् स० 1377 चुट् P सेट् स० 1378 छुट् P सेट् स० 1379 जुड् P सेट् स० 1380 कड् P सेट् स० 1381 लुट् P सेट् स० 1382 कृड् P सेट् अ० 1383 कुड् P सेट् अ० 1384 पुड् P सेट् स० 1385 घुट् P सेट् स० 1386 तुड् P सेट् स० 1387 थुड् P सेट् स० 1388 स्थुड् P सेट् स० 1389 स्फुर् P सेट् अ० 1390 स्फुल् P सेट् अ० 1391 स्फुड् P सेट् स० 1392 चुड् P सेट् स० 1393 व्रुड् P सेट् स० 1394 क्रुड् P सेट् अ० 1395 भृड् P सेट् अ० 1396 गुर् A सेट् अ० 1397 नू P सेट् स० 1398 धू P सेट् स० 1408 सू P सेट् स० 1409 कृ P सेट् स० 1410 गृ P सेट् स० 1423 विच्छ् P सेट् स० 1429 मिल् U सेट् अ० 1432 विद् U सेट्* स० 1435 कृत् P सेट्* स० 1437 पिश् P सेट् अ०

7c

1445 छृद् U सेट् स०* 1446 तृद् U सेट् स० 1447 कृत् P सेट् स० 1448 इन्ध् A सेट् अ० 1455 तृह् P सेट् स० 1456 हिंस् P सेट् स० 1457 उन्द् P सेट् स० 1460 विज् P सेट् अ० 1461 वृज् P सेट् स० 1462 पृच् P सेट् स०

8c

1463 तन् U सेट् स० 1464 सन् U सेट् स० 1465 क्षण् U सेट् स० 1466 क्षिण् U सेट् स० 1467 ऋण् U सेट् स० 1468 तृण् U सेट् स० 1469 घृण् U सेट् स० 1470 वन् A* सेट् स० 1471 मन् A सेट् स०

9c

1480 क्नू U सेट् अ० 1481 द्रू U सेट् स० 1482 पू U सेट् स० 1483 लू U सेट् स० 1484 स्तृ U सेट् स० 1485 कृ U सेट् स० 1486 वृ U सेट् स० 1488 शृ P सेट् स० 1489 पृ P सेट् स० 1490 वृ P सेट् स० 1491 भृ P सेट् स० 1492 मृ P सेट् स० 1493 दृ P सेट् स० 1494 जृ P सेट् अ० 1495 नृ P सेट् स० 1496 कृ P सेट् स० 1497 ॠ P सेट् स० 1498 गृ P सेट् अ० 1509 वृ A सेट् स० 1510 श्रन्थ् P सेट् स० 1511 मन्थ् P सेट् द्वि० 1512 श्रन्थ् P सेट् स० 1513 ग्रन्थ् P सेट् स० 1514 कुन्थ् P सेट् स० 1515 मृद् P सेट् स० 1516 मृड् P सेट् स० 1517 गुध् P सेट् अ० 1518 कुष् P सेट् स० 1519 क्षुभ् P सेट् अ० 1520 नभ् P सेट् स० 1521 तुभ् P सेट् स० 1523 अश् P सेट् स० 1524 ध्रस् P सेट् स० 1525 इष् P सेट् स० 1527 प्रुष् P सेट् स० 1528 प्लुष् P सेट् स० 1529 पुष् P सेट् स० 1530 मुष् P सेट् द्वि० 1531 खच् P सेट् अ० 1532 हेठ् P सेट् स० 1533 ग्रह् U सेट् स०

10c All Roots are सेट् here.

अनिट् Roots

From Standard Dhatupatha of Panini. In this classification it is **not needed** to mark the ten Dhatu groups, however we have still done it for clarity.

1c

236 क्षि P अनिट् अ०* 362 तिप् A अनिट् अ० 561 जि P अनिट् अ० 687 शिष् P अनिट् स० 698 विष् P अनिट् स० 715 घस् P अनिट् स० 807 स्मृ P अनिट् स० 810 श्रा P अनिट् स० 853 रम् A अनिट् अ० 854 सद् P अनिट् स० 855 शद् P* अनिट् अ० 856 क्रुश् P अनिट् स० 859 रुह् P अनिट् अ० 898 भृ U अनिट् स० 899 हृ U अनिट् द्वि० 900 धृ U अनिट् स० 901 नी U अनिट् द्वि० 902 धे P अनिट् स० 903 ग्लै P अनिट् अ० 904 म्लै P अनिट् अ० 905 द्यै P अनिट् स० 906 द्रै P अनिट् अ० 907 ध्रै P अनिट् स० 908 ध्यै P अनिट् स० 909 रै P अनिट् अ० 910 स्त्यै P अनिट् अ० 911 स्त्यै P अनिट् अ० 912 खै P अनिट् स० 913 क्षै P अनिट् अ० 914 जै P अनिट् अ० 915 सै P अनिट् अ० 916 कै P अनिट् अ० 917 गै P अनिट् अ० 918 शै P अनिट् स० 919 श्रै P अनिट् स० 920 पै P अनिट् अ० 921 वै P अनिट् अ० 922 स्तै P अनिट् स० 923 स्नै P अनिट् स० 924 दै P अनिट् स० 925 पा P अनिट् स० 926 घ्रा P अनिट् स० 927 ध्मा P अनिट् स० 928 स्था P* अनिट् अ० 929 म्ना P अनिट् स० 930 दा P अनिट् स० 931 हृ P अनिट् अ० 932 स्वृ P वेट् अ० 933 स्मृ P अनिट् स० 934 ह्वृ P अनिट् स० 935 सृ P अनिट् स० 936 ऋ P अनिट् स० 937 गृ P अनिट् स० 938 घृ P अनिट् स० 939 ध्वृ P अनिट् अ० 940 स्रु P अनिट् स० 941 सु P अनिट् स०* 942 श्रु P अनिट् स० 943 ध्रु P अनिट् अ० 944 दु P अनिट् स० 945 द्रु P अनिट् स० 946 जि P अनिट् द्वि०* 947 ज्रि P अनिट् स०* 948 स्मि A अनिट् अ० 949 गु A अनिट् अ० 950 गा A अनिट् स० 951 कु A अनिट् अ० 952 घु A अनिट् अ०953 उ A अनिट् अ० 954 ङु A अनिट् स० 955 च्यु A अनिट् स० 956 ज्यु A अनिट् स० 957 प्रु A अनिट् स० 958 प्लु A अनिट् स० 959 रु A अनिट् स० 960 धृ A अनिट् अ० 961 मे A अनिट् स० 962 दे A अनिट् स० 963 श्यै A अनिट् स० 964 प्यै A अनिट् अ० 965 त्रै A अनिट् स० 974 रभ् A अनिट् स० 975 लभ् A अनिट् स० 976 स्वञ्ज् A अनिट् स० 977 हद् A अनिट् अ० 979 स्कन्द् P अनिट् स० 980 यभ् P अनिट् अ० 981 नम् P अनिट् स०

982 गम् P अनिट् स० 983 सृप् P अनिट् स० 984 यम् P अनिट् स० 985 तप् P अनिट् स० 986 त्यज् P अनिट् स० 987 सञ्ज् P अनिट् स० 988 दृश् P अनिट् स० 989 दंश् P अनिट् स० 990 कृष् P अनिट् द्वि० 991 दह् P अनिट् स० 992 मिह् P अनिट् स० 996 पच् U अनिट् द्वि० 998 भज् U अनिट् स० 999 रञ्ज् U अनिट् अ० 1000 शप् U अनिट् स० 1001 त्विष् U अनिट् अ० 1002 यज् U अनिट् स० 1003 वप् U अनिट् स० 1004 वह् U अनिट् द्वि०* 1005 वस् P अनिट् अ० 1006 वे U अनिट् स० 1007 व्ये U अनिट् स० 1008 ह्वे U अनिट् स०

2c

1011 अद् P अनिट् स० 1012 हन् P* अनिट्* स० 1013 द्विष् U अनिट् स० 1014 दुह् U अनिट् द्वि० 1015 दिह् U अनिट् अ० 1016 लिह् U अनिट् स० 1040 द्यु P अनिट् स० 1041 सु P अनिट् स० 1042 कु P अनिट् अ० 1043 स्तु U अनिट् स० 1045 इ P अनिट् स० 1046 इ A अनिट् स० 1047 इ P अनिट् स० 1048 वी P अनिट् स० 1049 या P अनिट् स० 1050 वा P अनिट् स० 1051 भा P अनिट् अ० 1052 स्ना P अनिट् अ० 1053 श्रा P अनिट् स० 1054 द्रा P अनिट् अ० 1055 प्सा P अनिट् स० 1056 पा P अनिट् स० 1057 रा P अनिट् स० 1058 ला P अनिट् स० 1059 दा P अनिट् स० 1060 ख्या P अनिट् स० 1061 प्रा P अनिट् स० 1062 मा P अनिट् स० 1063 वच् P अनिट् द्वि० 1082 ह्नु A अनिट् स०

3c

1083 हु P अनिट् स० 1084 भी P अनिट् अ० 1085 ह्री P अनिट् अ० 1087 भृ U अनिट् स० 1088 मा A अनिट् स०* 1089 हा A अनिट् स० 1090 हा P अनिट् स० 1091 दा U अनिट् स० 1092 धा U अनिट् स० 1093 निज् U अनिट् स० 1094 विज् U अनिट् अ० 1095 विष् U अनिट् स० 1096 घृ P अनिट् स० 1097 हृ P अनिट् स० 1098 ॠ P अनिट् स० 1099 सृ P अनिट् स० 1101 कि P अनिट् स० 1106 गा P अनिट् स०

4c

1121 क्षिप् P अनिट् स० 1134 दी A अनिट् अ० 1136 धी A अनिट् स० 1137 मी A अनिट् अ० 1138 री A अनिट् स० 1139 ली A अनिट् अ० 1140 व्री A अनिट् स०

1141 पी A अनिट् स० 1142 मा A अनिट् स० 1143 ई A अनिट् स० 1144 प्री A अनिट् स०* 1145 शो P अनिट् स० 1146 छो P अनिट् स० 1147 सो P अनिट् स० 1148 दो P अनिट् स० 1159 तप् A अनिट् अ० 1166 नह् U अनिट् स० 1167 रञ्ज् U अनिट् अ० 1168 शप् U अनिट् स० 1169 पद् A अनिट् स० 1170 खिद् A अनिट् अ० 1171 विद् A अनिट् अ० 1172 बुध् A अनिट् स० 1173 युध् A अनिट् अ० 1174 रुध् A अनिट् अ० 1176 मन् A अनिट् स० 1177 युज् A अनिट् अ० 1178 सृज् A अनिट् अ० 1179 लिश् A अनिट् अ० 1180 राध् P अनिट् अ० 1181 व्यध् P अनिट् स० 1182 पुष् P अनिट् स०* 1183 शुष् P अनिट् अ० 1184 तुष् P अनिट् अ० 1185 दुष् P अनिट् अ० 1186 श्लिष् P अनिट् स० 1187 शक् U अनिट्* अ० 1188 स्विद् P अनिट् अ० 1189 क्रुध् P अनिट् अ० 1190 क्षुध् P अनिट् अ० 1191 शुध् P अनिट् अ० 1192 सिध् P अनिट् अ०

5c

1247 सु U अनिट् स०* 1248 सि U अनिट् स० 1249 शि U अनिट् स० 1250 मि U अनिट् स० 1251 चि U अनिट् द्वि० 1252 स्तृ U अनिट् स० 1253 कृ U अनिट् स० 1255 धु U अनिट् स० 1256 दु P अनिट् स० 1257 हि P अनिट् स० 1258 पृ P अनिट् स० 1259 स्पृ P अनिट् स० 1260 1260 आप् P अनिट् स० 1261 शक् P अनिट् अ० 1262 राध् P अनिट् अ० 1263 साध् P अनिट् स० 1275 रि P अनिट् स० 1276 क्षि P अनिट् स० 1277 चिरि P सेट् स० 1280 दृ P अनिट् स०

6c

1281 तुद् U अनिट् स० 1282 नुद् U अनिट् स० 1283 दिश् U अनिट् स० 1284 भ्रस्ज् U अनिट् स० 1285 क्षिप् U अनिट् स० 1286 कृष् U अनिट् स० 1399 गु P अनिट् अ० 1400 ध्रु P अनिट् अ० 1401 कु A अनिट् अ० 1402 पृ A अनिट् अ० 1403 मृ A* अनिट् अ० 1404 रि P अनिट् स० 1405 पि P अनिट् स० 1406 धि P अनिट् स० 1407 क्षि P अनिट् स० 1411 दृ A अनिट् स० 1412 धृ A अनिट् अ० 1413 प्रच्छ् P अनिट् द्वि० 1414 सृज् P अनिट् स० 1415 मस्ज् P अनिट् अ० 1416 रुज् P अनिट् स० 1417 भुज् P अनिट् अ० 1418 छुप् P अनिट् स० 1419 रुश् P अनिट् स० 1420 रिश् P अनिट् स० 1421 लिश् P अनिट् स० 1422 स्पृश् P अनिट् स० 1424 विश् P अनिट् स० 1425 मृश् P अनिट् स० 1426 नुद् P अनिट् स०

1427 सद् P अनिट् अ० 1428 शद् P* अनिट् अ० 1430 मुच् U अनिट् स० 1431 लुप् U अनिट् स० 1433 लिप् U अनिट् स० 1434 सिच् U अनिट् स०

7c
1438 रुध् U अनिट् द्वि० 1439 भिद् U अनिट् स० 1440 छिद् U अनिट् स० 1441 रिच् U अनिट् स० 1442 विच् U अनिट् स० 1443 क्षुद् U अनिट् स० 1444 युज् U अनिट् स० 1449 खिद् A अनिट् अ० 1450 विद् A अनिट् स० 1451 शिष् P अनिट् स० 1452 पिष् P अनिट् स० 1453 भञ्ज् P अनिट् स० 1454 भुज् P* अनिट् स०

8c
1472 कृ U अनिट् स०

9c
1473 क्री U अनिट् स० 1474 प्री U अनिट् स० 1475 श्री U अनिट् स० 1476 मी U अनिट् स० 1477 सि U अनिट् स० 1478 स्कु U अनिट् स० 1479 यु U अनिट् स० 1499 ज्या P अनिट् अ० 1500 री P अनिट् स० 1501 ली P अनिट् अ० 1502 व्ली P अनिट् स० 1503 प्ली P अनिट् स० 1504 व्री P अनिट् स० 1505 भ्री P अनिट् अ० 1506 क्षी P अनिट् स० 1507 ज्ञा P* अनिट् स० 1508 बन्ध् P अनिट् स० 1526 विष् P अनिट् अ०

10c None

वेट् Roots

From Standard Dhatupatha of Panini. In this classification it is **not needed** to mark the ten Dhatu groups, however we have still done it for clarity.

1c

48 सिध् 374 त्रप् 395 गुप् 442 क्षम् 649 गाह् 650 गृह् 654 अक्ष् 655 तक्ष् 656 त्वक्ष् 761 स्यन्द् 762 क्लृप् 896 गुह् 932 स्वृ

2c 1031 सू 1066 मृज्

3c None

4c 1132 सू A वेट् स० 1193 रध् P वेट् स० 1194 नश् P वेट् अ० 1195 तृप् P वेट् स०* 1196 दृप् P वेट् स० 1197 द्रुह् P वेट् स० 1198 मुह् P वेट् स० 1199 स्नुह् P वेट् स० 1200 स्निह् P वेट् अ० 1206 क्षम् P वेट् स० 1242 क्लिद् P वेट् अ०

5c 1264 अश्

6c 1292 व्रश्च् P वेट् स० 1347 वृह् P वेट् स० 1348 तृह् P वेट् स० 1349 स्तृह् P वेट् स० 1350 तृंह् P वेट् स०

7c 1458 अञ्ज् 1459 तञ्च्

8c None

9c 1487 धू U वेट् स० 1522 क्लिश् P वेट् अ०*

10c None

(सेट्* / अनिट्* Roots)

Note: सेट्* are Roots that may **not take** इट् augment in specific case.

473	क्रम्	P*	सेट्*	स०	7.2.36 स्नुक्रमोरनात्मनेपदनिमित्ते
693	रुष्	P	सेट्*	स०	7.2.48 तीषसहलुभरुषरिषः।
758	वृत्	A*	सेट्*	अ०	7.2.59 न वृद्भ्यश्चतुर्भ्यः।
759	वृध्	A*	सेट्*	अ०	7.2.59 न वृद्भ्यश्चतुर्भ्यः।
760	श्रृध्	A*	सेट्*	अ०	7.2.59 न वृद्भ्यश्चतुर्भ्यः।
1017	चक्ष्	A*	सेट्*	स०	2.4.54 चक्षिङः ख्याञ्
1044	ब्रू	U	सेट्*	द्वि०	2.4.53 ब्रुवो वचिः। वक्ष्यते पचिं वचिम् इति व्याघ्रभूतिवचनाद् अनिट् त्वम्।
1432	विद्	U	सेट्*	स०	Grammarians differ if it is सेट्
1831	सद्	U	सेट्*	स०	In Option शप् it is अनिट्

Note: अनिट्* are Roots that may take इट् augment in specific case.

1187	शक्	U	अनिट्*	अ०	Grammarians differ if it is अनिट्
1012	हन्	P*	अनिट्*	स०	2.4.43 लुङि च

Object Characteristic when usage in Sentence

Transitive सकर्मकः Roots

From Standard Dhatupatha of Panini. These Roots will have an Object when used in sentences.

Intransitive अकर्मकः Roots

From Standard Dhatupatha of Panini. These Roots will **not have** any Object when used in sentences.

Dual Object द्विकर्मकः Roots 22nos

From Standard Dhatupatha of Panini. These Roots will have **two** Objects when used in sentences.

दुह् – याच् – पच् – दण्ड् – रुधि – प्रच्छ – चि – ब्रू – शासु – जि – मन्थ् – मुषाम् ।
कर्मयुक् स्यादकथितं तथा स्यात् नी – ह्र – कृष् – वहाम् ॥ (सिद्धान्तकौमुदी)

1c 33 विथ् A सेट् द्वि० 34 वेथ् A सेट् द्वि० 42 मन्थ् P सेट् द्वि० 848 मथ् P सेट् द्वि० 863 याच् U सेट् द्वि० 899 हृ U अनिट् द्वि० 901 नी U अनिट् द्वि० 946 जि P अनिट् द्वि०* 990 कृष् P अनिट् द्वि० 996 पच् U अनिट् द्वि० 1004 वह् U अनिट् द्वि०*

2c 1014 दुह् U अनिट् द्वि० 1044 ब्रू U सेट्* द्वि० 1063 वच् P अनिट् द्वि० 1075 शास् P सेट् द्वि०

3c 4c None

5c 1251 चिञ् U अनिट् द्वि०

6c 1413 प्रच्छ् P अनिट् द्वि०

7c 1438 रुध् U अनिट् द्वि०

8c None

9c 1511 मन्थ् P सेट् द्वि० 1530 मुष् P सेट् द्वि०

10c 1629 चिञ् 1926 दण्ड्

Note: 946 जि द्वि०* 1004 वह् द्वि०* These may also be अ० in use.

(स०* / अ०* Roots)

Note: स०* are Roots that may **not take** Object in specific case.

4	गाध्	A	सेट्	स०*	
13	मन्द्	A	सेट्	स०*	
50	खद्	P	सेट्	स०*	
55	अर्द्	P	सेट्	स०*	Also used as द्विकर्मक:
68	चन्द्	P	सेट्	स०*	
70	कन्द्	P	सेट्	स०*	
71	क्रन्द्	P	सेट्	स०*	
72	क्लन्द्	P	सेट्	स०*	
77	श्लोक्	A	सेट्	स०*	
93	चक्	A	सेट्	स०*	
108	लङ्घ्	A	सेट्	स०*	
169	कञ्च्	A	सेट्	स०*	
170	काञ्च्	A	सेट्	स०*	
468	मीम्	P	सेट्	स०*	
601	धाव्	U	सेट्	स०*	
858	बुध्	P	सेट्	स०*	
941	सु	P	अनिट्	स०*	
947	ज्रि	P	अनिट्	स०*	
1028	पिञ्ज्	A	सेट्	स०*	
1071	जक्ष्	P	सेट्	स०*	
1077	वेवी	A	सेट्	स०*	
1088	मा	A	अनिट्	स०*	
1144	प्री	A	अनिट्	स०*	
1182	पुष्	P	अनिट्	स०*	
1195	तृप्	P	वेट्	स०*	
1247	सु	U	अनिट्	स०*	
1297	मिच्छ्	P	सेट्	स०*	
1445	छृद्	U	सेट्	स०*	
1592	चुद्	U	सेट्	स०*	प्रेरणार्थे स० । प्रश्नार्थे द्वि०

Note: अ०* are Roots that may take Object in specific case.

236 क्षि P अनिट् अ०* 845 **पत् P सेट् अ०*** Sutra 2.1.24

1105 जन् P सेट् अ०* 1271 ऋध् P सेट् अ०* 1522 क्लिश् P वेट् अ०*

Guna Vowel Replacement

The Root Vowel may undergo a change. This affects the spellings of Verbs and Nouns seen in literature.

Final इक् Vowel

7.3.84 सार्वधातुकार्धधातुकयोः ।

3.4.113 तिङ्शित्सार्वधातुकम् ।

1.2.4 सार्वधातुकमपित् ।

Penultimate Short इक् Vowel

7.3.86 पुगन्तलघूपधस्य च ।

3.4.113 तिङ्शित्सार्वधातुकम् ।

1.2.4 सार्वधातुकमपित् ।

The resultant effect of these Sutras is that any Ardhadhatuka Affix can cause Guna
- Parasmaipada and Atmanepada Ting Ardhadhatuka Affixes लृट् लृङ् लुट् आशीर्लिङ् लिट् लुङ्
- Gana Vikarana उ of 8c Roots is also Ardhadhatuka and can cause Guna for Parasmaipada and Atmanepada लट् लङ् लोट् विधिलिङ्

Only पित् Sarvadhatuka Affix can cause Guna
- तिप् सिप् मिप् Parasmaipada Ting Sarvadhatuka Affixes लट् लङ् लोट् विधिलिङ्
- आनिप् आवप् आमप् Atmanepada Ting Sarvadhatuka Affixes लोट्
- Gana Vikarana शप् of 1c Roots

Augment इट् Addition

The इट् augment gets inserted for Ardhadhatuka Tenses and Moods. This affects the spellings of Verbs and Nouns seen in literature.

General Rule

7.2.35 आर्धधातुकस्येड् वलादेः । For Roots classified as सेट् in the Dhatupatha, the इट् augment gets inserted for an Ardhadhatuka Affix having initial वल् letter = consonants क् ख् ग् घ् ङ् च् छ् ज् झ् ञ् ट् ठ् ड् ढ् ण् त् थ् द् ध् न् प् फ् ब् भ् म् semivowels र् ल् व् sibilants श् ष् स् ह् । (Ardhadhatuka Affix not beginning with any vowel or य् semivowel).

- Applies to Tenses and Moods लृट् लृङ् लुट् आशीर्लिङ् लिट् लुङ् for all Roots.
- Since लिट् Parasmaipada Affixes iii/1 iii/2 iii/3 ii/2 ii/3 i/1 have initial vowel so no इट् augment.
- Since लिट् Atmanepada Affixes iii/1 iii/2 iii/3 ii/2 i/1 have initial vowel so no इट् augment.

Rule for लिट्

7.2.13 कृसृभृवृस्तुद्रुस्रुश्रुवो लिटि । Except for the Roots कृ सृ भृ वृ स्तु द्रु स्रु श्रु all the other Roots in Dhatupatha (irrespective of सेट् classification) get the इट् augment for

- वलादिः लिट् Parasmaipada Affixes ii/1 i/2 i/3
- वलादिः लिट् Atmanepada Affixes ii/1 i/2 ii/3 i/3

Thus for लिट् Roots 1253 कृ 1472 कृ 935 सृ 1099 सृ 898 भृ 1087 भृ 934 वृ 1254 वृ 1509 वृ 1814 वृ 1043 स्तु 945 द्रु 940 स्रु 942 श्रु never take इट् augment.

Which 1c- 9c Roots will take Guna or इट्

Guna happens for Final इक् vowel of Root. The इट् augment gets inserted for Ardhadhatuka Tenses and Moods. Note: All 10c Roots end in इ by णिच् and are all सेट् । So the following list only covers 1c to 9c Roots.

1) Final इक् Parasmaipada सेट् 33 Roots

1 भू 808 दॄ 809 नॄ 969 तॄ 1010 श्वि 1033 यु 1034 रु 1035 नु 1036 क्षु 1037 क्ष्णु 1038 स्नु 1072 जागृ 1086 पॄ 1130 जॄ 1131 झॄ 1277 चिरि 1278 जिरि 1397 नू 1398 धू 1408 सू 1409 कॄ 1410 गॄ 1488 शॄ 1489 पॄ 1490 वॄ 1491 भॄ 1492 मॄ 1493 दॄ 1494 जॄ 1495 नॄ 1496 कॄ 1497 ॠ 1498 गॄ

2) Final इक् Parasmaipada अनिट् 53 Roots

236 क्षि 561 जि 807 स्मृ 931 ह्वृ 933 स्मृ 934 ह्वृ 935 सृ 936 ऋ 937 गृ 938 धृ 939 ध्वृ 940 स्रु 941 सु 942 श्रु 943 ध्रु 944 दु 945 द्रु 946 जि 947 ज्रि 1040 द्यु 1041 सु 1042 कु 1045 इ 1047 इ 1048 वी 1083 हु 1084 भी 1085 ह्री 1096 घृ 1097 हृ 1098 ऋ 1099 सृ 1101 कि 1256 दु 1257 हि 1258 पृ 1259 स्पृ 1275 रि 1276 क्षि 1280 दृ 1399 गु 1400 ध्रु 1404 रि 1405 पि 1406 धि 1407 क्षि 1500 री 1501 ली 1502 व्ली 1503 प्ली 1504 व्री 1505 भ्री 1506 क्षी

3) Final इक् Atmanepada सेट् 7 Roots

966 पू 967 मू 968 डी 1032 शी 1133 दू 1135 डी 1509 वृ

(1076 दीधी 1077 वेवी Guna is prevented for these Roots).

4) Final इक् Atmanepada अनिट् 29 Roots

948 स्मि 949 गु 953 उ 951 कु 952 घु 954 ङु 955 च्यु 956 ज्यु 957 प्रु 958 प्लु 959 रु 960 धृ 1046 इ 1082 ह्नु 1134 दी 1136 धी 1137 मी 1138 री 1139 ली 1140 व्री 1141 पी 1143 ई 1144 प्री 1401 कु 1402 पृ 1403 मृ 1411 दृ 1412 धृ

5) Final इक् Ubhayepada सेट् 11 Roots

897 श्रि 1039 ऊर्णु 1044 ब्रू 1254 वृ 1480 क्नू 1481 द्रू 1482 पू 1483 शॄ 1484 लू 1485 स्तॄ 1486 कॄ

6) Final इक् Ubhayepada अनिट् 22 Roots

898 भृ 899 हृ 900 धृ 901 नी 1043 स्तु 1087 भृ 1247 सु 1248 सि 1249 शि 1250 मि 1251 चि 1252 स्तृ 1253 कृ 1255 धु 1472 कृ 1473 क्री 1474 प्री 1475 श्री 1476 मी 1477 सि 1478 स्कु 1479 यु

7) Final इक् वेट् 4 Roots

932 स्वृ 1031 सू 1132 सू 1487 धू

COUNT OF FINAL इक् ROOTS FOR GUNA = 159 ROOTS

1	भू	◌ू	935	सृ	◌ृ	951	कु	◌ु	1031	सू	◌ू
236	क्षि	◌ि	936	ऋ	ऋ	952	घु	◌ु	1032	शी	◌ी
561	जि	◌ि	937	गृ	◌ृ	953	उ	उ	1033	यु	◌ु
807	स्मृ	◌ृ	938	घृ	◌ृ	954	ङु	◌ु	1034	रु	◌ु
808	दृ	◌ृ	939	ध्वृ	◌ृ	955	च्यु	◌ु	1035	नु	◌ु
809	नृ	◌ृ	940	स्रु	◌ु	956	ज्यु	◌ु	1036	क्षु	◌ु
897	श्रि	◌ि	941	सु	◌ु	957	प्रु	◌ु	1037	क्ष्णु	◌ु
898	भृ	◌ृ	942	श्रु	◌ु	958	प्लु	◌ु	1038	स्नु	◌ु
899	हृ	◌ृ	943	ध्रु	◌ु	959	रु	◌ु	1039	ऊर्णु	◌ु
900	धृ	◌ृ	944	दु	◌ु	960	धृ	◌ृ	1040	द्यु	◌ु
901	नी	◌ी	945	द्रु	◌ु	966	पू	◌ू	1041	सु	◌ु
931	ह्वृ	◌ृ	946	जि	◌ि	967	मू	◌ू	1042	कु	◌ु
932	स्वृ	◌ृ	947	ज्रि	◌ि	968	डी	◌ी	1043	स्तु	◌ु
933	स्मृ	◌ृ	948	स्मि	◌ि	969	तृ	◌ृ	1044	ब्रू	◌ू
934	ह्वृ	◌ृ	949	गु	◌ु	1010	श्वि	◌ि	1045	इ	इ

1046	इ	इ
1047	इ	इ
1048	वी	◌ी
1072	जागृ	◌ृ
1076	दीधी	◌ी
1077	वेवी	◌ी
1082	ह्नु	◌ु
1083	हु	◌ु
1084	भी	◌ी
1085	ह्री	◌ी
1086	पृ	◌ृ
1087	भृ	◌ृ
1096	घृ	◌ृ
1097	ह्वृ	◌ृ
1098	ऋ	ऋ
1099	सृ	◌ृ
1101	कि	◌ि
1130	जृ	◌ृ
1131	झृ	◌ृ
1132	सू	◌ू
1133	दू	◌ू
1134	दी	◌ी
1135	डी	◌ी
1136	धी	◌ी
1137	मी	◌ी
1138	री	◌ी
1139	ली	◌ी
1140	व्री	◌ी
1141	पी	◌ी
1143	ई	ई
1144	प्री	◌ी
1247	सु	◌ु
1248	सि	◌ि
1249	शि	◌ि
1250	मि	◌ि
1251	चि	◌ि
1252	स्तृ	◌ृ
1253	कृ	◌ृ
1254	वृ	◌ृ
1255	धु	◌ु
1256	दु	◌ु
1257	हि	◌ि
1258	पृ	◌ृ
1259	स्पृ	◌ृ
1275	रि	◌ि
1276	क्षि	◌ि
1277	चिरि	◌ि
1278	जिरि	◌ि
1280	दृ	◌ृ
1397	नू	◌ू
1398	धू	◌ू
1399	गु	◌ु
1400	ध्रु	◌ु
1401	कु	◌ु
1402	पृ	◌ृ
1403	मृ	◌ृ
1404	रि	◌ि
1405	पि	◌ि
1406	धि	◌ि
1407	क्षि	◌ि
1408	सू	◌ू
1409	कृ	◌ृ
1410	गृ	◌ृ
1411	दृ	◌ृ
1412	धृ	◌ृ
1472	कृ	◌ृ
1473	क्री	◌ी
1474	प्री	◌ी
1475	श्री	◌ी
1476	मी	◌ी
1477	सि	◌ि
1478	स्कु	◌ु
1479	यु	◌ु
1480	क्नू	◌ू
1481	द्रू	◌ू
1482	पू	◌ू
1483	लू	◌ू
1484	स्तृ	◌ृ
1485	कॄ	◌ॄ
1486	वॄ	◌ॄ
1487	धू	◌ू
1488	शॄ	◌ॄ
1489	पॄ	◌ॄ
1490	वॄ	◌ॄ
1491	भॄ	◌ॄ
1492	मॄ	◌ॄ
1493	दॄ	◌ॄ
1494	जॄ	◌ॄ
1495	नॄ	◌ॄ
1496	कॄ	◌ॄ
1497	ॠ	ॠ
1498	गॄ	◌ॄ
1500	री	◌ी
1501	ली	◌ी
1502	ब्ली	◌ी
1503	प्ली	◌ी
1504	व्री	◌ी
1505	भ्री	◌ी
1506	क्षी	◌ी
1509	वृ	◌ृ

8) Penultimate Short इक् Parasmaipada सेट् 229 Roots

39 चित् 40 च्युत् 41 श्च्युत् 47 सिध् 128 उख् 140 इख् 183 शुच् 184 कुच् 195 म्रुच् 196 म्लुच् 197 ग्रुच् 198 ग्लुच् 199 कुज् 200 खुज् 219 धृज् 244 तुज् 248 गृज् 250 मुज् 301 किट् 302 खिट् 303 शिट् 304 सिट् 311 पिट् 314 लुट् 315 चिट् 316 विट् 317 बिट् 318 इट् 319 किट् 323 मुड् 324 प्रुड् 329 स्फुट् 336 रुठ् 337 लुठ् 338 उठ् 339 पिठ् 341 शुठ् 351 तुड् 352 हुड् 403 चुप् 404 तुप् 406 त्रुप् 408 तुफ् 410 त्रुफ् 430 सृभ् 432 शुभ् 534 तिल् 560 ष्ठिव् 653 घुष् 693 रुष् 694 रिष् 696 उष् 697 जिष् 699 मिष् 700 पुष् 701 श्रिष् 702 श्लिष् 703 प्रुष् 704 प्लुष् 705 पृष्706 वृष् 707 मृष् 708 घृष् 709 हृष् 710 तुस् 719 पिस् 722 निश् 723 मिश् 733 दृह् 735 बृह् 737 तुह् 738 दुह् 739 उह् 841 पुल् 842 कुल् 844 हुल् 857 कुच् 858 बुध् 978 स्विद् 993 कित् 1064 विद् 1067 रुद् 1102 तुर् 1103 धिष् 1107 दिव् 1108 सिव् 1109 स्रिव् 1110 ष्ठिव् 1111 स्नुस् 1114 व्युष् 1115 प्लुष् 1116 नृत् 1118 कुथ् 1119 पुथ् 1120 गुध् 1123 तिम् 1124 स्तिम् 1127 इष् 1129 सुह् 1215 व्युष् 1216 प्लुष् 1217 बिस् 1218 कुस् 1219 बुस् 1220 मुस् 1222 लुट् 1223 उच् 1224 भृश् 1226 वृश् 1227 कृश् 1228 तृष् 1229 हृष् 1230 रुष् 1231 रिष् 1232 डिप् 1233 कुप् 1234 गुप् 1235 युप् 1236 रुप् 1237 लुप् 1238 लुभ् 1239 क्षुभ् 1241 तुभ् 1243 मिद् 1244 क्ष्विद् 1245 ऋध् 1246 गृध् 1266 तिक् 1267 तिग् 1269 धृष् 1271 ऋध् 1287 ऋष् 1302 ऋच् 1305 लुभ् 1306 रिफ् 1307 तृप् 1309 तुप् 1311 तुफ् 1313 दृप् 1315 ऋफ् 1317 गुफ् 1319 उभ् 1321 शुभ् 1323 दृभ् 1324 चृत् 1325 विध् 1326 जुड् 1327 मृड् 1328 पृड् 1329 पृण् 1330 वृण् 1331 मृण् 1332 तुण् 1333 पुण् 1334 मुण् 1335 कुण् 1336 शुन् 1337 द्रुण् 1338 घुण् 1340 सुर् 1341 कुर् 1342 खुर् 1343 मुर् 1344 क्षुर् 1345 घुर् 1346 पुर् 1351 इष् 1352 मिष् 1353 किल् 1354 तिल् 1355 चिल् 1357 इल् 1358 विल् 1359 बिल् 1360 निल् 1361 हिल् 1362 शिल् 1363 सिल् 1364 मिल् 1365 लिख् 1366 कुट् 1367 पुट् 1368 कुच् 1369 गुज् 1370 गुड् 1371 डिप् 1372 छुर् 1373 स्फुट् 1374 मुट् 1375 त्रुट् 1376 तुट् 1377 चुट् 1378 छुट् 1379 जुड् 1381 लुट् 1382 कृड् 1383 कुड् 1384 पुड् 1385 घुट् 1386 तुड् 1387 थुड् 1388 स्थुड् 1389 स्फुर् 1390 स्फुल् 1391 स्फुड् 1392 चुड् 1393 व्रुड् 1394 क्रुड् 1395 भृड् 1435 कृत् 1437 पिश् 1447 कृत् 1455 तृह् 1460 विज् 1461 वृज् 1462 पृच् 1515 मृद् 1516 मृड् 1517 गुध् 1518 कुष् 1519 क्षुभ् 1521 तुभ् 1525 इष् 1527 प्रुष् 1528 प्लुष् 1529 पुष् 1530 मुष्

9) Penultimate Short इक् Parasmaipada अनिट् 35 Roots

687 शिष् 698 विष् 856 क्रुश् 859 रुह् 983 सृप् 988 दृश् 990 कृष् 992 मिह् 1121 क्षिप् 1182 पुष् 1183 शुष् 1184 तुष् 1185 दुष् 1186 श्लिष् 1188 स्विद् 1189 क्रुध् 1190 क्षुध् 1191 शुध् 1192 सिध् 1414 सृज् 1416 रुज् 1417 भुज् 1418 छुप् 1419 रुश् 1420 रिश् 1421 लिश् 1422 स्पृश् 1424 विश् 1425 मृश् 1426 नुद् 1436 खिद् 1451 शिष् 1452 पिष् 1454 भुज् 1526 विष्

10) Penultimate Short इक् Atmanepada सेट् 42 Roots

16 मुद् 24 गुद् 31 युत् 32 जुत् 33 विथ् 91 कुक् 92 वृक् 103 टिक् 105 तिक् 175 स्तुच् 176 ऋज् 178 भृज् 260 स्फुट् 364 स्तिप् 394 स्तुभ् 437 घुण् 642 प्लिह् 741 द्युत् 742 श्वित् 743 मिद् 744 स्विद् 745 रुच् 746 घुट् 747 रुट् 748 लुट् 749 लुठ् 750 शुभ् 751 क्षुभ् 753 तुभ् 758 वृत् 759 वृध् 760 शृध् 970 गुप् 971 तिज् 1029 वृज् 1030 पृच् 1160 वृत् 1161 क्लिश् 1265 स्तिघ् 1288 जुष् 1289 विज् 1396 गुर्

11) Penultimate Short इक् Atmanepada अनिट् 11 Roots

362 तिप् 1170 खिद् 1171 विद् 1172 बुध् 1173 युध् 1174 रुध् 1177 युज् 1178 सृज् 1179 लिश् 1441 खिद् 1450 विद्

12) Penultimate Short इक् Ubhayepada सेट् 14 Roots

868 मिद् 871 निद् 873 शृध् 874 मृध् 875 बुध् 1164 मृष् 1165 शुच् 1429 मिल् 1445 छृद् 1446 तृद् 1466 क्षिण् 1467 ऋण् 1468 तृण् 1469 घृण्

13) Penultimate Short इक् Ubhayepada अनिट् 25 Roots

1001 त्विष् 1013 द्विष् 1014 दुह् 1015 दिह् 1016 लिह् 1093 निज् 1094 विज् 1095 विष् 1281 तुद् 1282 नुद् 1283 दिश् 1285 क्षिप् 1286 कृष् 1430 मुच् 1431 लुप् 1432 विद् 1433 लिप् 1434 सिच् 1438 रुध् 1439 भिद् 1440 छिद् 1441 रिच् 1442 विच् 1443 क्षुद् 1444 युज्

14) Penultimate Short इक् वेट् 17 Roots

14 Roots = Parasmaipada 48 सिध् 395 गुप् 1066 मृज् 1195 तृप् 1196 दृप् 1197 द्रुह् 1198 मुह् 1199 स्नुह् 1200 स्निह् 1242 क्लिद् 1347 वृह् 1348 तृह् 1349 स्तृह् 1522 क्लिश्

2 Roots = Atmanepada 650 गृह् A वेट् स॰ 762 क्लृप् A वेट् अ॰

1 Root = Ubhayepada 896 गुह् U वेट् स॰

Count of Penultimate Short इक् Roots for Guna= 373 Roots

Note: 1277 चिरि 1278 जिरि have penultimate short इक् , however these have Final इक् also, so accounted for accordingly. 1c – 9c.

16	मुद्	◌ुद्	219	धृज्	◌ृज्	364	स्तिप्	◌िप्	704	प्लुष्	◌ुष्
24	गुद्	◌ुद्	244	तुज्	◌ुज्	394	स्तुभ्	◌ुभ्	705	पृष्	◌ृष्
31	युत्	◌ुत्	248	गृज्	◌ृज्	395	गुप्	◌ुप्	706	वृष्	◌ृष्
32	जुत्	◌ुत्	250	मुज्	◌ुज्	403	चुप्	◌ुप्	707	मृष्	◌ृष्
33	विथ्	◌िथ्	260	स्फुट्	◌ुट्	404	तुप्	◌ुप्	708	घृष्	◌ृष्
39	चित्	◌ित्	301	किट्	◌िट्	406	त्रुप्	◌ुप्	709	हृष्	◌ृष्
40	च्युत्	◌ुत्	302	खिट्	◌िट्	408	तुफ्	◌ुफ्	710	तुस्	◌ुस्
41	श्च्युत्	◌ुत्	303	शिट्	◌िट्	410	त्रुफ्	◌ुफ्	719	पिस्	◌िस्
47	सिध्	◌िध्	304	सिट्	◌िट्	430	सृभ्	◌ृभ्	722	निश्	◌िश्
48	सिध्	◌िध्	311	पिट्	◌िट्	432	शुभ्	◌ुभ्	723	मिश्	◌िश्
91	कुक्	◌ुक्	314	लुट्	◌ुट्	437	घुण्	◌ुण्	733	दृह्	◌ृह्
92	वृक्	◌ृक्	315	चिट्	◌िट्	534	तिल्	◌िल्	735	बृह्	◌ृह्
103	टिक्	◌िक्	316	विट्	◌िट्	560	ष्ठिव्	◌िव्	737	तुह्	◌ुह्
105	तिक्	◌िक्	317	बिट्	◌िट्	642	ष्णिह्	◌िह्	738	दुह्	◌ुह्
128	उख्	उख्	318	इट्	इट्	650	गृह्	◌ृह्	739	उह्	उह्
140	इख्	इख्	319	किट्	◌िट्	653	घुष्	◌ुष्	741	द्युत्	◌ुत्
175	स्तुच्	◌ुच्	323	मुड्	◌ुड्	687	शिष्	◌िष्	742	श्वित्	◌ित्
176	ऋज्	ऋज्	324	प्रुड्	◌ुड्	693	रुष्	◌ुष्	743	मिद्	◌िद्
178	भृज्	◌ृज्	329	स्फुट्	◌ुट्	694	रिष्	◌िष्	744	स्विद्	◌िद्
183	शुच्	◌ुच्	336	रुठ्	◌ुठ्	696	उष्	उष्	745	रुच्	◌ुच्
184	कुच्	◌ुच्	337	लुठ्	◌ुठ्	697	जिष्	◌िष्	746	घुट्	◌ुट्
195	म्रुच्	◌ुच्	338	उठ्	उठ्	698	विष्	◌िष्	747	रुट्	◌ुट्
196	म्लुच्	◌ुच्	339	पिठ्	◌िठ्	699	मिष्	◌िष्	748	लुट्	◌ुट्
197	ग्रुच्	◌ुच्	341	शुठ्	◌ुठ्	700	पुष्	◌ुष्	749	लुठ्	◌ुठ्
198	ग्लुच्	◌ुच्	351	तुड्	◌ुड्	701	श्रिष्	◌िष्	750	शुभ्	◌ुभ्
199	कुज्	◌ुज्	352	हुड्	◌ुड्	702	श्लिष्	◌िष्	751	क्षुभ्	◌ुभ्
200	खुज्	◌ुज्	362	तिप्	◌िप्	703	प्रुष्	◌ुष्	753	तुभ्	◌ुभ्

758	वृत्	◌ृत्	1014	दुह्	◌ुह्	1127	इष्	इष्	1198	मुह्	◌ुह्
759	वृध्	◌ृध्	1015	दिह्	◌िह्	1129	सुह्	◌ुह्	1199	स्नुह्	◌ुह्
760	शृध्	◌ृध्	1016	लिह्	◌िह्	1160	वृत्	◌ृत्	1200	स्निह्	◌िह्
762	क्लृप्	◌ॢप्	1029	वृज्	◌ृज्	1161	क्लिश्	◌िश्	1215	व्युष्	◌ुष्
841	पुल्	◌ुल्	1030	पृच्	◌ृच्	1164	मृष्	◌ृष्	1216	प्लुष्	◌ुष्
842	कुल्	◌ुल्	1064	विद्	◌िद्	1165	शुच्	◌ुच्	1217	बिस्	◌िस्
844	हुल्	◌ुल्	1066	मृज्	◌ृज्	1170	खिद्	◌िद्	1218	कुस्	◌ुस्
856	क्रुश्	◌ुश्	1067	रुद्	◌ुद्	1171	विद्	◌िद्	1219	बुस्	◌ुस्
857	कुच्	◌ुच्	1093	निज्	◌िज्	1172	बुध्	◌ुध्	1220	मुस्	◌ुस्
858	बुध्	◌ुध्	1094	विज्	◌िज्	1173	युध्	◌ुध्	1222	लुट्	◌ुट्
859	रुह्	◌ुह्	1095	विष्	◌िष्	1174	रुध्	◌ुध्	1223	उच्	उच्
868	मिद्	◌िद्	1102	तुर्	◌ुर्	1177	युज्	◌ुज्	1224	भृश्	◌ृश्
871	निद्	◌िद्	1103	धिष्	◌िष्	1178	सृज्	◌ृज्	1226	वृश्	◌ृश्
873	शृध्	◌ृध्	1107	दिव्	◌िव्	1179	लिश्	◌िश्	1227	कृश्	◌ृश्
874	मृध्	◌ृध्	1108	सिव्	◌िव्	1182	पुष्	◌ुष्	1228	तृष्	◌ृष्
875	बुध्	◌ुध्	1109	स्रिव्	◌िव्	1183	शुष्	◌ुष्	1229	हृष्	◌ृष्
896	गुह्	◌ुह्	1110	ष्ठिव्	◌िव्	1184	तुष्	◌ुष्	1230	रुष्	◌ुष्
970	गुप्	◌ुप्	1111	स्नुस्	◌ुस्	1185	दुष्	◌ुष्	1231	रिष्	◌िष्
971	तिज्	◌िज्	1114	व्युष्	◌ुष्	1186	श्लिष्	◌िष्	1232	डिप्	◌िप्
978	स्विद्	◌िद्	1115	प्लुष्	◌ुष्	1188	स्विद्	◌िद्	1233	कुप्	◌ुप्
983	सृप्	◌ृप्	1116	नृत्	◌ृत्	1189	क्रुध्	◌ुध्	1234	गुप्	◌ुप्
988	दृश्	◌ृश्	1118	कुथ्	◌ुथ्	1190	क्षुध्	◌ुध्	1235	युप्	◌ुप्
990	कृष्	◌ृष्	1119	पुथ्	◌ुथ्	1191	शुध्	◌ुध्	1236	रुप्	◌ुप्
992	मिह्	◌िह्	1120	गुध्	◌ुध्	1192	सिध्	◌िध्	1237	लुप्	◌ुप्
993	कित्	◌ित्	1121	क्षिप्	◌िप्	1195	तृप्	◌ृप्	1238	लुभ्	◌ुभ्
1001	त्विष्	◌िष्	1123	तिम्	◌िम्	1196	दृप्	◌ृप्	1239	क्षुभ्	◌ुभ्
1013	द्विष्	◌िष्	1124	स्तिम्	◌िम्	1197	द्रुह्	◌ुह्	1241	तुभ्	◌ुभ्

1242	क्लिद्	◌िद्	1315	ऋफ्	ऋफ्	1347	वृह्	◌ृह्	1376	तुट्	◌ुट्
1243	मिद्	◌िद्	1317	गुफ्	◌ुफ्	1348	तृह्	◌ृह्	1377	चुट्	◌ुट्
1244	क्ष्विद्	◌िद्	1319	उभ्	उभ्	1349	स्तृह्	◌ृह्	1378	छुट्	◌ुट्
1245	ऋध्	ऋध्	1321	शुभ्	◌ुभ्	1351	इष्	इष्	1379	जुड्	◌ुड्
1246	गृध्	◌ृध्	1323	दृभ्	◌ृभ्	1352	मिष्	◌िष्	1381	लुट्	◌ुट्
1265	स्तिघ्	◌िघ्	1324	चृत्	◌ृत्	1353	किल्	◌िल्	1382	कृड्	◌ृड्
1266	तिक्	◌िक्	1325	विध्	◌िध्	1354	तिल्	◌िल्	1383	कुड्	◌ुड्
1267	तिग्	◌िग्	1326	जुड्	◌ुड्	1355	चिल्	◌िल्	1384	पुड्	◌ुड्
1269	धृष्	◌ृष्	1327	मृड्	◌ृड्	1357	इल्	इल्	1385	घुट्	◌ुट्
1271	ऋध्	ऋध्	1328	पृड्	◌ृड्	1358	विल्	◌िल्	1386	तुड्	◌ुड्
1277	चिरि	◌िरि	1329	पृण्	◌ृण्	1359	बिल्	◌िल्	1387	थुड्	◌ुड्
1278	जिरि	◌िरि	1330	वृण्	◌ृण्	1360	निल्	◌िल्	1388	स्थुड्	◌ुड्
1281	तुद्	◌ुद्	1331	मृण्	◌ृण्	1361	हिल्	◌िल्	1389	स्फुर्	◌ुर्
1282	नुद्	◌ुद्	1332	तुण्	◌ुण्	1362	शिल्	◌िल्	1390	स्फुल्	◌ुल्
1283	दिश्	◌िश्	1333	पुण्	◌ुण्	1363	सिल्	◌िल्	1391	स्फुड्	◌ुड्
1285	क्षिप्	◌िप्	1334	मुण्	◌ुण्	1364	मिल्	◌िल्	1392	चुड्	◌ुड्
1286	कृष्	◌ृष्	1335	कुण्	◌ुण्	1365	लिख्	◌िख्	1393	व्रुड्	◌ुड्
1287	ऋष्	ऋष्	1336	शुन्	◌ुन्	1366	कुट्	◌ुट्	1394	क्रुड्	◌ुड्
1288	जुष्	◌ुष्	1337	द्रुण्	◌ुण्	1367	पुट्	◌ुट्	1395	भृड्	◌ृड्
1289	विज्	◌िज्	1338	घुण्	◌ुण्	1368	कुच्	◌ुच्	1396	गुर्	◌ुर्
1302	ऋच्	ऋच्	1340	सुर्	◌ुर्	1369	गुज्	◌ुज्	1414	सृज्	◌ृज्
1305	लुभ्	◌ुभ्	1341	कुर्	◌ुर्	1370	गुड्	◌ुड्	1416	रुज्	◌ुज्
1306	रिफ्	◌िफ्	1342	खुर्	◌ुर्	1371	डिप्	◌िप्	1417	भुज्	◌ुज्
1307	तृप्	◌ृप्	1343	मुर्	◌ुर्	1372	छुर्	◌ुर्	1418	छुप्	◌ुप्
1309	तुप्	◌ुप्	1344	क्षुर्	◌ुर्	1373	स्फुट्	◌ुट्	1419	रुश्	◌ुश्
1311	तुफ्	◌ुफ्	1345	घुर्	◌ुर्	1374	मुट्	◌ुट्	1420	रिश्	◌िश्
1313	दृप्	◌ृप्	1346	पुर्	◌ुर्	1375	त्रुट्	◌ुट्	1421	लिश्	◌िश्

1422	स्पृश्	◌ृश्
1424	विश्	◌िश्
1425	मृश्	◌ृश्
1426	नुद्	◌ुद्
1429	मिल्	◌िल्
1430	मुच्	◌ुच्
1431	लुप्	◌ुप्
1432	विद्	◌िद्
1433	लिप्	◌िप्
1434	सिच्	◌िच्
1435	कृत्	◌ृत्
1436	खिद्	◌िद्
1437	पिश्	◌िश्
1438	रुध्	◌ुध्
1439	भिद्	◌िद्
1440	छिद्	◌िद्
1441	रिच्	◌िच्
1442	विच्	◌िच्
1443	क्षुद्	◌ुद्
1444	युज्	◌ुज्
1445	छृद्	◌ृद्
1446	तृद्	◌ृद्
1447	कृत्	◌ृत
1449	खिद्	◌िद्
1450	विद्	◌िद्
1451	शिष्	◌िष्
1452	पिष्	◌िष्
1454	भुज्	◌ुज्
1455	तृह्	◌ृह्
1460	विज्	◌िज्
1461	वृज्	◌ृज्
1462	पृच्	◌ृच्
1466	क्षिण्	◌िण्
1467	ऋण्	ऋण्
1468	तृण्	◌ृण्
1469	घृण्	◌ृण्
1515	मृद्	◌ृद्
1516	मृड्	◌ृड्
1517	गुध्	◌ुध्
1518	कुष्	◌ुष्
1519	क्षुभ्	◌ुभ्
1521	तुभ्	◌ुभ्
1522	क्लिश्	◌िश्
1525	इष्	इष्
1526	विष्	◌िष्
1527	प्रुष्	◌ुष्
1528	प्लुष्	◌ुष्
1529	पुष्	◌ुष्
1530	मुष्	◌ुष्

15) No इक् Parasmaipada सेट् 535 Roots

38 अत् 42 मन्थ् 43 कुन्थ् 44 पुन्थ् 45 लुन्थ् 46 मन्थ् 49 खाद् 50 खद् 51 बद् 52 गद् 53 रद् 54 नद् 55 अर्द् 56 नर्द् 57 गर्द् 58 तर्द् 59 कर्द् 60 खर्द् 61 अन्त् 62 अन्द् 63 इन्द् 64 बिन्द् 65 गण्ड् 66 निन्द् 67 नन्द् 68 चन्द् 69 त्रन्द् 70 कन्द् 71 क्रन्द् 72 क्लन्द् 73 क्लिन्द् 74 शुन्ध् 116 फक्क् 117 तक् 118 तङ्क् 119 बुक्क् 120 कख् 121 ओख् 122 राख् 123 लाख् 124 द्राख् 125 ध्राख् 126 शाख् 127 श्लाख् 129 उङ्ख् 130 वख् 131 वङ्ख् 132 मख् 133 मङ्ख् 134 नख् 135 नङ्ख् 136 रख् 137 रङ्ख् 138 लख् 139 लङ्ख् 141 इङ्ख् 142 ईङ्ख् 143 वल्ग् 144 रङ्ग् 145 लङ्ग् 146 अङ्ग् 147 वङ्ग् 148 मङ्ग्149 तङ्ग् 150 त्वङ्ग् 151 श्रङ्ग् 152 श्लङ्ग् 153 इङ्ग् 154 रिङ्ग् 155 लिङ्ग् 156 युङ्ग् 157 जुङ्ग् 158 बुङ्ग् 159 घघ् 160 मङ्घ् 161 शिङ्घ् 185 कुञ्च् 186 क्रुञ्च् 187 लुञ्च् 188 अञ्च् 189 वञ्च् 190 चञ्च् 191 तञ्च् 192 त्वञ्च् 193 म्रुञ्च् 194 म्लुञ्च् 201 ग्लुञ्च् 202 सस्ज् 203 गुञ्ज् 204 अर्च् 205 म्लेच्छ् 206 लच्छ् 207 लाञ्छ् 208 वाञ्छ् 209 आञ्छ् 211 हुर्छ् 212 मुर्छ् 213 स्फुर्छ् 214 युच्छ् 215 उञ्छ् 216 उच्छ् 217 ध्रज् 218 ध्रञ्ज् 220 धृञ्ज् 221 ध्वज् 222 ध्वञ्ज् 223 कूज् 224 अर्ज् 225 सर्ज् 226 गर्ज् 227 तर्ज् 228 कर्ज् 229 खर्ज् 230 अज् 231 तेज् 232 खज् 233 खञ्ज् 234 एज् 235 स्फूर्ज् 238 लज् 239 लञ्ज् 240 लाज् 241 लाञ्ज् 242 जज् 243 जञ्ज् 245 तुञ्ज् 246 गज् 247 गञ्ज् 249 गृञ्ज् 251 मुञ्ज् 252 वज् 253 व्रज् 290 शौट् 291 यौट् 292 म्लेट् 293 म्रेड् 294 कट् 295 अट् 296 पट् 297 रट् 298 लट् 299 शट् 300 वट् 305 जट् 306 झट् 307 भट् 308 तट् 309 खट् 310 नट् 312 हट् 313 सट् 320 कट् 321 मण्ड् 322 कुण्ड् 325 चुण्ड् 326 मुण्ड् 327 रुण्ट् 328 लुण्ट् 330 पठ् 331 वठ् 332 मठ् 333 कठ् 334 रट् 335 हठ् 340 शठ् 342 कुण्ठ् 343 लुण्ठ् 344 शुण्ठ् 345 रुण्ठ् 346 लुण्ठ् 347 चुड्ड् 348 अड्ड् 349 कड्ड् 350 क्रीड् 353 हूड् 354 होड् 355 रौड् 356 रोड् 357 लोड् 358 अड् 359 लड्

360 कड् 361 गण्ड् 396 धूप् 397 जप् 398 जल्प् 399 चप् 400 सप् 401 रप् 402 लप् 405 तुम्प् 407 त्रुम्प् 409 तुम्फ् 411 त्रुम्फ् 412 पर्प् 413 रफ् 414 रम्फ् 415 अर्ब् 416 पर्ब् 417 लर्ब् 418 बर्ब् 419 मर्ब् 420 कर्ब् 421 खर्ब् 422 गर्ब् 423 शर्ब् 424 सर्ब् 425 चर्ब् 426 कुम्ब् 427 लुम्ब् 428 तुम्ब् 429 चुम्ब् 431 सृम्भ् 433 शुम्भ् 444 अण् 445 रण् 446 वण् 447 भण् 448 मण् 449 कण् 450 क्वण् 451 व्रण् 452 भ्रण् 453 ध्वण् 454 ओण् 455 शोण् 456 श्रोण् 457 श्लोण् 458 पैण् 459 ध्रण् 460 कन् 461 स्तन् 462 वन् 463 वन् 464 सण् 465 अम् 466 द्रम् 467 हम्म् 468 मीम् 469 चम् 470 छम् 471 जम् 472 झम् 473 क्रम् 508 मव्य् 509 सूर्क्ष्य् 510 ईर्क्ष्य् 511 ईर्ष्य् 512 हय् 513 शुच्य् 514 हर्य् 515 अल् 516 फल् 517 मील् 518 श्मील् 519 स्मील् 520 क्ष्मील् 521 पील् 522 नील् 523 शील् 524 कील् 525 कूल् 526 शूल् 527 तूल् 528 पूल् 529 मूल् 530 फल् 531 चुल्ल् 532 फुल्ल् 533 चिल्ल् 535 वेल् 536 चेल् 537 केल् 538 खेल् 539 क्ष्वेल् 540 वेल्ल् 541 पेल् 542 फेल् 543 शेल् 544 स्खल् 545 खल् 546 गल् 547 सल् 548 दल् 549 श्वल् 550 श्वल्ल् 551 खोल् 552 खोर् 553 धोर् 554 त्सर् 555 क्मर् 556 अभ्र् 557 वभ्र् 558 मभ्र् 559 चर् 562 जीव् 563 पीव् 564 मीव् 565 तीव् 566 नीव् 567 क्षीव् 568 क्षेव् 569 उर्व् 570 तुर्व् 571 थुर्व् 572 दुर्व् 573 धुर्व् 574 गुर्व् 575 मुर्व् 576 पुर्व् 577 पर्व् 578 मर्व् 579 चर्व् 580 भर्व् 581 कर्व् 582 खर्व् 583 गर्व् 584 अर्व् 585 शर्व् 586 सर्व् 587 इन्व् 588 पिन्व् 589 मिन्व् 590 निन्व् 591 हिन्व् 592 दिन्व् 593 धिन्व् 594 जिन्व् 595 रिन्व् 596 रन्व् 597 धन्व् 598 कृन्व् 599 मव् 600 अव् 657 उक्ष् 658 रक्ष् 659 निक्ष् 660 त्रक्ष् 661 स्त्रक्ष् 662 नक्ष् 663 वक्ष् 664 मृक्ष् 665 तक्ष् 666 सूर्क्ष् 667 काङ्क्ष् 668 वाङ्क्ष् 669 माङ्क्ष् 670 द्राङ्क्ष् 671 ध्राङ्क्ष् 672 ध्वाङ्क्ष् 673 चूष् 674 तूष् 675 पूष् 676 मूष् 677 लूष् 678 रूष् 679 शूष् 680 यूष् 681 जूष् 682 भूष् 683 ऊष् 684 ईष् 685 कष् 686 खष् 688 जष् 689 झष् 690 शष् 691 वष् 692 मष् 695 भष् 711 ह्लस् 712 ह्लस् 713 रस् 714 लस् 716 जर्ज् 717 चर्च् 718

झर्झ् 720 पेस् 721 हस् 724 मश् 725 शव् 726 शश् 727 शस् 728 शंस् 729 चह् 730 मह् 731 रह् 732 रंह् 734 दृंह् 736 बृंह् 740 अर्ह् 776 ज्वर् 777 गड् 778 हेड् 779 वट् 780 भट् 781 नट् 782 स्तक् 783 चक् 784 कख् 785 रग् 786 लग् 787 ह्लग् 788 ह्लग् 789 सग् 790 स्तग् 791 कग् 792 अक् 793 अग् 794 कण् 795 रण् 796 चण् 797 शण् 798 श्रण् 799 श्रथ् 800 क्नथ् 801 क्रथ् 802 क्लथ् 803 वन् 804 ज्वल् 805 ह्वल् 806 ह्मल् 810 श्रा 811 ज्ञा 812 चल् 813 छद् 814 लड् 815 मद् 816 ध्वन् 817 स्वन् 818 शम् 819 यम् 821 फण् 826 स्यम् 827 स्वन् 828 ध्वन् 829 सम् 830 स्तम् 831 ज्वल् 832 चल् 833 जल् 834 टल् 835 ट्वल् 836 स्थल् 837 हल् 838 नल् 839 पल् 840 बल् 843 शल् 845 पत् 846 क्वथ् 847 पथ् 848 मथ् 849 वम् 850 भ्रम् 851 क्षर् 860 कस् 1009 वद् 1065 अस् 1069 श्वस् 1070 अन् 1071 जक्ष् 1073 दरिद्रा 1074 चकास् 1075 शास् 1078 सस् 1079 संस्त् 1080 वश् 1100 भस् 1104 धन् 1105 जन् 1112 स्नस् 1113 क्नस् 1117 त्रस् 1122 पुष्प् 1125 स्तीम् 1126 व्रीड् 1128 सह् 1201 शम् 1202 तम् 1203 दम् 1204 श्रम् 1205 भ्रम् 1207 क्लम् 1208 मद् 1209 अस् 1210 यस् 1211 जस् 1212 तस् 1213 दस् 1214 वस् 1221 मस् 1225 भ्रंश् 1240 नभ् 1268 सघ् 1270 दम्भ् 1272 अह् 1273 दघ् 1274 चम् 1279 दाश् 1293 व्यच् 1294 उञ्छ् 1295 उच्छ् 1296 ऋच्छ् 1297 मिच्छ् 1298 जर्ज् 1299 चर्च् 1300 झर्झ् 1301 त्वच् 1303 उब्ज् 1304 उज्झ् 1308 तृम्फ् 1310 तुम्प् 1312 तुम्फ् 1314 दृम्फ् 1316 ऋम्फ् 1318 गुम्फ् 1320 उम्भ् 1322 शुम्भ् 1339 घूर्ण् 1356 चल् 1380 कड् 1423 विच्छ् 1456 हिंस् 1457 उन्द् 1510 श्रन्थ् 1511 मन्थ् 1512 श्रन्थ् 1513 ग्रन्थ् 1514 कुन्थ् 1520 नभ् 1523 अश् 1524 ध्रस् 1531 खच् 1532 हेठ्

16) No इक् Parasmaipada अनिट् 81 Roots

These Roots do not have any इक् vowel for Guna.

715 घस् 854 सद् 855 शद् 902 धे 903 ग्लै 904 म्लै 905 द्यै 906 द्रै 907 ध्रै 908 ध्यै 909 रै 910 स्त्यै 911 स्त्यै 912 खै 913 क्षै 914 जै 915 सै 916 कै 917 गै 918 शै 919 श्रै 920 पै 921 वै 922 स्तै 923 स्नै 924 दै 925 पा 926 घ्रा 927 ध्मा 928 स्था 929 म्ना 930 दा 979 स्कन्द् 980 यभ् 981 नम् 982 गम् 984 यम् 985 तप् 986 त्यज् 987 सञ्ज् 989 दंश् 991 दह् 1005 वस् 1011 अद् 1012 हन् 1049 या 1050 वा 1051 भा 1052 स्ना 1053 श्रा 1054 द्रा 1055 प्सा 1056 पा 1057 रा 1058 ला 1059 दा 1060 ख्या 1061 प्रा 1062 मा 1063 वच् 1068 स्वप् 1090 हा 1106 गा1145 शो 1146 छो 1147 सो 1148 दो 1180 राध् 1181 व्यध् 1260 आप् 1261 शक् 1262 राध् 1263 साध् 1413 प्रच्छ् 1415 मस्ज् 1427 सद् 1428 शद् 1453 भञ्ज् 1499 ज्या 1507 ज्ञा 1508 बन्ध्

17) No इक् Atmanepada सेट् 294 Roots

These Roots do not have any इक् vowel for Guna.

2 एध् 3 स्पर्ध् 4 गाध् 5 बाध् 6 नाथ् 7 नाध् 8 दध् 9 स्कुन्द् 10 श्विन्द् 11 वन्द् 12 भन्द् 13 मन्द् 14 स्पन्द् 15 क्लिन्द् 17 दद् 18 स्वद् 19 स्वर्द् 20 उर्द् 21 कुर्द् 22 खुर्द् 23 गुर्द् 25 सूद् 26 ह्राद् 27 ह्लाद् 28 स्वाद् 29 पर्द् 30 यत् 34 वेथ् 35 श्रन्थ् 36 ग्रन्थ् 37 कत्थ् 75 शीक् 76 लोक् 77 श्लोक् 78 द्रेक् 79 ध्रेक् 80 रेक् 81 सेक् 82 स्रेक् 83 स्रङ्क् 84 श्रङ्क् 85 श्लङ्क् 86 शङ्क् 87 अङ्क् 88 वङ्क् 89 मङ्क् 90 कक् 93 चक् 94 कङ्क् 95 वङ्क् 96 श्वङ्क् 97 त्रङ्क् 98 ढौक् 99 त्रौक् 100 ष्वष्क् 101 वस्क् 102 मस्क् 104 टीक् 106 तीक् 107 रङ्घ् 108 लन्घ् 109 अङ्घ् 110 वङ्घ् 111 मङ्घ् 112 राघ् 113 लाघ् 114 द्राघ् 115 श्लाघ् 162 वर्च् 163 सच् 164 लोच् 165 शच् 166 श्वच् 167 श्वञ्च् 168 कच् 169 कञ्च् 170 काञ्च् 171 मच् 172 मुञ्च् 173 मञ्च् 174 पञ्च् 177 ऋञ्ज् 179 एज् 180 भ्रेज् 181 भ्राज् 182 ईज् 254 अट्ट् 255 वेष्ट् 256 चेष्ट् 257 गोष्ट् 258 लोष्ट् 259 घट्ट् 261 अण्ठ् 262 वण्ठ् 263 मण्ठ् 264 कण्ठ् 265 मुण्ठ् 266 हेठ् 267 एठ् 268 हिण्ड् 269 हुण्ड् 270 कुण्ड् 271 वण्ड् 272 मण्ड् 273 भण्ड् 274 पिण्ड् 275 मुण्ड् 276 तुण्ड् 277 हुण्ड् 278 चण्ड् 279 शण्ड् 280 तण्ड् 281 पण्ड् 282 कण्ड् 283 खण्ड् 284 हेड् 285 होड् 286 बाड् 287 द्राड् 288 ध्राड् 289 शाड् 363 तेप् 365 स्तेप् 366 ग्लेप् 367 वेप् 368 केप् 369 गेप् 370 ग्लेप् 371 मेप् 372 रेप् 373 लेप् 375 कम्प् 376 रम्ब् 377 लम्ब् 378 अम्ब् 379 लम्ब् 380 कब् 381 क्लीब् 382 क्षीब् 383 शीभ् 384 चीभ् 385 रेभ् 386 स्तम्भ् 387 स्कम्भ् 388 जम्भ् 389 जृम्भ् 390 शल्भ् 391 वल्भ्

392 गल्भ् 393 श्रम्भ् 434 घिण्ण् 435 घुण्ण् 436 घृण्ण् 438 घूर्ण् 439 पण् 440 पन् 441 भाम् 443 कम् 474 अय् 475 वय् 476 पय् 477 मय् 478 चय् 479 तय् 480 नय् 481 दय् 482 रय् 483 ऊय् 484 पूय् 485 क्नूय् 486 क्ष्माय् 487 स्फाय् 488 प्याय् 489 ताय् 490 शल् 491 वल् 492 वल्ल् 493 मल् 494 मल्ल् 495 भल् 496 भल्ल् 497 कल् 498 कल्ल् 499 तेव् 500 देव् 501 सेव् 502 गेव् 503 ग्लेव् 504 पेव् 505 मेव् 506 म्लेव् 507 रेव् 602 धुक्ष् 603 धिक्ष् 604 वृक्ष् 605 शिक्ष् 606 भिक्ष् 607 क्लेश् 608 दक्ष् 609 दीक्ष् 610 ईक्ष् 611 ईष् 612 भाष् 613 वर्ष् 614 गेष् 615 पेष् 616 जेष् 617 नेष् 618 एष् 619 प्रेष् 620 रेष् 621 हेष् 622 ह्रेष् 623 कास् 624 भास् 625 नास् 626 रास् 627 नस् 628 भ्यस् 629 शंस् 630 ग्रस् 631 ग्लस् 632 ईह् 633 बंह् 634 मंह् 635 अंह् 636 गर्ह् 637 गल्ह् 638 बर्ह् 639 बल्ह् 640 वर्ह् 641 वल्ह् 643 वेह् 644 जेह् 645 वाह् 646 द्राह् 647 काश् 648 ऊह् 651 ग्लह् 652 घुंष् 752 नभ् 754 स्रंस् 755 ध्वंस् 756 भ्रंस् 757 स्रम्भ् 763 घट् 764 व्यथ् 765 प्रथ् 766 प्रस् 767 म्रद् 768 स्खद् 769 क्षञ्ज् 770 दक्ष् 771 क्रप् 772 कन्द् 773 क्रन्द् 774 क्लन्द् 775 त्वर् 820 स्खद् 823 भ्राज् 824 भ्राश् 825 भ्लाश् 852 सह् 972 मान् 973 बध् 1018 ईर् 1019 ईड् 1020 ईश् 1021 आस् 1022 शास् 1023 वस् 1024 कंस् 1025 निंस् 1026 निञ्ज् 1027 शिञ्ज् 1028 पिञ्ज् 1149 जन् 1150 दीप् 1151 पूर् 1152 तूर् 1153 धूर् 1154 गूर् 1155 घूर् 1156 जूर् 1157 शूर् 1158 चूर् 1162 काश् 1163 वाश् 1175 अण् 1290 लज् 1291 लस्ज् 1448 इन्ध् 1470 वन् 1471 मन्

18) No इक् Atmanepada अनिट् 18 Roots

853 रम् 974 रभ् 975 लभ् 976 ष्वञ्ज् 977 हद् 1017 चक्ष् 1159 तप् 1169 पद् 1176 मन् 950 गा 1088 मा 1089 हा 1142 मा 961 मे 962 दे 963 श्यै 964 प्यै 965 त्रै

19) No इक् Ubhayepada सेट् 40 Roots

601 धाव् 822 राज् 861 हिक्क् 862 अञ्च् 863 याच् 864 रेट् 865 चत् 866 चद् 867 प्रोथ् 869 मेद् 870 मेध् 872 नेद् 876 बुन्द् 877 वेण् 878 खन् 879 चीव् 880 चाय् 881 व्यय् 882 दाश् 883 भेष् 884 भ्रेष् 885 भ्लेष् 886 अस् 887 स्पश् 888 लष् 889 चष् 890 छष् 891 झष् 892 भ्रक्ष् 893 भ्लक्ष् 894 दास् 895 माह् 994 दान् 995 शान् 997 सच् 1187 शक् 1463 तन् 1464 सन् 1465 क्षण् 1533 ग्रह्

20) No इक् Ubhayepada अनिट् 16 Roots

1091 दा 1092 धा 1006 वे 1007 व्ये 1008 ह्वे 996 पच् 998 भज् 999 रञ्ज् 1000 शप् 1002 यज् 1003 वप् 1004 वह् 1166 नह् 1167 रञ्ज् 1168 शप् 1284 भ्रस्ज्

21) No इक् वेट् 15 Roots

10 Roots = Parasmaipada = 654 अक्ष् 655 तक्ष् 656 त्वक्ष् 1193 रध् 1194 नश् 1206 क्षम् 1292 व्रश्च् 1350 तृंह् 1458 अञ्ज् 1459 तञ्च्

5 Roots = Atmanepada = 374 त्रप् 442 क्षम् 649 गाह् 761 स्यन्द् 1264 अश्

Ubhayepada = None.

Roots with इक् but no Guna 2 Roots

1.1.6 दीधीवेवीटाम् । Guna is prevented for 1076 दीधी 1077 वेवी ।

Derivative Secondary Root Affix 1 No

1081 चर्करीतं च

10c Roots नित्यं गुणः नित्यं इट् 410 Roots

1534 चुर् to 1943 तुत्थ्

Total Root Count is 1943

SN	Root Filter 1c to 9c Roots	No of Roots
1	Final इक् Parasmaipada सेट्	33
2	Final इक् Parasmaipada अनिट्	53
3	Final इक् Atmanepada सेट्	7
4	Final इक् Atmanepada अनिट्	28
5	Final इक् Ubhayepada सेट्	11
6	Final इक् Ubhayepada अनिट्	22
7	Final इक् (P =1, A = 2, U = 1) वेट्	4
8	Penultimate Short इक् Parasmaipada सेट्	229
9	Penultimate Short इक् Parasmaipada अनिट्	35
10	Penultimate Short इक् Atmanepada सेट्	42
11	Penultimate Short इक् Atmanepada अनिट्	11
12	Penultimate Short इक् Ubhayepada सेट्	14
13	Penultimate Short इक् Ubhayepada अनिट्	25
14	Penultimate Short इक् (P =14, A = 2, U = 1) वेट्	17
15	No इक् Parasmaipada सेट्	535
16	No इक् Parasmaipada अनिट्	81
17	No इक् Atmanepada सेट्	294
18	No इक् Atmanepada अनिट्	18
19	No इक् Ubhayepada सेट्	40
20	No इक् Ubhayepada अनिट्	16
21	No इक् (P =10, A = 5, U = 0) वेट्	15
	1c - 9c Root Count	1530
22	Roots with इक् but no Guna	2
23	**Derivative Secondary Root Affix**	1 No
24	**10c Roots नित्यं गुणः नित्यं इट्**	410
	1943 Dhatus in Dhatupatha = Roots Total	1943

Some Collections of Roots of Relevance

Tag इँ इदित् 244 Roots

These Roots are all सेट् only.

Tag इँ इदित् Parasmaipada सेट् 100 Roots

43 कुथिँ कुन्थ् 44 पुथिँ पुन्थ् 45 लुथिँ लुन्थ् 46 मथिँ मन्थ् 61 अतिँ अन्त् 62 अदिँ अन्द् 63 इदिँ इन्द् 64 बिदिँ बिन्द् 65 गडिँ गण्ड् 66 णिदिँ निन्द् 67 टुनदिँ नन्द् 68 चदिँ चन्द् 69 त्रदिँ त्रन्द् 70 कदिँ कन्द् 71 क्रदिँ क्रन्द् 72 क्लदिँ क्लन्द् 73 क्लिदिँ क्लिन्द् 118 तकिँ तङ्क् 129 उखिँ उङ्ख् 131 वखिँ वङ्ख् 133 मखिँ मङ्ख् 135 णखिँ नङ्ख् 137 रखिँ रङ्ख् 139 लखिँ लङ्ख् 141 इखिँ इङ्ख् 142 ईखिँ ईङ्ख् 144 रगिँ रङ्ग् 145 लगिँ लङ्ग् 146 अगिँ अङ्ग् 147 वगिँ वङ्ग् 148 मगिँ मङ्ग् 149 तगिँ तङ्ग् 150 त्वगिँ त्वङ्ग् 151 श्रगिँ श्रङ्ग् 152 श्लगिँ श्लङ्ग् 153 इगिँ इङ्ग् 154 रिगिँ रिङ्ग् 155 लिगिँ लिङ्ग् 156 युगिँ युङ्ग् 157 जुगिँ जुङ्ग् 158 बुगिँ बुङ्ग् 160 मघिँ मङ्घ् 161 शिघिँ शिङ्घ् 203 गुजिँ गुञ्ज् 207 लाछिँ लाञ्छ् 208 वाछिँ वाञ्छ् 209 आछिँ आञ्छ् 215 उछिँ उञ्छ् 218 ध्रजिँ ध्रञ्ज् 220 धृजिँ धृञ्ज् 222 ध्वजिँ ध्वञ्ज् 233 खजिँ खञ्ज् 239 लजिँ लञ्ज् 241 लाजिँ लाञ्ज् 243 जजिँ जञ्ज् 245 तुजिँ तुञ्ज् 247 गजिँ गञ्ज् 249 गृजिँ गृञ्ज् 251 मुजिँ मुञ्ज् 321 मडिँ मण्ड् 322 कुडिँ कुण्ड् 325 चुडिँ चुण्ड् 326 मुडिँ मुण्ड्327 रुटिँ रुण्ट् 328 लुटिँ लुण्ट् 342 कुठिँ कुण्ठ् 343 लुठिँ लुण्ठ् 344 शुठिँ शुण्ठ् 345 रुठिँ रुण्ठ् 346 लुठिँ लुण्ठ् 361 गडिँ गण्ड् 414 रफिँ रम्फ् 426 कुबिँ कुम्ब् 427 लुबिँ लुम्ब् 428 तुबिँ तुम्ब् 429 चुबिँ चुम्ब् 587 इविँ इन्व् 588 पिविँ पिन्व् 589 मिविँ मिन्व् 590 णिविँ निन्व् 591 हिविँ हिन्व् 592 दिविँ दिन्व् 593 धिविँ धिन्व् 594 जिविँ जिन्व् 595 रिविँ रिन्व् 596 रविँ रन्व् 597 धविँ धन्व् 598 कृविँ कृन्व् 667 काक्षिँ काङ्क्ष् 668 वाक्षिँ वाङ्क्ष् 669 माक्षिँ माङ्क्ष् 670 द्राक्षिँ द्राङ्क्ष् 671 ध्राक्षिँ ध्राङ्क्ष् 672 ध्वाक्षिँ ध्वाङ्क्ष् 732 रहिँ रंह् 734 दृहिँ दृंह् 736 बृहिँ बृंह् 1079 षस्तिँ संस्त् 1294 उछिँ उञ्छ् 1456 हिसिँ हिंस्

Tag इँ इदित् Atmanepada सेट् 80 Roots

9 स्कुदिँ॒ स्कुन्द् 10 श्विदिँ॒ श्विन्द् 11 वदिँ॒ वन्द् 12 भदिँ॒ भन्द् 13 मदिँ॒ मन्द् 14 स्पदिँ॒ स्पन्द् 15 क्लिदिँ॒ क्लिन्द् 35 श्रथिँ॒ श्रन्थ् 36 ग्रथिँ॒ ग्रन्थ् 83 स्रकिँ॒ स्रङ्क् 84 श्रकिँ॒ श्रङ्क् 85 श्लकिँ॒ श्लङ्क् 86 शकिँ॒ शङ्क् 87 अकिँ॒ अङ्क् 88 वकिँ॒ वङ्क् 89 मकिँ॒ मङ्क् 94 ककिँ॒ कङ्क् 95

वकिँ वङ्क् 96 श्वकिँ श्वङ्क् 97 त्रकिँ त्रङ्क् 107 रघिँ रङ्घ् 108 लघिँ लङ्घ् 109 अघिँ अङ्घ् 110 वघिँ वङ्घ् 111 मघिँ मङ्घ् 167 श्वचिँ श्वञ्च् 169 कचिँ कञ्च् 170 काचिँ काञ्च् 172 मुचिँ मुञ्च् 173 मचिँ मञ्च् 174 पचिँ पञ्च् 177 ऋजिँ ऋञ्ज् 261 अठिँ अण्ठ् 262 वठिँ वण्ठ् 263 मठिँ मण्ठ् 264 कठिँ कण्ठ् 265 मुठिँ मुण्ठ् 268 हिडिँ हिण्ड् 269 हुडिँ हुण्ड् 270 कुडिँ कुण्ड् 271 वडिँ वण्ड् 272 मडिँ मण्ड् 273 भडिँ भण्ड् 274 पिडिँ पिण्ड् 275 मुडिँ मुण्ड् 276 तुडिँ तुण्ड् 277 हुडिँ हुण्ड् 278 चडिँ चण्ड् 279 शडिँ शण्ड् 280 तडिँ तण्ड् 281 पडिँ पण्ड् 282 कडिँ कण्ड् 283 खडिँ खण्ड् 375 कपिँ कम्प् 376 रबिँ रम्ब् 377 लबिँ लम्ब् 378 अबिँ अम्ब् 379 लबिँ लम्ब् 386 ष्टभिँ स्तम्भ् 387 स्कभिँ स्कम्भ् 389 जृभिँ जृम्भ् 434 घिणिँ घिण्ण् 435 घुणिँ घुण्ण्436 घृणिँ घृण्ण् 629 आङः शसिँ शंस् 633 बहिँ बंह् 634 महिँ मंह् 635 अहिँ अंह् 652 घुषिँ घुंष् 769 क्षजिँ क्षञ्ज् 772 कदिँ कन्द् 773 क्रदिँ क्रन्द् 774 क्लदिँ क्लन्द् 1024 कसिँ कंस् 1025 णिसिँ निंस् 1026 णिजिँ निञ्ज् 1027 शिजिँ शिञ्ज् 1028 पिजिँ पिञ्ज् 1674 दशिँ दंश् 1675 दसिँ दंस् 1678 तत्रिँ तन्त्र् 1679 मत्रिँ मन्त्र्

Tag इँ इदित् Ubhayepada सेट् 64 Roots

1535 चितिँ चिन्त् 1536 यत्रिँ यन्त्र् 1537 स्फुडिँ स्फुण्ड् 1539 कुद्रिँ कुन्द्र् 1541 मिदिँ मिन्द् 1542 ओलडिँ ओलण्ड् 1566 तुजिँ तुञ्ज् 1567 पिजिँ पिञ्ज् 1575 पथिँ पन्थ् 1577 छदिँ छन्द् 1581 खडिँ खण्ड् 1582 कडिँ कण्ड् 1583 कुडिँ कुण्ड् 1584 गुडिँ गुण्ड् 1585 खुडिँ खुण्ड् 1586 वटिँ वण्ट् 1587 मडिँ मण्ड् 1588 भडिँ भण्ड् 1615 पडिँ पण्ड् 1616 पसिँ पंस् 1619 चपिँ चम्प् 1620 क्षपिँ क्षम्प् 1621 छजिँ छञ्ज् 1635 चुबिँ चुम्ब् 1638 टकिँ टङ्क् 1645 शुठिँ शुण्ठ् 1651 पचिँ पञ्च् 1655 कुबिँ कुम्ब् 1656 लुबिँ लुम्ब् 1657 तुबिँ तुम्ब् 1659 चुटिँ चुण्ट् 1666 जसिँ जंस् 1669 पिडिँ पिण्ड् 1716 जभिँ जम्भ् 1729 तसिँ तंस् 1739 लिगिँ लिङ्ग् 1755 तुजिँ तुञ्ज् 1756 मिजिँ मिञ्ज् 1757 पिजिँ पिञ्ज् 1758 लुजिँ लुञ्ज् 1759 भजिँ भञ्ज् 1760 लघिँ लङ्घ् 1761 त्रसिँ त्रंस् 1762 पिसिँ पिंस् 1763 कुसिँ कुंस् 1764 दशिँ दंश् 1765 कुशिँ कुंश् 1767 घटिँ घण्ट् 1768 बृहिँ बृंह् 1784 लजिँ लञ्ज् 1785 अजिँ अञ्ज् 1786 दसिँ दंस् 1787 भृशिँ भृंश् 1788 रुशिँ रुंश् 1790 रुसिँ रुंस् 1792 पुटिँ पुण्ट् 1795 रघिँ रङ्घ् 1796 लघिँ लङ्घ् 1797 अहिँ अंह् 1798 रहिँ रंह् 1799 महिँ मंह् 1800 लडिँ लण्ड् 1829 हिसिँ हिंस् 1847 कठिँ कण्ठ्

Final आ / एच् 69 Roots

Final आ / एच् Parasmaipada सेट् 2 Roots
811 ज्ञा 1073 दरिद्रा

Final आ / एच् Parasmaipada अनिट् 52 Roots
810 श्रा 902 धे 903 ग्लै 904 म्लै 905 द्यै 906 द्रै 907 ध्रै 908 ध्यै 909 रै 910 स्त्यै 911 स्त्यै 912 खै 913 क्षै 914 जै 915 सै 916 कै 917 गै 918 शै 919 श्रै 920 पै 921 वै 922 स्तै 923 स्नै 924 दै 925 पा 926 घ्रा 927 ध्मा 928 स्था 929 म्ना 930 दा 1049 या 1050 वा 1051 भा 1052 स्ना 1053 श्रा 1054 द्रा 1055 प्सा 1056 पा 1057 रा 1058 ला 1059 दा 1060 ख्या 1061 प्रा 1062 मा 1090 हा 1106 गा 1145 शो 1146 छो 1147 सो 1148 दो 1499 ज्या 1507 ज्ञा

Final आ / एच् Atmanepada सेट् 0 Roots

Final आ / एच् Atmanepada अनिट् 9 Roots
950 गा 961 मे 962 दे 963 श्यै 964 प्यै 965 त्रै 1088 मा 1089 हा 1142 मा

Final आ / एच् Ubhayepada सेट् 1 Root
1732 ज्ञा

Final आ / एच् Ubhayepada अनिट् 5 Roots
1006 वे 1007 व्ये 1008 ह्वे 1091 दा 1092 धा

1091	दा	U	अनिट्	ा
1092	धा	U	अनिट्	ा
1006	वे	U	अनिट्	े
1007	व्ये	U	अनिट्	े
1008	ह्वे	U	अनिट्	े

वेट् 36 Roots

These Roots take Optional इट् for the Ardhadhatuka Ting Affixes.
48 सिध् 374 त्रप् 395 गुप् 442 क्षम् 649 गाह् 650 गृह् 654 अक्ष् 655 तक्ष् 656 त्वक्ष् 761 स्यन्द् 762 कृप् 896 गुह् 932 स्वृ 1031 सू 1066 मृज् 1132 सू 1193 रध् 1194 नश् 1195 तृप् 1196 दृप् 1197 द्रुह् 1198 मुह् 1199 स्नुह् 1200 स्निह् 1206 क्षम् 1242 क्लिद् 1264 अश् 1292 व्रश्च् 1347 वृह् 1348 तृह् 1349 स्तृह् 1350 तृंह् 1458 अञ्ज् 1459 तञ्च् 1487 धू 1522 क्लिश्

Roots इक् by Gana Vikarana श्नु 5c for लट् लङ् लोट्

Roots of 5c will get इक् due to श्नु Gana Vikarana and **Parasmaipada** तिप् affixes of लट् लङ् लोट् will hence cause Guna. 32 Roots.
1247 षुञ् 1248 षिञ् 1249 शिञ् 1250 डुमिञ् 1251 चिञ् 1252 स्तृञ् 1253 कृञ् 1254 वृञ् 1255 धुञ् 1256 टुदु 1257 हि 1258 पृ 1259 स्पृ 1260 आपॢँ 1261 शक्लृँ 1262 राधँ 1263 साधँ 1266 तिकँ 1267 तिगँ 1268 षघँ 1269 ञिधृषाँ 1270 दम्भुँ 1271 ऋधुँ 1272 अहँ 1273 दघँ 1274 चमुँ 1275 रि 1276 क्षि 1277 चिरि 1278 जिरि 1279 दाशँ 1280 दृ

Roots of 5c will get इक् due to श्नु Gana Vikarana and **Atmanepada** तिप् affixes of लोट् will hence cause Guna. 11 Roots.
1247 षुञ् 1248 षिञ् 1249 शिञ् 1250 डुमिञ् 1251 चिञ् 1252 स्तृञ् 1253 कृञ् 1254 वृञ् 1255 धुञ् 1264 अशूँ 1265 ष्टिघँ

Roots इक् by Gana Vikarana उ 8c for लट् लङ् लोट्

Roots of 8c will get इक् due to उ Gana Vikarana and **Parasmaipada** तिप् affixes of लट् लङ् लोट् will hence cause Guna. 8 Roots.
1463 तन् 1464 षण् 1465 क्षण् 1466 क्षिण् 1467 ऋण् 1468 तृण् 1469 घृण् 1472 डुकृञ्

Roots of 8c will get इक् due to उ Gana Vikarana and **Atmanepada** तिप् affixes of लोट् will hence cause Guna. 10 Roots.
1463 तन् 1464 षण् 1465 क्षण् 1466 क्षिण् 1467 ऋण् 1468 तृण् 1469 घृण् 1470 वन् 1471 मन् 1472 डुकृञ्

Accented Roots List

The Dhatupatha consists of

- Dhatus
- Dhatusutras qualifying the Dhatus (accent marks, tags, etc)
- Ganasutras giving additional information of few Dhatus
- Some remarks

We note the Ashtadhyayi Sutras
1.3.12 अनुदात्तङित आत्मनेपदम् । 1.3.72 स्वरितञितः कर्त्रभिप्राये क्रियाफले ।
7.2.10 एकाच उपदेशेऽनुदात्तात् । In original enunciation, after dropping Tags, that Root is अनिट् which

- Is Monosyllabic
- Has Anudata Accent (i.e. on Root Vowel since Tags if any have been dropped).

Summary of what the Accents mean

- **candrabindu** on vowel specifies that vowel is **Tag** and to be dropped.
- **anudatta** on Tag vowel specifies that Root is **atmanepada**. Else, ङ् tag letter specifies root is atmanepada.
- **anudatta** on Root vowel specifies that Root is **anit.**
- **svarita** on Tag vowel specifies that Root is **ubhayepada**. Else, ञ् tag letter specifies root is ubhayepada.
- 10c roots mentioned with **svarita** means that option शप् conjugates in both P and A.

Additionally, ancient grammarians have written Karikas to explicitly state whether a Dhatu is अनिट् or सेट् ।
Let us see the Karika from Kashika Vritti under Sutra 7.2.10. It will apply to Roots of 1c - 9c only. (10c Roots are all सेट् by default).
अनिट्स्वरान्तो भवतीति दृश्यताम् इमांस्तु सेटः प्रवदन्ति तद्विदः ।
अदन्तमृदन्तमृतां च वृङ्वृञौ श्विडीङिवर्णेष्वथ शीङ्श्रिञावपि ॥ 1
गणस्थमूदन्तमुतां च रुस्नुवौ क्षुवं तथोर्णोतिमथो युणुक्ष्णवः ।
इति स्वरान्ता निपुणं समुच्चिताः ततो हलन्तानपि सन्निबोधतः ॥ 2
Thus the Accents for vowel ending Roots, and now we shall see consonant ending Roots.

शकिस्तु कान्तेष्वनिडेक इष्यते घसिश्च सान्तेषु वसिः प्रसारणी ।
रभिस्तु भान्तेष्वथ मैथुने यभिस्ततस्तृतीयो लभिरेव नेतरे ॥ 3
यमिर्यमन्तेष्वनिडेक इष्यते रमिश्च यश्च श्यनि पठ्यते मनिः ।
नमिश्चतुर्थो हनिरेव पञ्चमो गमिश्च षष्ठः प्रतिषेधवाचिनाम् ॥ 4
दिहिर्दुहिर्मेहतिरोहती वहिर्नहिस्तु षष्ठो दहतिस्तथा लिहिः ।
इमेऽनिटोऽष्टाविह मुक्तसंशया गणेषु हान्ताः प्रविभज्य कीर्तिताः ॥ 5
दिशिं दृशिं दंशिमथो मृशिं स्पृशिं रिशिं रुशिं क्रोशतिमष्टमं विशिम् ।
लिशं च शान्ताननिटः पुराणगाः पठन्ति पाठेषु दशैव नेतरान् ॥ 6
रुधिः सराधिर्युधिबन्धिसाधयः क्रुधिक्षुधी शुध्यतिबुध्यती व्यधिः ।
इमे तु धान्ता दश येऽनिटो मतास्ततः परं सिध्यतिरेव नेतरे ॥ 7
शिषिं पिषिं शुष्यतिपुष्यती त्विषिं विषिं श्लिषिं तुष्यतिदुष्यती द्विषिम् ।
इमान् दशैवोपदिशन्त्यनिड्विधौ गणेषु षान्तान् कृषिकर्षती तथा ॥ 8
तपिं तिपिं चापिमथो वपिं स्वपिं लिपिं लुपिं तृप्यतिदृप्यती सृपिम् ।
स्वरेण नीचेन शपिं छुपिं क्षिपिं प्रतीहि पान्तान् पठितांस्त्रयोदश ॥ 9
अदिं हदिं स्कन्दिभिदिच्छिदिक्षुदीन् शदिं सदिं स्विद्यतिपद्यती खिदिम् ।
तुदिं नुदिं विद्यति विन्त इत्यपि प्रतीहि दान्तान्दश पञ्च चानिटः ॥ 10
पचिं वचिं विचिरिचिरञ्जिपृच्छतीन् निजिं सिजिं मुचिभजिभञ्जिभृज्जतीन् ।
त्यजिं यजिं युजिरुजिसञ्जिमज्जतीन् भुजिं स्वजिं सृजिमृजि विद्ध्यनिट्स्वरान् ॥11

<u>General Rule for Monosyllabic Roots, after dropping Tags</u>

अनिट् स्वरः अन्तः भवति इति दृश्यताम् , इमांस्तु सेटः प्रवदन्ति तत् विदः ।
Vowel ending Roots are अनिट् । The Rest are सेट् ।

<u>Exceptions to the General Rule.</u>

अदन्तम्-ॠदन्तम् , ॠतां च , वृङ-वृञौ , श्वि-डीङ् इवर्णेष्वथ शीङ् श्रिञ् अपि ॥
However Roots ending in अ ॠ are सेट् ।
Roots ending in ॠ are अनिट् except 1509 वृङ् 1254 वृञ् ।
Roots ending in इ are अनिट् except the Roots 1010 श्वि 897 श्रिञ् ।
Roots ending in ई are अनिट् except 968 डीङ् 1135 डीङ् 1032 शीङ् ।
गणस्थम् ऊदन्तम् , उतां च रु-स्नुवौ क्षु-वन्तथ-ऊर्णोतिमथो यु-णु-क्ष्णवः ।
Roots ending in ऊ are सेट्
Roots ending in उ are अनिट् except 1034 रु 1038 स्नु 1036 क्षु 1039 ऊर्णु 1033 यु 1035 णु 1037 क्ष्णु । (Here polysyllabic Root 1039 ऊर्णु is mentioned for secondary Root affix यङ्).

1c Roots Alphabetical Index भ्वादिः 1 – 1010

Indexed on Root ready for Conjugation without Tag.

अहिँ॒	अंह्	A	सेट्	स०	635
अकँ	अक्	P	सेट्	अ०	792
अक्षूँ	अक्ष्	P	वेट्	स०	654
अगँ	अग्	P	सेट्	अ०	793
अकिँ॒	अङ्क्	A	सेट्	स०	87
अगिँ	अङ्ग्	P	सेट्	स०	146
अघिँ॒	अङ्घ्	A	सेट्	अ०	109
अजँ	अज्	P	सेट्	स०	230
अञ्चुँ	अञ्च्	P	सेट्	स०	188
अञ्चुँ॑	अञ्च्	U	सेट्	स०	862
अटँ	अट्	P	सेट्	स०	295
अट्टँ॒	अट्ट्	A	सेट्	स०	254
अडँ	अड्	P	सेट्	स०	358
अड्डँ	अड्ड्	P	सेट्	स०	348
अणँ	अण्	P	सेट्	स०	444
अठिँ॒	अण्ठ्	A	सेट्	स०	261
अतँ	अत्	P	सेट्	स०	38
अतिँ	अन्त्	P	सेट्	स०	61
अदिँ	अन्द्	P	सेट्	स०	62
अभ्रँ	अभ्र्	P	सेट्	स०	556
अमँ	अम्	P	सेट्	स०	465
अबिँ॒	अम्ब्	A	सेट्	अ०	378
अयँ॒	अय्	A	सेट्	स०	474
अर्चँ	अर्च्	P	सेट्	स०	204
अर्जँ	अर्ज्	P	सेट्	स०	224
अर्दँ	अर्द्	P	सेट्	स०*	55
अर्बँ	अर्ब्	P	सेट्	स०	415
अर्वँ	अर्व्	P	सेट्	स०	584
अर्हँ	अर्ह्	P	सेट्	स०	740
अलँ॑	अल्	P*	सेट्	स०	515
अवँ	अव्	P	सेट्	स०	600
असँ॑	अस्	U	सेट्	स०	886
आछिँ	आञ्छ्	P	सेट्	स०	209
इखँ	इख्	P	सेट्	स०	140
इखिँ	इङ्ख्	P	सेट्	स०	141
इगिँ	इङ्ग्	P	सेट्	स०	153
इटँ	इट्	P	सेट्	स०	318
इदिँ	इन्द्	P	सेट्	अ०	63
इविँ	इन्व्	P	सेट्	स०	587
ईक्षँ॒	ईक्ष्	A	सेट्	स०	610
ईखिँ	ईङ्ख्	P	सेट्	स०	142
ईजँ॒	ईज्	A	सेट्	स०	182
ईर्क्ष्यँ	ईर्क्ष्य्	P	सेट्	अ०	510
ईर्ष्यँ	ईर्ष्य्	P	सेट्	अ०	511
ईषँ॒	ईष्	A	सेट्	स०	611
ईषँ	ईष्	P	सेट्	स०	684
ईहँ॒	ईह्	A	सेट्	अ०	632
उ॒ङ्	उ	A	अनिट्	अ०	953

उक्षँ	उक्ष्	P	सेट्	स०	657
उखँ	उख्	P	सेट्	स०	128
उखिँ	उङ्ख्	P	सेट्	स०	129
उछीँ	उच्छ्	P	सेट्	स०	216
उछिँ	उञ्छ्	P	सेट्	स०	215
उठँ	उठ्	P	सेट्	स०	338
उर्दँ॒	उर्द्	A	सेट्	अ०	20
उर्वीँ	उर्व्	P	सेट्	स०	569
उषँ	उष्	P	सेट्	स०	696
उहिँर्	उह्	P	सेट्	स०	739
ऊयीँ॒	ऊय्	A	सेट्	स०	483
ऊषँ	ऊष्	P	सेट्	स०	683
ऊहँ॒	ऊह्	A	सेट्	स०	648
ऋ॒	ऋ	P	अनिट्	स०	936
ऋजँ॒	ऋज्	A	सेट्	स०	176
ऋजिँ॒	ऋञ्ज्	A	सेट्	स०	177
एजृँ॒	एज्	A	सेट्	अ०	179
एजृँ	एज्	P	सेट्	अ०	234
एठँ॒	एठ्	A	सेट्	स०	267
एधँ॒	एध्	A	सेट्	अ०	2
एषृँ॒	एष्	A	सेट्	स०	618
ओखृँ	ओख्	P	सेट्	स०	121
ओणृँ	ओण्	P	सेट्	स०	454
ककँ॒	कक्	A	सेट्	अ०	90
कखँ	कख्	P	सेट्	अ०	120
कखेँ	कख्	P	सेट्	अ०	784
कगेँ	कग्	P	सेट्	स०	791
ककिँ॒	कङ्क्	A	सेट्	स०	94
कचँ॒	कच्	A	सेट्	स०	168
कचिँ॒	कञ्च्	A	सेट्	स०*	169
कटेँ	कट्	P	सेट्	स०	294
कटीँ	कट्	P	सेट्	स०	320
कठँ	कठ्	P	सेट्	अ०	333
कडँ	कड्	P	सेट्	अ०	360
कड्डँ	कड्ड्	P	सेट्	अ०	349
कणँ	कण्	P	सेट्	अ०	449
कणँ	कण्	P	सेट्	अ०	794
कठिँ॒	कण्ठ्	A	सेट्	स०	264
कडिँ॒	कण्ड्	A	सेट्	अ०	282
कत्थँ॒	कत्थ्	A	सेट्	स०	37
कनीँ	कन्	P	सेट्	अ०	460
कदिँ	कन्द्	P	सेट्	स०*	70
कदिँ॒	कन्द्	A	सेट्	अ०	772
कबृँ॒	कब्	A	सेट्	अ०	380
कमुँ॒	कम्	A	सेट्	स०	443
कपिँ॒	कम्प्	A	सेट्	अ०	375
कर्जँ	कर्ज्	P	सेट्	स०	228
कर्दँ	कर्द्	P	सेट्	अ०	59

कर्बँ	कर्ब्	P	सेट्	स०	420	कुबिँ	कुम्ब्	P	सेट्	स०	426
कर्वँ	कर्व्	P	सेट्	अ०	581	कुर्द॒ँ	कुर्द्	A	सेट्	अ०	21
कल॒ँ	कल्	A	सेट्	अ०	497	कुलँ	कुल्	P	सेट्	अ०	842
कल्ल॒ँ	कल्ल्	A	सेट्	स०	498	कूजँ	कूज्	P	सेट्	अ०	223
कषँ	कष्	P	सेट्	स०	685	कूलँ	कूल्	P	सेट्	स०	525
कसँ	कस्	P	सेट्	स०	860	कृविँ	कृन्व्	P	सेट्	स०	598
काक्षिँ	काङ्क्ष्	P	सेट्	स०	667	कृपू॒ँ	क्ऌप्	A*	वेट्	अ०	762
काचि॒ँ	काञ्च्	A	सेट्	स०	170	कृषँ	कृष्	P	अनिट्	द्वि०	990
काशृ॒ँ	काश्	A	सेट्	अ०	647	केपृ॒ँ	केप्	A	सेट्	अ०	368
कासृ॒ँ	कास्	A	सेट्	अ०	623	केलृँ	केल्	P	सेट्	अ०	537
किटँ	किट्	P	सेट्	अ०	301	कै॒	कै	P	अनिट्	अ०	916
किटँ	किट्	P	सेट्	अ०	319	क्नथँ	क्नथ्	P	सेट्	स०	800
कितँ	कित्	P	सेट्	स०	993	क्नूयी॒ँ	क्नूय्	A	सेट्	स०	485
कीलँ	कील्	P	सेट्	स०	524	क्मरँ	क्मर्	P	सेट्	अ०	555
कुङ्	कु	A	अनिट्	अ०	951	क्रथँ	क्रथ्	P	सेट्	स०	801
कुक॒ँ	कुक्	A	सेट्	स०	91	क्रदिँ	क्रन्द्	P	सेट्	स०*	71
कुचँ	कुच्	P	सेट्	स०	184	क्रदि॒ँ	क्रन्द्	A	सेट्	अ०	773
कुचँ	कुच्	P	सेट्	स०	857	क्रप॒ँ	क्रप्	A	सेट्	स०	771
कुजुँ	कुज्	P	सेट्	स०	199	क्रमुँ	क्रम्	P*	सेट्*	स०	473
कुञ्चँ	कुञ्च्	P	सेट्	अ०	185	क्रीडृँ	क्रीड्	P	सेट्	अ०	350
कुठिँ	कुण्ठ्	P	सेट्	स०	342	क्रुञ्चँ	क्रुञ्च्	P	सेट्	अ०	186
कुडि॒ँ	कुण्ड्	A	सेट्	स०	270	क्रुशँ	क्रुश्	P	अनिट्	स०	856
कुडिँ	कुण्ड्	P	सेट्	अ०	322	क्लथँ	क्लथ्	P	सेट्	स०	802
कुथिँ	कुन्थ्	P	सेट्	स०	43	क्लदिँ	क्लन्द्	P	सेट्	स०	72

क्लदिँ	क्लन्द्	A	सेट्	अ०	774
क्लिदिँ	क्लिन्द्	A	सेट्	अ०	15
क्लिदिँ	क्लिन्द्	P	सेट्	स०	73
क्लीबृँ	क्लीब्	A	सेट्	अ०	381
क्लेशँ	क्लेश्	A	सेट्	स०	607
क्वणँ	क्वण्	P	सेट्	अ०	450
क्वथेँ	क्वथ्	P	सेट्	अ०	846
क्षजिँ	क्षञ्ज्	A	सेट्	स०	769
क्षमूँष्	क्षम्	A	वेट्	स०	442
क्षरँ	क्षर्	P	सेट्	अ०	851
क्षि	क्षि	P	अनिट्	अ०*	236
क्षीजँ	क्षीज्	P	सेट्	अ०	237
क्षीबृँ	क्षीब्	A	सेट्	अ०	382
क्षीवुँ	क्षीव्	P	सेट्	स०	567
क्षुभँ	क्षुभ्	A*	सेट्	अ०	751
क्षेवुँ	क्षेव्	P	सेट्	स०	568
क्षै	क्षै	P	अनिट्	अ०	913
क्ष्मायीँ	क्ष्माय्	A	सेट्	स०	486
क्ष्मीलँ	क्ष्मील्	P	सेट्	अ०	520
क्ष्वेलृँ	क्ष्वेल्	P	सेट्	अ०	539
खजँ	खज्	P	सेट्	स०	232
खजिँ	खञ्ज्	P	सेट्	अ०	233
खटँ	खट्	P	सेट्	स०	309
खडिँ	खण्ड्	A	सेट्	स०	283
खदँ	खद्	P	सेट्	स०	50
खनुँ	खन्	U	सेट्	स०	878
खर्जँ	खर्ज्	P	सेट्	स०	229
खर्दँ	खर्द्	P	सेट्	स०	60
खर्बँ	खर्ब्	P	सेट्	स०	421
खर्वँ	खर्व्	P	सेट्	अ०	582
खलँ	खल्	P	सेट्	स०	545
खषँ	खष्	P	सेट्	स०	686
खादृँ	खाद्	P	सेट्	स०	49
खिटँ	खिट्	P	सेट्	अ०	302
खुजुँ	खुज्	P	सेट्	स०	200
खुर्दँ	खुर्द्	A	सेट्	अ०	22
खेलृँ	खेल्	P	सेट्	अ०	538
खै	खै	P	अनिट्	स०	912
खोरृँ	खोर्	P	सेट्	अ०	552
खोलृँ	खोल्	P	सेट्	अ०	551
गजँ	गज्	P	सेट्	अ०	246
गजिँ	गञ्ज्	P	सेट्	अ०	247
गडँ	गड्	P	सेट्	स०	777
गडिँ	गण्ड्	P	सेट्	अ०	65
गडिँ	गण्ड्	P	सेट्	अ०	361
गदँ	गद्	P	सेट्	स०	52
गमॢँ	गम्	P	अनिट्	स०	982
गर्जँ	गर्ज्	P	सेट्	अ०	226

गर्दँ	गर्द्	P	सेट्	अ०	57
गर्बँ	गर्ब्	P	सेट्	स०	422
गर्वँ	गर्व्	P	सेट्	अ०	583
गर्हँ॒	गर्ह्	A	सेट्	स०	636
गलँ	गल्	P	सेट्	स०	546
गल्भँ॒	गल्भ्	A	सेट्	अ०	392
गल्हँ॒	गल्ह्	A	सेट्	स०	637
गा॒ङ्	गा	A	अनिट्	स०	950
गाधृँ॒	गाध्	A	सेट्	स०	4
गाहूँ॒	गाह्	A	वेट्	स०	649
गुङ्	गु	A	अनिट्	अ०	949
गुजिँ	गुञ्ज्	P	सेट्	अ०	203
गुदँ॒	गुद्	A	सेट्	अ०	24
गुपूँ	गुप्	P	वेट्	स०	395
गुपँ॒	गुप्	A	सेट्	स०	970
गुर्दँ॒	गुर्द्	A	सेट्	अ०	23
गुर्वीँ	गुर्व्	P	सेट्	अ०	574
गुहूँ॑	गुह्	U	वेट्	स०	896
गृ॒	गृ	P	अनिट्	स०	937
गृजँ	गृज्	P	सेट्	अ०	248
गृजिँ	गृञ्ज्	P	सेट्	अ०	249
गृहूँ॒	गृह्	A	वेट्	स०	650
गेपृँ	गेप्	A	सेट्	स०	369
गेवृँ	गेव्	A	सेट्	स०	502
गेषृँ	गेष्	A	सेट्	स०	614
गै॒	गै	P	अनिट्	अ०	917
गोष्टँ॒	गोष्ट्	A	सेट्	अ०	257
ग्रथिँ॒	ग्रन्थ्	A	सेट्	अ०	36
ग्रसुँ	ग्रस्	A	सेट्	स०	630
ग्रुचुँ	ग्रुच्	P	सेट्	स०	197
ग्लसुँ	ग्लस्	A	सेट्	स०	631
ग्लहँ॒	ग्लह्	A	सेट्	स०	651
ग्लुचुँ	ग्लुच्	P	सेट्	स०	198
ग्लुञ्चुँ	ग्लुञ्च्	P	सेट्	स०	201
ग्लेपृँ	ग्लेप्	A	सेट्	स०	366
ग्लेपृँ	ग्लेप्	A	सेट्	स०	370
ग्लेवृँ	ग्लेव्	A	सेट्	स०	503
ग्लै॒	ग्लै	P	अनिट्	अ०	903
घघँ	घघ्	P	सेट्	स०	159
घटँ॒	घट्	A	सेट्	अ०	763
घट्टँ॒	घट्ट्	A	सेट्	अ०	259
घ॒स्लृँ	घस्	P	अनिट्	स०	715
घिणिँ॒	घिण्ण्	A	सेट्	स०	434
घुङ्	घु	A	अनिट्	अ०	952
घुषिँ॒	घुंष्	A	सेट्	स०	652
घुटँ॒	घुट्	A*	सेट्	स०	746
घुणँ॒	घुण्	A	सेट्	अ०	437
घुणिँ॒	घुण्ण्	A	सेट्	स०	435

घुषिँर्	घुष्	P	सेट्	स०	653
घूर्णँ॒	घूर्ण्	A	सेट्	अ०	438
घृ	घृ	P	अनिट्	स०	938
घृणिँ॒	घृण्ण्	A	सेट्	स०	436
घृषुँ	घृष्	P	सेट्	स०	708
घ्रा॒	घ्रा	P	अनिट्	स०	926
ङुङ्	ङु	A	अनिट्	स०	954
चकँ॒	चक्	A	सेट्	स०*	93
चकँ	चक्	P	सेट्	अ०	783
चञ्चुँ	चञ्च्	P	सेट्	स०	190
चणँ	चण्	P	सेट्	स०	796
चडिँ॒	चण्ड्	A	सेट्	अ०	278
चतेँ॑	चत्	U	सेट्	स०	865
चदेँ॑	चद्	U	सेट्	स०	866
चदिँ	चन्द्	P	सेट्	स०*	68
चपँ	चप्	P	सेट्	स०	399
चमुँ	चम्	P	सेट्	स०	469
चयँ॒	चय्	A	सेट्	स०	478
चरँ	चर्	P	सेट्	स०	559
चर्चँ	चर्च्	P	सेट्	स०	717
चर्बँ	चर्ब्	P	सेट्	स०	425
चर्वँ	चर्व्	P	सेट्	स०	579
चलिः	चल्	P	सेट्	अ०	812
चलँ	चल्	P	सेट्	अ०	832
चषँ॑	चष्	U	सेट्	स०	889
चहँ	चह्	P	सेट्	अ०	729
चायृँ॑	चाय्	U	सेट्	स०	880
चिटँ	चिट्	P	सेट्	अ०	315
चितीँ	चित्	P	सेट्	अ०	39
चिल्लँ	चिल्ल्	P	सेट्	अ०	533
चीभृँ	चीभ्	A	सेट्	स०	384
चीवृँ॑	चीव्	U	सेट्	स०	879
चुड्डँ	चुड्ड्	P	सेट्	अ०	347
चुडिँ	चुण्ड्	P	सेट्	अ०	325
चुपँ	चुप्	P	सेट्	अ०	403
चुबिँ	चुम्ब्	P	सेट्	स०	429
चुल्लँ	चुल्ल्	P	सेट्	अ०	531
चूषँ	चूष्	P	सेट्	स०	673
चेलृँ	चेल्	P	सेट्	अ०	536
चेष्टँ॒	चेष्ट्	A	सेट्	अ०	256
च्युङ्	च्यु	A	अनिट्	स०	955
च्युतिँर्	च्युत्	P	सेट्	स०	40
छदिँः	छद्	P	सेट्	अ०	813
छमुँ	छम्	P	सेट्	स०	470
छषँ॑	छष्	U	सेट्	स०	890
जजँ	जज्	P	सेट्	अ०	242
जजिँ	जञ्ज्	P	सेट्	अ०	243
जटँ	जट्	P	सेट्	अ०	305

Note: 812 चलिः Here the इ is not a Tag, but for मित् classification.

Note: 813 छदिः Here the इ is not a Tag, but for मित् classification.

जपँ	जप्	P	सेट्	स०	397
जमुँ	जम्	P	सेट्	स०	471
जभीँ	जम्भ्	A	सेट्	अ०	388
जर्जँ	जर्ज्	P	सेट्	स०	716
जलँ	जल्	P	सेट्	स०	833
जल्पँ	जल्प्	P	सेट्	स०	398
जषँ	जष्	P	सेट्	स०	688
जि	जि	P	अनिट्	अ०	561
जि	जि	P	अनिट्	द्वि०*	946
जिविँ	जिन्व्	P	सेट्	स०	594
जिषुँ	जिष्	P	सेट्	स०	697
जीवँ	जीव्	P	सेट्	अ०	562
जुगिँ	जुङ्ग्	P	सेट्	स०	157
जुतृँ	जुत्	A	सेट्	अ०	32
जूषँ	जूष्	P	सेट्	स०	681
जृभिँ	जृम्भ्	A	सेट्	अ०	389
जेषृँ	जेष्	A	सेट्	स०	616
जेहृँ	जेह्	A	सेट्	अ०	644
जै	जै	P	अनिट्	अ०	914
ज्ञा	ज्ञा	P	सेट्	स०	811
ज्युङ्	ज्यु	A	अनिट्	स०	956
ज्रि	ज्रि	P	अनिट्	स०*	947
ज्वरँ	ज्वर्	P	सेट्	अ०	776
ज्वलँ	ज्वल्	P	सेट्	अ०	804
ज्वलँ	ज्वल्	P	सेट्	अ०	831
झटँ	झट्	P	सेट्	अ०	306
झमँ	झम्	P	सेट्	स०	472
झर्झँ	झर्झ्	P	सेट्	स०	718
झषँ	झष्	P	सेट्	स०	689
झषँ॑	झष्	U	सेट्	स०	891
टलँ	टल्	P	सेट्	अ०	834
टिकृँ	टिक्	A	सेट्	स०	103
टीकृँ	टीक्	A	सेट्	स०	104
ट्वलँ	ट्वल्	P	सेट्	अ०	835
डीङ्	डी	A	सेट्	स०	968
ढौकृँ	ढौक्	A	सेट्	स०	98
तकँ	तक्	P	सेट्	अ०	117
तक्षूँ	तक्ष्	P	वेट्	स०	655
तक्षँ	तक्ष्	P	सेट्	स०	665
तकिँ	तङ्क्	P	सेट्	अ०	118
तगिँ	तङ्ग्	P	सेट्	स०	149
तञ्चुँ	तञ्च्	P	सेट्	स०	191
तटँ	तट्	P	सेट्	अ०	308
तडिँ	तण्ड्	A	सेट्	स०	280
तपँ	तप्	P	अनिट्	स०	985
तयँ	तय्	A	सेट्	स०	479
तर्जँ	तर्ज्	P	सेट्	स०	227
तर्दँ	तर्द्	P	सेट्	स०	58

तायृँ	ताय्	A	सेट्	स०*	489
तिकृँ	तिक्	A	सेट्	स०	105
तिजँ	तिज्	A	सेट्	स०	971
तिपृँ	तिप्	A	अनिट्	अ०	362
तिलँ	तिल्	P	सेट्	स०	534
तीकृँ	तीक्	A	सेट्	स०	106
तीवँ	तीव्	P	सेट्	अ०	565
तुजँ	तुज्	P	सेट्	स०	244
तुजिँ	तुञ्ज्	P	सेट्	स०	245
तुडृँ	तुड्	P	सेट्	स०	351
तुडिँ	तुण्ड्	A	सेट्	स०	276
तुपँ	तुप्	P	सेट्	स०	404
तुफँ	तुफ्	P	सेट्	स०	408
तुभँ	तुभ्	A*	सेट्	स०	753
तुम्पँ	तुम्प्	P	सेट्	स०	405
तुम्फँ	तुम्फ्	P	सेट्	स०	409
तुबिँ	तुम्ब्	P	सेट्	स०	428
तुर्वीँ	तुर्व्	P	सेट्	स०	570
तुसँ	तुस्	P	सेट्	अ०	710
तुहिँर्	तुह्	P	सेट्	स०	737
तूलँ	तूल्	P	सेट्	स०	527
तूषँ	तूष्	P	सेट्	अ०	674
तृ	तृ	P	सेट्	स०	969
तेजँ	तेज्	P	सेट्	स०	231
तेपृँ	तेप्	A	सेट्	अ०	363
तेवृँ	तेव्	A	सेट्	अ०	499
त्यजँ	त्यज्	P	अनिट्	स०	986
त्रक्षँ	त्रक्ष्	P	सेट्	स०	660
त्रकिँ	त्रङ्क्	A	सेट्	स०	97
त्रदिँ	त्रन्द्	P	सेट्	अ०	69
त्रपूँष्	त्रप्	A	वेट्	अ०	374
त्रुपँ	त्रुप्	P	सेट्	स०	406
त्रुफँ	त्रुफ्	P	सेट्	स०	410
त्रुम्पँ	त्रुम्प्	P	सेट्	स०	407
त्रुम्फँ	त्रुम्फ्	P	सेट्	स०	411
त्रैङ्	त्रै	A	अनिट्	स०	965
त्रौकृँ	त्रौक्	A	सेट्	स०	99
त्वक्षूँ	त्वक्ष्	P	वेट्	स०	656
त्वगिँ	त्वङ्ग्	P	सेट्	स०	150
त्वञ्चुँ	त्वञ्च्	P	सेट्	स०	192
ञित्वराँ	त्वर्	A	सेट्	अ०	775
त्विषँ॑	त्विष्	U	अनिट्	अ०	1001
त्सरँ	त्सर्	P	सेट्	अ०	554
थुर्वीँ	थुर्व्	P	सेट्	स०	571
दंशँ	दंश्	P	अनिट्	स०	989
दक्षँ	दक्ष्	A	सेट्	अ०	608
दक्षँ	दक्ष्	A	सेट्	स०	770
ददँ	दद्	A	सेट्	स०	17

दधँ॒	दध्	A	सेट्	स०	8
दयँ॒	दय्	A	सेट्	स०	481
दलँ	दल्	P	सेट्	अ०	548
द॒हँ	दह्	P	अनिट्	स०	991
दा॒ण्	दा	P	अनिट्	स०	930
दानँ॑	दान्	U	सेट्	स०	994
दाशृँ॑	दाश्	U	सेट्	स०	882
दासृँ॑	दास्	U	सेट्	स०	894
दिविँ	दिन्व्	P	सेट्	स०	592
दीक्षँ॒	दीक्ष्	A	सेट्	अ०	609
दु॒	दु	P	अनिट्	स०	944
दुर्वीँ	दुर्व्	P	सेट्	स०	572
दुहिँर्	दुह्	P	सेट्	स०	738
दृहिँ	दृंह्	P	सेट्	अ०	734
दृ॒शिँर्	दृश्	P	अनिट्	स०	988
दृहँ	दृह्	P	सेट्	अ०	733
दॄ	दॄ	P	सेट्	अ०	808
दे॒ङ्	दे	A	अनिट्	स०	962
देवृँ॒	देव्	A	सेट्	अ०	500
दै॒प्	दै	P	अनिट्	स०	924
द्युतँ॒	द्युत्	A*	सेट्	अ०	741
द्यै॒	द्यै	P	अनिट्	स०	905
द्रमँ	द्रम्	P	सेट्	स०	466
द्राखृँ	द्राख्	P	सेट्	स०	124
द्राघृँ॒	द्राघ्	A	सेट्	अ०	114
द्राक्षिँ	द्राङ्क्ष्	P	सेट्	अ०	670
द्राडृँ॒	द्राड्	A	सेट्	अ०	287
द्राहृँ॒	द्राह्	A	सेट्	अ०	646
द्रु॒	द्रु	P	अनिट्	स०	945
द्रेकृँ॒	द्रेक्	A	सेट्	अ०	78
द्रै॒	द्रै	P	अनिट्	अ०	906
धविँ	धन्व्	P	सेट्	स०	597
धावुँ॑	धाव्	U	सेट्	स०*	601
धिक्षँ॒	धिक्ष्	A	सेट्	स०	603
धिविँ	धिन्व्	P	सेट्	स०	593
धुक्षँ॒	धुक्ष्	A	सेट्	स०	602
धुर्वीँ	धुर्व्	P	सेट्	स०	573
धूपँ	धूप्	P	सेट्	स०	396
धृ॒ञ्	धृ	U	अनिट्	स०	900
धृ॒ङ्	धृ	A	अनिट्	अ०	960
धृजँ	धृज्	P	सेट्	स०	219
धृजिँ	धृञ्ज्	P	सेट्	स०	220
धे॒ट्	धे	P	अनिट्	स०	902
धोर्ऋँ	धोर्	P	सेट्	अ०	553
ध्मा॒	ध्मा	P	अनिट्	स०	927
ध्यै॒	ध्यै	P	अनिट्	स०	908
ध्रजँ	ध्रज्	P	सेट्	स०	217
ध्रजिँ	ध्रञ्ज्	P	सेट्	स०	218

ध्रणँ	ध्रण्	P	सेट्	स०	459
ध्राखृँ	ध्राख्	P	सेट्	स०	125
ध्राक्षि	ध्राङ्क्ष्	P	सेट्	अ०	671
ध्राडृँ	ध्राड्	A	सेट्	अ०	288
ध्रु	ध्रु	P	अनिट्	अ०	943
ध्रेकृँ	ध्रेक्	A	सेट्	अ०	79
ध्रै	ध्रै	P	अनिट्	स०	907
ध्वंसुँ	ध्वंस्	A*	सेट्	अ०	755
ध्वजँ	ध्वज्	P	सेट्	स०	221
ध्वजिँ	ध्वञ्ज्	P	सेट्	स०	222
ध्वणँ	ध्वण्	P	सेट्	स०	453
ध्वनँ	ध्वन्	P	सेट्	अ०	816
ध्वनँ	ध्वन्	P	सेट्	अ०	828
ध्वाक्षिँ	ध्वाङ्क्ष्	P	सेट्	अ०	672
ध्वृ	ध्वृ	P	अनिट्	अ०	939
णक्षँ	नक्ष्	P	सेट्	स०	662
णखँ	नख्	P	सेट्	स०	134
णखिँ	नङ्ख्	P	सेट्	स०	135
णटँ	नट्	P	सेट्	अ०	310
णटँ	नट्	P	सेट्	अ०	781
णदँ	नद्	P	सेट्	अ०	54
टुनदिँ	नन्द्	P	सेट्	अ०	67
णभँ	नभ्	A*	सेट्	स०	752
णमँ	नम्	P	अनिट्	स०	981
णयँ	नय्	A	सेट्	स०	480
नर्दँ	नर्द्	P	सेट्	अ०	56
णलँ	नल्	P	सेट्	स०	838
णसँ	नस्	A	सेट्	अ०	627
नाथृँ	नाथ्	A*	सेट्	स०	6
नाधृँ	नाध्	A	सेट्	स०	7
णासृँ	नास्	A	सेट्	अ०	625
णिक्षँ	निक्ष्	P	सेट्	स०	659
णिदृँ॑	निद्	U	सेट्	स०	871
णिदिँ	निन्द्	P	सेट्	स०	66
णिविँ	निन्व्	P	सेट्	स०	590
णिशँ	निश्	P	सेट्	अ०	722
णीञ्	नी	U	अनिट्	द्वि०	901
णीलँ	नील्	P	सेट्	अ०	522
णीवँ	नीव्	P	सेट्	अ०	566
नॄ	नॄ	P	सेट्	स०	809
णेदृँ॑	नेद्	U	सेट्	स०	872
णेषृँ	नेष्	A	सेट्	स०	617
डुपचँष्॑	पच्	U	अनिट्	द्वि०	996
पचिँ	पञ्च्	A	सेट्	स०	174
पटँ	पट्	P	सेट्	स०	296
पठँ	पठ्	P	सेट्	स०	330
पणँ	पण्	A*	सेट्	स०	439
पडिँ	पण्ड्	A	सेट्	स०	281

पतॢँ	पत्	P	सेट्	अ०*	845	पूषँ	पूष्	P	सेट्	अ०	675
पथेँ	पथ्	P	सेट्	स०	847	पृषुँ	पृष्	P	सेट्	स०	705
पनँ	पन्	A*	सेट्	स०	440	पेलृँ	पेल्	P	सेट्	स०	541
पयँ	पय्	A	सेट्	स०	476	पेवृँ	पेव्	A	सेट्	स०	504
पर्दँ	पर्द्	A	सेट्	अ०	29	पेषृँ	पेष्	A	सेट्	स०	615
पर्पँ	पर्प्	P	सेट्	स०	412	पेसृँ	पेस्	P	सेट्	स०	720
पर्बँ	पर्ब्	P	सेट्	स०	416	पै	पै	P	अनिट्	अ०	920
पर्वँ	पर्व्	P	सेट्	अ०	577	पैणृँ	पैण्	P	सेट्	स०	458
पलँ	पल्	P	सेट्	स०	839	ओँप्यायीँ	प्याय्	A	सेट्	अ०	488
पा	पा	P	अनिट्	स०	925	प्यैङ्	प्यै	A	अनिट्	अ०	964
पिटँ	पिट्	P	सेट्	अ०	311	प्रथँ	प्रथ्	A	सेट्	अ०	765
पिठँ	पिठ्	P	सेट्	स०	339	प्रसँ	प्रस्	A	सेट्	स०	766
पिडिँ	पिण्ड्	A	सेट्	अ०	274	प्रुङ्	प्रु	A	अनिट्	स०	957
पिविँ	पिन्व्	P	सेट्	स०	588	प्रुडँ	प्रुड्	P	सेट्	स०	324
पिसृँ	पिस्	P	सेट्	स०	719	प्रुषुँ	प्रुष्	P	सेट्	स०	703
पीलँ	पील्	P	सेट्	स०	521	प्रेषृँ	प्रेष्	A	सेट्	स०	619
पीवँ	पीव्	P	सेट्	अ०	563	प्रोथृँ॑	प्रोथ्	U	सेट्	अ०	867
पुथिँ	पुन्थ्	P	सेट्	स०	44	प्लिहँ	प्लिह्	A	सेट्	स०	642
पुर्वँ	पुर्व्	P	सेट्	स०	576	प्लुङ्	प्लु	A	अनिट्	स०	958
पुलँ	पुल्	P	सेट्	अ०	841	प्लुषुँ	प्लुष्	P	सेट्	स०	704
पुषँ	पुष्	P	सेट्	स०	700	फक्कँ	फक्क्	P	सेट्	स०	116
पूङ्	पू	A	सेट्	स०	966	फणँ	फण्	P	सेट्	स०	821
पूयीँ	पूय्	A	सेट्	अ०	484	ञिफलाँ	फल्	P	सेट्	अ०	516
पूलँ	पूल्	P	सेट्	अ०	528	फलँ	फल्	P	सेट्	अ०	530

फुल्लँ	फुल्ल्	P	सेट्	अ०	532
फेलृँ	फेल्	P	सेट्	स०	542
बहिँ॒	बंह्	A	सेट्	अ०	633
बदँ	बद्	P	सेट्	अ०	51
बधँ॒	बध्	A	सेट्	स०	973
बर्बँ	बर्ब्	P	सेट्	स०	418
बर्हँ॒	बर्ह्	A	सेट्	स०	638
बलँ	बल्	P	सेट्	अ०	840
बल्हँ॒	बल्ह्	A	सेट्	स०	639
बाडृँ॒	बाड्	A	सेट्	अ०	286
बाधृँ॒	बाध्	A	सेट्	स०	5
बिटँ	बिट्	P	सेट्	स०	317
बिदिँ	बिन्द्	P	सेट्	अ०	64
बुक्कँ	बुक्क्	P	सेट्	अ०	119
बुगिँ	बुङ्ग्	P	सेट्	अ०	158
बुधँ	बुध्	P	सेट्	स०*	858
बुधिँ॑र्	बुध्	U	सेट्	स०	875
उँबुन्दिँ॑र्	बुन्द्	U	सेट्	स०	876
बृहिँ	बृंह्	P	सेट्	अ०	736
बृहँ	बृह्	P	सेट्	अ०	735
भ॒जँ॑	भज्	U	अनिट्	स०	998
भटँ	भट्	P	सेट्	स०	307
भटँ	भट्	P	सेट्	स०	780
भणँ	भण्	P	सेट्	अ०	447
भडिँ॒	भण्ड्	A	सेट्	स०	273
भदिँ॒	भन्द्	A	सेट्	अ०	12
भर्वँ	भर्व्	P	सेट्	स०	580
भलँ॒	भल्	A	सेट्	स०	495
भल्लँ॒	भल्ल्	A	सेट्	स०	496
भषँ	भष्	P	सेट्	अ०	695
भामँ॒	भाम्	A	सेट्	अ०	441
भाषँ॒	भाष्	A	सेट्	स०	612
भासृँ॒	भास्	A	सेट्	अ०	624
भिक्षँ॒	भिक्ष्	A	सेट्	स०	606
भू	**भू**	**P**	**सेट्**	**अ०**	**1**
भूषँ	भूष्	P	सेट्	स०	682
भृ॒ञ्	भृ	U	अनिट्	स०	898
भृजीँ॒	भृज्	A	सेट्	स०	178
भेषृँ॑	भेष्	U	सेट्	अ०	883
भ्यसँ॒	भ्यस्	A	सेट्	अ०	628
भ्रंसुँ	भ्रंस्	A*	सेट्	अ०	756
भ्रक्षँ॑	भ्रक्ष्	U	सेट्	स०	892
भ्रणँ	भ्रण्	P	सेट्	अ०	452
भ्रमुँ	भ्रम्	P	सेट्	अ०	850
भ्राजृँ॒	भ्राज्	A	सेट्	अ०	181
टुभ्राजृँ॒	भ्राज्	A	सेट्	अ०	823
टुभ्राशृँ॒	भ्राश्	A	सेट्	अ०	824
भ्रेजृँ॒	भ्रेज्	A	सेट्	अ०	180

भ्रेषृँ॑	भ्रेष्	U	सेट्	स०	884	मयँ॒	मय्	A	सेट्	स०	477
भ्लक्षँ॑	भ्लक्ष्	U	सेट्	स०	893	मर्बँ	मर्ब्	P	सेट्	स०	419
टुभ्लाशृँ॒	भ्लाश्	A	सेट्	अ०	825	मर्वँ	मर्व्	P	सेट्	स०	578
भ्लेषृँ॑	भ्लेष्	U	सेट्	अ०	885	मलँ॒	मल्	A	सेट्	स०	493
महिँ॒	मंह्	A	सेट्	अ०	634	मल्लँ॒	मल्ल्	A	सेट्	स०	494
मखँ	मख्	P	सेट्	स०	132	मवँ	मव्	P	सेट्	स०	599
मकिँ॒	मङ्क्	A	सेट्	स०	89	मव्यँ	मव्य्	P	सेट्	स०	508
मखिँ	मङ्ख्	P	सेट्	स०	133	मशँ	मश्	P	सेट्	अ०	724
मगिँ	मङ्ग्	P	सेट्	स०	148	मषँ	मष्	P	सेट्	स०	692
मघिँ॒	मङ्घ्	A	सेट्	स०	111	मस्कँ॒	मस्क्	A	सेट्	स०	102
मघिँ	मङ्घ्	P	सेट्	अ०	160	महँ	मह्	P	सेट्	स०	730
मचँ॒	मच्	A	सेट्	अ०	171	माक्षिँ	माङ्क्ष्	P	सेट्	स०	669
मचिँ॒	मञ्च्	A	सेट्	स०	173	मानँ॒	मान्	A	सेट्	स०	972
मठँ	मठ्	P	सेट्	अ०	332	माहृँ॑	माह्	U	सेट्	स०	895
मणँ	मण्	P	सेट्	अ०	448	ञिमिदाँ॒	मिद्	A*	सेट्	अ०	743
मठिँ॒	मण्ठ्	A	सेट्	स०	263	मिदृँ॑	मिद्	U	सेट्	स०	868
मडिँ॒	मण्ड्	A	सेट्	स०	272	मिविँ	मिन्व्	P	सेट्	स०	589
मडिँ	मण्ड्	P	सेट्	स०	321	मिशँ	मिश्	P	सेट्	अ०	723
मथेँ	मथ्	P	सेट्	द्वि०	848	मिषुँ	मिष्	P	सेट्	स०	699
मदीँ	मद्	P	सेट्	अ०	815	मि॒हँ	मिह्	P	अनिट्	स०	992
मन्थँ	मन्थ्	P	सेट्	द्वि०	42	मीमृँ	मीम्	P	सेट्	स०*	468
मथिँ	मन्थ्	P	सेट्	स०	46	मीलँ	मील्	P	सेट्	अ०	517
मदिँ॒	मन्द्	A	सेट्	अ०	13	मीवँ	मीव्	P	सेट्	अ०	564
मभ्रँ	मभ्र्	P	सेट्	स०	558	मुजँ	मुज्	P	सेट्	अ०	250

मुचिँ॒	मुञ्च्	A	सेट्	अ०	172
मुजिँ	मुञ्ज्	P	सेट्	अ०	251
मुडँ	मुड्	P	सेट्	स०	323
मुठिँ॒	मुण्ठ्	A	सेट्	स०	265
मुडिँ॒	मुण्ड्	A	सेट्	स०	275
मुडिँ	मुण्ड्	P	सेट्	स०	326
मुदँ॒	मुद्	A	सेट्	अ०	16
मुर्छाँ	मुर्छ्	P	सेट्	अ०	212
मुर्वीँ	मुर्व्	P	सेट्	स०	575
मूङ्	मू	A	सेट्	स०	967
मूलँ	मूल्	P	सेट्	अ०	529
मूषँ	मूष्	P	सेट्	स०	676
मृक्षँ	मृक्ष्	P	सेट्	अ०	664
मृधुँ॑	मृध्	U	सेट्	अ०	874
मृषुँ	मृष्	P	सेट्	स०	707
मे॒ङ्	मे	A	अनिट्	स०	961
मेदृँ॑	मेद्	U	सेट्	स०	869
मेधृँ॑	मेध्	U	सेट्	स०	870
मेपृँ॒	मेप्	A	सेट्	स०	371
मेवृँ॒	मेव्	A	सेट्	स०	505
म्ना॒	म्ना	P	अनिट्	स०	929
म्रदँ॒	म्रद्	A	सेट्	स०	767
म्रुचुँ	म्रुच्	P	सेट्	स०	195
म्रुञ्चुँ	म्रुञ्च्	P	सेट्	स०	193
म्रेडृँ	म्रेड्	P	सेट्	अ०	293
म्लुचुँ	म्लुच्	P	सेट्	स०	196
म्लुञ्चुँ	म्लुञ्च्	P	सेट्	स०	194
म्लेछँ	म्लेच्छ्	P	सेट्	अ०	205
म्लेटृँ	म्लेट्	P	सेट्	अ०	292
म्लेवृँ॒	म्लेव्	A	सेट्	स०	506
म्लै॒	म्लै	P	अनिट्	अ०	904
य॒जँ॑	यज्	U	अनिट्	स०	1002
यतीँ॒	यत्	A	सेट्	अ०	30
य॒भँ	यभ्	P	अनिट्	अ०	980
यमः	यम्	P	सेट्	स०	819
य॒मँ	यम्	P	अनिट्	स०	984
टुयाचृँ॑	याच्	U	सेट्	द्वि०	863
युगिँ	युङ्ग्	P	सेट्	स०	156
युछँ	युच्छ्	P	सेट्	अ०	214
युतृँ॒	युत्	A	सेट्	अ०	31
यूषँ	यूष्	P	सेट्	स०	680
यौटृँ	यौट्	P	सेट्	स०	291
रहिँ	रंह्	P	सेट्	स०	732
रक्षँ	रक्ष्	P	सेट्	स०	658
रखँ	रख्	P	सेट्	स०	136
रगेँ	रग्	P	सेट्	स०	785
रखिँ	रङ्ख्	P	सेट्	स०	137
रगिँ	रङ्ग्	P	सेट्	स०	144

819 यमोऽपरिवेषणे Here यमो is by sandhi, so Root is read as यमः

रघिँ	रङ्घ्	A	सेट्	स०	107	रुङ्	रु	A	अनिट्	स०	959
रञ्जँ	रञ्ज्	U	अनिट्	अ०	999	रुचँ	रुच्	A*	सेट्	अ०	745
रटँ	रट्	P	सेट्	स०	297	रुटँ	रुट्	A*	सेट्	स०	747
रटँ	रट्	P	सेट्	स०	334	रुठँ	रुठ्	P	सेट्	स०	336
रणँ	रण्	P	सेट्	अ०	445	रुटिँ	रुण्ट्	P	सेट्	स०	327
रणँ	रण्	P	सेट्	स०	795	रुठिँ	रुण्ठ्	P	सेट्	स०	345
रदँ	रद्	P	सेट्	स०	53	रुषँ	रुष्	P	सेट्*	स०	693
रविँ	रन्व्	P	सेट्	स०	596	रुहँ	रुह्	P	अनिट्	अ०	859
रपँ	रप्	P	सेट्	स०	401	रूषँ	रूष्	P	सेट्	स०	678
रफँ	रफ्	P	सेट्	स०	413	रेकृँ	रेक्	A	सेट्	स०	80
रभँ	रभ्	A	अनिट्	स०	974	रेटृँ	रेट्	U	सेट्	स०	864
रमुँ	रम्	A	अनिट्	अ०	853	रेपृँ	रेप्	A	सेट्	स०	372
रफिँ	रम्फ्	P	सेट्	स०	414	रेभृँ	रेभ्	A	सेट्	अ०	385
रबिँ	रम्ब्	A	सेट्	अ०	376	रेवृँ	रेव्	A	सेट्	अ०	507
रयँ	रय्	A	सेट्	स०	482	रेषृँ	रेष्	A	सेट्	अ०	620
रसँ	रस्	P	सेट्	अ०	713	रै	रै	P	अनिट्	अ०	909
रहँ	रह्	P	सेट्	स०	731	रोडृँ	रोड्	P	सेट्	अ०	356
राखृँ	राख्	P	सेट्	स०	122	रौडृँ	रौड्	P	सेट्	स०	355
राघृँ	राघ्	A	सेट्	अ०	112	लखँ	लख्	P	सेट्	स०	138
राजृँ	राज्	U	सेट्	अ०	822	लगँ	लग्	P	सेट्	अ०	786
रासृँ	रास्	A	सेट्	अ०	626	लखिँ	लङ्ख्	P	सेट्	स०	139
रिगिँ	रिङ्ग्	P	सेट्	स०	154	लगिँ	लङ्ग्	P	सेट्	स०	145
रिविँ	रिन्व्	P	सेट्	स०	595	लघिँ	लङ्घ्	A	सेट्	स०*	108
रिषँ	रिष्	P	सेट्	स०	694	लछँ	लच्छ्	P	सेट्	स०	206

लजँ	लज्	P	सेट्	स०	238
लजिँ	लञ्ज्	P	सेट्	स०	239
लटँ	लट्	P	सेट्	अ०	298
लडँ	लड्	P	सेट्	अ०	359
लडिः	लड्	P	सेट्	अ०	814
लपँ	लप्	P	सेट्	अ०	402
डुलभँष्	लभ्	A	अनिट्	स०	975
लबिँ	लम्ब्	A	सेट्	अ०	377
लबिँ	लम्ब्	A	सेट्	अ०	379
लर्बँ	लर्ब्	P	सेट्	स०	417
लषँ	लष्	U	सेट्	स०	888
लसँ	लस्	P	सेट्	अ०	714
लाखृँ	लाख्	P	सेट्	स०	123
लाघृँ	लाघ्	A	सेट्	अ०	113
लाजँ	लाज्	P	सेट्	स०	240
लाछिँ	लाञ्छ्	P	सेट्	स०	207
लाजिँ	लाञ्ज्	P	सेट्	स०	241
लिगिँ	लिङ्ग्	P	सेट्	स०	155
लुञ्चँ	लुञ्च्	P	सेट्	स०	187
लुटँ	लुट्	P	सेट्	स०	314
लुटँ	लुट्	A*	सेट्	स०	748
लुठँ	लुठ्	P	सेट्	स०	337
लुठँ	लुठ्	A*	सेट्	स०	749
लुटिँ	लुण्ट्	P	सेट्	अ०	328
लुठिँ	लुण्ठ्	P	सेट्	स०	343
लुठिँ	लुण्ठ्	P	सेट्	स०	346
लुथिँ	लुन्थ्	P	सेट्	स०	45
लुबिँ	लुम्ब्	P	सेट्	स०	427
लूषँ	लूष्	P	सेट्	स०	677
लेपृँ	लेप्	A	सेट्	स०	373
लोकृँ	लोक्	A	सेट्	स०	76
लोचृँ	लोच्	A	सेट्	स०	164
लोडृँ	लोड्	P	सेट्	अ०	357
लोष्टृँ	लोष्ट्	A	सेट्	अ०	258
वक्षँ	वक्ष्	P	सेट्	अ०	663
वखँ	वख्	P	सेट्	स०	130
वकिँ	वङ्क्	A	सेट्	अ०	88
वकिँ	वङ्क्	A	सेट्	स०	95
वखिँ	वङ्ख्	P	सेट्	स०	131
वगिँ	वङ्ग्	P	सेट्	स०	147
वघिँ	वङ्घ्	A	सेट्	स०	110
वजँ	वज्	P	सेट्	स०	252
वञ्चुँ	वञ्च्	P	सेट्	स०	189
वटँ	वट्	P	सेट्	स०	300
वटँ	वट्	P	सेट्	स०	779
वठँ	वठ्	P	सेट्	अ०	331
वणँ	वण्	P	सेट्	अ०	446
वठिँ	वण्ठ्	A	सेट्	अ०	262

Note: 814 लडिः Here the इ is not a Tag, but for मित् classification.

वडिँ	वण्ड्	A	सेट्	स०	271
वदँ	वद्	P *	सेट्	स०	1009
वनँ	वन्	P	सेट्	स०	462
वनँ	वन्	P	सेट्	स०	463
वनँ	वन्	P	सेट्	स०	803
वदिँ	वन्द्	A	सेट्	स०	11
डुवपँ	वप्	U	अनिट्	स०	1003
वभ्रँ	वभ्र्	P	सेट्	स०	557
टुवमँ	वम्	P	सेट्	स०	849
वयँ	वय्	A	सेट्	स०	475
वर्चँ	वर्च्	A	सेट्	अ०	162
वर्षँ	वर्ष्	A	सेट्	अ०	613
वर्हँ	वर्ह्	A	सेट्	स०	640
वलँ	वल्	A	सेट्	स०	491
वल्गँ	वल्ग्	P	सेट्	स०	143
वल्भँ	वल्भ्	A	सेट्	स०	391
वल्लँ	वल्ल्	A	सेट्	स०	492
वल्हँ	वल्ह्	A	सेट्	स०	641
वषँ	वष्	P	सेट्	स०	691
वसँ	वस्	P	अनिट्	अ०	1005
वस्कँ	वस्क्	A	सेट्	स०	101
वहँ	वह्	U	अनिट्	द्वि०*	1004
वाक्षि	वाङ्क्ष्	P	सेट्	स०	668
वाछिँ	वाञ्छ्	P	सेट्	स०	208
वाहृँ	वाह्	A	सेट्	अ०	645
विटँ	विट्	P	सेट्	अ०	316
विथृँ	विथ्	A	सेट्	द्वि०	33
विषुँ	विष्	P	अनिट्	स०	698
वृकँ	वृक्	A	सेट्	स०	92
वृक्षँ	वृक्ष्	A	सेट्	स०	604
वृतुँ	वृत्	A*	सेट्*	अ०	758
वृधुँ	वृध्	A*	सेट्*	अ०	759
वृषुँ	वृष्	P	सेट्	स०	706
वेञ्	वे	U	अनिट्	स०	1006
वेणृँ	वेण्	U	सेट्	स०	877
वेथृँ	वेथ्	A	सेट्	द्वि०	34
टुवेपृँ	वेप्	A	सेट्	अ०	367
वेलृँ	वेल्	P	सेट्	स०	535
वेल्लँ	वेल्ल्	P	सेट्	अ०	540
वेष्टँ	वेष्ट्	A	सेट्	स०	255
वेहृँ	वेह्	A	सेट्	अ०	643
ओँवै	वै	P	अनिट्	अ०	921
व्यथँ	व्यथ्	A	सेट्	अ०	764
व्ययँ	व्यय्	U*	सेट्	स०	881
व्येञ्	व्ये	U	अनिट्	स०	1007
व्रजँ	व्रज्	P	सेट्	स०	253
व्रणँ	व्रण्	P	सेट्	अ०	451
आङः शसिँ	शंस्	A	सेट्	स०	629

1003 डुवपँ Here प् is not a Tag letter, hence we have given candrabindu.

शंसुँ	शंस्	P	सेट्	स०	728	शिटँ	शिट्	P	सेट्	स०	303
शकि॒ँ	शङ्क्	A	सेट्	स०	86	शि॒षँ	शिष्	P	अनिट्	स०	687
शच॒ँ	शच्	A	सेट्	स०	165	शीकृँ	शीक्	A	सेट्	स०	75
शटँ	शट्	P	सेट्	स०	299	शीभृँ	शीभ्	A	सेट्	स०	383
शठँ	शठ्	P	सेट्	स०	340	शीलँ	शील्	P	सेट्	अ०	523
शणँ	शण्	P	सेट्	स०	797	शुचँ	शुच्	P	सेट्	अ०	183
शडि॒ँ	शण्ड्	A	सेट्	अ०	279	शुच्यँ	शुच्य्	P	सेट्	अ०	513
शद॒ॢँ	शद्	P*	अनिट्	अ०	855	शुठँ	शुठ्	P	सेट्	स०	341
श॒प॑ँ	शप्	U	अनिट्	स०	1000	शुठिँ	शुण्ठ्	P	सेट्	स०	344
शमः	शम्	P	सेट्	स०	818	शुन्धँ	शुन्ध्	P	सेट्	अ०	74
शर्बँ	शर्ब्	P	सेट्	स०	423	शुभँ	शुभ्	P	सेट्	स०	432
शर्वँ	शर्व्	P	सेट्	स०	585	शुभ॒ँ	शुभ्	A*	सेट्	अ०	750
शल॒ँ	शल्	A	सेट्	अ०	490	शुम्भँ	शुम्भ्	P	सेट्	स०	433
शलँ	शल्	P	सेट्	स०	843	शूलँ	शूल्	P	सेट्	स०	526
शल्भ॒ँ	शल्भ्	A	सेट्	स०	390	शूषँ	शूष्	P	सेट्	स०	679
शवँ	शव्	P	सेट्	स०	725	शृधुँ	शृध्	A*	सेट्*	अ०	760
शशँ	शश्	P	सेट्	अ०	726	शृधु॑ँ	शृध्	U	सेट्	अ०	873
शषँ	शष्	P	सेट्	स०	690	शेलृँ	शेल्	P	सेट्	स०	543
शसुँ	शस्	P	सेट्	स०	727	शै॒	शै	P	अनिट्	स०	918
शाखृँ	शाख्	P	सेट्	स०	126	शोणृँ	शोण्	P	सेट्	अ०	455
शाडृँ	शाड्	A	सेट्	स०	289	शौटृँ	शौट्	P	सेट्	अ०	290
शान॑ँ	शान्	U	सेट्	स०	995	श्च्युतिँर्	श्च्युत्	P	सेट्	स०	41
शिक्ष॒ँ	शिक्ष्	A	सेट्	स०	605	श्मीलँ	श्मील्	P	सेट्	अ०	518
शिघिँ	शिङ्घ्	P	सेट्	स०	161	श्यै॒ङ्	श्यै	A	अनिट्	स०	963

818 शमोऽदर्शने Here शमो is by sandhi, so Root is read as शमः

श्रकिँ	श्रङ्क्	A	सेट्	स०	84	टुओँश्वि	श्वि	P	सेट्	अ०	1010
श्रगिँ	श्रङ्ग्	P	सेट्	स०	151	श्विताँ	श्वित्	A	सेट्	अ०	742
श्रणँ	श्रण्	P	सेट्	स०	798	श्विदिँ	श्विन्द्	A	सेट्	अ०	10
श्रथँ	श्रथ्	P	सेट्	स०	799	ष्ठिवुँ	ष्ठिव्	P	सेट्	अ०	560
श्रथिँ	श्रन्थ्	A	सेट्	अ०	35	ष्वष्कँ	ष्वष्क्	A	सेट्	स०	100
श्रम्भुँ	श्रम्भ्	A	सेट्	अ०	393	षगँ	सग्	P	सेट्	स०	789
श्रा	श्रा	P	अनिट्	स०	810	षचँ	सच्	A	सेट्	स०	163
श्रिञ्	श्रि	U	सेट्	स०	897	षचँ	सच्	U	सेट्	अ०	997
श्रिषुँ	श्रिष्	P	सेट्	स०	701	षञ्जँ	सञ्ज्	P	अनिट्	स०	987
श्रु	श्रु	P	अनिट्	स०	942	षटँ	सट्	P	सेट्	अ०	313
श्रै	श्रै	P	अनिट्	स०	919	षणँ	सण्	P	सेट्	स०	464
श्रोणृँ	श्रोण्	P	सेट्	अ०	456	षदॢँ	सद्	P	अनिट्	स०	854
श्लकिँ	श्लङ्क्	A	सेट्	स०	85	षपँ	सप्	P	सेट्	स०	400
श्लगिँ	श्लङ्ग्	P	सेट्	स०	152	षमँ	सम्	P	सेट्	अ०	829
श्लाखृँ	श्लाख्	P	सेट्	स०	127	षर्जँ	सर्ज्	P	सेट्	स०	225
श्लाघृँ	श्लाघ्	A	सेट्	स०	115	षर्बँ	सर्ब्	P	सेट्	स०	424
श्लिषुँ	श्लिष्	P	सेट्	स०	702	षर्वँ	सर्व्	P	सेट्	स०	586
श्लोकृँ	श्लोक्	A	सेट्	स०*	77	षलँ	सल्	P	सेट्	स०	547
श्लोणृँ	श्लोण्	P	सेट्	अ०	457	षस्जँ	सस्ज्	P*	सेट्	स०	202
श्वकिँ	श्वङ्क्	A	सेट्	स०	96	षहँ	सह्	A	सेट्	स०	852
श्वचँ	श्वच्	A	सेट्	स०	166	षिटँ	सिट्	P	सेट्	स०	304
श्वचिँ	श्वञ्च्	A	सेट्	स०	167	षिधँ	सिध्	P	सेट्	स०	47
श्वलँ	श्वल्	P	सेट्	अ०	549	षिधूँ	सिध्	P	वेट्	स०	48
श्वल्लँ	श्वल्ल्	P	सेट्	अ०	550	षु	सु	P	अनिट्	स०*	941

षूदँ	सूद्	A	सेट्	अ०	25
सूर्क्षँ	सूर्क्ष्	P	सेट्	स०	666
सूक्ष्यँ	सूक्ष्य्	P	सेट्	अ०	509
सृ	सृ	P	अनिट्	स०	935
सृपॢँ	सृप्	P	अनिट्	स०	983
षृभुँ	सृभ्	P	सेट्	स०	430
षृम्भुँ	सृम्भ्	P	सेट्	स०	431
सेकृँ	सेक्	A	सेट्	स०	81
षेवृँ	सेव्	A	सेट्	स०	501
षै	सै	P	अनिट्	अ०	915
स्कन्दिँर्	स्कन्द्	P	अनिट्	स०	979
स्कभिँ	स्कम्भ्	A	सेट्	स०	387
स्कुदिँ	स्कुन्द्	A	सेट्	स०	9
स्खदँ	स्खद्	A	सेट्	स०	768
स्खदिः	स्खद्	A	सेट्	स०	820
स्खलँ	स्खल्	P	सेट्	अ०	544
ष्टकँ	स्तक्	P	सेट्	स०	782
ष्टगँ	स्तग्	P	सेट्	स०	790
ष्टनँ	स्तन्	P	सेट्	अ०	461
ष्टमँ	स्तम्	P	सेट्	अ०	830
ष्टभिँ	स्तम्भ्	A	सेट्	स०	386
ष्टिपृँ	स्तिप्	A	सेट्	अ०	364
ष्टुचँ	स्तुच्	A	सेट्	अ०	175
ष्टुभुँ	स्तुभ्	A	सेट्	अ०	394
ष्टेपृँ	स्तेप्	A	सेट्	अ०	365
ष्टै	स्तै	P	अनिट्	स०	922
स्त्यै	स्त्यै	P	अनिट्	अ०	910
ष्ट्यै	स्त्यै	P	अनिट्	अ०	911
ष्ट्रक्षँ	स्त्रक्ष्	P	सेट्	स०	661
ष्ठलँ	स्थल्	P	सेट्	अ०	836
ष्ठा	स्था	P *	अनिट्	अ०	928
ष्णै	स्नै	P	अनिट्	स०	923
स्पदिँ	स्पन्द्	A	सेट्	अ०	14
स्पर्धँ	स्पर्ध्	A	सेट्	अ०	3
स्पशँ	स्पश्	U	सेट्	स०	887
स्फायीँ	स्फाय्	A	सेट्	अ०	487
स्फुटँ	स्फुट्	A	सेट्	अ०	260
स्फुटिँर्	स्फुट्	P	सेट्	अ०	329
स्फुर्छाँ	स्फुर्छ्	P	सेट्	अ०	213
टुओँस्फूर्जाँ	स्फूर्ज्	P	सेट्	अ०	235
ष्मिङ्	स्मि	A	अनिट्	अ०	948
स्मीलँ	स्मील्	P	सेट्	अ०	519
स्मृ	स्मृ	P	अनिट्	स०	807
स्मृ	स्मृ	P	अनिट्	स०	933
स्यन्दूँ	स्यन्द्	A*	वेट्	अ०	761
स्यमुँ	स्यम्	P	सेट्	अ०	826
स्रंसुँ	स्रंस्	A*	सेट्	अ०	754
स्रकिँ	स्रङ्क्	A	सेट्	स०	83

Note: 820 स्खदिः Here the इ is not a Tag, but given for enunciation. This Root is not इरित् । In original enunciation we see स्खदिर् अवपरिभ्यां च । Here स्खदिः अवपरिभ्यां by Visarga Sandhi it has changed to repha.

स्रम्भुँ	स्रम्भ्	A*	सेट्	अ०	757
स्रु	स्रु	P	अनिट्	स०	940
स्रेकृँ	स्रेक्	A	सेट्	स०	82
ष्वञ्जँ	स्वञ्ज्	A	अनिट्	स०	976
ष्वदँ	स्वद्	A*	सेट्	स०	18
स्वनँ	स्वन्	P	सेट्	अ०	817
स्वनुँ	स्वन्	P	सेट्	अ०	827
स्वर्दँ	स्वर्द्	A	सेट्	स०	19
स्वादँ	स्वाद्	A	सेट्	स०	28
ञिष्विदाँ	स्विद्	A*	सेट्	अ०	744
ञिष्विदाँ	स्विद्	P	सेट्	अ०	978
स्वृ	स्वृ	P	वेट्	अ०	932
हटँ	हट्	P	सेट्	अ०	312
हठँ	हठ्	P	सेट्	अ०	335
हदँ	हद्	A	अनिट्	अ०	977
हम्मँ	हम्म्	P	सेट्	स०	467
हयँ	हय्	P	सेट्	स०	512
हर्यँ	हर्य्	P	सेट्	स०	514
हलँ	हल्	P	सेट्	स०	837
हसेँ	हस्	P	सेट्	अ०	721
हिक्कँ	हिक्क्	U	सेट्	अ०	861
हिडिँ	हिण्ड्	A	सेट्	स०	268
हिविँ	हिन्व्	P	सेट्	स०	591
हुडृँ	हुड्	P	सेट्	स०	352
हुडिँ	हुण्ड्	A	सेट्	स०	269
हुडिँ	हुण्ड्	A	सेट्	स०	277
हुर्छाँ	हुर्छ्	P	सेट्	अ०	211
हुलँ	हुल्	P	सेट्	स०	844
हूडृँ	हूड्	P	सेट्	स०	353
हृञ्	हृ	U	अनिट्	द्वि०	899
हृषुँ	हृष्	P	सेट्	अ०	709
हेठँ	हेठ्	A	सेट्	स०	266
हेडृँ	हेड्	A	सेट्	स०	284
हेडँ	हेड्	P	सेट्	स०	778
हेषृँ	हेष्	A	सेट्	अ०	621
होडृँ	होड्	A	सेट्	स०	285
होडृँ	होड्	P	सेट्	स०	354
ह्मलँ	ह्मल्	P	सेट्	अ०	806
ह्रगेँ	ह्रग्	P	सेट्	स०	787
ह्रसेँ	ह्रस्	P	सेट्	अ०	711
ह्रादँ	ह्राद्	A	सेट्	अ०	26
ह्रीछँ	ह्रीच्छ्	P	सेट्	अ०	210
ह्रेषृँ	ह्रेष्	A	सेट्	अ०	622
ह्लगेँ	ह्लग्	P	सेट्	स०	788
ह्लसेँ	ह्लस्	P	सेट्	अ०	712
ह्लादीँ	ह्लाद्	A	सेट्	अ०	27
ह्वलँ	ह्वल्	P	सेट्	अ०	805
ह्वृ	ह्वृ	P	अनिट्	अ०	931
ह्वॄ	ह्वॄ	P	अनिट्	स०	934
ह्वेञ्	ह्वे	U	अनिट्	स०	1008

2c Roots Alphabetical Index अदादिः 1011 - 1082

अदँ	अद्	P	अनि	स०	1011
अनँ	अन्	P	सेट्	अ०	1070
असँ	अस्	P	सेट्	अ०	1065
आसँ	आस्	A	सेट्	अ०	1021
इण्	इ	P	अनि	स०	1045
इङ्	इ	A	अनि	स०	1046
इक्	इ	P	अनि	स०	1047
ईडँ	ईड्	A	सेट्	स०	1019
ईरँ	ईर्	A	सेट्	स०	1018
ईशँ	ईश्	A	सेट्	अ०	1020
ऊर्णुञ्	ऊर्णु	U	सेट्	स०	1039
कसिँ	कंस्	A	सेट्	स०	1024
कु	कु	P	अनि	अ०	1042
टुक्षु	क्षु	P	सेट्	अ०	1036
क्ष्णु	क्ष्णु	P	सेट्	स०	1037
ख्या	ख्या	P	अनि	स०	1060
चकासृँ	चकास्	P	सेट्	अ०	1074
चक्षिङ्	चक्ष्	A*	सेट्*	स०	1017
चर्करीतं च		-	-	-	1081
जक्षँ	जक्ष्	P	सेट्	स०*	1071
जागृ	जागृ	P	सेट्	अ०	1072
दरिद्रा	दरिद्रा	P	सेट्	अ०	1073
दाप्	दा	P	अनि	स०	1059
दिहँ	दिह्	U	अनि	अ०	1015
दीधीङ्	दीधी	A	सेट्	अ०	1076
दुहँ	दुह्	U	अनि	द्वि०	1014
द्यु	द्यु	P	अनि	स०	1040
द्रा	द्रा	P	अनि	अ०	1054
द्विषँ	द्विष्	U	अनि	स०	1013
णिसिँ	निंस्	A	सेट्	स०	1025
णिजिँ	निञ्ज्	A	सेट्	स०	1026
णु	नु	P*	सेट्	स०	1035
पा	पा	P	अनि	स०	1056
पिजिँ	पिञ्ज्	A	सेट्	स०*	1028
पृचीँ	पृच्	A	सेट्	स०	1030
प्रा	प्रा	P	अनि	स०	1061
प्सा	प्सा	P	अनि	स०	1055
ब्रूञ्	ब्रू	U	सेट्*	द्वि०	1044
भा	भा	P	अनि	अ०	1051
मा	मा	P	अनि	स०	1062
मृजूँ	मृज्	P	वेट्	स०	1066
या	या	P	अनि	स०	1049
यु	यु	P	सेट्	स०	1033
रा	रा	P	अनि	स०	1057
रु	रु	P	सेट्	स०	1034
रुदिँर्	रुद्	P	सेट्	अ०	1067
ला	ला	P	अनि	स०	1058
लिहँ	लिह्	U	अनि	स०	1016

Note: 1017 चक्षिङ् Here the इ is not a Tag, but given for enunciation. Hence no candrabindu. Anudatta is explicitly mentioned.

वचँ	वच्	P	अनिट्	द्वि०	1063
वशँ	वश्	P	सेट्	स०	1080
वसँ	वस्	A	सेट्	स०	1023
वा	वा	P	अनिट्	स०	1050
विदँ	विद्	P	सेट्	स०	1064
वी	वी	P	अनिट्	स०	1048
वृजीँ	वृज्	A	सेट्	स०	1029
वेवीङ्	वेवी	A	सेट्	स०*	1077
आङः शासुँ	शास्	A	सेट्	स०	1022
शासुँ	शास्	P	सेट्	द्वि०	1075
शिजिँ	शिञ्ज्	A	सेट्	अ०	1027
शीङ्	शी	A	सेट्	अ०	1032
श्रा	श्रा	P	अनिट्	स०	1053
श्वसँ	श्वस्	P	सेट्	अ०	1069
षस्ति	संस्त्	P	सेट्	अ०	1079
षसँ	सस्	P	सेट्	अ०	1078
षु	सु	P	अनिट्	स०	1041
षूङ्	सू	A	वेट्	स०	1031
ष्टुञ्	स्तु	U	अनिट्	स०	1043
ष्णा	स्ना	P	अनिट्	अ०	1052
ष्णु	स्नु	P	सेट्	अ०	1038
ञिष्वपँ	स्वप्	P	अनिट्	अ०	1068
हनँ	हन्	P*	अनिट्*	स०	1012
ह्नुङ्	ह्नु	A	अनिट्	स०	1082

Note: 1044 ब्रूञ् is listed as सेट् due to Karika. However since it gets replaced by 2.4.53 with 1063 वच् hence only अनिट् forms exist. 1063 वच् Grammarians differ regarding if it conjugates in plural.

3c Roots Alphabetical Index जुहोत्यादिः 1083 - 1106

ऋ॒	ऋ	P	अनिट्	स०	1098
कि॒	कि	P	अनिट्	स०	1101
गा॒	गा	P	अनिट्	स०	1106
घृ॒	घृ	P	अनिट्	स०	1096
जनँ	जन्	P	सेट्	अ०*	1105
तुरँ	तुर्	P	सेट्	अ०	1102
डुदा॒ञ्	दा	U	अनिट्	स०	1091
धनँ	धन्	P	सेट्	अ०	1104
डुधा॒ञ्	धा	U	अनिट्	स०	1092
धिषँ	धिष्	P	सेट्	अ०	1103
णि॒जिँर्	निज्	U	अनिट्	स०	1093
पृ	पृ	P	सेट्	स०	1086
भसँ	भस्	P	सेट्	अ०	1100
ञिभी॒	भी	P	अनिट्	अ०	1084
डुभृ॒ञ्	भृ	U	अनिट्	स०	1087
मा॒ङ्	मा	A	अनिट्	स०*	1088
वि॒जिँर्	विज्	U	अनिट्	अ०	1094
वि॒षॢँ	विष्	U	अनिट्	स०	1095
सृ॒	सृ	P	अनिट्	स०	1099
ओँहा॒ङ्	हा	A	अनिट्	स०	1089
ओँहा॒क्	हा	P	अनिट्	स०	1090
हु॒	हु	P	अनिट्	स०	1083
हृ॒	हृ	P	अनिट्	स०	1097
ह्री॒	ह्री	P	अनिट्	अ०	1085

अणँ	अण्	A	सेट्	अ०	1175
असुँ	अस्	P	सेट्	स०	1209
इषँ	इष्	P	सेट्	स०	1127
ईङ्	ई	A	अनि	स०	1143
उचँ	उच्	P	सेट्	अ०	1223
ऋधुँ	ऋध्	P	सेट्	अ०	1245
काशृँ	काश्	A	सेट्	अ०	1162
कुथँ	कुथ्	P	सेट्	अ०	1118
कुपँ	कुप्	P	सेट्	अ०	1233
कुसँ	कुस्	P	सेट्	स०	1218
कृशँ	कृश्	P	सेट्	स०	1227
क्नसुँ	क्नस्	P	सेट्	अ०	1113
क्रुधँ	क्रुध्	P	अनि	अ०	1189
क्लमुँ	क्लम्	P	सेट्	अ०	1207
क्लिदूँ	क्लिद्	P	वेट्	अ०	1242
क्लिशँ	क्लिश्	A	सेट्	अ०	1161
क्षमूँ	क्षम्	P	वेट्	स०	1206
क्षिपँ	क्षिप्	P	अनि	स०	1121
क्षुधँ	क्षुध्	P	अनि	अ०	1190
क्षुभँ	क्षुभ्	P	सेट्	अ०	1239
क्ष्विदाँ	क्ष्विद्	P	सेट्	अ०	1244
खिदँ	खिद्	A	अनि	अ०	1170
गुधँ	गुध्	P	सेट्	स०	1120
गुपँ	गुप्	P	सेट्	अ०	1234
गूरीँ	गूर्	A	सेट्	स०	1154
गृधुँ	गृध्	P	सेट्	स०	1246
घूरीँ	घूर्	A	सेट्	स०	1155
चूरीँ	चूर्	A	सेट्	स०	1158
छो	छो	P	अनि	स०	1146
जनीँ	जन्	A	सेट्	अ०	1149
जसुँ	जस्	P	सेट्	स०	1211
जूरीँ	जूर्	A	सेट्	स०	1156
जॄष्	जॄ	P	सेट्	अ०	1130
झॄष्	झॄ	P	सेट्	अ०	1131
डिपँ	डिप्	P	सेट्	स०	1232
डीङ्	डी	A	सेट्	अ०	1135
तपँ	तप्	A	अनि	अ०	1159
तमुँ	तम्	P	सेट्	अ०	1202
तसुँ	तस्	P	सेट्	स०	1212
तिमँ	तिम्	P	सेट्	अ०	1123
तुभँ	तुभ्	P	सेट्	स०	1241
तुषँ	तुष्	P	अनि	अ०	1184
तूरीँ	तूर्	A	सेट्	स०	1152
तृपँ	तृप्	P	वेट्	स०*	1195
ञितृषाँ	तृष्	P	सेट्	अ०	1228
त्रसीँ	त्रस्	P	सेट्	अ०	1117
दमुँ	दम्	P	सेट्	स०	1203
दसुँ	दस्	P	सेट्	स०	1213

1195 तृप् explicitly mentioned with Anudatta in Sutra 6.1.59

दिवुँ	दिव्	P	सेट्	स०	1107
दीङ्	दी	A	अनि	अ०	1134
दीपीँ	दीप्	A	सेट्	अ०	1150
दुषँ	दुष्	P	अनि	अ०	1185
दूङ्	दू	A	सेट्	अ०	1133
दृपँ	दृप्	P	वेट्	स०	1196
दो	दो	P	अनि	स०	1148
द्रुहँ	द्रुह्	P	वेट्	स०	1197
धीङ्	धी	A	अनि	स०	1136
धूरीँ	धूर्	A	सेट्	स०	1153
णभँ	नभ्	P	सेट्	स०	1240
णशँ	नश्	P	वेट्	अ०	1194
णहँ	नह्	U	अनि	स०	1166
नृतीँ	नृत्	P	सेट्	अ०	1116
पदँ	पद्	A	अनि	स०	1169
पीङ्	पी	A	अनि	स०	1141
पुथँ	पुथ्	P	सेट्	स०	1119
पुषँ	पुष्	P	अनि	स०*	1182
पुष्पँ	पुष्प्	P	सेट्	अ०	1122
पूरीँ	पूर्	A	सेट्	स०	1151
प्रीङ्	प्री	A	अनि	स०*	1144
प्लुषँ	प्लुष्	P	सेट्	स०	1115
प्लुषँ	प्लुष्	P	सेट्	स०	1216
बिसँ	बिस्	P	सेट्	स०	1217
बुधँ	बुध्	A	अनि	स०	1172
बुसँ	बुस्	P	सेट्	स०	1219
भृशुँ	भृश्	P	सेट्	अ०	1224
भ्रंशुँ	भ्रंश्	P	सेट्	अ०	1225
भ्रमुँ	भ्रम्	P	सेट्	अ०	1205
मदीँ	मद्	P	सेट्	अ०	1208
मनँ	मन्	A	अनि	स०	1176
मसीँ	मस्	P	सेट्	अ०	1221
माङ्	मा	A	अनि	स०	1142
ञिमिदाँ	मिद्	P	सेट्	अ०	1243
मीङ्	मी	A	अनि	अ०	1137
मुसँ	मुस्	P	सेट्	स०	1220
मुहँ	मुह्	P	वेट्	स०	1198
मृषँ	मृष्	U	सेट्	स०	1164
यसुँ	यस्	P	सेट्	अ०	1210
युजँ	युज्	A	अनि	अ०	1177
युधँ	युध्	A	अनि	अ०	1173
युपँ	युप्	P	सेट्	स०	1235
रञ्जँ	रञ्ज्	U	अनि	अ०	1167
रधँ	रध्	P	वेट्	स०	1193
राधँ	राध्	P	अनि	अ०	1180
रिषँ	रिष्	P	सेट्	स०	1231
रीङ्	री	A	अनि	स०	1138
अनो रुधँ	रुध्	A	अनि	अ०	1174

1196 दृप् explicitly mentioned with Anudatta in Sutra 6.1.59

रुपँ	रुप्	P	सेट्	स०	1236
रुषँ	रुष्	P	सेट्	अ०	1230
लिशँ	लिश्	A	अनि	अ०	1179
लीङ्	ली	A	अनि	अ०	1139
लुटँ	लुट्	P	सेट्	अ०	1222
लुपँ	लुप्	P	सेट्	स०	1237
लुभँ	लुभ्	P	सेट्	स०	1238
वसुँ	वस्	P	सेट्	अ०	1214
वाशृँ	वाश्	A	सेट्	अ०	1163
विदँ	विद्	A	अनि	अ०	1171
वृतुँ	वृत्	A	सेट्	स०	1160
वृशँ	वृश्	P	सेट्	स०	1226
व्यधँ	व्यध्	P	अनि	स०	1181
व्युषँ	व्युष्	P	सेट्	स०	1114
व्युषँ	व्युष्	P	सेट्	स०	1215
व्रीङ्	व्री	A	अनि	स०	1140
व्रीडँ	व्रीड्	P	सेट्	स०	1126
शकँ	शक्	U	अनि*	अ०	1187
शपँ	शप्	U	अनि	स०	1168
शमुँ	शम्	P	सेट्	अ०	1201
ईँशुचिँर्	शुच्	U	सेट्	अ०	1165
शुधँ	शुध्	P	अनि	अ०	1191
शुषँ	शुष्	P	अनि	अ०	1183
शूरीँ	शूर्	A	सेट्	स०	1157
शो	शो	P	अनि	स०	1145
श्रमुँ	श्रम्	P	सेट्	अ०	1204
श्लिषँ	श्लिष्	P	अनि	स०	1186
ष्ठिवुँ	ष्ठिव्	P	सेट्	स०	1110
षहँ	सह्	P	सेट्	अ०	1128
षिधुँ	सिध्	P	अनि	अ०	1192
षिवुँ	सिव्	P	सेट्	स०	1108
षुहँ	सुह्	P	सेट्	अ०	1129
षूङ्	सू	A	वेट्	स०	1132
सृजँ	सृज्	A	अनि	अ०	1178
षो	सो	P	अनि	स०	1147
ष्टिमँ	स्तिम्	P	सेट्	अ०	1124
ष्टीमँ	स्तीम्	P	सेट्	अ०	1125
ष्णसुँ	स्नस्	P	सेट्	स०	1112
ष्णिहँ	स्निह्	P	वेट्	अ०	1200
ष्णुसुँ	स्नुस्	P	सेट्	स०	1111
ष्णुहँ	स्नुह्	P	वेट्	स०	1199
स्त्रिवुँ	स्त्रिव्	P	सेट्	स०	1109
ष्विदाँ	स्विद्	P	अनि	अ०	1188
हृषँ	हृष्	P	सेट्	अ०	1229

1187 शक विभाषितो मर्षणे Here विभाषितो specifies it is Ubhayepada and meaning is only मर्षणे

5c Roots Alphabetical Index स्वादिः 1247 - 1280

अशूँ	अश्	A	वेट्	स०	1264
अहँ	अह्	P	सेट्	स०	1272
आप्लृँ	आप्	P	अनि	स०	1260
ऋधुँ	ऋध्	P	सेट्	अ०*	1271
कृञ्	कृ	U	अनि	स०	1253
क्षि	क्षि	P	अनि	स०	1276
चमुँ	चम्	P	सेट्	स०	1274
चिञ्	चि	U	अनि	द्वि०	1251
चिरि	चिरि	P	सेट्	स०	1277
जिरि	जिरि	P	सेट्	स०	1278
तिकँ	तिक्	P	सेट्	स०	1266
तिगँ	तिग्	P	सेट्	स०	1267
दघँ	दघ्	P	सेट्	स०	1273
दम्भुँ	दम्भ्	P	सेट्	स०	1270
दाशँ	दाश्	P	सेट्	स०	1279
टुदु	दु	P	अनि	स०	1256
दृ	दृ	P	अनि	स०	1280
धुञ्	धु	U	अनि	स०	1255
ञिधृषाँ	धृष्	P	सेट्	अ०	1269
पृ	पृ	P	अनि	स०	1258
डुमिञ्	मि	U	अनि	स०	1250
राधँ	राध्	P	अनि	अ०	1262
रि	रि	P	अनि	स०	1275
वृञ्	वृ	U	सेट्	स०	1254
शक्लृँ	शक्	P	अनि	अ०	1261
शिञ्	शि	U	अनि	स०	1249
षघँ	सघ्	P	सेट्	स०	1268
साधँ	साध्	P	अनि	स०	1263
षिञ्	सि	U	अनि	स०	1248
षुञ्	सु	U	अनि	स०*	1247
ष्टिघँ	स्तिघ्	A	सेट्	स०	1265
स्तृञ्	स्तृ	U	अनि	स०	1252
स्पृ	स्पृ	P	अनि	स०	1259
हि	हि	P	अनि	स०	1257

6c Roots Alphabetical Index तुदादिः 1281 – 1437

इलँ	इल्	P	सेट्	स०	1357	कृ	कृ	P	सेट्	स०	1409
इषँ	इष्	P	सेट्	स०	1351	क्रुडँ	क्रुड्	P	सेट्	अ०	1394
उछीँ	उच्छ्	P	सेट्	स०	1295	क्षि	क्षि	P	अनि	स०	1407
उज्झँ	उज्झ्	P	सेट्	स०	1304	क्षिपँ	क्षिप्	U	अनि	स०	1285
उछिँ	उञ्छ्	P	सेट्	स०	1294	क्षुरँ	क्षुर्	P	सेट्	स०	1344
उब्जँ	उब्ज्	P	सेट्	अ०	1303	खिदँ	खिद्	P	अनि	स०	1436
उभँ	उभ्	P	सेट्	स०	1319	खुरँ	खुर्	P	सेट्	स०	1342
उम्भँ	उम्भ्	P	सेट्	स०	1320	गु	गु	P	अनि	अ०	1399
ऋचँ	ऋच्	P	सेट्	स०	1302	गुजँ	गुज्	P	सेट्	अ०	1369
ऋछँ	ऋच्छ्	P	सेट्	अ०	1296	गुडँ	गुड्	P	सेट्	स०	1370
ऋफँ	ऋफ्	P	सेट्	स०	1315	गुफँ	गुफ्	P	सेट्	स०	1317
ऋम्फँ	ऋम्फ्	P	सेट्	स०	1316	गुम्फँ	गुम्फ्	P	सेट्	स०	1318
ऋषीँ	ऋष्	P	सेट्	स०	1287	गुरीँ	गुर्	A	सेट्	अ०	1396
कडँ	कड्	P	सेट्	स०	1380	गृ	गृ	P	सेट्	स०	1410
किलँ	किल्	P	सेट्	अ०	1353	घुटँ	घुट्	P	सेट्	स०	1385
कुङ्	कु	A	अनि	अ०	1401	घुणँ	घुण्	P	सेट्	अ०	1338
कुचँ	कुच्	P	सेट्	स०	1368	घुरँ	घुर्	P	सेट्	अ०	1345
कुटँ	कुट्	P	सेट्	अ०	1366	घूर्णँ	घूर्ण्	P	सेट्	अ०	1339
कुडँ	कुड्	P	सेट्	अ०	1383	चर्चँ	चर्च्	P	सेट्	स०	1299
कुणँ	कुण्	P	सेट्	अ०	1335	चलँ	चल्	P	सेट्	अ०	1356
कुरँ	कुर्	P	सेट्	अ०	1341	चिलँ	चिल्	P	सेट्	स०	1355
कृडँ	कृड्	P	सेट्	अ०	1382	चुटँ	चुट्	P	सेट्	स०	1377
कृतीँ	कृत्	P	सेट्*	स०	1435	चुडँ	चुड्	P	सेट्	स०	1392
कृषँ	कृष्	U	अनि	स०	1286	चृतीँ	चृत्	P	सेट्	स०	1324

Note: 1351 इषँ । इषुँ । केचित् उदितं पठन्ति Some consider it with उँ Tag.

छुटँ	छुट्	P	सेट्	स०	1378
छु॒पँ	छुप्	P	अनि	स०	1418
छुरँ	छुर्	P	सेट्	स०	1372
जर्जँ	जर्ज्	P	सेट्	स०	1298
जुडँ	जुड्	P	सेट्	स०	1326
जुडँ	जुड्	P	सेट्	स०	1379
जुषीँ॒	जुष्	A	सेट्	स०	1288
झर्झँ	झर्झ्	P	सेट्	स०	1300
डिपँ	डिप्	P	सेट्	स०	1371
तिलँ	तिल्	P	सेट्	अ०	1354
तुटँ	तुट्	P	सेट्	स०	1376
तुडँ	तुड्	P	सेट्	स०	1386
तुणँ	तुण्	P	सेट्	अ०	1332
तु॒दँ॑	तुद्	U	अनि	स०	1281
तुपँ	तुप्	P	सेट्	स०	1309
तुफँ	तुफ्	P	सेट्	स०	1311
तुम्पँ	तुम्प्	P	सेट्	स०	1310
तुम्फँ	तुम्फ्	P	सेट्	स०	1312
तृन्हूँ	तृंह्	P	वेट्	स०	1350
तृपँ	तृप्	P	सेट्	स०	1307
तृम्फँ	तृम्फ्	P	सेट्	अ०	1308
तृहूँ	तृह्	P	वेट्	स०	1348
त्रुटँ	त्रुट्	P	सेट्	स०	1375
त्वचँ	त्वच्	P	सेट्	स०	1301
थुडँ	थुड्	P	सेट्	स०	1387
दि॒शँ॑	दिश्	U	अनि	स०	1283
दृ॒ङ्	दृ	A	अनि	स०	1411
दृपँ	दृप्	P	सेट्	अ०	1313
दृभीँ	दृभ्	P	सेट्	स०	1323
दृम्फँ	दृम्फ्	P	सेट्	अ०	1314
द्रुणँ	द्रुण्	P	सेट्	स०	1337
धि॒	धि	P	अनि	स०	1406
धू	धू	P	सेट्	स०	1398
धृ॒ङ्	धृ	A	अनि	अ०	1412
ध्रु	ध्रु	P	अनि	अ०	1400
णिलँ	निल्	P	सेट्	स०	1360
णु॒दँ॑	नुद्	U	अनि	स०	1282
णुदँ	नुद्	P	अनि	स०	1426
णू	नू	P	सेट्	स०	1397
पि॒	पि	P	अनि	स०	1405
पिशँ	पिश्	P	सेट्	अ०	1437
पुटँ	पुट्	P	सेट्	स०	1367
पुडँ	पुड्	P	सेट्	स०	1384
पुणँ	पुण्	P	सेट्	अ०	1333
पुरँ	पुर्	P	सेट्	अ०	1346
पृ॒ङ्	पृ	A	अनि	अ०	1402
पृडँ	पृड्	P	सेट्	स०	1328
पृणँ	पृण्	P	सेट्	स०	1329

प्रच्छँ	प्रच्छ्	P	अनि	द्वि०	1413
बिलँ	बिल्	P	सेट्	स०	1359
भुजोँ	भुज्	P	अनि	अ०	1417
भृडँ	भृड्	P	सेट्	अ०	1395
भ्रस्जँ॑	भ्रस्ज्	U	अनि	स०	1284
टुमस्जोँ	मस्ज्	P	अनि	अ०	1415
मिछँ	मिच्छ्	P	सेट्	स०*	1297
मिलँ	मिल्	P	सेट्	स०	1364
मिलँ॑	मिल्	U	सेट्	अ०	1429
मिषँ	मिष्	P	सेट्	स०	1352
मुचॢँ॑	मुच्	U	अनि	स०	1430
मुटँ	मुट्	P	सेट्	अ०	1374
मुणँ	मुण्	P	सेट्	स०	1334
मुरँ	मुर्	P	सेट्	स०	1343
मृङ्	मृ	A*	अनि	अ०	1403
मृडँ	मृड्	P	सेट्	स०	1327
मृणँ	मृण्	P	सेट्	स०	1331
मृशँ	मृश्	P	अनि	स०	1425
रि	रि	P	अनि	स०	1404
रिफँ	रिफ्	P	सेट्	स०	1306
रिशँ	रिश्	P	अनि	स०	1420
रुजोँ	रुज्	P	अनि	स०	1416
रुशँ	रुश्	P	अनि	स०	1419
ओँलजीँ	लज्	A	सेट्	अ०	1290
ओँलस्जीँ	लस्ज्	A	सेट्	अ०	1291
लिखँ	लिख्	P	सेट्	स०	1365
लिपँ॑	लिप्	U	अनि	स०	1433
लिशँ	लिश्	P	अनि	स०	1421
लुटँ	लुट्	P	सेट्	स०	1381
लुपॢँ॑	लुप्	U	अनि	स०	1431
लुभँ	लुभ्	P	सेट्	स०	1305
विछँ	विच्छ्	P	सेट्	स०	1423
ओँविजीँ	विज्	A	सेट्	अ०	1289
विदॢँ॑	विद्	U	सेट्*	स०	1432
विधँ	विध्	P	सेट्	स०	1325
विलँ	विल्	P	सेट्	स०	1358
विशँ	विश्	P	अनि	स०	1424
वृणँ	वृण्	P	सेट्	स०	1330
वृहूँ	वृह्	P	वेट्	स०	1347
व्यचँ	व्यच्	P	सेट्	स०	1293
ओँव्रस्चूँ	व्रस्च्	P	वेट्	स०	1292
व्रुडँ	व्रुड्	P	सेट्	स०	1393
शदॢ	शद्	P*	अनि	अ०	1428
शिलँ	शिल्	P	सेट्	स०	1362
शुनँ	शुन्	P	सेट्	स०	1336
शुभँ	शुभ्	P	सेट्	अ०	1321
शुम्भँ	शुम्भ्	P	सेट्	अ०	1322
षदॢ	सद्	P	अनि	अ०	1427

षिचँ	सिच्	U	अनि	स०	1434
षिलँ	सिल्	P	सेट्	स०	1363
षुरँ	सुर्	P	सेट्	अ०	1340
षू	सू	P	सेट्	स०	1408
सृजँ	सृज्	P	अनि	स०	1414
स्तृहूँ	स्तृह्	P	वेट्	स०	1349
स्थुडँ	स्थुड्	P	सेट्	स०	1388
स्पृशँ	स्पृश्	P	अनि	स०	1422
स्फुटँ	स्फुट्	P	सेट्	अ०	1373
स्फुडँ	स्फुड्	P	सेट्	स०	1391
स्फुरँ	स्फुर्	P	सेट्	अ०	1389
स्फुलँ	स्फुल्	P	सेट्	अ०	1390
हिलँ	हिल्	P	सेट्	स०	1361

7c Roots Alphabetical Index रुधादिः 1438 - 1462

अञ्जूँ	अञ्ज्	P	वेट्	स०	1458
ञिइन्धीँ	इन्ध्	A	सेट्	अ०	1448
उन्दीँ	उन्द्	P	सेट्	स०	1457
कृतीँ	कृत्	P	सेट्	स०	1447
क्षुदिँर्	क्षुद्	U	अनि	स०	1443
खिदँ	खिद्	A	अनि	अ०	1449
छिदिँर्	छिद्	U	अनि	स०	1440
उँछृदिँर्	छृद्	U	सेट्	स०*	1445
तञ्चूँ	तञ्च्	P	वेट्	स०	1459
उँतृदिँर्	तृद्	U	सेट्	स०	1446
तृहँ	तृह्	P	सेट्	स०	1455
पिषॢँ	पिष्	P	अनि	स०	1452
पृचीँ	पृच्	P	सेट्	स०	1462
भञ्जोँ	भञ्ज्	P	अनि	स०	1453
भिदिँर्	भिद्	U	अनि	स०	1439
भुजँ	भुज्	P*	अनि	स०	1454
युजिँर्	युज्	U	अनि	स०	1444
रिचिँर्	रिच्	U	अनि	स०	1441
रुधिँर्	रुध्	U	अनि	द्वि०	1438
विचिँर्	विच्	U	अनि	स०	1442
ओँविजीँ	विज्	P	सेट्	अ०	1460
विदँ	विद्	A	अनि	स०	1450
वृजीँ	वृज्	P	सेट्	स०	1461
शिषॢँ	शिष्	P	अनि	स०	1451
हिसिँ	हिंस्	P	सेट्	स०	1456

8c Roots Alphabetical Index तनादिः 1463 - 1472

ऋणुँ॑	ऋण्	U	सेट्	स०	1467
डुकृञ्	कृ	U	अनि	स०	1472
क्षणुँ॑	क्षण्	U	सेट्	स०	1465
क्षिणुँ॑	क्षिण्	U	सेट्	स०	1466
घृणुँ॑	घृण्	U	सेट्	स०	1469
तनुँ॑	तन्	U	सेट्	स०	1463
तृणुँ॑	तृण्	U	सेट्	स०	1468
मनुँ	मन्	A	सेट्	स०	1471
वनुँ	वन्	A*	सेट्	स०	1470
षणुँ॑	सन्	U	सेट्	स०	1464

9c Roots Alphabetical Index क्र्यादिः 1473 – 1533

अशँ	अश्	P	सेट्	स०	1523
इषँ	इष्	P	सेट्	स०	1525
ॠ	ॠ	P	सेट्	स०	1497
कुन्थँ	कुन्थ्	P	सेट्	स०	1514
कुषँ	कुष्	P	सेट्	स०	1518
कॄञ्	कॄ	U	सेट्	स०	1485
कॄ	कॄ	P	सेट्	स०	1496
क्नूञ्	क्नू	U	सेट्	अ०	1480
डुक्रीञ्	क्री	U	अनि	स०	1473
क्लिशूँ	क्लिश्	P	वेट्	अ०*	1522
क्षीष्	क्षी	P	अनि	स०	1506
क्षुभँ	क्षुभ्	P	सेट्	अ०	1519
खचँ	खच्	P	सेट्	अ०	1531
गुधँ	गुध्	P	सेट्	अ०	1517
गॄ	गॄ	P	सेट्	अ०	1498
ग्रन्थँ	ग्रन्थ्	P	सेट्	स०	1513
ग्रहँ	ग्रह्	U	सेट्	स०	1533
जॄ	जॄ	P	सेट्	अ०	1494
ज्ञा	ज्ञा	P*	अनि	स०	1507
ज्या	ज्या	P	अनि	अ०	1499
तुभँ	तुभ्	P	सेट्	स०	1521
दॄ	दॄ	P	सेट्	स०	1493
द्रूञ्	द्रू	U	सेट्	स०	1481
धूञ्	धू	U	वेट्	स०	1487
उँध्रसँ	ध्रस्	P	सेट्	स०	1524
णभँ	नभ्	P	सेट्	स०	1520
नॄ	नॄ	P	सेट्	स०	1495
पुषँ	पुष्	P	सेट्	स०	1529
पूञ्	पू	U	सेट्	स०	1482
पॄ	पॄ	P	सेट्	स०	1489
प्रीञ्	प्री	U	अनि	स०	1474
प्रुषँ	प्रुष्	P	सेट्	स०	1527
प्ली	प्ली	P	अनि	स०	1503
प्लुषँ	प्लुष्	P	सेट्	स०	1528
बन्धँ	बन्ध्	P	अनि	स०	1508
भॄ	भॄ	P	सेट्	स०	1491
भ्री	भ्री	P	अनि	अ०	1505
मन्थँ	मन्थ्	P	सेट्	द्वि०	1511
मीञ्	मी	U	अनि	स०	1476
मुषँ	मुष्	P	सेट्	द्वि०	1530
मृडँ	मृड्	P	सेट्	स०	1516
मृदँ	मृद्	P	सेट्	स०	1515
मॄ	मॄ	P	सेट्	स०	1492
युञ्	यु	U	अनि	स०	1479
री	री	P	अनि	स०	1500
ली	ली	P	अनि	अ०	1501
लूञ्	लू	U	सेट्	स०	1483
विषँ	विष्	P	अनि	अ०	1526

वृङ्	वृ	A	सेट्	स०	1509
वृञ्	वृ	U	सेट्	स०	1486
वॄ	वॄ	P	सेट्	स०	1490
व्री॒	व्री	P	अनि	स०	1504
ह्ली॒	ह्ली	P	अनि	स०	1502
शॄ	शॄ	P	सेट्	स०	1488
श्रन्थँ	श्रन्थ्	P	सेट्	स०	1510
श्रन्थँ	श्रन्थ्	P	सेट्	स०	1512
श्री॒ञ्	श्री	U	अनि	स०	1475
षि॒ञ्	सि	U	अनि	स०	1477
स्कु॒ञ्	स्कु	U	अनि	स०	1478
स्तॄञ्	स्तॄ	U	सेट्	स०	1484
हेठँ	हेठ्	P	सेट्	स०	1532

10c Roots Alphabetical Index चुरादिः 1534 – 1943

अंस	अंस	U	सेट्	अ०	1918
अहिँ	अंह्	U	सेट्	स०	1797
अङ्क	अङ्क	U	सेट्	स०	1927
अङ्ग	अङ्ग	U	सेट्	स०	1928
अञ्चुँ	अञ्च्	U	सेट्	स०	1738
अञ्जिँ	अञ्ज्	U	सेट्	स०	1785
अट्टँ	अट्ट्	U	सेट्	स०	1561
अन्ध	अन्ध	U	सेट्	स०	1925
अमँ	अम्	U	सेट्	स०	1720
अर्कँ	अर्क्	U	सेट्	स०	1643
अर्चँ	अर्च्	U	सेट्	स०	1808
अर्जँ	अर्ज्	U	सेट्	स०	1725
अर्थ	अर्थ	A	सेट्	स०	1905
अर्दँ॑	अर्द्	U	सेट्	स०	1828
अर्हँ	अर्ह्	U	सेट्	स०	1731
अर्हँ	अर्ह्	U	सेट्	स०	1830
आपॢँ॑	आप्	U	सेट्	स०	1839
इलँ	इल्	U	सेट्	स०	1660
ईडँ	ईड्	U	सेट्	स०	1667
ईरँ	ईर्	U	सेट्	स०	1810
उँध्रसँ	ध्रस्	U	सेट्	स०	1742
ऊन	ऊन	U	सेट्	स०	1888
ऊर्जँ	ऊर्ज्	U	सेट्	अ०	1549
ओलडिँ	ओलण्ड्	U	सेट्	स०	1542
कणँ	कण्	U	सेट्	स०	1715
कठिँ	कण्ठ्	U	सेट्	अ०	1847
कडिँ	कण्ड्	U	सेट्	स०	1582
कत्र	कत्र्	U	सेट्	अ०	1915
कथ	कथ	U	सेट्	स०	1851
कलँ	कल्	U	सेट्	स०	1604
कल	कल	U	सेट्	स०	1865
कीटँ	कीट्	U	सेट्	स०	1640
कुशिँ	कुंश्	U	सेट्	स०	1765
कुसिँ	कुंस्	U	सेट्	स०	1763
कुट्टँ	कुट्ट्	U	सेट्	स०	1558
कुट्टँ॒	कुट्ट्	A	सेट्	स०	1702
कुण	कुण	U	सेट्	स०	1893
कुडिँ	कुण्ड्	U	सेट्	स०	1583
कुत्सँ॒	कुत्स्	A	सेट्	स०	1697
कुद्रिँ	कुन्द्र्	U	सेट्	स०	1539
कुपँ	कुप्	U	सेट्	स०	1779
कुमार	कुमार	U	सेट्	स०	1877
कुबिँ	कुम्ब्	U	सेट्	स०	1655
कुस्मँ॒	कुस्म्	A	सेट्	अ०	1711
कुह	कुह	A	सेट्	स०	1901
कूटँ॒	कूट्	A	सेट्	स०	1701
कूट	कूट	U	सेट्	अ०	1890
कूट	कूट	U	सेट्	स०	1896

Note: 1748 कृपँ क्लृप् । By 8.2.18 कृपो रो लः it behaves as क्लृप् ।

10c Roots with Serial No 1851 to 1943 are कथादयः अदन्ताः having अ in end, अग्लोपी that drop the अकारः, hence these are listed without candrabindu. E.g. 1918 अंस अंस् ।

कूणँ॒	कूण्	A	सेट्	स०	1688
कृप	कृप	U	सेट्	अ०	1869
कृतँ	कृत्	U	सेट्	स०	1653
कृपँ	क्लृप्	U	सेट्	अ०	1748
केत	केत	U	सेट्	स०	1895
आङः क्रन्दँ	क्रन्द्	U	सेट्	अ०	1727
क्षपिँ	क्षम्प्	U	सेट्	स०	1620
क्षलँ	क्षल्	U	सेट्	स०	1597
क्षिप	क्षिप	U	सेट्	अ०	1941
क्षोट	क्षोट	U	सेट्	स०	1875
खट्टँ	खट्ट्	U	सेट्	स०	1632
खडँ	खड्	U	सेट्	स०	1580
खडिँ	खण्ड्	U	सेट्	स०	1581
खुडिँ	खुण्ड्	U	सेट्	स०	1585
खेट	खेट	U	सेट्	स०	1874
गजँ	गज्	U	सेट्	अ०	1647
गण	गण	U	सेट्	स०	1853
गदी	गद्	U	सेट्	स०	1860
गन्धँ॒	गन्ध्	A	सेट्	स०	1684
गर्व	गर्व	A	सेट्	अ०	1907
गर्हँ	गर्ह्	U	सेट्	स०	1845
गलँ॒	गल्	A	सेट्	अ०	1699
गवेष	गवेष	U	सेट्	स०	1883
गुण	गुण	U	सेट्	स०	1894
गुडिँ	गुण्ड्	U	सेट्	स०	1584
गुपँ	गुप्	U	सेट्	स०	1771
गुर्दँ	गुर्द्	U	सेट्	अ०	1665
गूरँ	गूर्	A	सेट्	स०	1694
गृ	गृ	A	सेट्	स०	1707
गृह	गृह	A	सेट्	स०	1899
गोम	गोम	U	सेट्	स०	1876
ग्रन्थँ	ग्रन्थ्	U	सेट्	स०	1825
ग्रन्थँ	ग्रन्थ्	U	सेट्	स०	1838
ग्रसँ	ग्रस्	U	सेट्	स०	1749
ग्राम	ग्राम	U	सेट्	स०	1892
घटँ	घट्	U	सेट्	स०	1723
घटँ	घट्	U	सेट्	स०	1766
घट्टँ	घट्ट्	U	सेट्	अ०	1630
घटिँ	घण्ट्	U	सेट्	स०	1767
घुषिँर्	घुष्	U	सेट्	स०	1726
घृ	घृ	U	सेट्	स०	1650
चक्कँ	चक्क्	U	सेट्	स०	1595
चटँ	चट्	U	सेट्	स०	1721
चहँ	चह्	U	सेट्	स०	1626
चपिँ	चम्प्	U	सेट्	स०	1619
चरँ	चर्	U	सेट्	स०	1745
चर्चँ	चर्च्	U	सेट्	स०	1712
चलँ	चल्	U	सेट्	अ०	1608

Note: 1860 गदी गद् Here the ई is not a Tag, but for enunciation. Hence no candrabindu.

चह	चह	U	सेट्	अ०	1866
चिञ्	चि	U	सेट्	द्वि०	1629
चि	चि	U	सेट्	स०	1794
चितँ	चित्	A	सेट्	स०	1673
चित्र	चित्र	U	सेट्	स०	1917
चितिँ	चिन्त्	U	सेट्	स०	1535
चीकँ	चीक्	U	सेट्	स०	1827
चीवँ	चीव्	U	सेट्	स०	1774
चुक्कँ	चुक्क्	U	सेट्	स०	1596
चुटँ	चुट्	U	सेट्	स०	1613
चुट्टँ	चुट्ट्	U	सेट्	अ०	1560
चुटिँ	चुण्ट्	U	सेट्	स०	1659
चुदँ	चुद्	U	सेट्	स०*	1592
चुबिँ	चुम्ब्	U	सेट्	स०	1635
चुरँ	चुर्	U	सेट्	स०	1534
चुलँ	चुल्	U	सेट्	स०	1602
चूर्णँ	चूर्ण्	U	सेट्	स०	1552
चूर्णँ	चूर्ण्	U	सेट्	स०	1641
च्यु	च्यु	U	सेट्	स०	1746
छजिँ	छञ्ज्	U	सेट्	अ०	1621
छदँ	छद्	U	सेट्	स०	1833
छद	छद	U	सेट्	स०	1935
छदिँ	छन्द्	U	सेट्	स०	1577
छर्दँ	छर्द्	U	सेट्	अ०	1589
छिद्र	छिद्र	U	सेट्	स०	1924
छृदीँ	छृद्	U	सेट्	स०	1820
छेद	छेद	U	सेट्	स०	1934
जसिँ	जंस्	U	सेट्	स०	1666
जभिँ	जम्भ्	U	सेट्	स०	1716
जलँ	जल्	U	सेट्	स०	1543
जसुँ	जस्	U	सेट्	स०	1668
जसुँ	जस्	U	सेट्	स०	1718
जि	जि	U	सेट्	स०	1793
जुडँ	जुड्	U	सेट्	स०	1646
जुषँ	जुष्	U	सेट्	स०	1834
जृ	जृ	U	सेट्	अ०	1814
ज्ञपँ	ज्ञप्	U	सेट्	स०	1624
ज्ञा	ज्ञा	U	सेट्	स०	1732
ज्रि	ज्रि	U	सेट्	स०	1815
टकिँ	टङ्क्	U	सेट्	स०	1638
डपँ	डप्	A	सेट्	स०	1676
डिपँ	डिप्	U	सेट्	स०	1671
डिपँ	डिप्	A	सेट्	स०	1677
तसिँ	तंस्	U	सेट्	स०	1729
तडँ	तड्	U	सेट्	स०	1579
तडँ	तड्	U	सेट्	स०	1801
तनुँ	तन्	U	सेट्	स०	1840
तत्रिँ	तन्त्र्	A	सेट्	अ०	1678

तपँ	तप्	U	सेट्	स०	1818
तर्कँ	तर्क्	U	सेट्	स०	1780
तर्जँ	तर्ज्	A	सेट्	स०	1681
तलँ	तल्	U	सेट्	स०	1598
तिजँ	तिज्	U	सेट्	स०	1652
तिलँ	तिल्	U	सेट्	अ०	1607
तीर	तीर	U	सेट्	अ०	1912
तुजिँ	तुञ्ज्	U	सेट्	स०	1566
तुजिँ	तुञ्ज्	U	सेट्	स०	1755
तुत्थ	तुत्थ	U	सेट्	स०	1943
तुबिँ	तुम्ब्	U	सेट्	स०	1657
तुलँ	तुल्	U	सेट्	स०	1599
तूणँ	तूण्	A	सेट्	स०	1689
तृपँ	तृप्	U	सेट्	स०	1819
त्रसिँ	त्रंस्	U	सेट्	स०	1761
त्रसँ	त्रस्	U	सेट्	स०	1741
त्रुटँ	त्रुट्	A	सेट्	स०	1698
दशिँ	दंश्	A	सेट्	स०	1674
दशिँ	दंश्	U	सेट्	स०	1764
दसिँ	दंस्	A	सेट्	स०	1675
दसिँ	दंस्	U	सेट्	स०	1786
दण्ड	दण्ड	U	सेट्	द्वि०	1926
दलँ	दल्	U	सेट्	स०	1751
दिवुँ	दिव्	A	सेट्	अ०	1706
दिवुँ	दिव्	U	सेट्	स०	1724
दुःख	दुःख	U	सेट्	स०	1930
दुलँ	दुल्	U	सेट्	स०	1600
दृभीँ	दृभ्	U	सेट्	स०	1821
दृभँ	दृभ्	U	सेट्	स०	1822
धक्कँ	धक्क्	U	सेट्	स०	1594
धूञ्	धू	U	सेट्	स०	1835
धूपँ	धूप्	U	सेट्	स०	1772
धूसँ	धूस्	U	सेट्	स०	1639
धृषँ	धृष्	U	सेट्	स०	1850
धेक	धेक्	U	सेट्	स०	1914
ध्वन	ध्वन	U	सेट्	अ०	1889
नक्कँ	नक्क्	U	सेट्	स०	1593
नटँ	नट्	U	सेट्	स०	1545
नटँ	नट्	U	सेट्	स०	1791
णदँ	नद्	U	सेट्	स०	1778
नलँ	नल्	U	सेट्	स०	1802
निवास	निवास	U	सेट्	स०	1885
निष्कँ	निष्क्	A	सेट्	स०	1686
पसिँ	पंस्	U	सेट्	स०	1616
पक्षँ	पक्ष्	U	सेट्	स०	1550
पचिँ	पञ्च्	U	सेट्	स०	1651
पटँ	पट्	U	सेट्	स०	1752
पट	पट	U	सेट्	स०	1856

पडिँ	पण्ड्	U	सेट्	स०	1615	पुषँ	पुष्	U	सेट्	स०	1750
पत	पत/पत्	U	सेट्	स०	1861	पुस्तँ	पुस्त्	U	सेट्	स०	1590
पद्	पद	A	सेट्	स०	1898	पूजँ	पूज्	U	सेट्	स०	1642
पथिँ	पन्थ्	U	सेट्	स०	1575	पूरीँ	पूर्	U	सेट्	स०	1803
पर्ण	पर्ण	U	सेट्	अ०	1939	पूलँ	पूल्	U	सेट्	स०	1636
पल्पूल	पल्पूल	U	सेट्	स०	1881	पृचँ	पृच्	U	सेट्	स०	1807
पशँ	पश्	U	सेट्	स०	1719	पृथँ	पृथ्	U	सेट्	स०	1554
पष	पष	U	सेट्	स०	1862	पृ	पृ	U	सेट्	स०	1548
पार	पार	U	सेट्	स०	1911	प्रथँ	प्रथ्	U	सेट्	स०	1553
पालँ	पाल्	U	सेट्	स०	1609	प्रीञ्	प्री	U	सेट्	स०	1836
पिसिँ	पिंस्	U	सेट्	स०	1762	बधँ	बध्	U	सेट्	स०	1547
पिछँ	पिच्छ्	U	सेट्	स०	1576	बर्हँ	बर्ह्	U	सेट्	स०	1664
पिजिँ	पिञ्ज्	U	सेट्	स०	1567	बर्हँ	बर्ह्	U	सेट्	स०	1769
पिजिँ	पिञ्ज्	U	सेट्	स०	1757	बलँ	बल्	U	सेट्	स०	1628
पिडिँ	पिण्ड्	U	सेट्	अ०	1669	बल्हँ	बल्ह्	U	सेट्	स०	1770
पिसँ	पिस्	U	सेट्	स०	1568	बष्क	बष्क	U	सेट्	स०	1916
पीडँ	पीड्	U	सेट्	स०	1544	बस्तँ	बस्त्	A	सेट्	स०	1683
पुंसँ	पुंस्	U	सेट्	स०	1637	बिलँ	बिल्	U	सेट्	स०	1606
पुटँ	पुट्	U	सेट्	स०	1753	बुक्कँ	बुक्क्	U	सेट्	अ०	1713
पुट	पुट	U	सेट्	स०	1913	बुस्तँ	बुस्त्	U	सेट्	स०	1591
पुट्टँ	पुट्ट्	U	सेट्	अ०	1559	बृहिँ	बृंह्	U	सेट्	स०	1768
पुटिँ	पुण्ट्	U	सेट्	स०	1792	ब्रूसँ	ब्रूस्	U	सेट्	स०	1663
पुथँ	पुथ्	U	सेट्	स०	1775	भक्षँ	भक्ष्	U	सेट्	स०	1557
पुलँ	पुल्	U	सेट्	अ०	1601	भजँ	भज्	U	सेट्	स०	1733

भजिँ	भञ्ज्	U	सेट्	स०	1759
भडिँ	भण्ड्	U	सेट्	स०	1588
भर्त्सँ॒	भर्त्स्	A	सेट्	स०	1682
भलँ॒	भल्	A	सेट्	स०	1700
भाज	भाज	U	सेट्	स०	1886
भाम	भाम	U	सेट्	अ०	1872
भू	भू	U	सेट्	स०	1747
भू	भू	A*	सेट्	स०	1844
भूषँ	भूष्	U	सेट्	स०	1730
भृशिँ	भृंश्	U	सेट्	स०	1787
भ्रूणँ	भ्रूण्	A	सेट्	स०	1690
महिँ	मंह्	U	सेट्	स०	1799
मडिँ	मण्ड्	U	सेट्	स०	1587
मदँ॒	मद्	A	सेट्	स०	1705
मत्रिँ॒	मन्त्र्	A	सेट्	स०	1679
मर्चँ	मर्च्	U	सेट्	अ०	1649
मह	मह	U	सेट्	स०	1867
मानँ॒	मान्	A	सेट्	अ०	1709
मानँ	मान्	U	सेट्	स०	1843
मार्गँ	मार्ग्	U	सेट्	स०	1846
मार्जँ	मार्ज्	U	सेट्	अ०	1648
मिजिँ	मिञ्ज्	U	सेट्	स०	1756
मिदिँ	मिन्द्	U	सेट्	स०	1541
मिश्र	मिश्र	U	सेट्	स०	1921
मी	मी	U	सेट्	स०	1824
मुचँ	मुच्	U	सेट्	स०	1743
मुटँ	मुट्	U	सेट्	स०	1614
मुदँ	मुद्	U	सेट्	स०	1740
मुस्तँ	मुस्त्	U	सेट्	अ०	1631
मूत्र	मूत्र	U	सेट्	स०	1909
मूलँ	मूल्	U	सेट्	स०	1603
मृग	मृग	A	सेट्	स०	1900
मृजूँ	मृज्	U	सेट्	स०	1848
मृषँ	मृष्	U	सेट्	स०	1849
म्रक्षँ	म्रक्ष्	U	सेट्	अ०	1661
म्लेछँ	म्लेच्छ्	U	सेट्	अ०	1662
यक्षँ॒	यक्ष्	A	सेट्	स०	1692
यतँ	यत्	U	सेट्	अ०	1735
यत्रिँ	यन्त्र्	U	सेट्	स०	1536
यमँ	यम्	U	सेट्	स०	1625
यु	यु	A	सेट्	स०	1710
युजँ	युज्	U	सेट्	स०	1806
रहिँ	रंह्	U	सेट्	स०	1798
रकँ	रक्	U	सेट्	स०	1736
रघिँ	रङ्घ्	U	सेट्	स०	1795
रच	रच्	U	सेट्	स०	1864
रस	रस	U	सेट्	स०	1931
रहँ	रह्	U	सेट्	स०	1627

रह	रह	U	सेट्	स०	1858
रिचँ	रिच्	U	सेट्	स०	1816
रुशि	रुंश्	U	सेट्	स०	1788
रुसि	रुंस्	U	सेट्	स०	1790
रुजँ	रुज्	U	सेट्	स०	1804
रुटँ	रुट्	U	सेट्	स०	1783
रुषँ	रुष्	U	सेट्	अ०	1670
रूक्ष	रूक्ष	U	सेट्	अ०	1910
रूप	रूप	U	सेट्	स०	1933
लक्षँ	लक्ष्	U	सेट्	स०	1538
लक्षँ	लक्ष्	A	सेट्	स०	1696
लगँ	लग्	U	सेट्	स०	1737
लघिँ	लङ्घ्	U	सेट्	स०	1760
लघिँ	लङ्घ्	U	सेट्	स०	1796
लज	लज	U	सेट्	अ०	1920
लजिँ	लञ्ज्	U	सेट्	स०	1784
लडँ	लड्	U	सेट्	स०	1540
लडिँ	लण्ड्	U	सेट्	स०	1800
ललँ	लल्	A	सेट्	स०	1687
लसँ	लस्	U	सेट्	अ०	1728
लाभ	लाभ	U	सेट्	स०	1936
लिगिँ	लिङ्ग्	U	सेट्	स०	1739
ली	ली	U	सेट्	स०	1811
लुजिँ	लुञ्ज्	U	सेट्	स०	1758
लुटँ	लुट्	U	सेट्	स०	1754
लुण्ठँ	लुण्ठ्	U	सेट्	स०	1563
लुबिँ	लुम्ब्	U	सेट्	स०	1656
लूषँ	लूष्	U	सेट्	स०	1610
लोकृँ	लोक्	U	सेट्	स०	1776
लोचृँ	लोच्	U	सेट्	स०	1777
वचँ	वच्	U	सेट्	स०	1842
वञ्चुँ	वञ्च्	A	सेट्	स०	1703
वट	वट	U	सेट्	स०	1857
वट	वट	U	सेट्	स०	1919
वटिँ	वण्ट्	U	सेट्	स०	1586
वदँ	वद्	U	सेट्	स०	1841
वर	वर	U	सेट्	स०	1852
वर्णँ	वर्ण्	U	सेट्	स०	1551
वर्ण	वर्ण	U	सेट्	स०	1938
वर्धँ	वर्ध्	U	सेट्	स०	1654
वल्कँ	वल्क्	U	सेट्	स०	1571
वसँ	वस्	U	सेट्	स०	1744
वस	वस	U	सेट्	स०	1942
वात	वात	U	सेट्	स०	1882
वास	वास	U	सेट्	स०	1884
विछँ	विच्छ्	U	सेट्	स०	1773
विदँ	विद्	A	सेट्	स०	1708
विलँ	विल्	U	सेट्	स०	1605

विष्कँ	विष्क्	A	सेट्	स०	1685
विष्क	विष्क	U	सेट्	स०	1940
वीर	वीर	A	सेट्	स०	1903
वृञ्	वृ	U	सेट्	स०	1813
वृजीँ	वृज्	U	सेट्	स०	1812
वृतुँ	वृत्	U	सेट्	स०	1781
वृधुँ	वृध्	U	सेट्	स०	1782
वृषँ	वृष्	A	सेट्	अ०	1704
वेल	वेल	U	सेट्	स०	1880
व्यय	व्यय	U	सेट्	स०	1932
व्रजँ	व्रज्	U	सेट्	स०	1617
व्रण	व्रण	U	सेट्	स०	1937
शठँ	शठ्	U	सेट्	स०	1564
शठँ	शठ्	A	सेट्	स०	1691
शठ	शठ	U	सेट्	स०	1854
शब्दँ	शब्द्	U	सेट्	स०	1714
शमँ	शम्	A	सेट्	स०	1695
शम्बँ	शम्ब्	U	सेट्	स०	1556
शिषँ	शिष्	U	सेट्	स०	1817
शीकँ	शीक्	U	सेट्	स०	1789
शीकँ	शीक्	U	सेट्	स०	1826
शील	शील	U	सेट्	स०	1878
शुठँ	शुठ्	U	सेट्	अ०	1644
शुठिँ	शुण्ठ्	U	सेट्	स०	1645
शुन्धँ	शुन्ध्	U	सेट्	अ०	1832
शुल्कँ	शुल्क्	U	सेट्	स०	1618
शुल्बँ	शुल्ब्	U	सेट्	स०	1611
शूर	शूर	A	सेट्	स०	1902
शूर्पँ	शूर्प्	U	सेट्	स०	1612
शृधुँ	शृध्	U	सेट्	स०	1734
श्रणँ	श्रण्	U	सेट्	स०	1578
श्रथँ	श्रथ्	U	सेट्	अ०	1546
श्रथँ	श्रथ्	U	सेट्	स०	1823
श्रथ	श्रथ	U	सेट्	अ०	1870
श्रन्थँ	श्रन्थ्	U	सेट्	स०	1837
श्लिषँ	श्लिष्	U	सेट्	स०	1574
श्वठँ	श्वठ्	U	सेट्	स०	1565
श्वठ	श्वठ	U	सेट्	स०	1855
श्वभ्रँ	श्वभ्र्	U	सेट्	स०	1623
श्वर्तँ	श्वर्त्	U	सेट्	स०	1622
श्वल्कँ	श्वल्क्	U	सेट्	स०	1570
सङ्केत	सङ्केत	U	सेट्	स०	1891
सङ्ग्रामँ	सङ्ग्राम	A	सेट्	अ०	1922
षट्टँ	सट्ट्	U	सेट्	स०	1633
सत्र	सत्र	A	सेट्	अ०	1906
आङः षदँ	सद्	U	सेट्*	स०	1831
सभाज	सभाज	U	सेट्	स०	1887
षम्बँ	सम्ब्	U	सेट्	स०	1555

1922 सङ्ग्रामँ explicitly mentioned Anudatta with अ candrabindu in Siddhanta Kaumudi.

षहँ	सह्	U	सेट्	स०	1809
षान्त्वँ	सान्त्व्	U	सेट्	स०	1569
साम	साम	U	सेट्	स०	1879
सार	सार	U	सेट्	स०	1868
सुख	सुख	U	सेट्	स०	1929
षुट्टँ	सुट्ट्	U	सेट्	स०	1562
सूच	सूच	U	सेट्	स०	1873
सूत्र	सूत्र	U	सेट्	स०	1908
षूदँ	सूद्	U	सेट्	स०	1717
स्तन	स्तन	U	सेट्	स०	1859
ष्टुपँ	स्तुप्	U	सेट्	स०	1672
स्तेन	स्तेन	U	सेट्	स०	1897
स्तोम	स्तोम	U	सेट्	स०	1923
स्थूल	स्थूल	A	सेट्	अ०	1904
ष्णिहँ	स्निह्	U	सेट्	अ०	1572
स्पशँ	स्पश्	A	सेट्	स०	1680
स्पृह	स्पृह	U	सेट्	स०	1871
स्फिट्टँ	स्फिट्ट्	U	सेट्	स०	1634
स्फुटँ	स्फुट्	U	सेट्	अ०	1722
स्फुडिँ	स्फुण्ड्	U	सेट्	स०	1537
स्मिटँ	स्मिट्	U	सेट्	स०	1573
स्यमँ	स्यम्	A	सेट्	स०	1693
ष्वदँ	स्वद्	U	सेट्	स०	1805
स्वर	स्वर	U	सेट्	स०	1863
हिसिँ	हिंस्	U	सेट्	स०	1829
ह्लपँ	ह्लप्	U	सेट्	स०	1658

Roots usually seen prefixed with Upasarga

Some Roots are generally seen prefixed with an Upasarga in literature, i.e. their use without Upasarga is rare.

216 उछी विवासे । उच्छ् । वि पूर्वकः । व्युच्छति ।

629 आङः शसि इच्छायाम् । शंस् । आङ् पूर्वकः । आशंसते ।

757 स्रम्भु विश्वासे । उच्छ् । वि पूर्वकः । विस्रम्भते ।

1022 आङः शासु इच्छायाम् । शास् । आङ् पूर्वकः । आशासते ।

1046 इङ् अध्ययने । इ । अधि पूर्वकः । अधीते ।

1047 इक् स्मरणे । इ । अधि पूर्वकः । अध्येति ।

1074 अनो रुध कामे । रुध् । अनु पूर्वकः । अनुरुध्यते ।

1289 ओविजी भयचलनयोः । विज् । उत् पूर्वकः । उद्विजते ।

1402 पृङ् व्यायामे । पृ । वि+आङ् पूर्वकः । व्याप्रियते ।

1411 दृङ् आदरे । दृ । आङ् पूर्वकः । आद्रियते ।

1727 आङः क्रन्द सातत्ये । क्रन्द् । आङ् पूर्वकः । आक्रन्दयति-ते ।

1732 ज्ञा नियोगे । ज्ञा । आङ् पूर्वकः । आज्ञापयति-ते ।

1831 आङः षद पद्यर्थे। सद् । आङ् पूर्वकः । आसादयति-ते ।

Roots with changed Vikarana Affixes

Optional शप् / श्यन् , श / श्यन् 8 Roots

3.1.70 वा भ्राशभ्लाशभ्रमुक्रमुक्लमुत्रसित्रुटिलषः ।

Optional शप् / श्यन् 7 Roots

473 क्रम् 824 भ्राश् 825 भ्लाश् 850 भ्रम् 888 लष् 1117 त्रस् 1207 क्लम्

Optional श / श्यन् 1 Root 1375 त्रुट्

Gana Vikarana श्नु overrides शप् 1 Root

3.1.74 श्रुवः शृ च । Root 942 श्रु

Optional Gana Vikarana शप् / श्नु 2 Roots

3.1.75 अक्षोऽन्यतरस्याम् । Root 654 अक्ष्

3.1.76 तनूकरणे तक्षः । Root 655 तक्ष्

Gana Vikarana उ overrides शप् 2 Roots

3.1.80 धिन्विकृण्व्योर च । Roots 593 धिन्व् 598 कृन्व्

Roots where आय overrides शप् 4 Roots

3.1.28 गुपूधूपविच्छिपणिपनिभ्य आयः । 3.1.31 आयादय आर्धद्धातुके वा ।
Roots 395 गुप् 396 धूप् 439 पण् 440 पन्

Roots where णिङ् overrides शप् 1 Root

3.1.30 कमेर्णिङ् । 3.1.31 आयादय आर्धद्धातुके वा । Root 443 कम्

Roots where सन् overrides शप् 6 Roots

3.1.5 गुप्तिज्किद्भ्यः सन् । 3.1.6 मान्बधदान्शान्भ्यो दीर्घश्चाभ्यासस्य ।
Roots 970 गुप् 971 तिज् 973 बध् 993 कित् 994 दान् 995 शान्

Roots governed by Ashtadhyayi Sutras for Ting

Affixes for the Ten Lakaras Tenses and Moods are known as तिङ् Ting Affixes. When these join a Root, a Verb is made.

घु Roots = 6nos

1.1.20 दाधा घ्वदाप् । Roots दा धा except for दाप् are called घु ।
6.1.45 आदेच उपदेशेऽशिति । For Roots ending in एच् diphthong, आ replaces the diphthong.
By these two Sutras, the following six Roots get the definition घु ।
930 दा 962 दे 1091 दा 1148 दो
1092 धा 902 धे

Roots beginning with ऋकार:

6.1.91 उपसर्गादृति धातौ । Vriddhi is the single substitute when the अ or आ of an Upasarga faces the initial ऋ of a Root.

1c	176	ऋज	ऋज्	6c	1287	ऋषी	ऋष्
	177	ऋजि	ऋञ्ज्		1296	ऋछ	ऋच्छ्
	936	ऋ	ऋ		1302	ऋच	ऋच्
3c	1098	ऋ	ऋ		1315	ऋफ	ऋफ्
4c	1245	ऋधु	ऋध्		1316	ऋम्फ	ऋम्फ्
5c	1271	ऋधु	ऋध्	8c	1467	ऋणु	ऋण्
				9c	1497	ॠ	ॠ

Roots with one Letter only

2c	1045	इण्	इ	1c	953	उङ्	उ
2c	1046	इङ्	इ	1c	936	ऋ	ऋ
2c	1047	इक्	इ	3c	1098	ऋ	ऋ
4c	1143	ईङ्	ई	9c	1497	ॠ	ॠ

Roots with Initial ष् change to स् = 87nos

6.1.64 धात्वादेः षः सः । For षकारः beginning Roots of Dhatupatha it is changed to सकारः at the time of word construction.
Paribhasha निमित्तापाये नैमित्तिकस्याप्यपायः also applies

- If a Root contains ष् and ण् , then by Paribhasha णकारः reverts back to नकारः
- If a Root contains ष् and ट् , then by Paribhasha टकारः reverts back to तकारः
- If a Root contains ष् and ठ् , then by Paribhasha ठकारः reverts back to थकारः

18 ष्वदँ स्वद् 25 षूदँ सूद् 47 षिधूँ सिध् 48 षचँ सच् 163 ष्टुचँ स्तुच् 202 षस्जँ सस्ज् 225 षर्जँ सर्ज् 304 षिटँ सिट् 313 षटँ सट् 364 ष्टिपृँ स्तिप् 365 ष्टेपृँ स्तेप् 386 ष्टभिँ स्तभिँ स्तम्भ् 394 ष्टुभुँ स्तुभ् 400 षपँ सप् 424 षर्बँ सर्ब् 430 षृभुँ सृभ् 431 षृम्भुँ सृम्भ् 461 ष्टनँ स्तन् 464 षणँ सन् 501 षेवृँ सेव् 547 षलँ सल् 586 षर्वँ सर्व् 661 ष्ट्रक्षँ स्त्रक्ष् 744 ञिष्विदाँ स्विद् 782 ष्टकँ स्तक् 789 षगँ सग् 790 ष्टगँ स्तग् 829 षमँ सम् 830 ष्टमँ स्तम् 836 ष्ठलँ स्थल् 852 षहँ सह् 854 षद्लृँ सद् 911 ष्टयै स्त्यै 915 षै सै 922 ष्टै स्तै 923 ष्णै स्नै 928 ष्ठा स्था 941 षु सु 948 ष्मिङ् स्मि 976 ष्वञ्जँ स्वञ्ज् 978 ञिष्विदाँ स्विद् 987 षञ्जँ सञ्ज् 997 षचँ सच् 1031 षूङ् सू 1038 ष्णु स्नु 1041 षु सु 1043 ष्टुञ् स्तु 1052 ष्णा स्ना 1068 ञिष्वपँ स्वप् 1078 षसँ सस् 1079 षस्तिँ सस्तिँ संस्त् 1108 षिवुँ सिव् 1109 ष्रिवुँ स्रिव् 1111 ष्णुसुँ स्नुस् 1112 ष्णसँ स्नस् 1124 ष्टिमँ स्तिम् 1125 ष्टीमँ स्तीम् 1128 षहँ सह् 1129 षुहँ सुह् 1132 षूङ् सू 1147 षो सो 1188 ष्विदाँ स्विद् 1192 षिधुँ सिध् 1199 ष्णुहँ स्नुह् 1200 ष्णिहँ स्निह् 1247 षुञ् सु 1248 षिञ् सि 1265 ष्टिघँ स्तिघ् 1268 षघँ सघ् 1340 षुरँ सुर् 1363 षिलँ सिल् 1408 षू सू 1427 षद्लृँ सद् 1434 षिचँ सिच् 1464 षणुँ सन् 1477 षिञ् सि 1555 षम्बँ सम्ब् 1562 षुट्टँ सुट्ट् 1569 षान्त्वँ सान्त्व् 1572 ष्णिहँ स्निह् 1573 ष्मिटँ स्मिट् 1634 षट्टँ सट्ट् 1673 ष्टुपँ स्तुप् 1718 षूदँ सूद् 1806 ष्वदँ स्वद् 1810 षहँ सह् 1832 षदँ सद्

Roots with Initial ष् no change = 3nos

6.1.64 धात्वादेः षः सः । वा॰ सुब्धातुष्ठिवुष्वष्कतीनां सत्वप्रतिषेधो वक्तव्यः ।

A Vartika says this does not apply to Roots 100 ष्वष्क् 560 ष्ठिव् 1110 ष्ठिव् and it does not apply to Verbs made from नाम–धातवः ।

Roots with Initial ण् change to न् = 35nos

6.1.65 णो नः । Roots of Dhatupatha with initial णकारः is changed to नकारः at the time of word construction. वा° सुब्धातोरयमपि नेष्यते वक्तव्यः । Except for words made from नाम–धातवः ।

1c
54 णदँ नद् 66 णिदिँ निदिँ निन्द् 134 णखँ नख् 135 णखिँ नखिँ नङ्ख् 310 णटँ नट् 480 णयँ नय् 522 णीलँ नील् 566 णीवँ नीव् 590 णिविँ निविँ निन्व् 617 णेषृँ नेष् 625 णासृँ नास् 627 णसँ नस् 659 णिक्षँ निक्ष् 662 णक्षँ नक्ष् 722 णिशँ निश् 752 णभँ नभ् 781 णटँ नट् 838 णलँ नल् 871 णिदृँ निद् 872 णेदृँ नेद् 901 णीञ् नी 981 णमँ नम्

2c
1025 णिसिँ निसिँ निंस् 1026 णिजिँ निजिँ निञ्ज् 1035 णु नु

3c
1093 णिजिँर् निज्

4c
1166 णहँ नह् 1194 णशँ नश् 1240 णभँ नभ्

5c None

6c
1282 णुदँ नुद् 1360 णिलँ निल् 1397 णू नू 1426 णुदँ नुद्

7c 8c None

9c
1520 णभँ नभ्

10c
1779 णदँ नद्

Samprasarana Roots = 21nos

Semi vowels of Roots given herein are changed to corresponding **vowels** when facing a कित् or ङित् affix.

6.1.15 वचिस्वपियजादीनां किति । Roots वच् , स्वप् and यजादिः 1c Internal group in Dhatupatha take Samprasarana before कित् affix.
1063 वच् 1843 वच् 1068 स्वप्
यजादिः = 1002 यज् 1003 वप् 1004 वह् 1005 वस् 1006 वे 1007 व्ये 1008 ह्वे 1009 वद् 1010 श्वि

6.1.16 ग्रहिज्यावयिव्यधिवष्टिविचतिवृश्चतिपृच्छतिभृज्जतीनां ङिति च । Roots 1533 ग्रह् 1499 ज्या 1006 वेञ् 1181 व्यध् 1080 वश् 1293 व्यच् 1292 व्रस्च् 1413 प्रच्छ् 1284 भ्रस्ज् take Samprasarana before कित् or ङित् affix.

6.1.17 लिट्यभ्यासस्योभयेषाम् । For all the Roots given in Sutras 6.1.15 and 6.1.16 the Reduplicate of लिट् takes Samprasarana.

1.1.45 इग्यणः सम्प्रसारणम् । Roots having यण् (य् र् ल् व्) semivowel get it replaced by इक् (इ ऋ ऌ उ) vowel, respectively, when facing an Affix, this process is called Samprasarana.

6.1.37 न सम्प्रसारणे सम्प्रसारणम् । Samprasarana happens once to the Root semivowel nearest to the Affix, and if the Root contains another semivowel also, that is left untouched.

6.1.108 सम्प्रसारणाच्च । After Samprasarana has happened, the vowel (if any) attached to the original semivowel gets dropped. Only the replacement इक् vowel is retained.

Always सेट् Roots

7.2.65 विभाषा सृजिदृशोः । For लिट् ii/1 affix, Roots 1178 सृज् 1414 सृज् 988 दृश् always take इट् augment.

7.2.66 इडत्त्यर्तिव्ययतीनाम् । For लिट् ii/1 affix, Roots 1011 अद् 936 ऋ 1098 ऋ 1007 व्येञ् always take इट् augment. Exception to 7.2.63
Note:

- Root 1007 व्येञ् is not changed to व्या for लिट् by Sutra 6.1.46 न व्यो लिटि (exception to 6.1.45)

7.2.70 ऋद्धनोः स्ये । For लृट् and लृङ्

- Roots ending inऋकारः = 807 स्मृ 898 भृ 899 हृ 900 धृ 931 ह्वृ 932 स्वृ 933 स्मृ 934 ह्वृ 935 सृ 936 ऋ 937 गृ 938 घृ 939 ध्वृ 960 धृ 1072 जागृ 1087 भृ 1096 घृ 1097 हृ 1098 ऋ 1099 सृ 1252 स्तृ 1253 कृ 1254 वृ 1258 पृ 1259 स्पृ 1280 दृ 1402 पृ 1403 मृ 1411 दृ 1412 धृ 1472 कृ 1509 वृ
- Root 1012 हन्

always gets the इट् augment. Exception to Sutra 7.2.44 for स्वृ ।

7.2.71 स्तुसुधूञ्भ्यः परस्मैपदेषु । For लुङ् सिच् Root 1458 अञ्जू always gets the इट् augment. Exception to Sutra 7.2.44

7.2.72 स्तुसुधूञ्भ्यः परस्मैपदेषु । For लुङ् सिच् Parasmaipada Affixes, अनिट् Roots 1043 स्तु 941 सु 1041 सु 1247 सु 1487 धूञ् get the इट् augment. Exception to Sutra 7.2.44 for धूञ् and 7.2.10 for स्तु ।

7.2.73 यमरमनमातां सक् च । For लुङ् सिच् Affixes अनिट् Roots

- Roots 974 यम् 853 रम् 981 नम्
- Roots ending in आकारः = 810 श्रा 811 ज्ञा 925 पा 926 घ्रा 927 ध्मा 928 स्था 929 म्ना 930 दा 950 गा 1049 या 1050 वा 1051 भा 1052 स्ना 1053 श्रा 1054 द्रा 1055 प्सा 1056 पा 1057 रा 1058 ला 1059 दा

1060 ख्या 1061 प्रा 1062 मा 1073 दरिद्रा 1088 मा 1089 हा 1090 हा 1091 दा 1092 धा 1106 गा 1142 मा 1499 ज्या 1507 ज्ञा

take इट् augment.

7.2.76 रुदादिभ्यः सार्वधातुके । For Sarvadhatuka Affixes with initial consonant वल् (any consonant except य्), रुदादिः Roots of 2c take इट् augment. रुदादिः = 1067 रुद् 1068 स्वप् 1069 श्वस् 1070 अन् ।

7.2.77 ईशः से । For Atmanepada लट् लोट् ii/1 affix, Root 1020 ईश् takes इट् augment.

7.2.78 ईडजनोर्ध्वे च । For Atmanepada लट् लोट् ii/1 ii/3 affixes, Roots 1019 ईड् 1668 ईड् 1149 जन् take इट् augment.

Optional सेट् / अनिट् = वेट् 36 Roots

7.2.44 स्वरतिसूतिसूयतिधूञूदितो वा । Roots that take Optional सेट् augment are:

- 932 स्वृ 1031 षूङ् सू 1132 षूङ् सू 1487 धूञ् धू = 4 Roots
- Roots with Tag ऊँ ऊदित् 48 षिधूँ सिध् 374 त्रपूँष् त्रप् 395 गुपूँ गुप् 442 क्षमूँष् क्षम् 649 गाहूँ गाह् 650 गृहूँ गृह् 654 अक्षूँ अक्ष् 655 तक्षूँ तक्ष् 656 त्वक्षूँ त्वक्ष् 761 स्यन्दूँ स्यन्द् 762 कृपूँ क्लृप् 896 गुहूँ गुह् 1066 मृजूँ मृज् 1206 क्षमूँ क्षम् 1242 क्लिदूँ क्लिद् 1264 अशूँ अश् 1292 ओँव्रस्चूँ व्रस्च् 1347 वृहूँ वृह् 1348 तृहूँ तृह् 1349 स्तृहूँ स्तृह् 1350 तृंहूँ तृंह् 1458 अञ्जूँ अञ्ज् 1459 तञ्चूँ तञ्च् 1522 क्लिशूँ क्लिश् = 24 Roots

Note: Roots of 10c are not to be considered in this Sutra, hence 1835 धूञ् धू 1848 मृजूँ मृज् are not वेट् ।

7.2.45 रधादिभ्यश्च । And also the Roots 1193 रध् 1194 नश् 1195 तृप् 1196 दृप् 1197 द्रुह् 1198 मुह् 1199 स्नुह् 1200 स्निह् = 8 Roots

Optional इट् दीर्घः for लृट् लृङ् लुट् A-लुङ् 26 Roots

7.2.38 वृतो वा । इट् Aug is Optionally दीर्घः for लृट् लृङ् लुट् A-लुङ् for

- Roots 1254 वृञ् वृ 1509 वृङ् वृ = 2 Roots

- Roots having final long ॠ = 808 दॄ 809 नॄ 969 तॄ 1086 पॄ 1130 जॄ 1131 झॄ 1409 कॄ 1410 गॄ 1484 स्तॄ 1485 कॄ 1486 वॄ 1488 शॄ 1489 पॄ 1490 वॄ 1491 भॄ 1492 मॄ 1493 दॄ 1494 जॄ 1495 नॄ 1496 कॄ 1497 ॠ 1498 गॄ 1548 पॄ 1814 जॄ = 24 Roots

Roots with Final long ॠकारः

7.2.38 वॄतो वा । इट् augment is optionally lengthened after वॄ and after roots ending in long ॠ , except in लिट् ।
7.2.39 न लिङि । Prevents 7.2.38 for आशीर्लिङ् ।
7.2.40 सिचि च परस्मैपदेषु । Prevents 7.2.38 for Parasmaipada सिच् लुङ्

Roots वॄ = 1254 वृञ् 1509 वृङ् 1813 वृञ्
i.e. इट् Optionally lengthened for लृट् लृङ् लुट् and Atmanepada लुङ्

Roots with final ॠ

808	दॄ	P	सेट्	अ०	ॄ	1489	पॄ	P	सेट्	स०	ॄ
809	नॄ	P	सेट्	स०	ॄ	1490	वॄ	P	सेट्	स०	ॄ
969	तॄ	P	सेट्	स०	ॄ	1491	भॄ	P	सेट्	स०	ॄ
1086	पॄ	P	सेट्	स०	ॄ	1492	मॄ	P	सेट्	स०	ॄ
1130	जॄ	P	सेट्	अ०	ॄ	1493	दॄ	P	सेट्	स०	ॄ
1131	झॄ	P	सेट्	अ०	ॄ	1494	जॄ	P	सेट्	अ०	ॄ
1409	कॄ	P	सेट्	स०	ॄ	1495	नॄ	P	सेट्	स०	ॄ
1410	गॄ	P	सेट्	स०	ॄ	1496	कॄ	P	सेट्	स०	ॄ
1484	स्तॄ	U	सेट्	स०	ॄ	1497	ॠ	P	सेट्	स०	ॠ
1485	कॄ	U	सेट्	स०	ॄ	1498	गॄ	P	सेट्	अ०	ॄ
1486	वॄ	U	सेट्	स०	ॄ	1548	पॄ	U	सेट्	स०	ॄ
1488	शॄ	P	सेट्	स०	ॄ	1814	जॄ	U	सेट्	अ०	ॄ

Consonant ending Roots that drop penultimate nasal

6.4.24 अनिदितां हल उपधायाः क्ङिति । Roots with penultimate nasal letter that is not because of इदित् इँ Tag drop the nasal when facing a कित् or ङित् affix. (46 Roots).

1c				**4c**		**7c**	
42	मन्थ	411	त्रुम्फ	1167	रञ्ज	1448	ञिइन्धी
74	शुन्ध	431	षृम्भु	1225	भ्रंशु	1453	भञ्जो
185	कुञ्च	433	शुम्भ			1457	उन्दी
186	क्रुञ्च	467	हम्म	**5c**		1458	अञ्जू
187	लुञ्च	728	शंसु	1270	दम्भु	1459	तञ्चू
188	अञ्चु	754	स्रंसु				
189	वञ्चु	755	ध्वंसु	**6c**		**9c**	
190	चञ्चु	756	भ्रंसु	1308	तृम्फ	1508	बन्ध
191	तञ्चु	757	स्रम्भु	1310	तुम्प	1510	श्रन्थ
192	त्वञ्चु	761	स्यन्दू	1312	तुम्फ	1511	मन्थ
193	म्रुञ्चु	862	अञ्चु	1314	दृम्फ	1513	ग्रन्थ
194	म्लुञ्चु	876	उबुन्दिर्	1316	ऋम्फ	1514	कुन्थ
201	ग्लुञ्चु	976	ष्वञ्ज	1318	गुम्फ		
393	श्रम्भु	979	स्कन्दिर्	1320	उम्भ		
405	तुम्प	987	षञ्ज	1322	शुम्भ		
407	त्रुम्प	989	दंश	1350	तृंहू		
409	तुम्फ	999	रञ्ज				

Roots that take तुक् Augment to make च्छ् 29 Roots

6.1.73 छे च । Roots with preceding short vowel (अ इ उ ऋ ऌ) followed by छकारः take तुक् augment. This तकारः changes to चकारः by 8.4.40 स्तोः श्चुना श्चुः during conjugation process.

6.1.75 दीर्घात् । Roots with preceding long vowel (आ ई ऊ ॠ ए ऐ ओ औ) followed by छकारः take तुक् augment. This तकारः changes to चकारः by 8.4.40 स्तोः श्चुना श्चुः during conjugation process.

205 म्लेच्छ् 206 लच्छ् 210 ह्रीच्छ् 214 युच्छ् 216 उच्छ् 470 छम् 813 छद् 890 छष् 1146 छो 1295 उच्छ् 1296 ऋच्छ् 1297 मिच्छ् 1372 छुर् 1378 छुट् 1413 प्रच्छ् 1418 छुप् 1423 विच्छ् 1440 छिद् 1576 पिच्छ् 1577 छन्द् 1589 छर्द् 1621 छञ्ज् 1662 म्लेच्छ् 1773 विच्छ् 1820 छृद् 1833 छद् 1924 छिद्र् 1934 छेद् 1935 छद्

Roots that take reduplication to make च्छ् 3 Roots

8.4.46 अचो रहाभ्यां द्वे । Roots with vowel (अच्) + र् / ह् + यर् take reduplication (albeit Optionally). If the Root contains छकारः preceded by र् / ह् preceded by vowel, the छकारः is duplicated and the reduplicated छकारः changes to चकारः by 8.4.55 खरि च during conjugation process.
यर् = any consonant except हकारः ।
211 हुर्छ् / हुर्च्छ् 212 मुर्छ् / मुर्च्छ् 213 स्फुर्छ् / स्फुर्च्छ्

Root Substitutions during Conjugation

2.4.37 लुङ्सनोर्घसॢ । 1011 अद् gets substituted by 715 घसॢ for लुङ् and सन् affixes.

2.4.40 लिट्यन्यतरस्याम् । 1011 अद् gets substituted Optionally by 715 घसॢँ for लिट् affixes.

2.4.41 वेञो वयिः । 1006 वेञ् gets substituted Optionally by वय् for लिट् affixes.

2.4.42 हनो वध लिङि । 1012 हन् gets substituted by वध् for आशीर्लिङ् affixes.

2.4.43 लुङि च । 1012 हन् gets substituted by वध् for लुङ् affixes.

2.4.44 आत्मनेपदेष्वन्यतरस्याम् । 1012 हन् gets substituted Optionally by वध् for लुङ् Atmanepada affixes. By 1.3.28 आङो यमहनः with upasarga आङ् Dhatu हन् takes Atmanepada affixes.

2.4.45 इणो गा लुङि । 1045 इण् replaced by 950 गा for लुङ् affixes. A Vartika says that this applies to Root 1047 इक् also, i.e. इक् to गा for लुङ् affixes.

2.4.49 गाङ् लिटि । 1046 इङ् replaced by 950 गाङ् for लिट् affixes.

2.4.49 विभाषा लुङ्लृङोः । 1046 इङ् gets substituted Optionally by 950 गाङ् for लुङ् चन् and णिच् and सन् affixes.

2.4.50 विभाषा लुङ्लृङोः । 1046 इङ् gets substituted Optionally by 950 गाङ् for लुङ् and लृङ् affixes.

2.4.52 अस्तेर्भूः । 1065 अस् gets substituted Optionally by 1 भू for Ardhadhatuka लृट् लृङ् लुट् आशीर्लिङ् लिट् लुङ् affixes.

2.4.53 ब्रुवो वचिः । 1044 ब्रू gets substituted by 1063 वच् during conjugation for Ardhadhatuka affixes (लृट् लृङ् लुट् आशीर्लिङ् लिट् लुङ् and others). It also becomes अनिट् as per Madhaviya Dhatuvritti.
3.4.84 ब्रुवः पञ्चानामादित आहो ब्रुवः । 1044 ब्रू gets substituted by आह् for conjugation for लट् Sarvadhatuka affixes iii/1 iii/2 iii/3 ii/1 ii/2.

2.4.54 चक्षिङः ख्याञ् । वा॰ कशादिरप्ययमादेश इष्यते । 1017 चक्ष् gets substituted by ख्याञ् (1060 ख्या) during conjugation for Ardhadhatuka affixes. Since ञ् is added to ख्या it means that लृट् लृङ् लुट् आशीर्लिङ् लिट् लुङ् will become Ubhayepada here.
A Vartika says Optionally 1017 चक्ष् gets substituted by क्शा for Ardhadhatuka affixes.

2.4.55 वा लिटि । 1017 चक्ष् gets substituted Optionally by ख्याञ् during conjugation for लिट् । Extrapolation for Sutra 2.4.54 to लिट् ।

2.4.56 अजेर्व्यघञपोः । 2.4.57 वा यौ । 230 अज् gets substituted Optionally by 1048 वी during conjugation for Ardhadhatuka (except घञ् अप् affixes).

6.1.29 लिड्यङोश्च । 488 प्याय् to पी for लिट् and यङ् affixes.

7.4.9 दयतेर्दिगि लिटि । 962 दे to दिगि for लिट् affixes. There is no reduplication of दिगि ।

Roots that change rupa when facing Sarvadhatuka Affixes
3.1.74 श्रुवः शृ च । 942 श्रु gets substituted by शृ during conjugation for Sarvadhatuka affixes लट् लङ् लोट् विधिलिङ् ।

7.3.74 शमाम् अष्टानां दीर्घः श्यनि । Eight Roots शम etc., their vowel is replaced by long vowel when facing the affix श्यन् । 1201 शमु , 1202 तमु , 1203 दमु , 1204 श्रमु , 1205 भ्रमु , 1206 क्षमु , 1207 क्लमु , 1208 मदी
7.3.75 ष्ठिवुक्लमुचमां शिति । For Roots 560 ष्ठिवु , 1207 क्लमु , 469 चमु their vowel is replaced by long vowel when facing a शित् affix. Vartika आङि चम इति वक्तव्यम् clarifies that it happens for चमु only when the particle आङ् is prefixed.
7.3.76 क्रमः परस्मैपदेषु । For Root 473 क्रमु the vowel is replaced by long vowel when facing a Parasmaipada शित् affix. By default this Root is Parasmaipada, so again Parasmaipada is stated here because in some cases Atmanepada affixes get applied to this Root. (Refer Sutras 1.3.38 वृत्तिसर्गतायनेषु क्रमः to 1.3.43 अनुपसर्गाद्वा)
7.3.77 इषुगमियमां छः । For Roots 1351 इष (इषु) , 982 गमॢ , 984 यम Their final letter is replaced by छकारः when facing a शित् affix.

7.3.78 पाघ्राध्मास्थाम्नादाण्दृश्यर्त्तिसर्त्तिशदसदां पिबजिघ्रधमतिष्ठमनयच्छ-पश्यच्र्छधौशीयसीदाः । Root Substitutions for Sarvadhatuka affixes लट् लङ् लोट् विधिलिङ् ।
854 सद् → सीद → 6.1.97 → सीद्

855 शद् → शीय → 6.1.97 → शीय् (Also 1428 शद्लृ → शीय)

925 पा → पिब → 6.1.97 → पिब्

926 घ्रा → जिघ्र → 6.1.97 → जिघ्र्

927 ध्मा → धम → 6.1.97 → धम्

928 स्था → तिष्ठ → 6.1.97 → तिष्ठ्

929 म्ना → मन → 6.1.97 → मन्

930 दा → यच्छ → 6.1.97 → यच्छ्

935 सृ → धौ → 6.1.78 → धाव्

936 ऋ → ऋच्छ → 6.1.97 → ऋच्छ्

988 दृश् → पश्य → 6.1.97 → पश्य्

7.3.79 ज्ञाजनोर्जा । Roots 1507 ज्ञा , 1149 जनी
7.3.80 प्वादिनां ह्रस्वः । Roots पूञ् etc. of 9c
7.3.81 मिनातेर्निगमे । Root 1476 मीञ् of 9c
7.3.82 मिदेर्गुणः । Root 1243 ञिमिदा of 4c

6.1.45 आदेच उपदेशेऽशिति । Roots ending in diphthong ए ऐ ओ औ get आत् आदेशः in absence of शित् affix.
6.4.66 घुमास्थागापाजहातिसां हलि । six Roots defined as घु by 1.1.20 दाधा घ्वदाप् i.e. 930 दाण् 962 देङ् 1091 डुदाञ् 1148 दो , 902 धेट् 1092 डुधाञ् and
Roots 1062 मा , 1088 मा 928 ष्ठा 950 गाङ् 1106 गा 925 पा 1090 ओहाक् 1147 षो
8.2.18 कृपो रो लः । Roots 762 कृपू 1748 कृपेः

Roots of gana 2c, 3c, 4c, 6c, 7c, 9c ending in इण्

6.4.77 अचि श्नुधातुभ्रुवां य्वोरियङुवङौ । इयङ् उवङ् आदेशः for

- Roots ending in 5c gana vikarana श्नु
- Roots ending in इण् Pratyahara
- भ्रू

For Roots ending in इण् Pratyahara, (इ ई उ ऊ), 6.4.77 applies for Roots of 2c 3c 4c 6c 7c 9c.

- Does not apply to 1c since gana vikarana शप् causes Guna.
- Does not apply to 8c since gana vikarana उ causes Guna.
- Does not apply to 10c gana vikarana णिच् + शप् causes guna.

e.g. 2c Root 1046 इङ् अध्ययने + लट् अते → (अधि) + इ +अते → 6.4.77 → (अधि) + इय् + अते → अधि + इयते → 6.1.101 → अधीयते। *They all study.*

2c		**3c**		**6c**		**9c**	
1031	षूङ्	1083	हु	1397	णू	1473	डुक्रीञ्
1032	शीङ्	1084	ञिभी	1398	धू	1474	प्रीञ्
1033	यु	1085	ह्री	1399	गु	1475	श्रीञ्
1034	रु	1101	कि	1400	ध्रु	1476	मीञ्
1035	णु			1401	कुङ्	1477	षिञ्
1036	टुक्षु	**4c**		1404	रि	1478	स्कुञ्
1037	क्ष्णु	1132	षूङ्	1405	पि	1479	युञ्
1038	ष्णु	1133	दूङ्	1406	धि	1480	क्नूञ्
1039	ऊर्णुञ्	1134	दीङ्	1407	क्षि	1481	द्रूञ्
1040	द्यु	1135	डीङ्	1408	षू	1482	पूञ्
1041	षु	1136	धीङ्			1483	लूञ्
1042	कु	1137	मीङ्	**7c**		1487	धूञ्
1043	ष्टुञ्	1138	रीङ्	None		1500	री
1044	ब्रूञ्	1139	लीङ्			1501	ली
1045	इण्	1140	व्रीङ्			1502	व्ली
1046	इङ्	1141	पीङ्			1503	प्ली
1047	इक्	1143	ईङ्			1504	व्री
1048	वी	1144	प्रीङ्			1505	भ्री
1076	दीधीङ्					1506	क्षीष्
1077	वेवीङ्						
1082	ह्नुङ्						

Consonant ending Roots of gana 5c

For 5c gana vikarna श्नु , 6.4.77 अचि श्नुधातुभ्रुवां य्वोरियङुवङौ applies to consonant ending Roots.

5c	Dhatu		Final Letter
1260	आपॢ	आप्	प्
1261	शक्लृ	शक्	क्
1262	राध	राध्	ध्
1263	साध	साध्	ध्
1264	अशू	अश्	श्
1265	ष्टिघ	स्तिघ्	घ्
1266	तिक	तिक्	क्
1267	तिग	तिग्	ग्
1268	षघ	सघ्	घ्
1269	ञिधृषा	धृष्	ष्
1270	दम्भु	दम्भ्	भ्
1271	ऋधु	ऋध्	ध्
1272	अह	अह्	ह्
1273	दघ	दघ्	घ्
1274	चमु	चम्	म्
1279	दाश	दाश्	श्

Vowel ending Roots of gana 5c

For 5c gana vikarna श्नु , Sutra 6.4.87 हुश्नुवोः सार्वधातुके applies to vowel ending Roots.

5c	Dhatu		Final Letter
1247	षुञ्	सु	उ
1248	षिञ्	सि	इ
1249	शिञ्	शि	इ
1250	डुमिञ्	मि	इ
1251	चिञ्	चि	इ
1252	स्तृञ्	स्तृ	ऋ
1253	कृञ्	कृ	ऋ
1254	वृञ्	वृ	ऋ
1255	धुञ्	धु	उ
1256	टुदु	दु	उ
1257	हि	हि	इ
1258	पृ	पृ	ऋ
1259	स्पृ	स्पृ	ऋ
1275	रि	रि	इ
1276	क्षि	क्षि	इ
1277	चिरि	चिरि	इ
1278	जिरि	जिरि	इ
1280	दृ	दृ	ऋ

Roots of 7c - elision of initial न् for Sarvadhatuka

6.4.23 श्नान्नलोपः । After the 7c gana vikarana श्नम् , there is elison of initial नकार of an augment or affix. Applies to Roots of 7th conjugation where नुम् augment by 7.1.58 इदितो नुम् धातोः is elided after श्नम् gana vikarana.

7c	Dhatu	7.1.58 नुम्		श्नम्	6.4.23 न् लोपः
1456	हिसिँ	हिन्स्	हिंस्	हिनन्स्	हिनस्
1457	उन्दीँ	उन्द्	उन्द्	उनन्द्	उनद्
1458	अञ्जूँ	अन्ज्	अञ्ज्	अनन्ज्	अनज्
1459	तञ्चूँ	तन्च्	तञ्च्	तनन्च्	तनच्

Roots with Initial ब् ग् ड् द् for 8.2.37 = 10 Roots

8.2.37 एकाचो बशो भष् झषन्तस्य स्ध्वोः । For monosyllabic Roots ending in झष् Pratyahara, the substitution of letters of बश् Pratyahara with corresponding भष् Pratyahara.

3rd of row बश्	with	4th of row भष्
ब्	→	भ्
ग्	→	घ्
ड्	→	ढ्
द्	→	ध्

containing झषन्तः = ending in झ् भ् घ् ढ् ध् letter, when

- Facing स् of an affix
- Facing ध्व of an affix
- पदान्तः word end condition

Roots 649 गाहू 650 गृहू 896 गुहू 973 बध् 991 दह् 1014 दुह् 1015 दिह् 1172 बुध् 1197 द्रुह् 1508 बन्ध् ।

e.g. स्य of लृट् । गाहू स्य ते → 8.2.31 → गाढ् स्य ते → 8.2.37 → घाढ् स्य ते → 8.2.41 → घाक् स्य ते → 8.3.59 → घाक् ष्य ते → घाक्ष्यते ।

Similarly से of लिट् । गाहू से → जघाक्षे ।

Changes when लिट् Affixes are applied

Optional लिट् i/1 Roots with Parasmaipada Ting

7.1.91 णलुत्तमो वा । Optional णित् for लिट् i/1 Parasmaipada. Hence Optional वृद्धिः of Root penultimate अकारः by 7.2.116 अतः उपधायाः ।

Note:

- Roots with initial अकारः = penultimate अकारः take 6.1.101 अकः सवर्णे दीर्घः and so the optional spellings by 7.1.91 are identical.
- Roots with any other initial vowel do not qualify since they cannot have penultimate अकारः so ultimately this effect is visible only in consonant beginning Roots 1c – 9c. The 10c Roots take आम् and hence do not qualify for this.

Roots with initial अकारः 16 Roots
38 अत् 230 अज् 295 अट् 358 अड् 444 अण् 465 अम् 515 अल् 600 अव् 792 अक् 793 अग् 1011 अद् 1065 अस् 1070 अन् 1209 अस् 1272 अह् 1523 अश्

Consonant beginning 1c - 9c Roots penultimate अकारः 304 Roots
8 दध् 17 दद् 18 स्वद् 30 यत् 50 खद् 51 बद् 52 गद् 53 रद् 54 नद् 90 कक् 93 चक् 117 तक् 120 कख् 130 वख् 132 मख् 134 नख् 136 रख् 138 लख् 159 घघ् 163 सच् 165 शच् 166 श्वच् 168 कच् 171 मच् 217 ध्रज् 221 ध्वज् 232 खज् 238 लज् 242 जज् 246 गज् 252 वज् 253 व्रज् 294 कट् 296 पट् 297 रट् 298 लट् 299 शट् 300 वट् 305 जट् 306 झट् 307 भट् 308 तट् 309 खट् 310 नट् 312 हट् 313 सट् 320 कट् 330 पठ् 331 वठ् 332 मठ् 333 कठ् 334 रट् 335 हठ् 340 शठ् 359 लड् 360 कड् 374 त्रप् 380 कब् 397 जप् 399 चप् 400 सप् 401 रप् 402 लप्413 रफ् 439 पण् 440 पन् 442 क्षम् 443 कम् 445 रण् 446 वण् 447 भण् 448 मण् 449 कण् 450 क्वण् 451 व्रण् 452 भ्रण् 453 ध्वण् 459 ध्रण् 460 कन् 461 स्तन् 462 वन् 463 वन् 464 सण् 466 द्रम् 469 चम् 470 छम् 471 जम् 472 झम् 473 क्रम् 475 वय् 476 पय् 477 मय् 478 चय् 479 तय् 480 नय् 481 दय् 482 रय् 490 शल् 491 वल् 493 मल् 495 भल् 497 कल् 512 हय् 516 फल् 530 फल् 544

स्खल् 545 खल् 546 गल् 547 सल् 548 दल् 549 श्वल् 554 त्सर् 555 क्मर् 559 चर् 599 मव् 627 नस् 628 भ्यस् 630 ग्रस् 631 ग्लस् 651 ग्लह् 685 कष् 686 खष् 688 जष् 689 झष् 690 शष् 691 वष् 692 मष् 695 भष् 711 ह्स् 712 ह्लस् 713 रस् 714 लस् 715 घस् 721 हस् 724 मश् 725 शव् 726 शश् 727 शस् 729 चह् 730 मह् 731 रह् 752 नभ् 763 घट् 764 व्यथ् 765 प्रथ् 766 प्रस् 767 म्रद् 768 स्खद् 771 क्रप् 775 त्वर् 776 ज्वर् 777 गड् 779 वट् 780 भट् 781 नट् 782 स्तक् 783 चक् 784 कख् 785 रग् 786 लग् 787 ह्रग् 788 ह्लग् 789 सग् 790 स्तग् 791 कग् 794 कण् 795 रण् 796 चण् 797 शण् 798 श्रण् 799 श्रथ् 800 क्नथ् 801 क्रथ् 802 क्लथ् 803 वन् 804 ज्वल् 805 ह्वल् 806 ह्मल् 812 चल् 813 छद् 814 लड् 815 मद् 816 ध्वन् 817 स्वन् 818 शम् 819 यम् 820 स्खद् 821 फण् 826 स्यम् 827 स्वन् 828 ध्वन् 829 सम् 830 स्तम् 831 ज्वल् 832 चल् 833 जल् 834 टल् 835 ट्वल् 836 स्थल् 837 हल् 838 नल् 839 पल् 840 बल् 843 शल् 845 पत् 846 क्वथ् 847 पथ् 848 मथ् 849 वम् 850 भ्रम् 851 क्षर् 852 सह् 853 रम् 854 सद् 855 शद् 860 कस् 865 चत् 866 चद् 878 खन् 881 व्यय् 887 स्पश् 888 लष् 889 चष् 890 छष् 891 झष् 973 बध् 974 रभ् 975 लभ् 977 हद् 980 यभ् 981 नम् 982 गम् 984 यम् 985 तप् 986 त्यज् 991 दह् 996 पच् 997 सच् 998 भज् 1000 शप् 1002 यज् 1003 वप् 1004 वह् 1005 वस् 1009 वद् 1012 हन् 1023 वस् 1063 वच् 1068 स्वप् 1069 श्वस् 1078 सस् 1080 वश् 1100 भस् 1104 धन् 1105 जन् 1112 स्नस् 1113 क्नस् 1117 त्रस् 1128 सह् 1149 जन् 1159 तप् 1166 नह् 1168 शप् 1169 पद् 1176 मन् 1181 व्यध् 1187 शक् 1193 रध् 1194 नश् 1201 शम् 1202 तम् 1203 दम् 1204 श्रम् 1205 भ्रम् 1206 क्षम् 1207 क्लम् 1208 मद् 1210 यस् 1211 जस् 1212 तस् 1213 दस् 1214 वस् 1221 मस् 1240 नभ् 1261 शक् 1268 सघ् 1273 दघ् 1274 चम् 1290 लज् 1293 व्यच् 1301 त्वच् 1356 चल् 1380 कड् 1427 सद् 1428 शद् 1463 तन् 1464 सन् 1465 क्षण् 1470 वन् 1471 मन् 1520 नभ् 1524 ध्रस् 1531 खच् 1533 ग्रह्

Optional लिट् ii/1 अनिट् Roots with Parasmaipada Ting

7.2.61 अचस्तास्वत् थल्यनिटो नित्यम् । अनिट् Roots with final Vowel.
7.2.62 उपदेशेऽत्वतः । अनिट् Roots containing अकारः ।
7.2.63 ऋतो भारद्वाजस्य । अनिट् Roots with final ऋकारः ।

Result of these three Sutras is that:

Parasmaipada अनिट् Roots with final vowel (except ऋकारः) have Optional इट् by 7.2.61 and 7.2.63 combination

1045	इ	P	अनिट्	स०	इ	1499	ज्या	P	अनिट्	अ०	◌ा
1047	इ	P	अनिट्	स०	इ	1507	ज्ञा	P*	अनिट्	स०	◌ा
925	पा	P	अनिट्	स०	◌ा	236	क्षि	P	अनिट्	अ०	◌ि
926	घ्रा	P	अनिट्	स०	◌ा	561	जि	P	अनिट्	अ०	◌ि
927	ध्मा	P	अनिट्	स०	◌ा	946	जि	P	अनिट्	द्वि०	◌ि
928	स्था	P*	अनिट्	अ०	◌ा	947	ज्रि	P	अनिट्	द्वि०	◌ि
929	म्ना	P	अनिट्	स०	◌ा	1101	कि	P	अनिट्	स०	◌ि
930	दा	P	अनिट्	स०	◌ा	1257	हि	P	अनिट्	स०	◌ि
1049	या	P	अनिट्	स०	◌ा	1275	रि	P	अनिट्	स०	◌ि
1050	वा	P	अनिट्	स०	◌ा	1276	क्षि	P	अनिट्	स०	◌ि
1051	भा	P	अनिट्	अ०	◌ा	1404	रि	P	अनिट्	स०	◌ि
1052	स्ना	P	अनिट्	अ०	◌ा	1405	पि	P	अनिट्	स०	◌ि
1053	श्रा	P	अनिट्	स०	◌ा	1406	धि	P	अनिट्	स०	◌ि
1054	द्रा	P	अनिट्	अ०	◌ा	1407	क्षि	P	अनिट्	स०	◌ि
1055	प्सा	P	अनिट्	स०	◌ा	1048	वी	P	अनिट्	स०	◌ी
1056	पा	P	अनिट्	स०	◌ा	1084	भी	P	अनिट्	अ०	◌ी
1057	रा	P	अनिट्	स०	◌ा	1085	ह्री	P	अनिट्	अ०	◌ी
1058	ला	P	अनिट्	स०	◌ा	1500	री	P	अनिट्	स०	◌ी
1059	दा	P	अनिट्	स०	◌ा	1501	ली	P	अनिट्	अ०	◌ी
1060	ख्या	P	अनिट्	स०	◌ा	1502	व्ली	P	अनिट्	स०	◌ी
1061	प्रा	P	अनिट्	स०	◌ा	1503	प्ली	P	अनिट्	स०	◌ी
1062	मा	P	अनिट्	स०	◌ा	1504	व्री	P	अनिट्	स०	◌ी
1090	हा	P	अनिट्	स०	◌ा	1505	भ्री	P	अनिट्	अ०	◌ी
1106	गा	P	अनिट्	स०	◌ा	1506	क्षी	P	अनिट्	स०	◌ी

940	स्रु	P	अनिट्	स०	◌ु
941	सु	P	अनिट्	स०*	◌ु
942	श्रु	P	अनिट्	स०	◌ु
943	घ्रु	P	अनिट्	अ०	◌ु
944	दु	P	अनिट्	स०	◌ु
945	द्रु	P	अनिट्	स०	◌ु
1040	द्यु	P	अनिट्	स०	◌ु
1041	सु	P	अनिट्	स०	◌ु
1042	कु	P	अनिट्	अ०	◌ु
1083	हु	P	अनिट्	स०	◌ु
1256	दु	P	अनिट्	स०	◌ु
1399	गु	P	अनिट्	अ०	◌ु
1400	घ्रु	P	अनिट्	अ०	◌ु
902	धे	P	अनिट्	स०	◌े
903	ग्लै	P	अनिट्	अ०	◌ै
904	म्लै	P	अनिट्	अ०	◌ै
905	द्यै	P	अनिट्	स०	◌ै
906	द्रै	P	अनिट्	अ०	◌ै
907	ध्रै	P	अनिट्	स०	◌ै
908	ध्यै	P	अनिट्	स०	◌ै
909	रै	P	अनिट्	अ०	◌ै
910	स्त्यै	P	अनिट्	अ०	◌ै
911	स्त्यै	P	अनिट्	अ०	◌ै
912	खै	P	अनिट्	स०	◌ै
913	क्षै	P	अनिट्	अ०	◌ै
914	जै	P	अनिट्	अ०	◌ै
915	सै	P	अनिट्	अ०	◌ै
916	कै	P	अनिट्	अ०	◌ै
917	गै	P	अनिट्	अ०	◌ै
918	शै	P	अनिट्	स०	◌ै
919	श्रै	P	अनिट्	स०	◌ै
920	पै	P	अनिट्	अ०	◌ै
921	वै	P	अनिट्	अ०	◌ै
922	स्तै	P	अनिट्	स०	◌ै
923	स्नै	P	अनिट्	स०	◌ै
924	दै	P	अनिट्	स०	◌ै
1145	शो	P	अनिट्	स०	◌ो
1146	छो	P	अनिट्	स०	◌ो
1147	सो	P	अनिट्	स०	◌ो
1148	दो	P	अनिट्	स०	◌ो

By 7.2.62 and 7.2.63 combination

Parasmaipada अनिट् Roots containing अकारः have Optional इट् 20nos

715 घसॢँ घस् 854 सद् 855 शद् 980 यभ् 981 नम् 982 गम् 984 यम् 985 तप् 986 त्यज् 991 दह् 1005 वस् 1011 अद् 1012 हन् 1063 वच् 1068 स्वप् 1181 व्यध् 1261 शक् 1413 प्रच्छ् 1427 सद् 1428 शद्

Parasmaipada अनिट् Roots with final ऋकारः have नित्यं इट् 16+1 Roots

807 स्मृ 931 ह्वृ 933 स्मृ 934 ह्वृ 935 सृ 936 ऋ 937 गृ 938 घृ 939 ध्वृ 1096 घृ 1097 हृ 1098 ऋ 1099 सृ 1258 पृ 1259 स्पृ 1280 दृ

Optional ढत्वम् for लिट् लुङ् आशीर्लिङ् ii/3 Atmanepada सेट्

8.3.79 विभाषेटः । Optional ध् → ढ् for लिट् लुङ् आशीर्लिङ् ii/3 Atmanepada सेट् Roots for Stem ending in इण् (इ ई उ ऊ ऋ ॠ ऌ ए ऐ ओ औ य् र् ल् व् ह्).

Since लिट् ii/3 is always सेट् (except for Roots by 7.2.13), so Atmanepada अनिट् Roots for Stem ending in इण् will also apply, 33 Roots.
948 स्मि 949 गु 951 कु 952 घु 953 उ 954 ङु 955 च्यु 956 ज्यु 957 प्रु 958 प्लु 959 रु 960 धृ 961 मे 962 दे 963 श्यै 964 प्यै 965 त्रै 1046 इ 1082 ह्नु 1134 दी 1136 धी 1137 मी 1138 री 1139 ली 1140 व्री 1141 पी 1143 ई 1144 प्री 1401 कु 1402 पृ 1403 मृ 1411 दृ 1412 धृ

ढत्वम् for लुङ् आशीर्लिङ् ii/3 Atmanepada अनिट् 33 Roots

8.3.78 इणः षीध्वंलुङ्लिटां धोऽङ्गात् । ध् → ढ् for लिट् लुङ् आशीर्लिङ् ii/3 Atmanepada अनिट् Roots for Stem ending in इण् (इ ई उ ऊ ऋ ॠ ऌ ए ऐ ओ औ य् र् ल् व् ह्).

948 स्मि 949 गु 951 कु 952 घु 953 उ 954 ङु 955 च्यु 956 ज्यु 957 प्रु 958 प्लु 959 रु 960 धृ 961 मे 962 दे 963 श्यै 964 प्यै 965 त्रै 1046 इ 1082 ह्नु 1134 दी 1136 धी 1137 मी 1138 री 1139 ली 1140 व्री 1141 पी 1143 ई 1144 प्री 1401 कु 1402 पृ 1403 मृ 1411 दृ 1412 धृ

Optional लिट् आम् = 4 Roots

3.1.39 भीह्रीभृहुवां श्लुवच्च । आम् modifier Affix Optionally comes for लिट् for 3c Roots 1083 हु 1084 भी 1085 ह्री 1087 भृ ।

लिट् आम् गुरुमान् 1c-9c Roots

3.1.36 इजादेश्च गुरुमतोऽनृच्छः । आम् modifier Affix comes for लिट् for Roots that are both इजादिः and गुरुमान् , except the Root 1296 ऋच्छ् ।

इजादिः = having initial vowel (इ ई उ ऊ ऋ ॠ ऌ ए ऐ ओ औ).

गुरुमान् = having heavy vowel. By 1.4.11 संयोगे गुरु all Roots beginning with a vowel and having a Conjunct fall in this category. By 1.4.12 दीर्घं च all Roots having a long vowel or a diphthong fall in this category.

The outcome is that Roots having

- initial short vowel (except अकारः) and a conjunct consonant = 63 इन्द् 129 उङ्ख् 141 इङ्ख् 153 ऊय् 177 ऋञ्ज् 216 उच्छ् 587 इन्व् 657 उक्ष् 1294 उञ्छ् 1295 उच्छ् 1296 ऋच्छ् 1303 उब्ज् 1304 उज्झ् 1316 ऋम्फ् 1320 उम्भ् 1448 इन्ध् 1457 उन्द्
- initial long vowel (except आकारः) = 20 ऊर्द् 142 ईङ्ख् 182 ईज् 483 ऊय् 510 ईक्ष्य् 511 ईर्ष्य् 569 ऊर्व् 610 ईक्ष् 611 ईष् 632 ईह् 648 ऊह् 683 ऊष् 684 ईष् 1018 ईर् 1019 ईड् 1020 ईश् 1039 ऊर्णुञ् 1143 ईङ् 1497 ॠ
- initial diphthong vowel एजादिः = 2 एध् 121 ओख् 179 एज् 234 एज् 267 एठ् 454 ओण् 618 एष्

all these Roots will take आम् modifier Affix for लिट् ।

लिट् आम् 10c Roots = 410 Roots + 1 Root of 1c

3.1.35 कास्प्रत्ययादाममन्त्रे लिटि । आम् modifier Affix comes for लिट् for all 10c Roots and also for 1c Root 623 कास् ।

लिट् reduplicate letter drops

6.4.120 अत एकहल्मध्येऽनादेशादेर्लिटि । For लिट् कित् affixes iii/2 iii/3 ii/2 ii/3 i/2 i/3 (by 1.2.5 असंयोगाल्लिट् कित्) when हल् + अकारः + हल् occurs then अकारः is replaced by एकारः and reduplicate is dropped.

6.4.121 थलि च सेटि । For लिट् ii/1 affix that takes इट् augment, when हल् + अकारः + हल् occurs then अकारः is replaced by एकारः and reduplicate is dropped.

i.e. for 1c - 9c Simple Consonant (without conjunct) beginning Roots with penultimate अकारः 154 Roots

8 दध् 17 दद् 30 यत् 51 बद् 53 रद् 54 नद् 93 चक् 117 तक् 132 मख् 134 नख् 136 रख् 138 लख् 163 सच् 165 शच् 171 मच् 238 लज् 242 जज् 296 पट् 297 रट् 298 लट् 299 शट् 305 जट् 308 तट् 310 नट् 313 सट् 330 पठ् 332 मठ् 334 रट् 340 शठ् 359 लड् 397 जप् 399 चप् 400 सप् 401 रप् 402 लप् 413 रफ् 439 पण् 440 पन् 445 रण् 448 मण् 464 सण् 466 द्रम् 469 चम् 471 जम् 476 पय् 477 मय् 478 चय् 479 तय् 480 नय् 481 दय् 482 रय् 490 शल् 493 मल् 516 फल् 530 फल् 547 सल् 548 दल् 559 चर् 599 मव् 627 नस् 688 जष् 690 शष् 692 मष्713 रस् 714 लस् 724 मश् 725 शव् 726 शश् 727 शस् 729 चह् 730 मह् 731 रह् 752 नभ् 765 प्रथ् 766 प्रस् 781 नट् 783 चक् 785 रग् 786 लग् 789 सग् 795 रण् 796 चण् 797 शण् 812 चल् 814 लड् 815 मद् 818 शम् 819 यम् 821 फण् 829 सम् 832 चल् 833 जल् 834 टल् 838 नल् 839 पल् 840 बल् 843 शल् 845 पत् 847 पथ् 848 मथ् 852 सह् 853 रम् 854 सद् 855 शद् 865 चत् 866 चद् 888 लष् 889 चष् 973 बध् 974 रभ् 975 लभ् 980 यभ् 981 नम् 984 यम् 985 तप् 991 दह् 996 पच् 997 सच् 1000 शप् 1002 यज् 1078 सस् 1105 जन् 1128 सह् 1149 जन् 1159 तप् 1166 नह् 1168 शप् 1169 पद् 1176 मन् 1187 शक् 1193 रध् 1194 नश् 1201 शम् 1202 तम् 1203 दम् 1208 मद् 1210 यस् 1211 जस् 1212 तस् 1213 दस् 1221 मस् 1240 नभ् 1261 शक् 1268 सघ् 1273 दघ् 1274 चम् 1290 लज् 1356 चल् 1427 सद् 1428 शद् 1463 तन् 1464 सन् 1471 मन् 1520 नभ्

except some Roots where Sutra 6.4.120 has exception

- Roots beginning with क् ख् ग् घ् ङ् since 7.4.62 कुहोश्चुः applies
- Roots beginning with छ् since 6.1.73 छे च applies
- Roots beginning with झ् थ् ध् फ् भ् ह् since 8.4.54 अभ्यासे चर्च
- Roots beginning with व् since 6.4.126 न शसददवादिगुणानाम्
- Roots 727 शस् 17 दद् since 6.4.126 न शसददवादिगुणानाम्
- 10c Roots since आम् applies

And Also लिट् affixes iii/2 iii/3 ii/2 ii/3 i/2 i/3 and i/1 reduplicate letter drops

- by 6.4.122 तॄफलभजत्रपश्च for Roots 969 तॄ 516 फल् 530 फल् 998 भज् 374 त्रप्
- by 6.4.123 राधो हिंसायाम् for Root 1262 राध्
- Optionally by 6.4.124 वा जॄभ्रमुत्रसाम् for Roots 1130 जॄ 850 भ्रम् 1205 भ्रम् and 1117 त्रस्
- Optionally by 6.4.125 फणां च सप्तानाम् for Roots 821 फण् 822 राज् 823 भ्राज् 824 भ्राश् 825 भ्लाश् 826 स्याम् 827 स्वन्

लिट् reduplicate letter changes

7.4.59 ह्रस्वः । If Reduplicate contains a long vowel or diphthong, then corresponding short vowel is substituted. 423 Roots.

आ → अ	e.g. 4 गाध् → जगाधे	ए → इ	e.g. 34 वेथ् → विवेथे
ई → इ	e.g. 75 शीक् → शिशीके	ऐ →आ→ अ	e.g. 98 ग्लै → जग्लौ
ऊ → उ	e.g. 25 सूद् → सुषूदे	ओ → उ	e.g. 76 लोक् → लुलोके
ॠ→ऋ→अ	e.g. 25 दॄ → ददार	औ → उ	e.g. 98 ढौक् → डुढौके

1 भू 4 गाध् 5 बाध् 6 नाथ् 7 नाध् 25 सूद् 26 ह्राद् 27 ह्लाद् 28 स्वाद् 34 वेथ् 49 खाद् 75 शीक् 76 लोक् 77 श्लोक् 78 द्रेक् 79 ध्रेक् 80 रेक् 81 सेक् 82 स्रेक् 98 ढौक् 99 त्रौक् 104 टीक् 106 तीक् 112 राघ् 113 लाघ् 114 द्राघ् 115 श्लाघ् 122 राख् 123 लाख् 124 द्राख् 125 ध्राख् 126 शाख् 127 श्लाख् 164 लोच् 170 काञ्च् 180 भ्रेज् 181 भ्राज् 205 म्लेच्छ् 207 लाञ्छ् 208 वाञ्छ् 210 ह्रीच्छ् 223 कूज् 231 तेज् 237 क्षीज् 240 लाज् 241 लाञ्ज् 255 वेष्ट् 256 चेष्ट् 257 गोष्ट् 258 लोष्ट् 266 हेठ् 284 हेड् 285 होड् 286 बाड् 287 द्राड् 288 ध्राड् 289 शाड् 290 शौट् 291 यौट् 292 म्लेट् 293 म्रेड् 350 क्रीड् 353 हूड्354 होड् 355 रौड् 356 रोड् 357 लोड् 363 तेप् 365 स्तेप् 366 ग्लेप् 367 वेप् 368 केप् 369 गेप् 370 ग्लेप् 371 मेप् 372 रेप् 373 लेप् 381 क्लीब् 382 क्षीब् 383 शीभ् 384 चीभ् 385 रेभ् 396 धूप् 438 घूर्ण् 441 भाम् 455 शोण् 456 श्रोण् 457 श्लोण् 458 पैण् 468 मीम् 484 पूय् 485 क्नूय् 486 क्ष्माय् 487 स्फाय् 488 प्याय् 489 ताय् 499 तेव् 500 देव् 501 सेव् 502 गेव् 503 ग्लेव् 504 पेव् 505 मेव् 506 म्लेव् 507 रेव् 509 सूर्क्ष्य् 517 मील् 518 श्मील् 519 स्मील् 520 क्ष्मील् 521 पील् 522 नील् 523 शील् 524 कील् 525 कूल् 526 शूल् 527 तूल् 528 पूल् 529 मूल् 535 वेल् 536 चेल् 537 केल् 538 खेल् 539 क्ष्वेल् 540 वेल्ल् 541 पेल् 542 फेल् 543 शेल् 551 खोल् 552 खोर् 553 धोर् 562 जीव् 563 पीव् 564 मीव् 565 तीव् 566 नीव् 567 क्षीव् 568 क्षेव् 601 धाव् 607 क्लेश् 609 दीक्ष् 612 भाष् 614 गेष् 615 पेष् 616 जेष् 617 नेष्

619 प्रेष् 620 रेष् 621 हेष् 622 ह्लेष् 623 कास् 624 भास् 625 नास् 626 रास् 643 वेहृ 644 जेहृ 645 वाहृ 646 द्राहृ 647 काश् 649 गाहृ 666 सूर्क्ष् 667 काङ्क्ष् 668 वाङ्क्ष् 669 माङ्क्ष् 670 द्राङ्क्ष् 671 ध्राङ्क्ष् 672 ध्वाङ्क्ष् 673 चूष् 674 तूष् 675 पूष् 676 मूष् 677 लूष् 678 रूष् 679 शूष् 680 यूष् 681 जूष् 682 भूष् 720 पेस् 778 हेड् 808 दॄ 809 नॄ 810 श्रा 811 ज्ञा 822 राज् 823 भ्राज् 824 भ्राश् 825 भ्लाश् 863 याच् 864 रेट् 867 प्रोथ् 869 मेद् 870 मेध् 872 नेद् 877 वेण् 879 चीव् 880 चाय् 882 दाश् 883 भेष् 884 भ्रेष् 885 भ्लेष् 894 दास् 895 माहृ 901 नी 902 धे 903 ग्लै 904 म्लै 905 द्यै 906 द्रै 907 ध्रै 908 ध्यै 909 रै 910 स्त्यै 911 स्त्यै 912 खै 913 क्षै 914 जै 915 सै 916 कै 917 गै 918 शै 919 श्रै 920 पै 921 वै 922 स्तै 923 स्नै 924 दै 925 पा 926 घ्रा 927 ध्मा 928 स्था 929 म्ना 930 दा 950 गा 961 मे 962 दे 963 श्यै 964 प्यै 965 त्रै 966 पू 967 मू 968 डी 969 तॄ 972 मान् 994 दान् 995 शान् 1006 वे 1007 व्ये 1008 ह्वे 1022 शास् 1031 सू 1032 शी 1044 ब्रू 1048 वी 1049 या 1050 वा 1051 भा 1052 स्ना 1053 श्रा 1054 द्रा 1055 प्सा 1056 पा 1057 रा 1058 ला 1059 दा 1060 ख्या 1061 प्रा 1062 मा 1072 जागृ 1075 शास् 1076 दीधी 1077 वेवी 1084 भी 1085 ह्री 1086 पॄ 1088 मा 1089 हा 1090 हा 1091 दा 1092 धा 1106 गा 1125 स्तीम् 1126 व्रीड् 1130 जॄ 1131 झॄ 1132 सू 1133 दू 1134 दी 1135 डी 1136 धी 1137 मी 1138 री 1139 ली 1140 व्री 1141 पी 1142 मा 1144 प्री 1145 शो 1146 छो 1147 सो 1148 दो 1150 दीप् 1151 पूर् 1152 तूर् 1153 धूर् 1154 गूर् 1155 घूर् 1156 जूर् 1157 शूर् 1158 चूर् 1162 काश् 1163 वाश् 1180 राध् 1262 राध् 1263 साध् 1279 दाश् 1339 घूर्ण् 1398 धू 1408 सू 1409 कॄ 1410 गॄ 1473 क्री 1474 प्री 1475 श्री 1476 मी 1480 क्नू 1481 द्रू 1482 पू 1483 लू 1484 स्तॄ 1485 कॄ 1486 वॄ 1487 धू 1488 शॄ 1489 पॄ 1490 वॄ 1491 भॄ 1492 मॄ 1493 दॄ 1494 जॄ 1495 नॄ 1496 कॄ 1498 गॄ 1499 ज्या 1500 री 1501 ली 1502 व्ली 1503 प्ली 1504 व्री 1505 भ्री 1506 क्षी 1507 ज्ञा 1544 पीड् 1548 पॄ 1552 चूर्ण् 1569 सान्त्व् 1603 मूल् 1609 पाल् 1610 लूष् 1612 शूर्प् 1636 पूल् 1639 धूस् 1640 कीट् 1641 चूर्ण् 1642 पूज् 1648 मार्ज् 1653 कॄत् 1662 म्लेच्छ् 1663 ब्रूस् 1688 कूण् 1689 तूण् 1690 भ्रूण् 1694 गूर् 1701 कूट् 1709 मान् 1717 सूद् 1730 भूष् 1732 ज्ञा 1747 भू 1772 धूप् 1774 चीव् 1776 लोक् 1777 लोच् 1789 शीक् 1803 पूर् 1811 ली 1814 जॄ 1824 मी 1826 शीक् 1827 चीक् 1835 धू 1836 प्री 1843 मान् 1844 भू 1846 मार्ग् 1868 सार् 1872 भाम् 1873 सूच् 1874 खेट् 1875 क्षोट् 1876 गोम् 1878 शील् 1879 साम् 1880 वेल् 1882 वात् 1884 वास् 1886 भाज् 1890 कूट् 1892 ग्राम् 1895 केत् 1896 कूट् 1897 स्तेन् 1902 शूर् 1903 वीर् 1908 सूत्र् 1909 मूत्र् 1910 रूक्ष् 1911 पार् 1912 तीर् 1914 धेक् 1923 स्तोम् 1933 रूप् 1934 छेद् 1936 लाभ्

7.4.62 कुहोश्चुः । Reduplicate Letter of कवर्ग (क् ख् ग् घ् ङ्) gets replaced by closest चवर्ग (च् छ् ज् झ् ञ्) and ह् replaced with ज् ।
Applies to all Roots with initial कवर्ग letter or initial हकारः ।
Sample Roots 4 गाध् → जगाधे । 15 क्लिन्द → चिक्लिन्दे । 22 खूर्द् → चुखूर्दे । 26 ह्लाद् → जह्लादे । 159 घघ् → जघाघ । 954 ङु → ञुङुवे ।

7.4.66 उरत् । For Roots ending in ऋ or ॠ , the ऋवर्ण of reduplicate letter gets substituted by अर् । Here repha is from 1.1.51 उरण् रपरः but that gets dropped by 7.4.60 हलादिः शेषः ।

807 स्मृ 898 भृ 899 हृ 900 धृ 931 ह्वृ 932 स्वृ 933 स्मृ 934 ह्वृ 935 सृ 937 गृ 938 घृ 939 ध्वृ 960 धृ 1072 जागृ 1087 भृ 1096 घृ 1097 हृ 1099 सृ 1252 स्तृ 1253 कृ 1254 वृ 1258 पृ 1259 स्पृ 1280 दृ 1402 पृ 1403 मृ 1411 दृ 1412 धृ 1472 कृ 1509 वृ 1650 घृ 1707 गृ 1813 वृ = 33 Roots.
808 दॄ 809 नॄ 969 तॄ 1086 पॄ 1130 जॄ 1131 झॄ 1409 कॄ 1410 गॄ 1484 स्तॄ 1485 कॄ 1486 वॄ 1488 शॄ 1489 पॄ 1490 वॄ 1491 भॄ 1492 मॄ 1493 दॄ 1494 जॄ 1495 नॄ 1496 कॄ 1498 गॄ 1548 पॄ 1814 जॄ = 23 Roots.

8.4.54 अभ्यासे चर् च । Reduplicate Letter झल् (first four letters of row consonants and sibilants) gets replaced by चर् or जश् (1st or 3rd of row consonant) or sibilants as applicable. In some cases 8.4.54 applies after sutra 7.4.62 has applied.

Final result of this Sutra is that Reduplicate of 2nd gets replaced with 1st of row consonant, and 4th gets replaced with 3rd of row consonant, and ह् gets replaced with ज् । Applies to Roots of 1c – 9c = 217 Roots. Note: Does not apply to 10c Roots due to लिट् आम् ।

Root Initial letter	Sutra	change	Sutra	Final लिट् form
ख् →	7.4.62 →	छ् →	8.4.54 →	च् e.g. 49 खाद् → चखाद
घ् →	7.4.62 →	झ् →	8.4.54 →	ज् e.g. 159 घघ् → जघाघ
छ् →			8.4.54 →	च् e.g. 470 छम् → चच्छाम
झ् →			8.4.54 →	ज् e.g. 306 झट् → जझाट
ठ् → ट् No such Root				

ढ् →			8.4.54 →	ड् e.g. 98 ढौक् → डुढौके
थ् →			8.4.54 →	त् e.g. 1387 थुड् → तुथोड
ध् →			8.4.54 →	द् e.g. 125 ध्राख् → दध्राख
फ् →			8.4.54 →	प् e.g. 516 फल् → पफाल
भ् →			8.4.54 →	ब् e.g. 1 भू → बभूव
ह् →	7.4.62 →	झ् →	8.4.54 →	ज् e.g. 26 ह्लाद् → जह्लादे

22 खुर्द् 49 खाद् 50 खद् 60 खर्द् 200 खुज् 229 खर्ज् 232 खज् 233 खञ्ज् 283 खण्ड् 302 खिट् 309 खट् 421 खर्ब् 538 खेल् 545 खल् 551 खोल् 552 खोर् 582 खर्व् 686 खष् 878 खन् 912 खै 1060 ख्या 1170 खिद् 1342 खुर् 1436 खिद् 1449 खिद् 1531 खच् = 26 Roots.

159 घघ् 259 घट्ट् 434 घिण्ण् 435 घुण्ण् 436 घृण्ण् 437 घुण् 438 घूर्ण् 652 घुंष् 653 घुष् 708 घृष् 715 घस् 746 घुट् 763 घट् 926 घ्रा 938 घृ 952 घु 1096 घृ 1155 घूर् 1338 घुण् 1339 घूर्ण् 1345 घुर् 1385 घुट् 1469 घृण् = 23 Roots.

470 छम् 813 छद् 890 छष् 1146 छो 1372 छुर् 1378 छुट् 1418 छुप् 1440 छिद् 1445 छृद् = 9 Roots.

306 झट् 472 झम् 689 झष् 718 झर्झ् 891 झष् 1131 झॄ 1300 झर्झ् = 7 Roots.

98 ढौक् = 1 Root.

571 थुर्व् 1387 थुड् = 2 Roots.

79 ध्रेक् 125 ध्राख् 217 ध्रज् 218 ध्रञ्ज् 219 धृज् 220 धृञ्ज् 221 ध्वज् 222 ध्वञ्ज् 288 ध्राड् 396 धूप् 453 ध्वण् 459 ध्रण् 553 धोर् 573 धुर्व् 593 धिन्व् 597 धन्व् 601 धाव् 602 धुक्ष् 603 धिक्ष् 671 ध्राङ्क्ष् 672 ध्वाङ्क्ष् 755 ध्वंस् 816 ध्वन् 828 ध्वन् 900 धृ 902 धे 907 ध्रै 908 ध्यै 927 ध्मा 939 ध्वृ 943 ध्रु 960 धृ 1092 धा 1103 धिष् 1104 धन् 1136 धी 1153 धूर् 1255 धु 1269 धृष् 1398 धू 1400 ध्रु 1406 धि 1412 धृ 1487 धू 1524 ध्रस् = 45 Roots.

116 फक्क् 516 फल् 530 फल् 532 फुल्ल् 542 फेल् 821 फण् = 6 Roots.

1 भू 12 भन्द् 178 भृज् 180 भ्रेज् 181 भ्राज् 273 भण्ड् 307 भट् 441 भाम् 447 भण् 452 भ्रण् 495 भल् 496 भल्ल् 580 भर्व् 606 भिक्ष् 612 भाष् 624 भास् 628 भ्यस् 682 भूष् 695 भष् 756 भ्रंस् 780 भट् 823 भ्राज् 824 भ्राश् 825 भ्लाश् 850 भ्रम् 883 भेष् 884 भ्रेष् 885 भ्लेष् 892 भ्रक्ष् 893 भ्लक्ष् 898 भृ 998 भज् 1051 भा 1084 भी 1087 भृ 1100 भस् 1205 भ्रम् 1224 भृश् 1225 भ्रंश् 1284 भ्रस्ज् 1395 भृड् 1417 भुज् 1439 भिद् 1453 भञ्ज् 1454 भुज् 1491 भॄ 1505 भ्री = 47 Roots.

26 ह्लाद् 27 ह्लाद् 210 ह्रीच्छ् 211 हुर्छ् 266 हेठ् 268 हिण्ड् 269 हुण्ड् 277 हुण्ड् 284 हेड् 285 होड् 312 हट् 335 हठ् 352 हुड् 353 हूड् 354 होड् 467 हम्म् 512 हय् 514 हर्य् 591 हिन्व् 621 हेष् 622 ह्रेष् 709 हृष् 711 ह्रस् 712 ह्लस् 721 हस् 778 हेड् 787 ह्रग् 788 ह्लग् 805 ह्वल् 806 ह्मल् 837 हल् 844 हुल् 861 हिक्क् 899 हृ 931 ह्वृ 934 ह्वृ 977 हद् 1008 ह्वे 1012 हन् 1082 ह्नु 1083 हु 1085 ह्री 1089 हा 1090 हा 1097 हृ 1229 हृष् 1257 हि 1361 हिल् 1456 हिंस् 1532 हेठ् 1829 हिंस् = 51 Roots.

लिट् reduplication keeps खय् letter 47 Roots

7.4.61 शर्पूर्वाः खयः । When Reduplicate consists of शर् followed by खय् then खय् is retained and शर् is dropped. शर् = श् ष् स् = sibilant. खय् = क् ख् च् छ् ट् ठ् त् थ् प् फ् = first two letters of row consonants. (Hard consonants). Exception to 7.4.60 हलादिः शेषः । Applies to 1c – 9c Roots. 10c Roots take लिट् आम् so not applicable.

Dhatu SN	Dhatu	Initial Letter	Conjunct
41	श्च्युत्	श्	श्च
560	ष्ठिव्	ष्	ष्ठ
1110	ष्ठिव्	ष्	ष्ठ
3	स्पर्ध्	स्	स्प
9	स्कुन्द्	स्	स्क
14	स्पन्द्	स्	स्प
175	स्तुच्	स्	स्त
213	स्फुर्छ्	स्	स्फ
235	स्फूर्ज्	स्	स्फ
260	स्फुट्	स्	स्फ
329	स्फुट्	स्	स्फ
364	स्तिप्	स्	स्त
365	स्तेप्	स्	स्त
386	स्तम्भ्	स्	स्त
387	स्कम्भ्	स्	स्क
394	स्तुभ्	स्	स्त
461	स्तन्	स्	स्त
487	स्फाय्	स्	स्फ
544	स्खल्	स्	स्ख
661	स्त्रक्ष्	स्	स्त
768	स्खद्	स्	स्ख
782	स्तक्	स्	स्त
790	स्तग्	स्	स्त
820	स्खद्	स्	स्ख
830	स्तम्	स्	स्त
836	स्थल्	स्	स्थ
887	स्पश्	स्	स्प
910	स्त्यै	स्	स्त
911	स्त्यै	स्	स्त
922	स्तै	स्	स्त
928	स्था	स्	स्थ
979	स्कन्द्	स्	स्क
1043	स्तु	स्	स्त
1124	स्तिम्	स्	स्त
1125	स्तीम्	स्	स्त
1252	स्तृ	स्	स्त
1259	स्पृ	स्	स्प
1265	स्तिघ्	स्	स्त
1349	स्तृह्	स्	स्त
1373	स्फुट्	स्	स्फ
1388	स्थुड्	स्	स्थ
1389	स्फुर्	स्	स्फ
1390	स्फुल्	स्	स्फ
1391	स्फुड्	स्	स्फ
1422	स्पृश्	स्	स्प
1478	स्कु	स्	स्क
1484	स्तॄ	स्	स्त

Changes when लुङ् Affixes are applied

Roots that take लुङ् सिच् Vikarana Affix

3.1.43 च्लि लुङि । The default लुङ् vikarana affix is च्लि ।
3.1.44 च्लेः सिच् । This default लुङ् vikarana affix च्लि gets changed depending upon the Root. For most Roots it is सिच् ।

Roots that take लुङ् क्स Vikarana Affix

3.1.45 शल इगुपधादनिटः क्सः । For अनिट् Roots with final consonant शल् (श् स् ह्) and having penultimate इक् vowel, the लुङ् vikarana affix is क्स । Will also apply to वेट् Roots with अनिट् option.
650 गृह् 856 कुश् 859 रुह् 896 गुह् 990 कृष् 992 मिह् 1001 त्विष् 1013 द्विष् 1014 दुह् 1015 दिह् 1016 लिह् 1095 विष् 1179 लिश् 1182 पुष् 1183 शुष् 1184 तुष् 1185 दुष् 1186 श्लिष् 1197 द्रुह् 1198 मुह् 1199 स्नुह् 1200 स्निह् 1283 दिश् 1286 कृष् 1347 वृह् 1348 तृह् 1349 स्तृह् 1419 रुश् 1420 रिश् 1421 लिश् 1422 स्पृश् 1424 विश् 1425 मृश् 1451 शिष् 1452 पिष् 1522 क्लिश् 1526 विष्

3.1.46 श्लिष आलिङ्गने । Root 1186 श्लिष्
3.1.47 न दृशः । Does not apply to 988 दृश्

Roots that take लुङ् चङ् Vikarana Affix

3.1.48 णिश्रिद्रुस्रुभ्यः कर्तरि चङ् । चङ् is the लुङ् vikarana affix for

- Roots affixed with Secondary affixes णिच् or णिङ् i.e. all 10c Roots
- Roots 897 श्रि 945 द्रु 942 श्रु

Roots that take लुङ् चङ् Vikarana Affix Optionally

3.1.49 विभाषा धेट्श्व्योः । चङ् is the लुङ् vikarana affix Optionally for Roots 902 धेट् 1010 श्वि । पक्षे सिच् ।

Roots that take लुङ् अङ् Vikarana Affix

3.1.52 अस्यतिवक्तिख्यातिभ्योऽङ् । अङ् is the लुङ् vikarana affix for Roots 1209 अस् 1063 वच् 1060 ख्या । 1044 ब्रूञ् 1017 चक्षिञ् ।

3.1.53 लिपिसिचिह्वश्च । लुङ् अङ् vikarana affix for Parasmaipada 1433 लिप् 1434 सिच् 1008 ह्वे ।

3.1.54 आत्मनेपदेष्वन्यतरस्याम् । Optionally लुङ् अङ् vikarana affix for Atmanepada 1433 लिप् 1434 सिच् 1008 ह्वे ।

3.1.55 पुषादिद्युताद्यॢदितः परस्मैपदेषु । लुङ् अङ् vikarana affix for Parasmaipada for Roots

- पुषादि = 65 Roots of 4c

1182 पुष् 1183 शुष् 1184 तुष् 1185 दुष् 1186 श्लिष् 1187 शक् 1188 स्विद् 1189 क्रुध् 1190 क्षुध् 1191 शुध् 1192 सिध् 1193 रध् 1194 नश् 1195 तृप् 1196 दृप् 1197 द्रुह् 1198 मुह् 1199 स्नुह् 1200 स्निह् 1201 शम् 1202 तम् 1203 दम् 1204 श्रम् 1205 भ्रम् 1206 क्षम् 1207 क्लम् 1208 मद् 1209 अस् 1210 यस् 1211 जस् 1212 तस् 1213 दस् 1214 वस् 1215 व्युष् 1216 प्लुष् 1217 बिस् 1218 कुस् 1219 बुस् 1220 मुस् 1221 मस् 1222 लुट् 1223 उच् 1224 भृश् 1225 भ्रंश् 1226 वृश् 1227 कृश् 1228 तृष् 1229 हृष् 1230 रुष् 1231 रिष् 1232 डिप् 1233 कुप् 1234 गुप् 1235 युप् 1236 रुप् 1237 लुप् 1238 लुभ् 1239 क्षुभ् 1240 नभ् 1241 तुभ् 1242 क्लिद् 1243 मिद् 1244 क्ष्विद् 1245 ऋध् 1246 गृध्

- द्युतादि = 22 Roots of 1c

741 द्युत् 742 श्वित् 743 मिद् 744 स्विद् 745 रुच् 746 घुट् 747 रुट् 748 लुट् 749 लुठ् 750 शुभ् 751 क्षुभ् 752 नभ् 753 तुभ् 754 स्रंस् 755 ध्वंस् 756 भ्रंस् 757 स्रम्भ् 758 वृत् 759 वृध् 760 शृध् 761 स्यन्द् 762 कृप्

- Roots with लृँ Tag लृदित् = 17 Roots

715 घसॢँ घस् 845 पतॢँ पत् 854 षदॢँ सद् 855 शदॢँ शद् 982 गमॢँ गम् 983 सृपॢँ सृप् 1095 विषॢँ विष् 1260 आपॢँ आप् 1261 शकॢँ शक् 1427 षदॢँ सद् 1428 शदॢँ शद् 1430 मुचॢँ मुच् 1431 लुपॢँ लुप् 1432 विदॢँ विद् 1451 शिषॢँ शिष् 1452 पिषॢँ पिष् 1839 आपॢँ आप्

3.1.56 सर्त्तिशास्त्यर्तिभ्यश्च । लुङ् अङ् vikarana affix for 1099 सृ 1075 शास् 1098 ऋ ।

3.1.57 इरितो वा । Optionally लुङ् अङ् vikarana affix (पक्षे सिच्) for Parasmaipada Roots with इँर् Tag इरित् = 25 Roots

40 च्युतिँर् च्युत् 41 श्च्युतिँर् श्च्युत् 329 स्फुटिँर् स्फुट् 653 घुषिँर् घुष् 737 तुहिँर् तुह् 738 दुहिँर् दुह् 739 उहिँर् उह् 875 बुधिँर् बुध् 979 स्कन्दिँर् स्कन्द् 988 दृशिँर् दृश् 876 उबुन्दिँर् बुन्द् 1067 रुदिँर् रुद् 1093 णिजिँर् निज् 1094 विजिँर् विज् 1165 ईशुचिँर् शुच् 1438 रुधिँर् रुध् 1439 भिदिँर् भिद् 1440 छिदिँर् छिद् 1441 रिचिँर् रिच् 1442 विचिँर् विच् 1443 क्षुदिँर् क्षुद् 1444 युजिँर् युज् 1446 उतृदिँर् तृद् 1445 उछृदिँर् छृद् 1726 घुषिँर् घुष्

3.1.58 जॄस्तम्भुम्रुचुम्लुचुग्रुचुग्लुचुग्लुञ्चुश्विभ्यश्च । Optionally लुङ् अङ् vikarana affix (पक्षे सिच्) for Parasmaipada Roots

1130 जॄ 1494 जॄ 1814 जॄ 195 म्रुच् 196 म्लुच् 197 ग्रुच् 198 ग्लुच् 201 ग्लुञ्च् 1010 श्वि

Here स्तम्भ् is a सौत्र Sautra Dhatu from Sutra 3.1.82 स्तन्भुस्तुन्भुस्कन्भुस्कुन्भुस्कञ्भ्यः श्नुश्च ।

Roots that take लुङ् चिण् Vikarana Affix

3.1.60 चिण् ते पदः । चिण् is the लुङ् iii/1 vikarana for Root 1169 पद्

3.1.61 दीपजनबुधपूरितायिप्यायिभ्योऽन्यतरस्याम् । Optionally चिण् is the लुङ् iii/1 vikarana for Roots 1150 दीप् 1149 जन् 1172 बुध् 1151 पूर् 489 ताय् 488 प्याय्

लुङ् सिच् Vriddhi Roots with Parasmaipada Ting

Note: Parasmaipada Roots will also include Ubhayepada Roots here. Similarly सेट् Roots will also include वेट् Roots here.

7.2.1 सिचि वृद्धिः परस्मैपदेषु । Vriddhi applies for लुङ् सिच् for Parasmaipada Roots. This Sutra gets modified by 7.2.2, 7.2.3, 7.2.4, 7.2.5, 7.2.6, 7.2.7 suitably.

7.2.2 अतो ल्रान्तस्य । Vriddhi applies for लुङ् सिच् for Parasmaipada Roots with final रकारः or लकारः and having penultimate अकारः । (10c Roots take चङ् by 3.1.48, पुषादि Roots take अङ् by 3.1.55, so not in this list).

> 515 अल् 516 फल् 530 फल् 544 स्खल् 545 खल् 546 गल् 547 सल् 548 दल् 549 श्वल् 554 त्सर् 555 क्मर् 559 चर् 776 ज्वर् 804 ज्वल् 805 ह्वल् 806 ह्मल् 812 चल् 831 ज्वल् 832 चल् 833 जल् 834 टल् 835 ट्वल् 836 स्थल् 837 हल् 838 नल् 839 पल् 840 बल् 843 शल् 851 क्षर् 1356 चल् = 30 Roots

7.2.3 वदव्रजहलन्तस्याचः । Roots वद् व्रज् and Consonant ending Parasmaipada Roots with any vowel get वृद्धिः for लुङ् सिच् । 1009 वद् 253 व्रज् definitely get Vriddhi. Rest are governed by subsequent Sutras.

> 48 सिध् 395 गुप् 654 अक्ष् 655 तक्ष् 656 त्वक्ष् 979 स्कन्द् 980 यभ् 985 तप् 986 त्यज् 987 सञ्ज् 988 दृश् 989 दंश् 990 कृष् 991 दह् 996 पच् 998 भज् 999 रञ्ज् 1000 शप् 1002 यज् 1003 वप् 1004 वह् 1005 वस् 1066 मृज् 1068 स्वप् 1093 निज् 1094 विज् 1121 क्षिप् 1166 नह् 1167 रञ्ज् 1168 शप् 1181 व्यध् 1281 तुद् 1282 नुद् 1284 भ्रस्ज् 1285 क्षिप् 1286 कृष् 1292 व्रश्च् 1413 प्रच्छ् 1414 सृज् 1415 मस्ज् 1416 रुज् 1417 भुज् 1418 छुप् 1426 नुद् 1436 खिद् 1438 रुध् 1439 भिद् 1440 छिद् 1441 रिच् 1442 विच् 1443 क्षुद् 1444 युज् 1453 भञ्ज् 1454 भुज् 1458 अञ्ज् 1459 तञ्च् 1508 बन्ध् = 57 Roots

Note: By 7.2.4, this Sutra 7.2.3 is applicable for Consonant ending अनिट् Parasmaipada Roots.

7.2.4 नेटि । लुङ् सिच् Vriddhi is not applicable for Consonant ending Parasmaipada सेट् Roots with any vowel.

However 7.2.2 is an exception here. So Parasmaipada सेट् Roots with penultimate अकारः and final रकारः or लकारः will get Vriddhi.

7.2.5 ह्म्यन्तक्षणश्वसजागृणिश्व्येदिताम् । लुङ् सिच् Vriddhi not apply for

- Parasmaipada सेट् Roots ending in ह् म् य् = (10c Roots take चङ् by 3.1.48, पुषादि Roots take अङ् by 3.1.55, so not in this list)
    - हकारान्तः = 23 Roots = 729 चह् 730 मह् 731 रह् 732 रंह् 733 दृह् 734 दृंह् 735 बृह् 736 बृंह् 737 तुह् 738 दुह् 739 उह् 740 अर्ह् 895 माह् 896 गुह् 1128 सह् 1129 सुह् 1272 अह् 1347 वृह् 1348 तृह् 1349 स्तृह् 1350 तृंह् 1455 तृह् 1533 ग्रह्
    - मकारान्तः = 19 Roots = 465 अम् 466 द्रम् 467 हम्म् 468 मीम् 469 चम् 470 छम् 471 जम् 472 झम् 473 क्रम् 818 शम् 826 स्यम् 829 सम् 830 स्तम् 849 वम् 850 भ्रम् 1123 तिम् 1124 स्तिम् 1125 स्तीम् 1274 चम् (819 यम् becomes यंस् सकारान्तः by 7.2.73 यमरमनमातां सक् च)
    - यकारान्तः = 9 Roots = 508 मव्य् 509 सूक्ष्य् 510 ईक्ष्य् 511 ईर्ष्य् 512 हय् 513 शुच्य् 514 हर्य् 880 चाय् 881 व्यय्
- The Roots 1465 क्षण् 1069 श्वस् 1072 जागृ 1010 श्वि = 4 Roots
- Stem formed with derivative affix containing णि (e.g. 10c णिच्)
- Roots having Tag ए = 13 Roots = 294 कटैं कट् 721 हसैं हस् 784 कखैं कख् 785 रगैं रग् 786 लगैं लग् 787 ह्रगैं ह्रग् 788 ह्लगैं ह्लग् 789 षगैं सग् 790 ष्टगैं स्तग् 791 कगैं कग् 846 क्नथैं क्नथ् 847 पथैं पथ् 848 मथैं मथ्

Optional लुङ् सिच् Vriddhi Parasmaipada सेट् Roots

Note: Parasmaipada Roots will also include Ubhayepada Roots here. Similarly सेट् Roots will also include वेट् Roots here.

7.2.6 ऊर्णोतेर्विभाषा । लुङ् सिच् Vriddhi is Optional for 1039 ऊर्णु ।

7.2.7 अतो हलादेर्लघोः । लुङ् सिच् Vriddhi is Optional for Parasmaipada सेट् Roots having initial consonant + penultimate अकारः + final consonant.

50 खद् 51 बद् 52 गद् 53 रद् 54 नद् 117 तक् 120 कख् 130 वख् 132 मख् 134 नख् 136 रख् 138 लख् 159 घघ् 217 ध्रज् 221 ध्वज् 232 खज् 238 लज् 242 जज् 246 गज् 252 वज् 296 पट् 297 रट् 298 लट् 299 शट् 300 वट् 305 जट् 306 झट् 307 भट् 308 तट् 309 खट् 310 नट् 312 हट् 313 सट् 320 कट् 330 पठ् 331 वठ् 332 मठ् 333 कठ् 334 रट् 335 हठ् 340 शठ् 359 लड् 360 कड् 397 जप् 399 चप् 400 सप् 401 रप् 402 लप् 413 रफ् 445 रण् 446 वण् 447 भण् 448 मण् 449 कण् 450 क्वण् 451 व्रण् 452 भ्रण् 453 ध्वण् 459 ध्रण् 460 कन् 461 स्तन् 462 वन् 463 वन्464 सण् 599 मव् 685 कष् 686 खष् 688 जष् 689 झष् 690 शष् 691 वष् 692 मष् 695 भष् 711 ह्रस् 712 ह्लस् 713 रस् 714 लस् 724 मश् 725 शव् 726 शश् 727 शस् 777 गड् 779 वट् 780 भट् 781 नट् 782 स्तक् 783 चक् 794 कण् 795 रण् 796 चण् 797 शण् 798 श्रण् 799 श्रथ् 800 क्नथ् 801 क्रथ् 802 क्लथ् 803 वन् 813 छद् 814 लड् 815 मद् 816 ध्वन् 817 स्वन् 821 फण् 827 स्वन् 828 ध्वन् 860 कस् 878 खन् 887 स्पश् 888 लष् 889 चष् 890 छष् 891 झष् 997 सच् 1078 सस् 1080 वश् 1100 भस् 1104 धन् 1105 जन् 1112 क्नस् 1113 क्रस् 1117 त्रस् 1193 रध् 1194 नश् 1268 सघ् 1273 दघ् 1293 व्यच् 1301 त्वच् 1380 कड् 1463 तन् 1464 सन् 1470 वन् 1520 नभ् 1524 ध्रस् 1531 खच् = 134 Roots

Note: 10c Roots take चङ् by 3.1.48, पुषादि Roots take अङ् by 3.1.55, so not in this list.

Note: Roots governed by sutras 7.2.2 , 7.2.3 वद् व्रज् , 7.2.5 are not in this list.

Roots with Final ॠकारः preceded by Conjunct

7.2.43 ॠतश्च संयोगादेः । Optional इट् for Atmanepada Benedictive आशीर्लिङ् and Aorist लुङ् सिच् Affixes.

1c	939	ध्वृ
5c	1252	स्तृ
5c	1259	स्पृ
5c	1259	स्मृ
1c	807	स्मृ
1c	933	स्मृ
1c	932	स्वृ
1c	899	ह्वृ
1c	931	ह्वृ
1c	934	ह्वृ

Roots governed by Sutras for Krit निष्ठा

Roots of 10c – elision of णिच्

6.4.52 निष्ठायां सेटि । The affix णिच् is elided before the सेट् Nishtha affixes क्त , क्तवतु ।

Applies to Roots of 10th conjugation.

Roots with Initial Conjunct and a यण् Letter

8.2.43 संयोगादेरातो धातोर्यण्वतः । निष्ठा त् → न् for Roots with Initial Conjunct and containing a यण् letter य् व् र् ल् and ending in आकारः द्यै , ध्यै , ष्टयै , स्त्यै , श्यै , प्यै , द्रै , ध्रै , श्रै , त्रै , ग्लै , म्लै

Unaccented Roots with Final Nasal Letter

6.4.37 अनुदात्तोपदेशवनतितनोत्यादीनामनुनासिकलोपो झलि क्ङिति । Final nasal of

- Dhatupatha Roots with unaccented Root vowel, and
- of Root 1470 वन् and
- of 8c Roots तन् etc.

is elided , when facing क्ङित् affix that begins with a consonant, except semi vowel or nasal.

Applies to कृदन्तः Affixes निष्ठा etc.

1c	853	रमुँ	रम्	2c	1012	हनँ	हन्
1c	981	णमँ	नम्				
1c	982	गम्लृँ	गम्	4c	1176	मनँ	मन्
1c	984	यमँ	यम्				

8c	1463	तनुँ	तन्	1468	तृणुँ	तृण्
8c	1465	क्षणुँ	क्षण्	1469	घृणुँ	घृण्
8c	1466	क्षिणुँ	क्षिण्	1470	वनुँ	वन्
8c	1467	ऋणुँ	ऋण्	1471	मनुँ	मन्

1464 षणु सन् comes under Sutra 6.4.42 जनसनखनां सञ्झलोः not here.

Note: These 10c Roots do not qualify here.

1578	श्रणँ	श्रण्	1840	तनुँ	तन्
1625	यमँ	यम्	1853	गणँ	गण्
1693	स्यमँ	स्यम्	1859	स्तनँ	स्तन्
1695	शमँ	शम्	1889	ध्वनँ	ध्वन्
1715	कणँ	कण्	1937	व्रणँ	व्रण्
1720	अमँ	अम्			

सेट् Roots of 1c with Penultimate उकार:

The Ashtadhayayi Sutra 1.2.21 उदुपधाद्भावादिकर्मणोरन्यतरस्याम् applies to make निष्ठा Optionally अकित् । Thus Nishtha participle has forms with and without Guna. A Vartika शब्विकरणेभ्य एवेष्यते says that this applies only to Roots of 1c.

16	मुद्	314	लुट्	406	त्रुप्	747	रुट्
24	गुद्	323	मुड्	408	तुफ्	748	लुट्
31	युत्	324	प्रुड्	410	त्रुफ्	749	लुठ्
32	जुत्	329	स्फुट्	432	शुभ्	750	शुभ्
40	च्युत्	336	रुठ्	437	घुण्	751	क्षुभ्
41	श्च्युत्	337	लुठ्	696	उप्	753	तुभ्
91	कुक्	338	उठ्	700	पुष्	841	पुल्
128	उख्	341	शुठ्	710	तुस्	842	कुल्
175	ष्टुच्	351	तुड्	737	तुह्	844	हुल्
183	शुच्	352	हुड्	738	दुह्	857	कुच्
184	कुच्	394	स्तुभ्	739	उह्	858	बुध्
244	तुज्	395	गुप्	741	द्युत्	875	बुध्
250	मुज्	403	चुप्	745	रुच्		
260	स्फुट्	404	तुप्	746	घुट्		

Does not apply to 195 म्रुच् 196 म्लुच् 197 ग्रुच् 198 ग्लुच् 199 कुज् 200 खुज् 653 घुष् by 7.2.23, 693 रुष् by 7.2.28, 703 प्रुष् 704 प्लुष् 896 गुह् 970 गुप्

अनिट् Roots with Final रेफः or दकारः

8.2.42 रदाभ्यां निष्ठातो नः पूर्वस्य च दः । For अनिट् Roots ending in Repha or दकारः the निष्ठा तकारः gets replaced by नकारः ।

Roots ending in Repha

7.2.16 आदितश्च । Roots with आदित् Tag do not take सेट् for निष्ठा ।
775 ञित्वराँ त्वर् → क्त → तूर्ण / त्वरित

7.2.14 श्वीदितो निष्ठायाम् । Roots with ईदित् Tag no सेट् for निष्ठा ।
1151 पूरीँ पूर् → क्त → पूर्ण 1152 तूरीँ तूर् 1154 गूरीँ गूर् 1155 घूरीँ घूर् 1156 जूरीँ जूर् 1157 शूरीँ शूर् 1158 चूरीँ चूर् 1153 धूरीँ धूर्

अनिट् Roots ending in दकारः

1c 854 षद्लृ सद् → क्त → सन्न 1c 855 शद्लृ शद् 1c 977 हद हद् 1c 979 स्कन्दिर् स्कन्द्
(2c 1011 अद अद् special sutra applies जग्ध)
4c 1169 पद पद् 4c 1170 खिद खिद् 4c 1171 विद विद् 4c 1188 ष्विदा स्विद् 4c 1242 क्लिदू क्लिद्
6c 1281 तुद तुद् 6c 1282 णुद नुद् 6c 1426 णुद नुद् 6c 1427 षद्लृ सद् 6c 1428 शद्लृ शद् 6c 1432 विद्लृ विद् 6c 1436 खिद खिद्
7c 1439 भिदिर् भिद् 7c 1440 छिदिर् छिद् 7c 1443 क्षुदिर् क्षुद् 7c 1449 खिद खिद् 7c 1450 विद विद्

Roots ending in दकारः that behave अनिट् for निष्ठा

743 ञिमिदाँ मिद् 744 ञिष्विदाँ स्विद् 978 ञिष्विदाँ स्विद् 1188 ष्विदाँ स्विद् 1243 ञिमिदाँ मिद् 1244 ञिक्ष्विदाँ क्ष्विद्

अनिट् Roots ending in च्छ् or व्

6.4.19 च्छ्वोः शूडनुनासिके च । श् replaces च्छ् , and ऊठ् replaces व् , when facing a nasal beginning affix, the affix क्वि , or a झलादि क्ङित् affix. This Sutra can work only on अनिट् Roots. Hence will not apply to 10c Roots.
7.2.56 उदितो वा । Roots with उदित् Tag take optional इट् for क्त्वा affix.
7.2.15 यस्य विभाषा । This by extrapolation makes उदित् Roots अनिट् for निष्ठा ।

We have only 1 अनिट् Root ending in च्छ् = 1413 प्रच्छ्
Note: For Roots 211 हुर्छा हुर्च्छ् 212 मुर्छा मुर्च्छ् 213 स्फुर्छा स्फुर्च्छ् the Sutra 6.4.21 applies.

Roots ending in व् that behave as अनिट् for निष्ठा ।

1c			4c		
560	ष्ठिवुँ	ष्ठिव्	1107	दिवुँ	दिव्
567	क्षीवुँ	क्षीव्	1108	सिवुँ	सिव्
568	क्षेवुँ	क्षेव्	1109	स्रिवुँ	स्रिव्
601	धावुँ	धाव्	1110	ष्ठिवुँ	ष्ठिव्

Note: For Roots 569 उर्वी उर्व् 570 तुर्व् 571 थुर्व् 572 दुर्व् 573 धुर्व् 574 गुर्व् 575 मुर्व् the Sutra 6.4.21 applies.

अनिट् Roots ending in र्छ् or र्व्

6.4.21 राल्लोपः । In the case of र्छ् , र्व् there is elison of छ् , व् resp. when facing the affix क्वि , or a झलादि क्ङित् affix. This Sutra can work only on अनिट् Roots. Following Sutras make few Roots अनिट् so it can work on them.

7.2.14 श्वीदितो निष्ठायाम् । Roots with ईदित् Tag do not take सेट् । Roots ending in र्व् । क्त निष्ठा example.

1c	569	उर्वीँ	उर्व्	ऊर्णः
	570	तुर्वीँ	तुर्व्	तूर्णः
	571	थुर्वीँ	थुर्व्	थूर्णः
	572	दुर्वीँ	दुर्व्	दूर्णः
	573	धुर्वीँ	धुर्व्	धूर्णः
	574	गुर्वीँ	गुर्व्	गूर्णः
	575	मुर्वीँ	मुर्व्	मूर्णः

7.2.16 आदितश्च । Roots with आदित् Tag do not take सेट् । Roots ending in र्छ् । क्त निष्ठा example.

1c	211	हुर्छाँ	हुर्छ्	हूर्णः
	212	मुर्छाँ	मुर्छ्	मूर्तः
	213	स्फुर्छाँ	स्फुर्छ्	स्फूर्णः

Roots ending in उक् Pratyahara

7.2.11 श्र्युकः किति । For Root 897 श्रि and monosyllabic Roots ending in उक् = उ , ऊ , ऋ , ॠ , ऌ , when facing a कित् affix, the इट् augment does not apply.

Applicable only for Roots 1c - 9c.

1	भू	952	घु	1044	ब्रू	1280	दृ	1488	शॄ
807	स्मृ	953	उ	1072	जागृ	1397	नू	1489	पॄ
808	दॄ	954	ङु	1082	ह्नु	1398	धू	1490	वॄ
809	नॄ	955	च्यु	1083	हु	1399	गु	1491	भॄ
898	भृ	956	ज्यु	1086	पॄ	1400	ध्रु	1492	मॄ
899	हृ	957	प्रु	1087	भृ	1401	कु	1493	दॄ
900	धृ	958	प्लु	1096	घृ	1402	पृ	1494	जॄ
931	ह्वृ	959	रु	1097	हृ	1403	मृ	1495	नॄ
932	स्वृ	960	धृ	1098	ऋ	1408	सू	1496	कॄ
933	स्मृ	966	पू	1099	सृ	1409	कॄ	1497	ॠ
934	ह्वृ	967	मू	1130	जॄ	1410	गॄ	1498	गॄ
935	सृ	969	तॄ	1131	झॄ	1411	दृ	1509	वृ
936	ऋ	1031	सू	1132	सू	1412	धृ		
937	गृ	1033	यु	1133	दू	1472	कृ		
938	घृ	1034	रु	1247	सु	1478	स्कु		
939	ध्वृ	1035	नु	1252	स्तृ	1479	यु		
940	स्रु	1036	क्षु	1253	कृ	1480	क्नू		
941	सु	1037	क्ष्णु	1254	वृ	1481	द्रू		
942	श्रु	1038	स्नु	1255	धु	1482	पू		
943	ध्रु	1039	ऊर्णु	1255	धू	1483	लू		
944	दु	1040	द्यु	1256	दु	1484	स्तॄ		
945	द्रु	1041	सु	1258	पृ	1485	कॄ		
949	गु	1042	कु	1259	स्पृ	1486	वॄ		
951	कु	1043	स्तु	1259	स्मृ	1487	धू		

Roots classified as मित्

6.4.92 मितां ह्रस्वः । Roots that have been given मित् classification, retain their penultimate short vowel before the Causative णिच् affix.

मित् classification is done by Ganasutras in the Dhatupatha
GanaSutra घटादयो मितः in Dhatupatha for 1c. Applies for Secondary Roots with Causative णिच् affix.
1c Roots 763 घट चेष्टायाम् to 821 फण गतौ ।

GanaSutra ज्ञप मिच्च । नान्ये मितोऽहेतौ । in Dhatupatha for 10c. Applies to the inherent 10c णिच् affix.

10c Roots 1624 ज्ञप ज्ञानज्ञापनमारणतोषणनिशाननिशामनेषु to 1629 चिञ् चयने ।

Ashtadhyayi Rules for Hrsva Dirgha

1.2.27 ऊकालोऽज्झ्रस्वदीर्घप्लुतः ।

- Vowels similar to उ with 1 matra are called hrsva ह्रस्व
- Vowels similar to ऊ with 2 matra are called dirgha दीर्घ
- Vowels similar to उ with 3 matra are called pluta प्लुत

1.4.10 ह्रस्वं लघु । Hrsva ह्रस्व vowel is called laghu लघु also.
1.4.11 संयोगे गुरु । However when a ह्रस्व vowel is followed by a conjunct, it is called गुरु guru.
1.4.12 दीर्घं च । And also a दीर्घ vowel is called गुरु guru.
Notes:

- Long vowels and diphthongs are दीर्घ dirgha, i.e. आ ई ऊ ॠ ए ऐ ओ औ ।
- Short vowels are ह्रस्व hrsva, i.e. अ इ उ ऋ ऌ । But short vowels when followed by a conjunct are दीर्घ dirgha. E.g. अक्ष

Ashtadhyayi Rules for Consonant Sandhi

A few sandhi rules are given.

जश् त्वम्

8.2.39 झलां जशोऽन्ते । The झल् letter at the end of a word is replaced by a corresponding जश् letter.

Definition of झल् letter = Maheshwar Sutras 8, 9, 10, 11, 12, 13, 14 = 1st 2nd 3rd 4th letters of class consonants and sibilants श् ष् स् and aspirate ह् ।

Definition of जश् letter = Maheshwar Sutra 10 = 3rd letter of each class consonant = ग् ज् ड् द् ब् ।

श्चु त्वम्

8.4.40 स्तोः श्चुना श्चुः । The स् facing a श् changes to श् ।

The स् facing a चवर्ग letter changes to श् ।
The तवर्ग letter facing a श् changes to corresponding चवर्ग ।
The तवर्ग letter facing चवर्ग letter changes to corresponding चवर्ग ।
e.g. Gita verse 4.33 यज्ञात् ज्ञानयज्ञः → 8.2.39 → यज्ञाध् ज्ञानयज्ञः → यज्ञाध् ज् ञ् आनयज्ञः → 8.4.40 → यज्ञाज् ज् ञ् आनयज्ञः → यज्ञाज् ज्ञानयज्ञः → यज्ञाज्ज्ञानयज्ञः ।

चर् त्वम्

8.4.55 खरि च । The झल् letter when followed by a खर् letter is replaced by a corresponding चर् letter. The sibilants will be replaced by themselves.

e.g. Gita verse 5.4 सम्यक् उभयोर्विन्दते → 8.2.39 → सम्यग् उभयोर्विन्दते → सम्यगुभयोर्विन्दते ।

Definition of झल् letter – Maheshvarani Sutrani 8 9 10 11 12 13 14 = 1st 2nd 3rd 4th letters of class consonants and sibilants श् ष् स् and aspirate ह् । *ह् is not considered here because it undergoes other sandhis.*

Definition of चर् letter – Maheshvarani Sutrani 11, 12, 13 – all are hard consonants = The 1st letter of each class consonant क् च् ट् त् प् and sibilants श् ष् स् ।

Definition of खर् letter – Maheshvarani Sutrani 11, 12, 13 – all are hard consonants = The 1st and 2nd letters of each class consonant क् ख् च् छ् ट् ठ् त् थ् प् फ् and sibilants श् ष् स् ।

8.4.56 वाऽवसाने । The झल् letter facing a pause or fullstop is replaced by a corresponding चर् letter, Optionally.

e.g. Gita verse 5.4 सम्यक् उभयोर्विन्दते → 8.2.39 → सम्यग् उभयोर्विन्दते → सम्यगुभयोर्विन्दते ।

Definition of झल् letter – Maheshvarani Sutrani 8 9 10 11 12 13 14 = 1st 2nd 3rd 4th letters of all class consonants and sibilants श् ष् स् and aspirate ह् । *Note – श्, ष्, स्, and ह् are not considered here because they undergo other sandhis.*

Definition of जश् letter – Maheshvarani Sutrani 10 = The 3rd letter of each class consonant = ग् ज् ड् द् ब् ।

Definition of चर् letter – Maheshvarani Sutrani 11, 12, 13 = The 1st letter of each class consonant and sibilants = क् च् ट् त् प्, श् ष् स् ।

ङम् आगम त्वम्

8.3.32 ङमो ह्रस्वादचि ङमुण्नित्यम् । When the nasals ङ् , ण् , न् are preceded by a ह्रस्व-vowel and are followed by any vowel, then these nasals are doubled. Precisely, the ह्रस्व-vowel gets a ङम् आगमः । Definition of ङम् letters – Maheshwar Sutra 7 = ङ् ण् न्
i.e. the guttural, cerebral and dental nasals. e.g. verse 5.8 जिघ्रन् अश्नन् → 8.3.32 → जिघ्रन्न् अश्नन् → जिघ्रन्नश्नन् । e.g. verse 5.9 गृह्णन्नुन्मिषन् ।

नश्छव्य् त्वम्

8.3.7 नश्छव्य् अप्रशान् । When पदान्त न् is followed by छव् letter that itself is followed by अम् letter, then न् is replaced by रुँ , except for word प्रशान् । 8.3.2 अत्रानुनासिकः पूर्वस्य तु वा । The letter preceding (that letter for which रुँ has been substituted), is replaced by a nasal vowel, Optionally. 1.3.2 उपदेशेऽजनुनासिक इत् । In grammar, a nasalized letter is a Tag. Definition of छव् letter – Maheshwar Sutra 11 = छ् ठ् थ् च् ट् त् i.e. hard palatal, cerebral and dental consonants.
Definition of अम् letter – Maheshwar Sutras 1 2 3 4 5 6 7
i.e. all vowels, semivowels, nasals, aspirate = अ आ इ ई उ ऊ ऋ ॠ ऌ ए ऐ ओ औ , य् र् ल् व् , ङ् ञ् ण् न् म् , ह् । e.g. verse 5.27 बाह्यान् चक्षुः → बाह्यान् च् अ क्षुः → 8.3.7 → बाह्यारुँ चक्षुः → 8.3.2 + 8.3.4 → बाह्य् आं रुँ चक्षुः → बाह्यांरुँ चक्षुः → 1.3.2 → बाह्यांर् चक्षुः → 8.3.15 → बाह्यां ः चक्षुः → 8.3.34 + 8.4.40 बाह्यां श् चक्षुः → बाह्यांश्चक्षुः । e.g. verse 6.24 कामांस्त्यक्त्वा ।

सुँ लोप त्वम्

6.1.132 एतत्तदोः सुलोपोऽकोरनञ्समासे हलि । For the words एषः and सः made by the 1st case singular vibhakti सुँ , this vibhakti सुँ is dropped when any consonant follows. e.g. verse 3.37 एष रजोगुणसमुद्भवः ।

एच् लोप त्वम्

6.1.78 एचोऽयवायावः । When vowel एच् (ए ऐ ओ औ) is followed by अच् any vowel, then it are replaced by अय् आय् अव् आव् respectively. By extrapolation we add to it अर् आर् अल् ।

Definition of एच् Maheshwar Sutras 3 and 4 = ए ऐ ओ औ

Definition of अच् letter – Maheshwar Sutras 1 2 3 and 4 = all vowels अ आ इ ई उ ऊ ऋ ॠ ऌ ए ऐ ओ औ

8.3.19 लोपः शाकल्यस्य । पदान्त य् or व् when preceded by अवर्ण and followed by अश् is dropped, Optionally. There is no further Sandhi. Usually seen after अयाव् sandhi. e.g. verse 16.15 मोदिष्ये इत्यज्ञानविमोहिताः → मोदिष्य् ए इत्यज्ञानविमोहिताः → 8.3.7 → मोदिष्य् अय् इत्यज्ञानविमोहिताः → मोदिष्यय् इत्यज्ञानविमोहिताः → 8.3.19 → मोदिष्य इत्यज्ञानविमोहिताः ।

अनुनासिक त्वम्

8.4.45 यरोऽनुनासिकेऽनुनासिको वा । A पदान्त यर् letter followed by ञम् nasal consonant is optionally replaced by the nasal of its own class.

Definition of यर् = all consonants, except ह् aspirate.

Definition of ञम् = all nasals = ङ् ञ् ण् न् म्

e.g. verse 10.39 स्यात् मया → 8.4.45 → स्यान् मया → स्यान्मया ।

तोर्लि त्वम्

8.4.60 तोर्लि । A consonant of तवर्ग followed by ल् is replaced by one homogenous with the latter. By this Sandhi, तकार facing लकार gets replaced by लकार, as both त् ल् are dental consonants, hence homogenous. e.g. verse 11.30 समन्तात् लोकान् → 8.4.60 → समन्ताल् लोकान् → समन्ताल्लोकान् ।

Mastery of Dhatupatha - Identify these Letters

Roots Indexed on Final Letter

Roots are indexed on final letter, wrt Dhatu Serial No.

1081 चर्करीतं च –

1851	कथ	अ	1875	क्षोट	अ	1899	गृह	अ	1923	स्तोम	अ
1852	वर	अ	1876	गोम	अ	1900	मृग	अ	1924	छिद्र	अ
1853	गण	अ	1877	कुमार	अ	1901	कुह	अ	1925	अन्ध	अ
1854	शठ	अ	1878	शील	अ	1902	शूर	अ	1926	दण्ड	अ
1855	श्वठ	अ	1879	साम	अ	1903	वीर	अ	1927	अङ्क	अ
1856	पट	अ	1880	वेल	अ	1904	स्थूल	अ	1928	अङ्ग	अ
1857	वट	अ	1881	पल्पूल	अ	1905	अर्थ	अ	1929	सुख	अ
1858	रह	अ	1882	वात	अ	1906	सत्र	अ	1930	दुःख	अ
1859	स्तन	अ	1883	गवेष	अ	1907	गर्व	अ	1931	रस	अ
1860	गद	अ	1884	वास	अ	1908	सूत्र	अ	1932	व्यय	अ
1861	पत	अ	1885	निवास	अ	1909	मूत्र	अ	1933	रूप	अ
1862	पष	अ	1886	भाज	अ	1910	रूक्ष	अ	1934	छेद	अ
1863	स्वर	अ	1887	सभाज	अ	1911	पार	अ	1935	छद	अ
1864	रच	अ	1888	ऊन	अ	1912	तीर	अ	1936	लाभ	अ
1865	कल	अ	1889	ध्वन	अ	1913	पुट	अ	1937	व्रण	अ
1866	चह	अ	1890	कूट	अ	1914	धेक	अ	1938	वर्ण	अ
1867	मह	अ	1891	सङ्केत	अ	1915	कत्र	अ	1939	पर्ण	अ
1868	सार	अ	1892	ग्राम	अ	1916	बष्क	अ	1940	विष्क	अ
1869	कृप	अ	1893	कुण	अ	1917	चित्र	अ	1941	क्षिप	अ
1870	श्रथ	अ	1894	गुण	अ	1918	अंस	अ	1942	वस	स्
1871	स्पृह	अ	1895	केत	अ	1919	वट	अ	1943	तुत्थ	अ
1872	भाम	अ	1896	कूण	अ	1920	लज	अ			
1873	सूच	अ	1897	स्तेन	अ	1921	मिश्र	अ			
1874	खेट	अ	1898	पद	अ	1922	सङ्ग्राम	अ			

810	श्रा	◌ा
811	ज्ञा	◌ा
925	पा	◌ा
926	घ्रा	◌ा
927	ध्मा	◌ा
928	स्था	◌ा
929	म्ना	◌ा
930	दा	◌ा
950	गा	◌ा
1049	या	◌ा
1050	वा	◌ा
1051	भा	◌ा
1052	स्ना	◌ा
1053	श्रा	◌ा
1054	द्रा	◌ा
1055	प्सा	◌ा
1056	पा	◌ा
1057	रा	◌ा
1058	ला	◌ा
1059	दा	◌ा
1060	ख्या	◌ा
1061	प्रा	◌ा
1062	मा	◌ा
1073	दरिद्रा	◌ा
1088	मा	◌ा
1089	हा	◌ा
1090	हा	◌ा
1091	दा	◌ा
1092	धा	◌ा
1106	गा	◌ा
1142	मा	◌ा
1499	ज्या	◌ा
1507	ज्ञा	◌ा
1732	ज्ञा	◌ा
1045	इ	इ
1046	इ	इ
1047	इ	इ
236	क्षि	◌ि
561	जि	◌ि
897	श्रि	◌ि
946	जि	◌ि
947	त्रि	◌ि
948	स्मि	◌ि
1010	श्वि	◌ि
1101	कि	◌ि
1248	सि	◌ि
1249	शि	◌ि
1250	मि	◌ि
1251	चि	◌ि
1257	हि	◌ि
1275	रि	◌ि
1276	क्षि	◌ि
1277	चिरि	◌ि
1278	जिरि	◌ि
1404	रि	◌ि
1405	पि	◌ि
1406	धि	◌ि
1407	क्षि	◌ि
1477	सि	◌ि
1629	चि	◌ि
1793	जि	◌ि
1794	चि	◌ि
1815	त्रि	◌ि
1143	ई	ई
901	नी	◌ी
968	डी	◌ी
1032	शी	◌ी
1048	वी	◌ी
1076	दीधी	◌ी
1077	वेवी	◌ी
1084	भी	◌ी
1085	ही	◌ी
1134	दी	◌ी
1135	डी	◌ी
1136	धी	◌ी
1137	मी	◌ी
1138	री	◌ी
1139	ली	◌ी
1140	व्री	◌ी
1141	पी	◌ी
1144	प्री	◌ी
1473	क्री	◌ी
1474	प्री	◌ी
1475	श्री	◌ी
1476	मी	◌ी
1500	री	◌ी
1501	ली	◌ी
1502	व्ली	◌ी
1503	प्ली	◌ी
1504	व्री	◌ी
1505	भ्री	◌ी
1506	क्षी	◌ी
1811	ली	◌ी
1824	मी	◌ी
1836	प्री	◌ी
953	उ	उ

940	स्नु	◌ु	1042	कु	◌ु	1480	क्नू	◌ू	1087	भृ	◌ृ
941	सु	◌ु	1043	स्तु	◌ु	1481	द्रू	◌ू	1096	घृ	◌ृ
942	श्रु	◌ु	1082	ह्नु	◌ु	1482	पू	◌ू	1097	हृ	◌ृ
943	ध्रु	◌ु	1083	हु	◌ु	1483	लू	◌ू	1099	सृ	◌ृ
944	दु	◌ु	1247	सु	◌ु	1487	धू	◌ू	1252	स्तृ	◌ृ
945	द्रु	◌ु	1255	धु	◌ु	1747	भू	◌ू	1253	कृ	◌ृ
949	गु	◌ु	1256	दु	◌ु	1835	धू	◌ू	1254	वृ	◌ृ
951	कु	◌ु	1399	गु	◌ु	1844	भू	◌ू	1258	पृ	◌ृ
952	घु	◌ु	1400	ध्रु	◌ु	936	ऋ	ऋ	1259	स्पृ	◌ृ
954	ङु	◌ु	1401	कु	◌ु	1098	ऋ	ऋ	1280	दृ	◌ृ
955	च्यु	◌ु	1478	स्कु	◌ु	807	स्मृ	◌ृ	1402	पृ	◌ृ
956	ज्यु	◌ु	1479	यु	◌ु	898	भृ	◌ृ	1403	मृ	◌ृ
957	प्रु	◌ु	1710	यु	◌ु	899	हृ	◌ृ	1411	दृ	◌ृ
958	प्लु	◌ु	1746	च्यु	◌ु	900	धृ	◌ृ	1412	धृ	◌ृ
959	रु	◌ु	1	भू	◌ू	931	ह्वृ	◌ृ	1472	कृ	◌ृ
1033	यु	◌ु	966	पू	◌ू	932	स्वृ	◌ृ	1509	वृ	◌ृ
1034	रु	◌ु	967	मू	◌ू	933	स्मृ	◌ृ	1650	घृ	◌ृ
1035	नु	◌ु	1031	सू	◌ू	934	ह्वृ	◌ृ	1707	गृ	◌ृ
1036	क्षु	◌ु	1044	ब्रू	◌ू	935	सृ	◌ृ	1813	वृ	◌ृ
1037	क्ष्णु	◌ु	1132	सू	◌ू	937	गृ	◌ृ	1497	ॠ	ॠ
1038	स्नु	◌ु	1133	दू	◌ू	938	घृ	◌ृ	808	दॄ	◌ॄ
1039	ऊर्णु	◌ु	1397	नू	◌ू	939	ध्वृ	◌ृ	809	नॄ	◌ॄ
1040	द्यु	◌ु	1398	धू	◌ू	960	धृ	◌ृ	969	तॄ	◌ॄ
1041	सु	◌ु	1408	सू	◌ू	1072	जागृ	◌ृ	1086	पॄ	◌ॄ

1130	जॄ	◌ॄ
1131	झॄ	◌ॄ
1409	कॄ	◌ॄ
1410	गॄ	◌ॄ
1484	स्तॄ	◌ॄ
1485	कॄ	◌ॄ
1486	वॄ	◌ॄ
1488	शॄ	◌ॄ
1489	पॄ	◌ॄ
1490	वॄ	◌ॄ
1491	भॄ	◌ॄ
1492	मॄ	◌ॄ
1493	दॄ	◌ॄ
1494	जॄ	◌ॄ
1495	नॄ	◌ॄ
1496	कॄ	◌ॄ
1498	गॄ	◌ॄ
1548	पॄ	◌ॄ
1814	जॄ	◌ॄ
902	धे	◌े
961	मे	◌े
962	दे	◌े
1006	वे	◌े
1007	व्ये	◌े
1008	ह्वे	◌े
903	ग्लै	◌ै
904	म्लै	◌ै
905	द्यै	◌ै
906	द्रै	◌ै
907	ध्रै	◌ै
908	ध्यै	◌ै
909	रै	◌ै
910	स्त्यै	◌ै
911	स्त्यै	◌ै
912	खै	◌ै
913	क्षै	◌ै
914	जै	◌ै
915	सै	◌ै
916	कै	◌ै
917	गै	◌ै
918	शै	◌ै
919	श्रै	◌ै
920	पै	◌ै
921	वै	◌ै
922	स्तै	◌ै
923	स्नै	◌ै
924	दै	◌ै
963	श्यै	◌ै
964	प्यै	◌ै
965	त्रै	◌ै
1145	शो	◌ो
1146	छो	◌ो
1147	सो	◌ो
1148	दो	◌ो

75	शीक्	क्	102	मस्क्	क्	1713	बुक्क्	क्	139	लङ्ख्	ख्
76	लोक्	क्	103	टिक्	क्	1736	रक्	क्	140	इख्	ख्
77	श्लोक्	क्	104	टीक्	क्	1776	लोक्	क्	141	इङ्ख्	ख्
78	द्रेक्	क्	105	तिक्	क्	1780	तर्क्	क्	142	ईङ्ख्	ख्
79	ध्रेक्	क्	106	तीक्	क्	1789	शीक्	क्	784	कख्	ख्
80	रेक्	क्	116	फक्क्	क्	1826	शीक्	क्	1365	लिख्	ख्
81	सेक्	क्	117	तक्	क्	1827	चीक्	क्			
82	स्रेक्	क्	118	तङ्क्	क्				143	वल्ग्	ग्
83	स्रङ्क्	क्	119	बुक्क्	क्	120	कख्	ख्	144	रङ्ग्	ग्
84	श्रङ्क्	क्	782	स्तक्	क्	121	ओख्	ख्	145	लङ्ग्	ग्
85	श्लङ्क्	क्	783	चक्	क्	122	राख्	ख्	146	अङ्ग्	ग्
86	शङ्क्	क्	792	अक्	क्	123	लाख्	ख्	147	वङ्ग्	ग्
87	अङ्क्	क्	861	हिक्क्	क्	124	द्राख्	ख्	148	मङ्ग्	ग्
88	वङ्क्	क्	1187	शक्	क्	125	ध्राख्	ख्	149	तङ्ग्	ग्
89	मङ्क्	क्	1261	शक्	क्	126	शाख्	ख्	150	त्वङ्ग्	ग्
90	कक्	क्	1266	तिक्	क्	127	श्लाख्	ख्	151	श्रङ्ग्	ग्
91	कुक्	क्	1570	श्वल्क्	क्	128	उख्	ख्	152	श्लङ्ग्	ग्
92	वृक्	क्	1571	वल्क्	क्	129	उङ्ख्	ख्	153	इङ्ग्	ग्
93	चक्	क्	1593	नक्क्	क्	130	वख्	ख्	154	रिङ्ग्	ग्
94	कङ्क्	क्	1594	धक्क्	क्	131	वङ्ख्	ख्	155	लिङ्ग्	ग्
95	वङ्क्	क्	1595	चक्क्	क्	132	मख्	ख्	156	युङ्ग्	ग्
96	श्वङ्क्	क्	1596	चुक्क्	क्	133	मङ्ख्	ख्	157	जुङ्ग्	ग्
97	त्रङ्क्	क्	1618	शुल्क्	क्	134	नख्	ख्	158	बुङ्ग्	ग्
98	ढौक्	क्	1638	टङ्क्	क्	135	नङ्ख्	ख्	785	रग्	ग्
99	त्रौक्	क्	1643	अर्क्	क्	136	रख्	ख्	786	लग्	ग्
100	ष्वष्क्	क्	1685	विष्क्	क्	137	रङ्ख्	ख्	787	ह्रग्	ग्
101	वस्क्	क्	1686	निष्क्	क्	138	लख्	ख्	788	ह्लग्	ग्

789	सग्	ग्	162	वर्च्	च्	196	म्लुच्	च्	1462	पृच्	च्
790	स्तग्	ग्	163	सच्	च्	197	ग्रुच्	च्	1531	खच्	च्
791	कग्	ग्	164	लोच्	च्	198	ग्लुच्	च्	1649	मर्च्	च्
793	अग्	ग्	165	शच्	च्	201	ग्लुञ्च्	च्	1651	पञ्च्	च्
1267	तिग्	ग्	166	श्वच्	च्	204	अर्च्	च्	1703	वञ्च्	च्
1737	लग्	ग्	167	श्वञ्च्	च्	717	चर्च्	च्	1712	चर्च्	च्
1739	लिङ्ग्	ग्	168	कच्	च्	745	रुच्	च्	1738	अञ्च्	च्
1846	मार्ग्	ग्	169	कञ्च्	च्	857	कुच्	च्	1743	मुच्	च्
			170	काञ्च्	च्	862	अञ्च्	च्	1777	लोच्	च्
107	रङ्घ्	घ्	171	मच्	च्	863	याच्	च्	1807	पृच्	च्
108	लङ्घ्	घ्	172	मुञ्च्	च्	996	पच्	च्	1808	अर्च्	च्
109	अङ्घ्	घ्	173	मञ्च्	च्	997	सच्	च्	1816	रिच्	च्
110	वङ्घ्	घ्	174	पञ्च्	च्	1030	पृच्	च्	1842	वच्	च्
111	मङ्घ्	घ्	175	स्तुच्	च्	1063	वच्	च्			
112	राघ्	घ्	183	शुच्	च्	1165	शुच्	च्	205	म्लेच्छ्	छ्
113	लाघ्	घ्	184	कुच्	च्	1223	उच्	च्	206	लच्छ्	छ्
114	द्राघ्	घ्	185	कुञ्च्	च्	1292	व्रश्च्	च्	207	लाञ्छ्	छ्
115	श्लाघ्	घ्	186	क्रुञ्च्	च्	1293	व्यच्	च्	208	वाञ्छ्	छ्
159	घघ्	घ्	187	लुञ्च्	च्	1299	चर्च्	च्	209	आञ्छ्	छ्
160	मङ्घ्	घ्	188	अञ्च्	च्	1301	त्वच्	च्	210	ह्रीच्छ्	छ्
161	शिङ्घ्	घ्	189	वञ्च्	च्	1302	ऋच्	च्	211	हुर्छ्	छ्
1265	स्तिघ्	घ्	190	चञ्च्	च्	1368	कुच्	च्	212	मुर्छ्	छ्
1268	सघ्	घ्	191	तञ्च्	च्	1430	मुच्	च्	213	स्फुर्छ्	छ्
1273	दघ्	घ्	192	त्वञ्च्	च्	1434	सिच्	च्	214	युच्छ्	छ्
1760	लङ्घ्	घ्	193	म्रुञ्च्	च्	1441	रिच्	च्	215	उञ्छ्	छ्
1795	रङ्घ्	घ्	194	म्लुञ्च्	च्	1442	विच्	च्	216	उच्छ्	छ्
1796	लङ्घ्	घ्	195	म्रुच्	च्	1459	तञ्च्	च्	1294	उञ्छ्	छ्

1295	उच्छ्	छ्
1296	ऋच्छ्	छ्
1297	मिच्छ्	छ्
1413	प्रच्छ्	छ्
1423	विच्छ्	छ्
1576	पिच्छ्	छ्
1662	म्लेच्छ्	छ्
1773	विच्छ्	छ्
176	ऋज्	ज्
177	ऋञ्ज्	ज्
178	भृज्	ज्
179	एज्	ज्
180	भ्रेज्	ज्
181	भ्राज्	ज्
182	ईज्	ज्
199	कुज्	ज्
200	खुज्	ज्
202	सस्ज्	ज्
203	गुञ्ज्	ज्
217	ध्रज्	ज्
218	ध्रञ्ज्	ज्
219	धृज्	ज्
220	धृञ्ज्	ज्
221	ध्वज्	ज्
222	ध्वञ्ज्	ज्
223	कूज्	ज्
224	अर्ज्	ज्
225	सर्ज्	ज्
226	गर्ज्	ज्
227	तर्ज्	ज्
228	कर्ज्	ज्
229	खर्ज्	ज्
230	अज्	ज्
231	तेज्	ज्
232	खज्	ज्
233	खञ्ज्	ज्
234	एज्	ज्
235	स्फूर्ज्	ज्
237	क्षीज्	ज्
238	लज्	ज्
239	लञ्ज्	ज्
240	लाज्	ज्
241	लाञ्ज्	ज्
242	जज्	ज्
243	जञ्ज्	ज्
244	तुज्	ज्
245	तुञ्ज्	ज्
246	गज्	ज्
247	गञ्ज्	ज्
248	गृज्	ज्
249	गृञ्ज्	ज्
250	मुज्	ज्
251	मुञ्ज्	ज्
252	वज्	ज्
253	व्रज्	ज्
716	जर्ज्	ज्
769	क्षञ्ज्	ज्
822	राज्	ज्
823	भ्राज्	ज्
971	तिज्	ज्
976	स्वञ्ज्	ज्
986	त्यज्	ज्
987	सञ्ज्	ज्
998	भज्	ज्
999	रञ्ज्	ज्
1002	यज्	ज्
1026	निञ्ज्	ज्
1027	शिञ्ज्	ज्
1028	पिञ्ज्	ज्
1029	वृज्	ज्
1066	मृज्	ज्
1093	निज्	ज्
1094	विज्	ज्
1167	रञ्ज्	ज्
1177	युज्	ज्
1178	सृज्	ज्
1284	भ्रस्ज्	ज्
1289	विज्	ज्
1290	लज्	ज्
1291	लस्ज्	ज्
1298	जर्ज्	ज्
1303	उब्ज्	ज्
1369	गुज्	ज्
1414	सृज्	ज्
1415	मस्ज्	ज्
1416	रुज्	ज्
1417	भुज्	ज्
1444	युज्	ज्
1453	भञ्ज्	ज्
1454	भुज्	ज्
1458	अञ्ज्	ज्
1460	विज्	ज्
1461	वृज्	ज्
1549	ऊर्ज्	ज्
1566	तुञ्ज्	ज्
1567	पिञ्ज्	ज्
1617	व्रज्	ज्
1621	छञ्ज्	ज्
1642	पूज्	ज्
1647	गज्	ज्
1648	मार्ज्	ज्
1652	तिज्	ज्
1681	तर्ज्	ज्
1725	अर्ज्	ज्
1733	भज्	ज्
1755	तुञ्ज्	ज्
1756	मिञ्ज्	ज्

1757	पिञ्ज्	ज्
1758	लुञ्ज्	ज्
1759	भञ्ज्	ज्
1784	लञ्ज्	ज्
1785	अञ्ज्	ज्
1804	रुज्	ज्
1806	युज्	ज्
1812	वृज्	ज्
1848	मृज्	ज्
718	झर्झ्	झ्
1300	झर्झ्	झ्
1304	उज्झ्	झ्
254	अट्ट्	ट्
255	वेष्ट्	ट्
256	चेष्ट्	ट्
257	गोष्ट्	ट्
258	लोष्ट्	ट्
259	घट्ट्	ट्
260	स्फुट्	ट्
290	शौट्	ट्
291	यौट्	ट्
292	म्लेट्	ट्
294	कट्	ट्
295	अट्	ट्
296	पट्	ट्
297	रट्	ट्
298	लट्	ट्
299	शट्	ट्
300	वट्	ट्
301	किट्	ट्
302	खिट्	ट्
303	शिट्	ट्
304	सिट्	ट्
305	जट्	ट्
306	झट्	ट्
307	भट्	ट्
308	तट्	ट्
309	खट्	ट्
310	नट्	ट्
311	पिट्	ट्
312	हट्	ट्
313	सट्	ट्
314	लुट्	ट्
315	चिट्	ट्
316	विट्	ट्
317	बिट्	ट्
318	इट्	ट्
319	किट्	ट्
320	कट्	ट्
327	रुण्ट्	ट्
328	लुण्ट्	ट्
329	स्फुट्	ट्
334	रट्	ट्
746	घुट्	ट्
747	रुट्	ट्
748	लुट्	ट्
763	घट्	ट्
779	वट्	ट्
780	भट्	ट्
781	नट्	ट्
864	रेट्	ट्
1222	लुट्	ट्
1366	कुट्	ट्
1367	पुट्	ट्
1373	स्फुट्	ट्
1374	मुट्	ट्
1375	त्रुट्	ट्
1376	तुट्	ट्
1377	चुट्	ट्
1378	छुट्	ट्
1381	लुट्	ट्
1385	घुट्	ट्
1545	नट्	ट्
1558	कुट्ट्	ट्
1559	पुट्ट्	ट्
1560	चुट्ट्	ट्
1561	अट्ट्	ट्
1562	सुट्ट्	ट्
1573	स्मिट्	ट्
1586	वण्ट्	ट्
1613	चुट्	ट्
1614	मुट्	ट्
1630	घट्ट्	ट्
1632	खट्ट्	ट्
1633	सट्ट्	ट्
1634	स्फिट्ट्	ट्
1640	कीट्	ट्
1659	चुण्ट्	ट्
1698	त्रुट्	ट्
1701	कूट्	ट्
1702	कुट्ट्	ट्
1721	चट्	ट्
1722	स्फुट्	ट्
1723	घट्	ट्
1752	पट्	ट्
1753	पुट्	ट्
1754	लुट्	ट्
1766	घट्	ट्
1767	घण्ट्	ट्
1783	रुट्	ट्
1791	नट्	ट्
1792	पुण्ट्	ट्
261	अण्ठ्	ठ्
262	वण्ठ्	ठ्
263	मण्ठ्	ठ्

264	कण्ठ्	ठ्	1691	शठ्	ठ्	321	मण्ड्	ड्	1327	मृड्	ड्
265	मुण्ठ्	ठ्	1847	कण्ठ्	ठ्	322	कुण्ड्	ड्	1328	पृड्	ड्
266	हेठ्	ठ्				323	मुड्	ड्	1370	गुड्	ड्
267	एठ्	ठ्	65	गण्ड्	ड्	324	प्रुड्	ड्	1379	जुड्	ड्
330	पठ्	ठ्	268	हिण्ड्	ड्	325	चुण्ड्	ड्	1380	कड्	ड्
331	वठ्	ठ्	269	हुण्ड्	ड्	326	मुण्ड्	ड्	1382	कृड्	ड्
332	मठ्	ठ्	270	कुण्ड्	ड्	347	चुड्ड्	ड्	1383	कुड्	ड्
333	कठ्	ठ्	271	वण्ड्	ड्	348	अड्ड्	ड्	1384	पुड्	ड्
335	हठ्	ठ्	272	मण्ड्	ड्	349	कड्ड्	ड्	1386	तुड्	ड्
336	रुठ्	ठ्	273	भण्ड्	ड्	350	क्रीड्	ड्	1387	थुड्	ड्
337	लुठ्	ठ्	274	पिण्ड्	ड्	351	तुड्	ड्	1388	स्थुड्	ड्
338	उठ्	ठ्	275	मुण्ड्	ड्	352	हुड्	ड्	1391	स्फुड्	ड्
339	पिठ्	ठ्	276	तुण्ड्	ड्	353	हूड्	ड्	1392	चुड्	ड्
340	शठ्	ठ्	277	हुण्ड्	ड्	354	होड्	ड्	1393	व्रुड्	ड्
341	शुठ्	ठ्	278	चण्ड्	ड्	355	रौड्	ड्	1394	क्रुड्	ड्
342	कुण्ठ्	ठ्	279	शण्ड्	ड्	356	रोड्	ड्	1395	भृड्	ड्
343	लुण्ठ्	ठ्	280	तण्ड्	ड्	357	लोड्	ड्	1516	मृड्	ड्
344	शुण्ठ्	ठ्	281	पण्ड्	ड्	358	अड्	ड्	1537	स्फुण्ड्	ड्
345	रुण्ठ्	ठ्	282	कण्ड्	ड्	359	लड्	ड्	1540	लड्	ड्
346	लुण्ठ्	ठ्	283	खण्ड्	ड्	360	कड्	ड्	1542	ओलण्ड्	ड्
749	लुठ्	ठ्	284	हेड्	ड्	361	गण्ड्	ड्	1544	पीड्	ड्
1532	हेठ्	ठ्	285	होड्	ड्	777	गड्	ड्	1579	तड्	ड्
1563	लुण्ठ्	ठ्	286	बाड्	ड्	778	हेड्	ड्	1580	खड्	ड्
1564	शठ्	ठ्	287	द्राड्	ड्	814	लड्	ड्	1581	खण्ड्	ड्
1565	श्वठ्	ठ्	288	ध्राड्	ड्	1019	ईड्	ड्	1582	कण्ड्	ड्
1644	शुठ्	ठ्	289	शाड्	ड्	1126	व्रीड्	ड्	1583	कुण्ड्	ड्
1645	शुण्ठ्	ठ्	293	म्रेड्	ड्	1326	जुड्	ड्	1584	गुण्ड्	ड्

1585	खुण्ड्	ड्	455	शोण्	ण्	1469	घृण्	ण्	1324	चृत्	त्
1587	मण्ड्	ड्	456	श्रोण्	ण्	1551	वर्ण्	ण्	1435	कृत्	त्
1588	भण्ड्	ड्	457	श्लोण्	ण्	1552	चूर्ण्	ण्	1447	कृत्	त्
1615	पण्ड्	ड्	458	पैण्	ण्	1578	श्रण्	ण्	1535	चिन्त्	त्
1646	जुड्	ड्	459	ध्रण्	ण्	1641	चूर्ण्	ण्	1590	पुस्त्	त्
1667	ईड्	ड्	794	कण्	ण्	1688	कूण्	ण्	1591	बुस्त्	त्
1669	पिण्ड्	ड्	795	रण्	ण्	1689	तूण्	ण्	1622	श्वर्त्	त्
1800	लण्ड्	ड्	796	चण्	ण्	1690	भ्रूण्	ण्	1631	मुस्त्	त्
1801	तड्	ड्	797	शण्	ण्	1715	कण्	ण्	1653	कृत्	त्
			798	श्रण्	ण्				1673	चित्	त्
434	घिण्ण्	ण्	821	फण्	ण्	30	यत्	त्	1683	बस्त्	त्
435	घुण्ण्	ण्	877	वेण्	ण्	31	युत्	त्	1735	यत्	त्
436	घृण्ण्	ण्	1175	अण्	ण्	32	जुत्	त्	1781	वृत्	त्
437	घुण्	ण्	1329	पृण्	ण्	38	अत्	त्			
438	घूर्ण्	ण्	1330	वृण्	ण्	39	चित्	त्	6	नाथ्	थ्
439	पण्	ण्	1331	मृण्	ण्	40	च्युत्	त्	33	विथ्	थ्
444	अण्	ण्	1332	तुण्	ण्	41	श्च्युत्	त्	34	वेथ्	थ्
445	रण्	ण्	1333	पुण्	ण्	61	अन्त्	त्	35	श्रन्थ्	थ्
446	वण्	ण्	1334	मुण्	ण्	741	द्युत्	त्	36	ग्रन्थ्	थ्
447	भण्	ण्	1335	कुण्	ण्	742	श्वित्	त्	37	कत्थ्	थ्
448	मण्	ण्	1337	द्रुण्	ण्	758	वृत्	त्	42	मन्थ्	थ्
449	कण्	ण्	1338	घुण्	ण्	845	पत्	त्	43	कुन्थ्	थ्
450	क्वण्	ण्	1339	घूर्ण्	ण्	865	चत्	त्	44	पुन्थ्	थ्
451	व्रण्	ण्	1465	क्षण्	ण्	993	कित्	त्	45	लुन्थ्	थ्
452	भ्रण्	ण्	1466	क्षिण्	ण्	1079	संस्त्	त्	46	मन्थ्	थ्
453	ध्वण्	ण्	1467	ऋण्	ण्	1116	नृत्	त्	764	व्यथ्	थ्
454	ओण्	ण्	1468	तृण्	ण्	1160	वृत्	त्	765	प्रथ्	थ्

799	श्रथ्	थ्				55	अर्द्	द्	820	स्खद्	द्
800	क्नथ्	थ्				56	नर्द्	द्	854	सद्	द्
801	क्रथ्	थ्	11	वन्द्	द्	57	गर्द्	द्	855	शद्	द्
802	क्लथ्	थ्	12	भन्द्	द्	58	तर्द्	द्	866	चद्	द्
846	क्वथ्	थ्	13	मन्द्	द्	59	कर्द्	द्	868	मिद्	द्
847	पथ्	थ्	14	स्पन्द्	द्	60	खर्द्	द्	869	मेद्	द्
848	मथ्	थ्	15	क्लिन्द्	द्	62	अन्द्	द्	871	निद्	द्
867	प्रोथ्	थ्	16	मुद्	द्	63	इन्द्	द्	872	नेद्	द्
1118	कुथ्	थ्	17	दद्	द्	64	बिन्द्	द्	876	बुन्द्	द्
1119	पुथ्	थ्	18	स्वद्	द्	66	निन्द्	द्	977	हद्	द्
1510	श्रन्थ्	थ्	19	स्वर्द्	द्	67	नन्द्	द्	978	स्विद्	द्
1511	मन्थ्	थ्	20	उर्द्	द्	68	चन्द्	द्	979	स्कन्द्	द्
1512	श्रन्थ्	थ्	21	कुर्द्	द्	69	त्रन्द्	द्	1009	वद्	द्
1513	ग्रन्थ्	थ्	22	खुर्द्	द्	70	कन्द्	द्	1011	अद्	द्
1514	कुन्थ्	थ्	23	गुर्द्	द्	71	क्रन्द्	द्	1064	विद्	द्
1546	श्रथ्	थ्	24	गुद्	द्	72	क्लन्द्	द्	1067	रुद्	द्
1553	प्रथ्	थ्	25	सूद्	द्	73	क्लिन्द्	द्	1169	पद्	द्
1554	पृथ्	थ्	26	ह्राद्	द्	743	मिद्	द्	1170	खिद्	द्
1575	पन्थ्	थ्	27	ह्लाद्	द्	744	स्विद्	द्	1171	विद्	द्
1775	पुथ्	थ्	28	स्वाद्	द्	761	स्यन्द्	द्	1188	स्विद्	द्
1823	श्रथ्	थ्	29	पर्द्	द्	767	म्रद्	द्	1208	मद्	द्
1825	ग्रन्थ्	थ्	49	खाद्	द्	768	स्खद्	द्	1242	क्लिद्	द्
1837	श्रन्थ्	थ्	50	खद्	द्	772	कन्द्	द्	1243	मिद्	द्
1838	ग्रन्थ्	थ्	51	बद्	द्	773	क्रन्द्	द्	1244	क्ष्विद्	द्
			52	गद्	द्	774	क्लन्द्	द्	1281	तुद्	द्
			53	रद्	द्	813	छद्	द्	1282	नुद्	द्
			54	नद्	द्	815	मद्	द्	1426	नुद्	द्

1427	सद्	द्	1828	अर्द्	द्	1181	व्यध्	ध्	463	वन्	न्
1428	शद्	द्	1831	सद्	द्	1189	क्रुध्	ध्	464	सन्	न्
1432	विद्	द्	1833	छद्	द्	1190	क्षुध्	ध्	803	वन्	न्
1436	खिद्	द्	1841	वद्	द्	1191	शुध्	ध्	816	ध्वन्	न्
1439	भिद्	द्				1192	सिध्	ध्	817	स्वन्	न्
1440	छिद्	द्	2	एध्	ध्	1193	रध्	ध्	827	स्वन्	न्
1443	क्षुद्	द्	3	स्पर्ध्	ध्	1245	ऋध्	ध्	828	ध्वन्	न्
1445	छृद्	द्	4	गाध्	ध्	1246	गृध्	ध्	878	खन्	न्
1446	तृद्	द्	5	बाध्	ध्	1262	राध्	ध्	972	मान्	न्
1449	खिद्	द्	7	नाध्	ध्	1263	साध्	ध्	994	दान्	न्
1450	विद्	द्	8	दध्	ध्	1271	ऋध्	ध्	995	शान्	न्
1457	उन्द्	द्	47	सिध्	ध्	1325	विध्	ध्	1012	हन्	न्
1515	मृद्	द्	48	सिध्	ध्	1438	रुध्	ध्	1070	अन्	न्
1541	मिन्द्	द्	74	शुन्ध्	ध्	1448	इन्ध्	ध्	1104	धन्	न्
1577	छन्द्	द्	759	वृध्	ध्	1508	बन्ध्	ध्	1105	जन्	न्
1589	छर्द्	द्	760	शृध्	ध्	1517	गुध्	ध्	1149	जन्	न्
1592	चुद्	द्	858	बुध्	ध्	1547	बध्	ध्	1176	मन्	न्
1665	गुर्द्	द्	870	मेध्	ध्	1654	वर्ध्	ध्	1336	शुन्	न्
1705	मद्	द्	873	शृध्	ध्	1684	गन्ध्	ध्	1463	तन्	न्
1708	विद्	द्	874	मृध्	ध्	1734	शृध्	ध्	1464	सन्	न्
1714	शब्द्	द्	875	बुध्	ध्	1782	वृध्	ध्	1470	वन्	न्
1717	सूद्	द्	973	बध्	ध्	1832	शुन्ध्	ध्	1471	मन्	न्
1727	क्रन्द्	द्	1120	गुध्	ध्				1709	मान्	न्
1740	मुद्	द्	1172	बुध्	ध्	440	पन्	न्	1840	तन्	न्
1778	नद्	द्	1173	युध्	ध्	460	कन्	न्	1843	मान्	न्
1805	स्वद्	द्	1174	रुध्	ध्	461	स्तन्	न्			
1820	छृद्	द्	1180	राध्	ध्	462	वन्	न्			

362	तिप्	प्	412	पर्प्	प्	1313	दृप्	प्	414	रम्फ्	फ्
363	तेप्	प्	762	क्लृप्	प्	1371	डिप्	प्	1306	रिफ्	फ्
364	स्तिप्	प्	771	क्रप्	प्	1418	छुप्	प्	1308	तृम्फ्	फ्
365	स्तेप्	प्	970	गुप्	प्	1431	लुप्	प्	1311	तुफ्	फ्
366	ग्लेप्	प्	983	सृप्	प्	1433	लिप्	प्	1312	तुम्फ्	फ्
367	वेप्	प्	985	तप्	प्	1612	शूर्प्	प्	1314	दृम्फ्	फ्
368	केप्	प्	1000	शप्	प्	1619	चम्प्	प्	1315	ऋफ्	फ्
369	गेप्	प्	1003	वप्	प्	1620	क्षम्प्	प्	1316	ऋम्फ्	फ्
370	ग्लेप्	प्	1068	स्वप्	प्	1624	ज्ञप्	प्	1317	गुफ्	फ्
371	मेप्	प्	1121	क्षिप्	प्	1658	ह्लप्	प्	1318	गुम्फ्	फ्
372	रेप्	प्	1122	पुष्प्	प्	1671	डिप्	प्			
373	लेप्	प्	1150	दीप्	प्	1672	स्तुप्	प्	376	रम्ब्	ब्
374	त्रप्	प्	1159	तप्	प्	1676	डप्	प्	377	लम्ब्	ब्
375	कम्प्	प्	1168	शप्	प्	1677	डिप्	प्	378	अम्ब्	ब्
395	गुप्	प्	1195	तृप्	प्	1748	क्लृप्	प्	379	लम्ब्	ब्
396	धूप्	प्	1196	दृप्	प्	1771	गुप्	प्	380	कब्	ब्
397	जप्	प्	1232	डिप्	प्	1772	धूप्	प्	381	क्लीब्	ब्
398	जल्प्	प्	1233	कुप्	प्	1779	कुप्	प्	382	क्षीब्	ब्
399	चप्	प्	1234	गुप्	प्	1818	तप्	प्	415	अर्ब्	ब्
400	सप्	प्	1235	युप्	प्	1819	तृप्	प्	416	पर्ब्	ब्
401	रप्	प्	1236	रुप्	प्	1839	आप्	प्	417	लर्ब्	ब्
402	लप्	प्	1237	लुप्	प्				418	बर्ब्	ब्
403	चुप्	प्	1260	आप्	प्	408	तुफ्	फ्	419	मर्ब्	ब्
404	तुप्	प्	1285	क्षिप्	प्	409	तुम्फ्	फ्	420	कर्ब्	ब्
405	तुम्प्	प्	1307	तृप्	प्	410	त्रुफ्	फ्	421	खर्ब्	ब्
406	त्रुप्	प्	1309	तुप्	प्	411	त्रुम्फ्	फ्	422	गर्ब्	ब्
407	त्रुम्प्	प्	1310	तुम्प्	प्	413	रफ्	फ्	423	शर्ब्	ब्

424 सर्ब्	ब्	431 सृम्भ्	भ्	1822 दृभ्	भ्	1125 स्तीम्	म्
425 चर्ब्	ब्	432 शुभ्	भ्			1201 शम्	म्
426 कुम्ब्	ब्	433 शुम्भ्	भ्	441 भाम्	म्	1202 तम्	म्
427 लुम्ब्	ब्	750 शुभ्	भ्	442 क्षम्	म्	1203 दम्	म्
428 तुम्ब्	ब्	751 क्षुभ्	भ्	443 कम्	म्	1204 श्रम्	म्
429 चुम्ब्	ब्	752 नभ्	भ्	465 अम्	म्	1205 भ्रम्	म्
1555 सम्ब्	ब्	753 तुभ्	भ्	466 द्रम्	म्	1206 क्षम्	म्
1556 शाम्ब्	ब्	757 स्रम्भ्	भ्	467 हम्म्	म्	1207 क्लम्	म्
1611 शुल्ब्	ब्	974 रभ्	भ्	468 मीम्	म्	1274 चम्	म्
1635 चुम्ब्	ब्	975 लभ्	भ्	469 चम्	म्	1625 यम्	म्
1655 कुम्ब्	ब्	980 यभ्	भ्	470 छम्	म्	1693 स्यम्	म्
1656 लुम्ब्	ब्	1238 लुभ्	भ्	471 जम्	म्	1695 शम्	म्
1657 तुम्ब्	ब्	1239 क्षुभ्	भ्	472 झम्	म्	1711 कुस्म्	म्
		1240 नभ्	भ्	473 क्रम्	म्	1720 अम्	म्
383 शीभ्	भ्	1241 तुभ्	भ्	818 शम्	म्		
384 चीभ्	भ्	1270 दम्भ्	भ्	819 यम्	म्	474 अय्	य्
385 रेभ्	भ्	1305 लुभ्	भ्	826 स्यम्	म्	475 वय्	य्
386 स्तम्भ्	भ्	1319 उभ्	भ्	829 सम्	म्	476 पय्	य्
387 स्कम्भ्	भ्	1320 उम्भ्	भ्	830 स्तम्	म्	477 मय्	य्
388 जभ्	भ्	1321 शुभ्	भ्	849 वम्	म्	478 चय्	य्
389 जृम्भ्	भ्	1322 शुम्भ्	भ्	850 भ्रम्	म्	479 तय्	य्
390 शल्भ्	भ्	1323 दृभ्	भ्	853 रम्	म्	480 नय्	य्
391 वल्भ्	भ्	1519 क्षुभ्	भ्	981 नम्	म्	481 दय्	य्
392 गल्भ्	भ्	1520 नभ्	भ्	982 गम्	म्	482 रय्	य्
393 श्रम्भ्	भ्	1521 तुभ्	भ्	984 यम्	म्	483 ऊय्	य्
394 स्तुभ्	भ्	1716 जम्भ्	भ्	1123 तिम्	म्	484 पूय्	य्
430 सृभ्	भ्	1821 दृभ्	भ्	1124 स्तिम्	म्	485 क्नूय्	य्

486 क्ष्माय्	य्	1151 पूर्	र्	1810 ईर्	र्	531 चुल्ल्	ल्
487 स्फाय्	य्	1152 तूर्	र्			532 फुल्ल्	ल्
488 प्याय्	य्	1153 धूर्	र्	490 शल्	ल्	533 चिल्ल्	ल्
489 ताय्	य्	1154 गूर्	र्	491 वल्	ल्	534 तिल्	ल्
508 मव्य्	य्	1155 घूर्	र्	492 वल्ल्	ल्	535 वेल्	ल्
509 सूर्क्ष्य्	य्	1156 जूर्	र्	493 मल्	ल्	536 चेल्	ल्
510 ईर्क्ष्य्	य्	1157 शूर्	र्	494 मल्ल्	ल्	537 केल्	ल्
511 ईर्ष्य्	य्	1158 चूर्	र्	495 भल्	ल्	538 खेल्	ल्
512 हय्	य्	1340 सुर्	र्	496 भल्ल्	ल्	539 क्ष्वेल्	ल्
513 शुच्य्	य्	1341 कुर्	र्	497 कल्	ल्	540 वेल्ल्	ल्
514 हर्य्	य्	1342 खुर्	र्	498 कल्ल्	ल्	541 पेल्	ल्
880 चाय्	य्	1343 मुर्	र्	515 अल्	ल्	542 फेल्	ल्
881 व्यय्	य्	1344 क्षुर्	र्	516 फल्	ल्	543 शेल्	ल्
		1345 घुर्	र्	517 मील्	ल्	544 स्खल्	ल्
552 खोर्	र्	1346 पुर्	र्	518 श्मील्	ल्	545 खल्	ल्
553 धोर्	र्	1372 छुर्	र्	519 स्मील्	ल्	546 गल्	ल्
554 त्सर्	र्	1389 स्फुर्	र्	520 क्ष्मील्	ल्	547 सल्	ल्
555 क्मर्	र्	1396 गुर्	र्	521 पील्	ल्	548 दल्	ल्
556 अभ्र्	र्	1534 चुर्	र्	522 नील्	ल्	549 श्वल्	ल्
557 वभ्र्	र्	1536 यन्त्र्	र्	523 शील्	ल्	550 श्वल्ल्	ल्
558 मभ्र्	र्	1539 कुन्द्र्	र्	524 कील्	ल्	551 खोल्	ल्
559 चर्	र्	1623 श्वभ्र्	र्	525 कूल्	ल्	804 ज्वल्	ल्
775 त्वर्	र्	1678 तन्त्र्	र्	526 शूल्	ल्	805 ह्वल्	ल्
776 ज्वर्	र्	1679 मन्त्र्	र्	527 तूल्	ल्	806 ह्मल्	ल्
851 क्षर्	र्	1694 गूर्	र्	528 पूल्	ल्	812 चल्	ल्
1018 ईर्	र्	1745 चर्	र्	529 मूल्	ल्	831 ज्वल्	ल्
1102 तुर्	र्	1803 पूर्	र्	530 फल्	ल्	832 चल्	ल्

833 जल्	ल्	1597 क्षल्	ल्	504 पेव्	व्	584 अर्व्	व्
834 टल्	ल्	1598 तल्	ल्	505 मेव्	व्	585 शर्व्	व्
835 ट्वल्	ल्	1599 तुल्	ल्	506 म्लेव्	व्	586 सर्व्	व्
836 स्थल्	ल्	1600 दुल्	ल्	507 रेव्	व्	587 इन्व्	व्
837 हल्	ल्	1601 पुल्	ल्	560 ष्ठिव्	व्	588 पिन्व्	व्
838 नल्	ल्	1602 चुल्	ल्	562 जीव्	व्	589 मिन्व्	व्
839 पल्	ल्	1603 मूल्	ल्	563 पीव्	व्	590 निन्व्	व्
840 बल्	ल्	1604 कल्	ल्	564 मीव्	व्	591 हिन्व्	व्
841 पुल्	ल्	1605 विल्	ल्	565 तीव्	व्	592 दिन्व्	व्
842 कुल्	ल्	1606 बिल्	ल्	566 नीव्	व्	593 धिन्व्	व्
843 शल्	ल्	1607 तिल्	ल्	567 क्षीव्	व्	594 जिन्व्	व्
844 हुल्	ल्	1608 चल्	ल्	568 क्षेव्	व्	595 रिन्व्	व्
1353 किल्	ल्	1609 पाल्	ल्	569 उर्व्	व्	596 रन्व्	व्
1354 तिल्	ल्	1628 बल्	ल्	570 तुर्व्	व्	597 धन्व्	व्
1355 चिल्	ल्	1636 पूल्	ल्	571 थुर्व्	व्	598 कृन्व्	व्
1356 चल्	ल्	1660 इल्	ल्	572 दुर्व्	व्	599 मव्	व्
1357 इल्	ल्	1687 लल्	ल्	573 धुर्व्	व्	600 अव्	व्
1358 विल्	ल्	1699 गल्	ल्	574 गुर्व्	व्	601 धाव्	व्
1359 बिल्	ल्	1700 भल्	ल्	575 मुर्व्	व्	725 शव्	व्
1360 निल्	ल्	1751 दल्	ल्	576 पुर्व्	व्	879 चीव्	व्
1361 हिल्	ल्	1802 नल्	ल्	577 पर्व्	व्	1107 दिव्	व्
1362 शिल्	ल्			578 मर्व्	व्	1108 सिव्	व्
1363 सिल्	ल्	499 तेव्	व्	579 चर्व्	व्	1109 स्रिव्	व्
1364 मिल्	ल्	500 देव्	व्	580 भर्व्	व्	1110 ष्ठिव्	व्
1390 स्फुल्	ल्	501 सेव्	व्	581 कर्व्	व्	1569 सान्त्व्	व्
1429 मिल्	ल्	502 गेव्	व्	582 खर्व्	व्	1706 दिव्	व्
1543 जल्	ल्	503 ग्लेव्	व्	583 गर्व्	व्	1724 दिव्	व्

607	क्लेश्	श्
647	काश्	श्
722	निश्	श्
723	मिश्	श्
724	मश्	श्
726	शश्	श्
824	भ्राश्	श्
825	भ्लाश्	श्
856	क्रुश्	श्
882	दाश्	श्
887	स्पश्	श्
988	दृश्	श्
989	दंश्	श्
1020	ईश्	श्
1080	वश्	श्
1161	क्लिश्	श्
1162	काश्	श्
1163	वाश्	श्
1179	लिश्	श्
1194	नश्	श्
1224	भृश्	श्
1225	भ्रंश्	श्
1226	वृश्	श्
1227	कृश्	श्
1264	अश्	श्
1279	दाश्	श्
1283	दिश्	श्
1419	रुश्	श्
1420	रिश्	श्
1421	लिश्	श्
1422	स्पृश्	श्
1424	विश्	श्
1425	मृश्	श्
1437	पिश्	श्
1522	क्लिश्	श्
1523	अश्	श्
1674	दंश्	श्
1680	स्पश्	श्
1719	पश्	श्
1764	दंश्	श्
1765	कुंश्	श्
1787	भृंश्	श्
1788	रुंश्	श्
602	धुक्ष्	ष्
603	धिक्ष्	ष्
604	वृक्ष्	ष्
605	शिक्ष्	ष्
606	भिक्ष्	ष्
608	दक्ष्	ष्
609	दीक्ष्	ष्
610	ईक्ष्	ष्
611	ईष्	ष्
612	भाष्	ष्
613	वर्ष्	ष्
614	गेष्	ष्
615	पेष्	ष्
616	जेष्	ष्
617	नेष्	ष्
618	एष्	ष्
619	प्रेष्	ष्
620	रेष्	ष्
621	हेष्	ष्
622	ह्रेष्	ष्
652	घुंष्	ष्
653	घुष्	ष्
1774	चीव्	व्
655	तक्ष्	ष्
656	त्वक्ष्	ष्
657	उक्ष्	ष्
658	रक्ष्	ष्
659	निक्ष्	ष्
660	त्रक्ष्	ष्
661	स्त्रक्ष्	ष्
662	नक्ष्	ष्
663	वक्ष्	ष्
664	मृक्ष्	ष्
665	तक्ष्	ष्
666	सूर्क्ष्	ष्
667	काङ्क्ष्	ष्
668	वाङ्क्ष्	ष्
669	माङ्क्ष्	ष्
670	द्राङ्क्ष्	ष्
671	ध्राङ्क्ष्	ष्
672	ध्वाङ्क्ष्	ष्
673	चूष्	ष्
674	तूष्	ष्
675	पूष्	ष्
676	मूष्	ष्
677	लूष्	ष्
678	रूष्	ष्
679	शूष्	ष्
680	यूष्	ष्
681	जूष्	ष्
682	भूष्	ष्
683	ऊष्	ष्
684	ईष्	ष्
685	कष्	ष्
686	खष्	ष्
687	शिष्	ष्
688	जष्	ष्
689	झष्	ष्
690	शष्	ष्
691	वष्	ष्
692	मष्	ष्
693	रुष्	ष्
694	रिष्	ष्
695	भष्	ष्

696 उष्	ष्	1017 चक्ष्	ष्	1518 कुष्	ष्	625 नास्	स्
697 जिष्	ष्	1071 जक्ष्	ष्	1525 इष्	ष्	626 रास्	स्
698 विष्	ष्	1095 विष्	ष्	1526 विष्	ष्	627 नस्	स्
699 मिष्	ष्	1103 धिष्	ष्	1527 प्रुष्	ष्	628 भ्यस्	स्
700 पुष्	ष्	1114 व्युष्	ष्	1528 प्लुष्	ष्	629 शंस्	स्
701 श्रिष्	ष्	1115 प्लुष्	ष्	1529 पुष्	ष्	630 ग्रस्	स्
702 श्लिष्	ष्	1127 इष्	ष्	1530 मुष्	ष्	631 ग्लस्	स्
703 प्रुष्	ष्	1164 मृष्	ष्	1538 लक्ष्	ष्	710 तुस्	स्
704 प्लुष्	ष्	1182 पुष्	ष्	1550 पक्ष्	ष्	711 ह्रस्	स्
705 पृष्	ष्	1183 शुष्	ष्	1557 भक्ष्	ष्	712 ह्लस्	स्
706 वृष्	ष्	1184 तुष्	ष्	1574 श्लिष्	ष्	713 रस्	स्
707 मृष्	ष्	1185 दुष्	ष्	1610 लूष्	ष्	714 लस्	स्
708 घृष्	ष्	1186 श्लिष्	ष्	1661 भ्रक्ष्	ष्	715 घस्	स्
709 हृष्	ष्	1215 व्युष्	ष्	1670 रुष्	ष्	719 पिस्	स्
770 दक्ष्	ष्	1216 प्लुष्	ष्	1692 यक्ष्	ष्	720 पेस्	स्
883 भेष्	ष्	1228 तृष्	ष्	1696 लक्ष्	ष्	721 हस्	स्
884 भ्रेष्	ष्	1229 हृष्	ष्	1704 वृष्	ष्	727 शस्	स्
885 भ्लेष्	ष्	1230 रुष्	ष्	1726 घुष्	ष्	728 शंस्	स्
888 लष्	ष्	1231 रिष्	ष्	1730 भूष्	ष्	754 स्रंस्	स्
889 चष्	ष्	1269 धृष्	ष्	1750 पुष्	ष्	755 ध्वंस्	स्
890 छष्	ष्	1286 कृष्	ष्	1817 शिष्	ष्	756 भ्रंस्	स्
891 झष्	ष्	1287 ऋष्	ष्	1834 जुष्	ष्	766 प्रस्	स्
892 भ्रक्ष्	ष्	1288 जुष्	ष्	1849 मृष्	ष्	860 कस्	स्
893 भ्लक्ष्	ष्	1351 इष्	ष्	1850 धृष्	ष्	886 अस्	स्
990 कृष्	ष्	1352 मिष्	ष्			894 दास्	स्
1001 त्विष्	ष्	1451 शिष्	ष्	623 कास्	स्	1005 वस्	स्
1013 द्विष्	ष्	1452 पिष्	ष्	624 भास्	स्	1021 आस्	स्

1022 शास्	स्	1568 पिस्	स्	635 अंह्	ह्	740 अर्ह्	ह्
1023 वस्	स्	1616 पंस्	स्	636 गर्ह्	ह्	852 सह्	ह्
1024 कंस्	स्	1637 पुंस्	स्	637 गल्ह्	ह्	859 रुह्	ह्
1025 निंस्	स्	1639 धूस्	स्	638 बर्ह्	ह्	895 माह्	ह्
1065 अस्	स्	1663 ब्रूस्	स्	639 बल्ह्	ह्	896 गुह्	ह्
1069 श्वस्	स्	1666 जंस्	स्	640 वर्ह्	ह्	991 दह्	ह्
1074 चकास्	स्	1668 जस्	स्	641 वल्ह्	ह्	992 मिह्	ह्
1075 शास्	स्	1675 दंस्	स्	642 प्लिह्	ह्	1004 वह्	ह्
1078 सस्	स्	1682 भर्त्स्	स्	643 वेह्	ह्	1014 दुह्	ह्
1100 भस्	स्	1697 कुत्स्	स्	644 जेह्	ह्	1015 दिह्	ह्
1111 स्नुस्	स्	1718 जस्	स्	645 वाह्	ह्	1016 लिह्	ह्
1112 स्नस्	स्	1728 लस्	स्	646 द्राह्	ह्	1128 सह्	ह्
1113 क्नस्	स्	1729 तंस्	स्	648 ऊह्	ह्	1129 सुह्	ह्
1117 त्रस्	स्	1741 त्रस्	स्	649 गाह्	ह्	1166 नह्	ह्
1209 अस्	स्	1742 ध्रस्	स्	650 गृह्	ह्	1197 द्रुह्	ह्
1210 यस्	स्	1744 वस्	स्	651 ग्लह्	ह्	1198 मुह्	ह्
1211 जस्	स्	1749 ग्रस्	स्	729 चह्	ह्	1199 स्नुह्	ह्
1212 तस्	स्	1761 त्रंस्	स्	730 मह्	ह्	1200 स्निह्	ह्
1213 दस्	स्	1762 पिंस्	स्	731 रह्	ह्	1272 अह्	ह्
1214 वस्	स्	1763 कुंस्	स्	732 रंह्	ह्	1347 वृह्	ह्
1217 बिस्	स्	1786 दंस्	स्	733 दृह्	ह्	1348 तृह्	ह्
1218 कुस्	स्	1790 रुंस्	स्	734 दृंह्	ह्	1349 स्तृह्	ह्
1219 बुस्	स्	1829 हिंस्	स्	735 बृह्	ह्	1350 तृंह्	ह्
1220 मुस्	स्			736 बृंह्	ह्	1455 तृह्	ह्
1221 मस्	स्	632 ईह्	ह्	737 तुह्	ह्	1533 ग्रह्	ह्
1456 हिंस्	स्	633 बंह्	ह्	738 दुह्	ह्	1572 स्निह्	ह्
1524 ध्रस्	स्	634 मंह्	ह्	739 उह्	ह्	1626 चह्	ह्

1627	रह्	ह्
1664	बर्ह्	ह्
1731	अर्ह्	ह्
1768	बृंह्	ह्
1769	बर्ह्	ह्
1770	बल्ह्	ह्
1797	अंह्	ह्
1798	रंह्	ह्
1799	मंह्	ह्
1809	सह्	ह्
1830	अर्ह्	ह्
1845	गर्ह्	ह्

Roots Indexed on Penultimate Letter

Roots are indexed on penultimate letter, wrt Dhatu Serial No.

1081 चर्करीतं च

1045	इ	-
1046	इ	-
1047	इ	-
1143	ई	-
953	उ	-
936	ऋ	-
1098	ऋ	-
1497	ऋ	-
629	शंस्	◌ं
633	बंह्	◌ं
634	मंह्	◌ं
635	अंह्	◌ं
652	घुंष्	◌ं
728	शंस्	◌ं
732	रंह्	◌ं
734	दंह्	◌ं
736	बृंह्	◌ं
754	स्रंस्	◌ं
755	ध्वंस्	◌ं
756	भ्रंस्	◌ं
989	दंश्	◌ं
1024	कंस्	◌ं
1025	निंस्	◌ं
1225	भ्रंश्	◌ं
1350	तृंह्	◌ं
1456	हिंस्	◌ं
1616	पंस्	◌ं
1637	पुंस्	◌ं
1666	जंस्	◌ं
1674	दंश्	◌ं
1675	दंस्	◌ं
1729	तंस्	◌ं
1761	त्रंस्	◌ं
1762	पिंस्	◌ं
1763	कुंस्	◌ं
1764	दंश्	◌ं
1765	कुंश्	◌ं
1768	बृंह्	◌ं
1786	दंस्	◌ं
1787	भृंश्	◌ं
1788	रुंश्	◌ं
1790	रुंस्	◌ं
1797	अंह्	◌ं
1798	रंह्	◌ं
1799	मंह्	◌ं
1829	हिंस्	◌ं

8 दध्	अ	221 ध्वज्	अ	332 मठ्	अ	450 क्वण्	अ	490 शल्	अ
17 दद्	अ	230 अज्	अ	333 कठ्	अ	451 व्रण्	अ	491 वल्	अ
18 स्वद्	अ	232 खज्	अ	334 रट्	अ	452 भ्रण्	अ	493 मल्	अ
30 यत्	अ	238 लज्	अ	335 हठ्	अ	453 ध्वण्	अ	495 भल्	अ
38 अत्	अ	242 जज्	अ	340 शठ्	अ	459 ध्रण्	अ	497 कल्	अ
50 खद्	अ	246 गज्	अ	358 अड्	अ	460 कन्	अ	512 हय्	अ
51 बद्	अ	252 वज्	अ	359 लड्	अ	461 स्तन्	अ	515 अल्	अ
52 गद्	अ	253 व्रज्	अ	360 कड्	अ	462 वन्	अ	516 फल्	अ
53 रद्	अ	294 कट्	अ	374 त्रप्	अ	463 वन्	अ	530 फल्	अ
54 नद्	अ	295 अट्	अ	380 कब्	अ	464 सण्	अ	544 स्खल्	अ
90 कक्	अ	296 पट्	अ	397 जप्	अ	465 अम्	अ	545 खल्	अ
93 चक्	अ	297 रट्	अ	399 चप्	अ	466 द्रम्	अ	546 गल्	अ
117 तक्	अ	298 लट्	अ	400 सप्	अ	469 चम्	अ	547 सल्	अ
120 कख्	अ	299 शट्	अ	401 रप्	अ	470 छम्	अ	548 दल्	अ
130 वख्	अ	300 वट्	अ	402 लप्	अ	471 जम्	अ	549 श्वल्	अ
132 मख्	अ	305 जट्	अ	413 रफ्	अ	472 झम्	अ	554 त्सर्	अ
134 नख्	अ	306 झट्	अ	439 पण्	अ	473 क्रम्	अ	555 क्मर्	अ
136 रख्	अ	307 भट्	अ	440 पन्	अ	474 अय्	अ	559 चर्	अ
138 लख्	अ	308 तट्	अ	442 क्षम्	अ	475 वय्	अ	599 मव्	अ
159 घघ्	अ	309 खट्	अ	443 कम्	अ	476 पय्	अ	600 अव्	अ
163 सच्	अ	310 नट्	अ	444 अण्	अ	477 मय्	अ	627 नस्	अ
165 शच्	अ	312 हट्	अ	445 रण्	अ	478 चय्	अ	628 भ्यस्	अ
166 श्वच्	अ	313 सट्	अ	446 वण्	अ	479 तय्	अ	630 ग्रस्	अ
168 कच्	अ	320 कट्	अ	447 भण्	अ	480 नय्	अ	631 ग्लस्	अ
171 मच्	अ	330 पठ्	अ	448 मण्	अ	481 दय्	अ	651 ग्लह्	अ
217 ध्रज्	अ	331 वठ्	अ	449 कण्	अ	482 रय्	अ	685 कष्	अ

686 खष्	अ	768 स्खद्	अ	800 क्नथ्	अ	835 ह्वल्	अ	889 चष्	अ
688 जष्	अ	771 क्रप्	अ	801 क्रथ्	अ	836 स्थल्	अ	890 छष्	अ
689 झष्	अ	775 त्वर्	अ	802 क्लथ्	अ	837 हल्	अ	891 झष्	अ
690 शष्	अ	776 ज्वर्	अ	803 वन्	अ	838 नल्	अ	973 बध्	अ
691 वष्	अ	777 गड्	अ	804 ज्वल्	अ	839 पल्	अ	974 रभ्	अ
692 मष्	अ	779 वट्	अ	805 ह्वल्	अ	840 बल्	अ	975 लभ्	अ
695 भष्	अ	780 भट्	अ	806 ह्मल्	अ	843 शल्	अ	977 हद्	अ
711 ह्रस्	अ	781 नट्	अ	812 चल्	अ	845 पत्	अ	980 यभ्	अ
712 ह्लस्	अ	782 स्तक्	अ	813 छद्	अ	846 कथ्	अ	981 नम्	अ
713 रस्	अ	783 चक्	अ	814 लड्	अ	847 पथ्	अ	982 गम्	अ
714 लस्	अ	784 कख्	अ	815 मद्	अ	848 मथ्	अ	984 यम्	अ
715 घस्	अ	785 रग्	अ	816 ध्वन्	अ	849 वम्	अ	985 तप्	अ
721 हस्	अ	786 लग्	अ	817 स्वन्	अ	850 भ्रम्	अ	986 त्यज्	अ
724 मश्	अ	787 ह्रग्	अ	818 शम्	अ	851 क्षर्	अ	991 दह्	अ
725 शव्	अ	788 ह्लग्	अ	819 यम्	अ	852 सह्	अ	996 पच्	अ
726 शश्	अ	789 सग्	अ	820 स्खद्	अ	853 रम्	अ	997 सच्	अ
727 शस्	अ	790 स्तग्	अ	821 फण्	अ	854 सद्	अ	998 भज्	अ
729 चह्	अ	791 कग्	अ	826 स्यम्	अ	855 शद्	अ	1000 शप्	अ
730 मह्	अ	792 अक्	अ	827 स्वन्	अ	860 कस्	अ	1002 यज्	अ
731 रह्	अ	793 अग्	अ	828 ध्वन्	अ	865 चत्	अ	1003 वप्	अ
752 नभ्	अ	794 कण्	अ	829 सम्	अ	866 चद्	अ	1004 वह्	अ
763 घट्	अ	795 रण्	अ	830 स्तम्	अ	878 खन्	अ	1005 वस्	अ
764 व्यथ्	अ	796 चण्	अ	831 ज्वल्	अ	881 व्यय्	अ	1009 वद्	अ
765 प्रथ्	अ	797 शण्	अ	832 चल्	अ	886 अस्	अ	1011 अद्	अ
766 प्रस्	अ	798 श्रण्	अ	833 जल्	अ	887 स्पश्	अ	1012 हन्	अ
767 म्रद्	अ	799 श्रथ्	अ	834 टल्	अ	888 लष्	अ	1023 वस्	अ

1063	वच्	अ	1202	तम्	अ	1427	सद्	अ	1608	चल्	अ	1733	भज्	अ
1065	अस्	अ	1203	दम्	अ	1428	शद्	अ	1617	व्रज्	अ	1735	यत्	अ
1068	स्वप्	अ	1204	श्रम्	अ	1463	तन्	अ	1624	ज्ञप्	अ	1736	रक्	अ
1069	श्वस्	अ	1205	भ्रम्	अ	1464	सन्	अ	1625	यम्	अ	1737	लग्	अ
1070	अन्	अ	1206	क्षम्	अ	1465	क्षण्	अ	1626	चह्	अ	1741	त्रस्	अ
1078	सस्	अ	1207	क्लम्	अ	1470	वन्	अ	1627	रह्	अ	1742	ध्रस्	अ
1080	वश्	अ	1208	मद्	अ	1471	मन्	अ	1628	बल्	अ	1744	वस्	अ
1100	भस्	अ	1209	अस्	अ	1520	नभ्	अ	1647	गज्	अ	1745	चर्	अ
1104	धन्	अ	1210	यस्	अ	1523	अश्	अ	1658	ह्लप्	अ	1749	ग्रस्	अ
1105	जन्	अ	1211	जस्	अ	1524	ध्रस्	अ	1668	जस्	अ	1751	दल्	अ
1112	स्नस्	अ	1212	तस्	अ	1531	खच्	अ	1676	डप्	अ	1752	पट्	अ
1113	क्नस्	अ	1213	दस्	अ	1533	ग्रह्	अ	1680	स्पश्	अ	1766	घट्	अ
1117	त्रस्	अ	1214	वस्	अ	1540	लड्	अ	1687	लल्	अ	1778	नद्	अ
1128	सह्	अ	1221	मस्	अ	1543	जल्	अ	1691	शठ्	अ	1791	नट्	अ
1149	जन्	अ	1240	नभ्	अ	1545	नट्	अ	1693	स्यम्	अ	1801	तड्	अ
1159	तप्	अ	1261	शक्	अ	1546	श्रथ्	अ	1695	शम्	अ	1802	नल्	अ
1166	नह्	अ	1264	अश्	अ	1547	बध्	अ	1699	गल्	अ	1805	स्वद्	अ
1168	शप्	अ	1268	सघ्	अ	1553	प्रथ्	अ	1700	भल्	अ	1809	सह्	अ
1169	पद्	अ	1272	अह्	अ	1564	शठ्	अ	1705	मद्	अ	1818	तप्	अ
1175	अण्	अ	1273	दघ्	अ	1565	श्वठ्	अ	1715	कण्	अ	1823	श्रथ्	अ
1176	मन्	अ	1274	चम्	अ	1578	श्रण्	अ	1718	जस्	अ	1831	सद्	अ
1181	व्यध्	अ	1290	लज्	अ	1579	तड्	अ	1719	पश्	अ	1833	छद्	अ
1187	शक्	अ	1293	व्यच्	अ	1580	खड्	अ	1720	अम्	अ	1840	तन्	अ
1193	रध्	अ	1301	त्वच्	अ	1597	क्षल्	अ	1721	चट्	अ	1841	वद्	अ
1194	नश्	अ	1356	चल्	अ	1598	तल्	अ	1723	घट्	अ	1842	वच्	अ
1201	शम्	अ	1380	कड्	अ	1604	कल्	अ	1728	लस्	अ			

1021	आस्	आ	289	शाड्	ा	994	दान्	ा	105	तिक्	ि	742	श्वित्	ि
1260	आप्	आ	441	भाम्	ा	995	शान्	ा	301	किट्	ि	743	मिद्	ि
1839	आप्	आ	486	क्ष्माय्	ा	1022	शास्	ा	302	खिट्	ि	744	स्विद्	ि
4	गाध्	ा	487	स्फाय्	ा	1074	चकास्	ा	303	शिट्	ि	868	मिद्	ि
5	बाध्	ा	488	प्याय्	ा	1075	शास्	ा	304	सिट्	ि	871	निद्	ि
6	नाथ्	ा	489	ताय्	ा	1162	काश्	ा	311	पिट्	ि	971	तिज्	ि
7	नाध्	ा	601	धाव्	ा	1163	वाश्	ा	315	चिट्	ि	978	स्विद्	ि
26	ह्राद्	ा	612	भाष्	ा	1180	राध्	ा	316	विट्	ि	992	मिह्	ि
27	ह्लाद्	ा	623	कास्	ा	1262	राध्	ा	317	बिट्	ि	993	कित्	ि
28	स्वाद्	ा	624	भास्	ा	1263	साध्	ा	319	किट्	ि	1001	त्विष्	ि
49	खाद्	ा	625	नास्	ा	1279	दाश्	ा	339	पिठ्	ि	1013	द्विष्	ि
112	राघ्	ा	626	रास्	ा	1609	पाल्	ा	362	तिप्	ि	1015	दिह्	ि
113	लाघ्	ा	645	वाह्	ा	1709	मान्	ा	364	स्तिप्	ि	1016	लिह्	ि
114	द्राघ्	ा	646	द्राह्	ा	1843	मान्	ा	534	तिल्	ि	1064	विद्	ि
115	श्लाघ्	ा	647	काश्	ा	140	इख्	इ	560	ष्ठिव्	ि	1093	निज्	ि
122	राख्	ा	649	गाह्	ा	318	इट्	इ	642	ल्हिह्	ि	1094	विज्	ि
123	लाख्	ा	822	राज्	ा	1127	इष्	इ	687	शिष्	ि	1095	विष्	ि
124	द्राख्	ा	823	भ्राज्	ा	1351	इष्	इ	694	रिष्	ि	1103	घिष्	ि
125	ध्राख्	ा	824	भ्राश्	ा	1357	इल्	इ	697	जिष्	ि	1107	दिव्	ि
126	शाख्	ा	825	भ्लाश्	ा	1525	इष्	इ	698	विष्	ि	1108	सिव्	ि
127	श्लाख्	ा	863	याच्	ा	1660	इल्	इ	699	मिष्	ि	1109	स्रिव्	ि
181	भ्राज्	ा	880	चाय्	ा	33	विथ्	ि	701	श्रिष्	ि	1110	ष्ठिव्	ि
240	लाज्	ा	882	दाश्	ा	39	चित्	ि	702	श्लिष्	ि	1121	क्षिप्	ि
286	बाड्	ा	894	दास्	ा	47	सिध्	ि	719	पिस्	ि	1123	तिम्	ि
287	द्राड्	ा	895	माह्	ा	48	सिध्	ि	722	निश्	ि	1124	स्तिम्	ि
288	ध्राड्	ा	972	मान्	ा	103	टिक्	ि	723	मिश्	ि	1161	क्लिश्	ि

1170	खिद्	ि	1355	चिल्	ि	1452	पिष्	ि	1019	ईड्	ई
1171	विद्	ि	1358	विल्	ि	1460	विज्	ि	1020	ईश्	ई
1179	लिश्	ि	1359	बिल्	ि	1466	क्षिण्	ि	1667	ईड्	ई
1186	श्लिष्	ि	1360	निल्	ि	1522	क्लिश्	ि	1810	ईर्	ई
1188	स्विद्	ि	1361	हिल्	ि	1526	विष्	ि	75	शीक्	ी
1192	सिध्	ि	1362	शिल्	ि	1568	पिस्	ि	104	टीक्	ी
1200	स्निह्	ि	1363	सिल्	ि	1572	स्निह्	ि	106	तीक्	ी
1217	बिस्	ि	1364	मिल्	ि	1573	स्मिट्	ि	237	क्षीज्	ी
1231	रिष्	ि	1365	लिख्	ि	1574	श्लिष्	ि	350	क्रीड्	ी
1232	डिप्	ि	1371	डिप्	ि	1605	विल्	ि	381	क्लीब्	ी
1242	क्लिद्	ि	1420	रिश्	ि	1606	बिल्	ि	382	क्षीब्	ी
1243	मिद्	ि	1421	लिश्	ि	1607	तिल्	ि	383	शीभ्	ी
1244	क्ष्विद्	ि	1424	विश्	ि	1652	तिज्	ि	384	चीभ्	ी
1265	स्तिघ्	ि	1429	मिल्	ि	1671	डिप्	ि	468	मीम्	ी
1266	तिक्	ि	1432	विद्	ि	1673	चित्	ि	517	मील्	ी
1267	तिग्	ि	1433	लिप्	ि	1677	डिप्	ि	518	श्मील्	ी
1277	चिरि	ि	1434	सिच्	ि	1706	दिव्	ि	519	स्मील्	ी
1278	जिरि	ि	1436	खिद्	ि	1708	विद्	ि	520	क्ष्मील्	ी
1283	दिश्	ि	1437	पिश्	ि	1724	दिव्	ि	521	पील्	ी
1285	क्षिप्	ि	1439	भिद्	ि	1816	रिच्	ि	522	नील्	ी
1289	विज्	ि	1440	छिद्	ि	1817	शिष्	ि	523	शील्	ी
1306	रिफ्	ि	1441	रिच्	ि	182	ईज्	ई	524	कील्	ी
1325	विध्	ि	1442	विच्	ि	611	ईष्	ई	562	जीव्	ी
1352	मिष्	ि	1449	खिद्	ि	632	ईह्	ई	563	पीव्	ी
1353	किल्	ि	1450	विद्	ि	684	ईष्	ई	564	मीव्	ी
1354	तिल्	ि	1451	शिष्	ि	1018	ईर्	ई	565	तीव्	ी

566	नीव्	◌ी	41	श्च्युत्	◌ु	404	तुप्	◌ु	856	कुश्	◌ु
567	क्षीव्	◌ी	91	कुक्	◌ु	406	त्रुप्	◌ु	857	कुच्	◌ु
879	चीव्	◌ी	175	स्तुच्	◌ु	408	तुफ्	◌ु	858	बुध्	◌ु
1125	स्तीम्	◌ी	183	शुच्	◌ु	410	त्रुफ्	◌ु	859	रुह्	◌ु
1126	व्रीड्	◌ी	184	कुच्	◌ु	432	शुभ्	◌ु	875	बुध्	◌ु
1150	दीप्	◌ी	195	म्रुच्	◌ु	437	घुण्	◌ु	896	गुह्	◌ु
1544	पीड्	◌ी	196	म्लुच्	◌ु	653	घुष्	◌ु	970	गुप्	◌ु
1640	कीट्	◌ी	197	ग्रुच्	◌ु	693	रुष्	◌ु	1014	दुह्	◌ु
1774	चीव्	◌ी	198	ग्लुच्	◌ु	700	पुष्	◌ु	1067	रुद्	◌ु
1789	शीक्	◌ी	199	कुज्	◌ु	703	प्रुष्	◌ु	1102	तुर्	◌ु
1826	शीक्	◌ी	200	खुज्	◌ु	704	प्लुष्	◌ु	1111	स्नुस्	◌ु
1827	चीक्	◌ी	244	तुज्	◌ु	710	तुस्	◌ु	1114	व्युष्	◌ु
			250	मुज्	◌ु	737	तुह्	◌ु	1115	प्लुष्	◌ु
128	उख्	उ	260	स्फुट्	◌ु	738	दुह्	◌ु	1118	कुथ्	◌ु
338	उठ्	उ	314	लुट्	◌ु	741	द्युत्	◌ु	1119	पुथ्	◌ु
696	उष्	उ	323	मुड्	◌ु	745	रुच्	◌ु	1120	गुध्	◌ु
739	उह्	उ	324	प्रुड्	◌ु	746	घुट्	◌ु	1129	सुह्	◌ु
1223	उच्	उ	329	स्फुट्	◌ु	747	रुट्	◌ु	1165	शुच्	◌ु
1319	उभ्	उ	336	रुठ्	◌ु	748	लुट्	◌ु	1172	बुध्	◌ु
			337	लुठ्	◌ु	749	लुठ्	◌ु	1173	युध्	◌ु
			341	शुठ्	◌ु	750	शुभ्	◌ु	1174	रुध्	◌ु
16	मुद्	◌ु	351	तुड्	◌ु	751	क्षुभ्	◌ु	1177	युज्	◌ु
24	गुद्	◌ु	352	हुड्	◌ु	753	तुभ्	◌ु	1182	पुष्	◌ु
31	युत्	◌ु	394	स्तुभ्	◌ु	841	पुल्	◌ु	1183	शुष्	◌ु
32	जुत्	◌ु	395	गुप्	◌ु	842	कुल्	◌ु	1184	तुष्	◌ु
40	च्युत्	◌ु	403	चुप्	◌ु	844	हुल्	◌ु	1185	दुष्	◌ु

1189	क्रुध्	◌ु
1190	क्षुध्	◌ु
1191	शुध्	◌ु
1197	द्रुह्	◌ु
1198	मुह्	◌ु
1199	स्नुह्	◌ु
1215	व्युष्	◌ु
1216	प्लुष्	◌ु
1218	कुस्	◌ु
1219	बुस्	◌ु
1220	मुस्	◌ु
1222	लुट्	◌ु
1230	रुष्	◌ु
1233	कुप्	◌ु
1234	गुप्	◌ु
1235	युप्	◌ु
1236	रुप्	◌ु
1237	लुप्	◌ु
1238	लुभ्	◌ु
1239	क्षुभ्	◌ु
1241	तुभ्	◌ु
1281	तुद्	◌ु
1282	नुद्	◌ु
1288	जुष्	◌ु
1305	लुभ्	◌ु
1309	तुप्	◌ु
1311	तुफ्	◌ु
1317	गुफ्	◌ु
1321	शुभ्	◌ु
1326	जुड्	◌ु
1332	तुण्	◌ु
1333	पुण्	◌ु
1334	मुण्	◌ु
1335	कुण्	◌ु
1336	शुन्	◌ु
1337	द्रुण्	◌ु
1338	घुण्	◌ु
1340	सुर्	◌ु
1341	कुर्	◌ु
1342	खुर्	◌ु
1343	मुर्	◌ु
1344	क्षुर्	◌ु
1345	घुर्	◌ु
1346	पुर्	◌ु
1366	कुट्	◌ु
1367	पुट्	◌ु
1368	कुच्	◌ु
1369	गुज्	◌ु
1370	गुड्	◌ु
1372	छुर्	◌ु
1373	स्फुट्	◌ु
1374	मुट्	◌ु
1375	त्रुट्	◌ु
1376	तुट्	◌ु
1377	चुट्	◌ु
1378	छुट्	◌ु
1379	जुड्	◌ु
1381	लुट्	◌ु
1383	कुड्	◌ु
1384	पुड्	◌ु
1385	घुट्	◌ु
1386	तुड्	◌ु
1387	थुड्	◌ु
1388	स्थुड्	◌ु
1389	स्फुर्	◌ु
1390	स्फुल्	◌ु
1391	स्फुड्	◌ु
1392	चुड्	◌ु
1393	ब्रुड्	◌ु
1394	क्रुड्	◌ु
1396	गुर्	◌ु
1416	रुज्	◌ु
1417	भुज्	◌ु
1418	छुप्	◌ु
1419	रुश्	◌ु
1426	नुद्	◌ु
1430	मुच्	◌ु
1431	लुप्	◌ु
1438	रुध्	◌ु
1443	क्षुद्	◌ु
1444	युज्	◌ु
1454	भुज्	◌ु
1517	गुध्	◌ु
1518	कुष्	◌ु
1519	क्षुभ्	◌ु
1521	तुभ्	◌ु
1527	प्रुष्	◌ु
1528	प्लुष्	◌ु
1529	पुष्	◌ु
1530	मुष्	◌ु
1534	चुर्	◌ु
1592	चुद्	◌ु
1599	तुल्	◌ु
1600	दुल्	◌ु
1601	पुल्	◌ु
1602	चुल्	◌ु
1613	चुट्	◌ु
1614	मुट्	◌ु
1644	शुठ्	◌ु
1646	जुड्	◌ु
1670	रुष्	◌ु
1672	स्तुप्	◌ु
1698	त्रुट्	◌ु
1722	स्फुट्	◌ु

1726	घुष्	◌ु	529	मूल्	◌ू	1689	तूण्	◌ू	733	दृह्	◌ृ
1740	मुद्	◌ु	673	चूष्	◌ू	1690	भ्रूण्	◌ू	735	बृह्	◌ृ
1743	मुच्	◌ु	674	तूष्	◌ू	1694	गूर्	◌ू	758	वृत्	◌ृ
1750	पुष्	◌ु	675	पूष्	◌ू	1701	कूट्	◌ू	759	वृध्	◌ृ
1753	पुट्	◌ु	676	मूष्	◌ू	1717	सूद्	◌ू	760	शृध्	◌ृ
1754	लुट्	◌ु	677	लूष्	◌ू	1730	भूष्	◌ू	873	शृध्	◌ृ
1771	गुप्	◌ु	678	रूष्	◌ू	1772	धूप्	◌ू	874	मृध्	◌ृ
1775	पुथ्	◌ु	679	शूष्	◌ू	1803	पूर्	◌ू	983	सृप्	◌ृ
1779	कुप्	◌ु	680	यूष्	◌ू	176	ऋज्	ऋ	988	दृश्	◌ृ
1783	रुट्	◌ु	681	जूष्	◌ू	1245	ऋध्	ऋ	990	कृष्	◌ृ
1804	रुज्	◌ु	682	भूष्	◌ू	1271	ऋध्	ऋ	1029	वृज्	◌ृ
1806	युज्	◌ु	1151	पूर्	◌ू	1287	ऋष्	ऋ	1030	पृच्	◌ृ
1834	जुष्	◌ु	1152	तूर्	◌ू	1302	ऋच्	ऋ	1066	मृज्	◌ृ
483	ऊय्	ऊ	1153	धूर्	◌ू	1315	ऋफ्	ऋ	1116	नृत्	◌ृ
648	ऊह्	ऊ	1154	गूर्	◌ू	1467	ऋण्	ऋ	1160	वृत्	◌ृ
683	ऊष्	ऊ	1155	घूर्	◌ू	92	वृक्	◌ृ	1164	मृष्	◌ृ
25	सूद्	◌ू	1156	जूर्	◌ू	178	भृज्	◌ृ	1178	सृज्	◌ृ
223	कूज्	◌ू	1157	शूर्	◌ू	219	धृज्	◌ृ	1195	तृप्	◌ृ
353	हूड्	◌ू	1158	चूर्	◌ू	248	गृज्	◌ृ	1196	दृप्	◌ृ
396	धूप्	◌ू	1603	मूल्	◌ू	430	सृभ्	◌ृ	1224	भृश्	◌ृ
484	पूय्	◌ू	1610	लूष्	◌ू	650	गृह्	◌ृ	1226	वृश्	◌ृ
485	क्रूय्	◌ू	1636	पूल्	◌ू	705	पृष्	◌ृ	1227	कृश्	◌ृ
525	कूल्	◌ू	1639	धूस्	◌ू	706	वृष्	◌ृ	1228	तृष्	◌ृ
526	शूल्	◌ू	1642	पूज्	◌ू	707	मृष्	◌ृ	1229	हृष्	◌ृ
527	तूल्	◌ू	1663	ब्रूस्	◌ू	708	घृष्	◌ृ	1246	गृध्	◌ृ
528	पूल्	◌ू	1688	कूण्	◌ू	709	हृष्	◌ृ	1269	धृष्	◌ृ

1286	कृष्	◌ृ
1307	तृप्	◌ृ
1313	दृप्	◌ृ
1323	दृभ्	◌ृ
1324	चृत्	◌ृ
1327	मृड्	◌ृ
1328	पृड्	◌ृ
1329	पृण्	◌ृ
1330	वृण्	◌ृ
1331	मृण्	◌ृ
1347	वृह्	◌ृ
1348	तृह्	◌ृ
1349	स्तृह्	◌ृ
1382	कृड्	◌ृ
1395	भृड्	◌ृ
1414	सृज्	◌ृ
1422	स्पृश्	◌ृ
1425	मृश्	◌ृ
1435	कृत्	◌ृ
1445	छृद्	◌ृ
1446	तृद्	◌ृ
1447	कृत्	◌ृ
1455	तृह्	◌ृ
1461	वृज्	◌ृ
1462	पृच्	◌ृ
1468	तृण्	◌ृ
1469	घृण्	◌ृ
1515	मृद्	◌ृ
1516	मृड्	◌ृ
1554	पृथ्	◌ृ
1704	वृष्	◌ृ
1734	श्रृध्	◌ृ
1781	वृत्	◌ृ
1782	वृध्	◌ृ
1807	पृच्	◌ृ
1812	वृज्	◌ृ
1819	तृप्	◌ृ
1820	छृद्	◌ृ
1821	दृभ्	◌ृ
1822	दृभ्	◌ृ
1848	मृज्	◌ृ
1849	मृष्	◌ृ
1850	धृष्	◌ृ
1653	कृत्	◌ृ
762	क्लृप्	◌ॢ
1748	क्लृप्	◌ॢ
2	एध्	ए
179	एज्	ए
234	एज्	ए
267	एठ्	ए
618	एष्	ए
34	वेथ्	◌े
78	द्रेक्	◌े
79	ध्रेक्	◌े
80	रेक्	◌े
81	सेक्	◌े
82	स्रेक्	◌े
180	भ्रेज्	◌े
231	तेज्	◌े
266	हेठ्	◌े
284	हेड्	◌े
292	म्लेट्	◌े
293	म्रेड्	◌े
363	तेप्	◌े
365	स्तेप्	◌े
366	ग्लेप्	◌े
367	वेप्	◌े
368	केप्	◌े
369	गेप्	◌े
370	ग्लेप्	◌े
371	मेप्	◌े
372	रेप्	◌े
373	लेप्	◌े
385	रेभ्	◌े
499	तेव्	◌े
500	देव्	◌े
501	सेव्	◌े
502	गेव्	◌े
503	ग्लेव्	◌े
504	पेव्	◌े
505	मेव्	◌े
506	म्लेव्	◌े
507	रेव्	◌े
535	वेल्	◌े
536	चेल्	◌े
537	केल्	◌े
538	खेल्	◌े
539	क्ष्वेल्	◌े
541	पेल्	◌े
542	फेल्	◌े
543	शेल्	◌े
568	क्षेव्	◌े
607	क्लेश्	◌े
614	गेष्	◌े
615	पेष्	◌े
616	जेष्	◌े
617	नेष्	◌े
619	प्रेष्	◌े
620	रेष्	◌े
621	हेष्	◌े
622	ह्रेष्	◌े
643	वेह्	◌े
644	जेह्	◌े
720	पेस्	◌े

778	हेड्	◌े	867	प्रोथ्	◌ो	662	नक्ष्	क्	1485	कृ	क्
864	रेट्	◌े	1776	लोक्	◌ो	663	वक्ष्	क्	1496	कृ	क्
869	मेद्	◌े	1777	लोच्	◌ो	664	मृक्ष्	क्	1538	लक्ष्	क्
870	मेध्	◌े	98	ढौक्	◌ौ	665	तक्ष्	क्	1550	पक्ष्	क्
872	नेद्	◌े	99	त्रौक्	◌ौ	666	सूर्क्ष्	क्	1557	भक्ष्	क्
877	वेण्	◌े	290	शौट्	◌ौ	667	काङ्क्ष्	क्	1593	नक्क्	क्
883	भेष्	◌े	291	यौट्	◌ौ	668	वाङ्क्ष्	क्	1594	धक्क्	क्
884	भ्रेष्	◌े	355	रौड्	◌ौ	669	माङ्क्ष्	क्	1595	चक्क्	क्
885	भ्लेष्	◌े	116	फक्क्	क्	670	द्राङ्क्ष्	क्	1596	चुक्क्	क्
1532	हेठ्	◌े	119	बुक्क्	क्	671	ध्राङ्क्ष्	क्	1661	म्रक्ष्	क्
458	पैण्	◌ै	602	धुक्ष्	क्	672	ध्वाङ्क्ष्	क्	1692	यक्ष्	क्
121	ओख्	ओ	603	धिक्ष्	क्	770	दक्ष्	क्	1696	लक्ष्	क्
454	ओण्	ओ	604	वृक्ष्	क्	861	हिक्क्	क्	1713	बुक्क्	क्
76	लोक्	◌ो	605	शिक्ष्	क्	892	भ्रक्ष्	क्	1914	धेक	क्
77	श्लोक्	◌ो	606	भिक्ष्	क्	893	भ्लक्ष्	क्	1916	बष्क	क्
164	लोच्	◌ो	608	दक्ष्	क्	916	कै	क्	1927	अङ्क	क्
285	होड्	◌ो	609	दीक्ष्	क्	951	कु	क्	1940	विष्क	क्
354	होड्	◌ो	610	ईक्ष्	क्	1017	चक्ष्	क्	912	खै	ख्
356	रोड्	◌ो	654	अक्ष्	क्	1042	कु	क्	1929	सुख	ख्
357	लोड्	◌ो	655	तक्ष्	क्	1071	जक्ष्	क्	1930	दुःख	ख्
455	शोण्	◌ो	656	त्वक्ष्	क्	1101	कि	क्	917	गै	ग्
456	श्रोण्	◌ो	657	उक्ष्	क्	1253	कृ	क्	937	गृ	ग्
457	श्लोण्	◌ो	658	रक्ष्	क्	1401	कु	क्	949	गु	ग्
551	खोल्	◌ो	659	निक्ष्	क्	1409	कृ	क्	950	गा	ग्
552	खोर्	◌ो	660	त्रक्ष्	क्	1472	कृ	क्	1072	जागृ	ग्
553	धोर्	◌ो	661	स्त्रक्ष्	क्	1478	स्कु	क्	1106	गा	ग्

1399	गु	ग्
1410	गृ	ग्
1498	गृ	ग्
1707	गृ	ग्
1900	मृग	ग्
1928	अङ्ग	ग्
938	घृ	घ्
952	घु	घ्
1096	घृ	घ्
1136	घी	घ्
1255	घु	घ्
1406	घि	घ्
1650	घृ	घ्
83	स्रङ्क्	ङ्
84	श्रङ्क्	ङ्
85	श्लङ्क्	ङ्
86	शङ्क्	ङ्
87	अङ्क्	ङ्
88	वङ्क्	ङ्
89	मङ्क्	ङ्
94	कङ्क्	ङ्
95	वङ्क्	ङ्
96	श्वङ्क्	ङ्
97	त्रङ्क्	ङ्
107	रङ्घ्	ङ्
108	लङ्घ्	ङ्
109	अङ्घ्	ङ्
110	वङ्घ्	ङ्
111	मङ्घ्	ङ्
118	तङ्क्	ङ्
129	उङ्ख्	ङ्
131	वङ्ख्	ङ्
133	मङ्ख्	ङ्
135	नङ्ख्	ङ्
137	रङ्ख्	ङ्
139	लङ्ख्	ङ्
141	इङ्ख्	ङ्
142	ईङ्ख्	ङ्
144	रङ्ग्	ङ्
145	लङ्ग्	ङ्
146	अङ्ग्	ङ्
147	वङ्ग्	ङ्
148	मङ्ग्	ङ्
149	तङ्ग्	ङ्
150	त्वङ्ग्	ङ्
151	श्रङ्ग्	ङ्
152	श्लङ्ग्	ङ्
153	इङ्ग्	ङ्
154	रिङ्ग्	ङ्
155	लिङ्ग्	ङ्
156	युङ्ग्	ङ्
157	जुङ्ग्	ङ्
158	बुङ्ग्	ङ्
160	मङ्घ्	ङ्
161	शिङ्घ्	ङ्
954	ङु	ङ्
1638	टङ्क्	ङ्
1739	लिङ्ग्	ङ्
1760	लङ्घ्	ङ्
1795	रङ्घ्	ङ्
1796	लङ्घ्	ङ्
205	म्लेच्छ्	च्
206	लच्छ्	च्
210	ह्रीच्छ्	च्
214	युच्छ्	च्
216	उच्छ्	च्
513	शुच्य्	च्
1251	चि	च्
1295	उच्छ्	च्
1296	ऋच्छ्	च्
1297	मिच्छ्	च्
1413	प्रच्छ्	च्
1423	विच्छ्	च्
1576	पिच्छ्	च्
1629	चि	च्
1662	म्लेच्छ्	च्
1773	विच्छ्	च्
1794	चि	च्
1864	रच	च्
1873	सूच	च्
1146	छो	छ्
561	जि	ज्
914	जै	ज्
946	जि	ज्
1130	जृ	ज्
1304	उज्झ्	ज्
1494	जृ	ज्
1793	जि	ज्
1814	जृ	ज्
1886	भाज	ज्
1887	सभाज	ज्
1920	लज	ज्
1131	झॄ	झ्
167	श्वञ्च्	ञ्
169	कञ्च्	ञ्
170	काञ्च्	ञ्
172	मुञ्च्	ञ्
173	मञ्च्	ञ्
174	पञ्च्	ञ्
177	ऋञ्ज्	ञ्
185	कुञ्च्	ञ्
186	क्रुञ्च्	ञ्
187	लुञ्च्	ञ्
188	अञ्च्	ञ्

189	वञ्च्	ञ्	976	स्वञ्ज्	ञ्	254	अट्ट्	ट्	1926	दण्ड	ड्
190	चञ्च्	ञ्	987	सञ्ज्	ञ्	259	घट्ट्	ट्	1037	क्ष्णु	ण्
191	तञ्च्	ञ्	999	रञ्ज्	ञ्	1558	कुट्ट्	ट्	1039	ऊर्णु	ण्
192	त्वञ्च्	ञ्	1026	निञ्ज्	ञ्	1559	पुट्ट्	ट्	65	गण्ड्	ण्
193	म्रुञ्च्	ञ्	1027	शिञ्ज्	ञ्	1560	चुट्ट्	ट्	261	अण्ठ्	ण्
194	म्लुञ्च्	ञ्	1028	पिञ्ज्	ञ्	1561	अट्ट्	ट्	262	वण्ठ्	ण्
201	ग्लुञ्च्	ञ्	1167	रञ्ज्	ञ्	1562	सुट्ट्	ट्	263	मण्ठ्	ण्
203	गुञ्ज्	ञ्	1294	उञ्छ्	ञ्	1630	घट्ट्	ट्	264	कण्ठ्	ण्
207	लाञ्छ्	ञ्	1453	भञ्ज्	ञ्	1632	खट्ट्	ट्	265	मुण्ठ्	ण्
208	वाञ्छ्	ञ्	1458	अञ्ज्	ञ्	1633	सट्ट्	ट्	268	हिण्ड्	ण्
209	आञ्छ्	ञ्	1459	तञ्च्	ञ्	1634	स्फिट्ट्	ट्	269	हुण्ड्	ण्
215	उञ्छ्	ञ्	1507	ज्ञा	ञ्	1702	कुट्ट्	ट्	270	कुण्ड्	ण्
218	ध्रञ्ज्	ञ्	1566	तुञ्ज्	ञ्	1856	पट	ट्	271	वण्ड्	ण्
220	धृञ्ज्	ञ्	1567	पिञ्ज्	ञ्	1857	वट	ट्	272	मण्ड्	ण्
222	ध्वञ्ज्	ञ्	1621	छञ्ज्	ञ्	1874	खेट	ट्	273	भण्ड्	ण्
233	खञ्ज्	ञ्	1651	पञ्च्	ञ्	1875	क्षोट	ट्	274	पिण्ड्	ण्
239	लञ्ज्	ञ्	1703	वञ्च्	ञ्	1890	कूट	ट्	275	मुण्ड्	ण्
241	लाञ्ज्	ञ्	1732	ज्ञा	ञ्	1913	पुट	ट्	276	तुण्ड्	ण्
243	जञ्ज्	ञ्	1738	अञ्च्	ञ्	1919	वट	ट्	277	हुण्ड्	ण्
245	तुञ्ज्	ञ्	1755	तुञ्ज्	ञ्	1854	शठ	ठ्	278	चण्ड्	ण्
247	गञ्ज्	ञ्	1756	मिञ्ज्	ञ्	1855	श्वठ	ठ्	279	शण्ड्	ण्
249	गृञ्ज्	ञ्	1757	पिञ्ज्	ञ्	347	चुड्ड्	ड्	280	तण्ड्	ण्
251	मुञ्ज्	ञ्	1758	लुञ्ज्	ञ्	348	अड्ड्	ड्	281	पण्ड्	ण्
769	क्षञ्ज्	ञ्	1759	भञ्ज्	ञ्	349	कड्ड्	ड्	282	कण्ड्	ण्
811	ज्ञा	ञ्	1784	लञ्ज्	ञ्	968	डी	ड्	283	खण्ड्	ण्
862	अञ्च्	ञ्	1785	अञ्ज्	ञ्	1135	डी	ड्	321	मण्ड्	ण्

322	कुण्ड्	ण्	1645	शुण्ठ्	ण्	1861	पत	त्	1934	छेद	द्
325	चुण्ड्	ण्	1659	चुण्ट्	ण्	1882	वात	त्	1935	छद	द्
326	मुण्ड्	ण्	1669	पिण्ड्	ण्	1891	सङ्केत	त्	900	घृ	घ्
327	रुण्ट्	ण्	1767	घण्ट्	ण्	1895	केत	त्	902	धे	ध्
328	लुण्ट्	ण्	1792	पुण्ट्	ण्	928	स्था	थ्	960	धृ	ध्
342	कुण्ठ्	ण्	1800	लण्ड्	ण्	1851	कथ	थ्	1076	दीधी	ध्
343	लुण्ठ्	ण्	1847	कण्ठ्	ण्	1870	श्रथ	थ्	1092	धा	ध्
344	शुण्ठ्	ण्	1853	गण	ण्	1905	अर्थ	थ्	1398	धू	ध्
345	रुण्ठ्	ण्	1893	कुण	ण्	1943	तुत्थ	थ्	1412	धृ	ध्
346	लुण्ठ्	ण्	1894	गुण	ण्	808	दृ	द्	1487	धू	ध्
361	गण्ड्	ण्	1896	कूण	ण्	924	दै	द्	1835	धू	ध्
434	घिण्ण्	ण्	1937	व्रण	ण्	930	दा	द्	1925	अन्ध	ध्
435	घुण्ण्	ण्	1938	वर्ण	ण्	944	दु	द्	9	स्कुन्द्	न्
436	घृण्ण्	ण्	1939	पर्ण	ण्	962	दे	द्	10	श्विन्द्	न्
1537	स्फुण्ड्	ण्	37	कत्थ्	त्	1059	दा	द्	11	वन्द्	न्
1542	ओलण्ड्	ण्	922	स्तै	त्	1091	दा	द्	12	भन्द्	न्
1563	लुण्ठ्	ण्	969	तृ	त्	1133	दू	द्	13	मन्द्	न्
1581	खण्ड्	ण्	1043	स्तु	त्	1134	दी	द्	14	स्पन्द्	न्
1582	कण्ड्	ण्	1252	स्तृ	त्	1148	दो	द्	15	क्लिन्द्	न्
1583	कुण्ड्	ण्	1484	स्तृ	त्	1256	दु	द्	35	श्रन्थ्	न्
1584	गुण्ड्	ण्	1536	यन्त्र्	त्	1280	दृ	द्	36	ग्रन्थ्	न्
1585	खुण्ड्	ण्	1569	सान्त्व्	त्	1411	दृ	द्	42	मन्थ्	न्
1586	वण्ट्	ण्	1678	तन्त्र्	त्	1493	दृ	द्	43	कुन्थ्	न्
1587	मण्ड्	ण्	1679	मन्त्र्	त्	1539	कुन्द्र्	द्	44	पुन्थ्	न्
1588	भण्ड्	ण्	1682	भर्त्स्	त्	1860	गद	द्	45	लुन्थ्	न्
1615	पण्ड्	ण्	1697	कुत्स्	त्	1898	पद	द्	46	मन्थ्	न्

61	अन्त्	न्	772	कन्द्	न्	1575	पन्थ्	न्	1933	रूप	प्
62	अन्द्	न्	773	क्रन्द्	न्	1577	छन्द्	न्	1941	क्षिप	प्
63	इन्द्	न्	774	क्लन्द्	न्	1684	गन्ध्	न्	1303	उब्ज्	ब्
64	बिन्द्	न्	809	नृ	न्	1727	क्रन्द्	न्	1714	शब्द्	ब्
66	निन्द्	न्	876	बुन्द्	न्	1825	ग्रन्थ्	न्	1	भू	भ्
67	नन्द्	न्	901	नी	न्	1832	शुन्ध्	न्	556	अभ्र्	भ्
68	चन्द्	न्	923	स्नै	न्	1837	श्रन्थ्	न्	557	वभ्र्	भ्
69	त्रन्द्	न्	929	म्ना	न्	1838	ग्रन्थ्	न्	558	मभ्र्	भ्
70	कन्द्	न्	979	स्कन्द्	न्	1859	स्तन	न्	898	भृ	भ्
71	क्रन्द्	न्	1035	नु	न्	1888	ऊन	न्	1051	भा	भ्
72	क्लन्द्	न्	1038	स्नु	न्	1889	ध्वन	न्	1084	भी	भ्
73	क्लिन्द्	न्	1052	स्ना	न्	1897	स्तेन	न्	1087	भृ	भ्
74	शुन्ध्	न्	1082	ह्नु	न्	920	पै	प्	1491	भृ	भ्
587	इन्व्	न्	1397	नू	न्	925	पा	प्	1623	श्वभ्र्	भ्
588	पिन्व्	न्	1448	इन्ध्	न्	966	पू	प्	1747	भू	भ्
589	मिन्व्	न्	1457	उन्द्	न्	1056	पा	प्	1844	भू	भ्
590	निन्व्	न्	1480	क्नू	न्	1086	पृ	प्	1936	लाभ	भ्
591	हिन्व्	न्	1495	नृ	न्	1141	पी	प्	375	कम्प्	म्
592	दिन्व्	न्	1508	बन्ध्	न्	1258	पृ	प्	376	रम्ब्	म्
593	धिन्व्	न्	1510	श्रन्थ्	न्	1259	स्पृ	प्	377	लम्ब्	म्
594	जिन्व्	न्	1511	मन्थ्	न्	1402	पृ	प्	378	अम्ब्	म्
595	रिन्व्	न्	1512	श्रन्थ्	न्	1405	पि	प्	379	लम्ब्	म्
596	रन्व्	न्	1513	ग्रन्थ्	न्	1482	पू	प्	386	स्तम्भ्	म्
597	धन्व्	न्	1514	कुन्थ्	न्	1489	पृ	प्	387	स्कम्भ्	म्
598	कृन्व्	न्	1535	चिन्त्	न्	1548	पृ	प्	388	जम्भ्	म्
761	स्यन्द्	न्	1541	मिन्द्	न्	1869	कृप	प्	389	जृम्भ्	म्

393	श्रम्भ्	म्	1308	तृम्फ्	म्	1923	स्तोम	म्	55	अर्द्	र्
405	तुम्प्	म्	1310	तुम्प्	म्	905	द्यै	य्	56	नर्द्	र्
407	त्रुम्प्	म्	1312	तुम्फ्	म्	908	ध्यै	य्	57	गर्द्	र्
409	तुम्फ्	म्	1314	दृम्फ्	म्	910	स्त्यै	य्	58	तर्द्	र्
411	त्रुम्फ्	म्	1316	ऋम्फ्	म्	911	स्त्यै	य्	59	कर्द्	र्
414	रम्फ्	म्	1318	गुम्फ्	म्	955	च्यु	य्	60	खर्द्	र्
426	कुम्ब्	म्	1320	उम्भ्	म्	956	ज्यु	य्	162	वर्च्	र्
427	लुम्ब्	म्	1322	शुम्भ्	म्	963	श्यै	य्	204	अर्च्	र्
428	तुम्ब्	म्	1403	मृ	म्	964	प्यै	य्	211	हुर्छ्	र्
429	चुम्ब्	म्	1476	मी	म्	1007	व्ये	य्	212	मुर्छ्	र्
431	सृम्भ्	म्	1492	मृ	म्	1033	यु	य्	213	स्फुर्छ्	र्
433	शुम्भ्	म्	1555	सम्ब्	म्	1040	द्यु	य्	224	अर्ज्	र्
467	हम्म्	म्	1556	शम्ब्	म्	1049	या	य्	225	सर्ज्	र्
757	स्रम्भ्	म्	1619	चम्प्	म्	1060	ख्या	य्	226	गर्ज्	र्
807	स्मृ	म्	1620	क्षम्प्	म्	1479	यु	य्	227	तर्ज्	र्
927	ध्मा	म्	1635	चुम्ब्	म्	1499	ज्या	य्	228	कर्ज्	र्
933	स्मृ	म्	1655	कुम्ब्	म्	1710	यु	य्	229	खर्ज्	र्
948	स्मि	म्	1656	लुम्ब्	म्	1746	च्यु	य्	235	स्फूर्ज्	र्
961	मे	म्	1657	तुम्ब्	म्	1932	व्यय	य्	412	पर्प्	र्
967	मू	म्	1716	जम्भ्	म्	3	स्पर्ध्	र्	415	अर्ब्	र्
1062	मा	म्	1824	मी	म्	19	स्वर्द्	र्	416	पर्ब्	र्
1088	मा	म्	1872	भाम	म्	20	उर्द्	र्	417	लर्ब्	र्
1137	मी	म्	1876	गोम	म्	21	कुर्द्	र्	418	बर्ब्	र्
1142	मा	म्	1879	साम	म्	22	खुर्द्	र्	419	मर्ब्	र्
1250	मि	म्	1892	ग्राम	म्	23	गुर्द्	र्	420	कर्ब्	र्
1270	दम्भ्	म्	1922	सङ्ग्राम	म्	29	पर्द्	र्	421	खर्ब्	र्

422	गर्ब्	र्	638	बर्ह्	र्	1061	प्रा	र्	1641	चूर्ण्	र्
423	शर्ब्	र्	640	वर्ह्	र्	1073	दरिद्रा	र्	1643	अर्क्	र्
424	सर्ब्	र्	716	जर्ज्	र्	1085	ह्री	र्	1648	मार्ज्	र्
425	चर्ब्	र्	717	चर्च्	र्	1138	री	र्	1649	मर्च्	र्
438	घूर्ण्	र्	718	झर्झ्	र्	1140	व्री	र्	1654	वर्ध्	र्
514	हर्य्	र्	740	अर्ह्	र्	1144	प्री	र्	1664	बर्ह्	र्
569	उर्व्	र्	810	श्रा	र्	1275	रि	र्	1665	गुर्द्	र्
570	तुर्व्	र्	897	श्रि	र्	1298	जर्ज्	र्	1681	तर्ज्	र्
571	थुर्व्	र्	906	द्रै	र्	1299	चर्च्	र्	1712	चर्च्	र्
572	दुर्व्	र्	907	ध्रै	र्	1300	झर्झ्	र्	1725	अर्ज्	र्
573	धुर्व्	र्	909	रै	र्	1339	घूर्ण्	र्	1731	अर्ह्	र्
574	गुर्व्	र्	919	श्रै	र्	1400	ध्रु	र्	1769	बर्ह्	र्
575	मुर्व्	र्	926	घ्रा	र्	1404	रि	र्	1780	तर्क्	र्
576	पुर्व्	र्	940	स्रु	र्	1473	क्री	र्	1808	अर्च्	र्
577	पर्व्	र्	942	श्रु	र्	1474	प्री	र्	1815	त्रि	र्
578	मर्व्	र्	943	ध्रु	र्	1475	श्री	र्	1828	अर्द्	र्
579	चर्व्	र्	945	द्रु	र्	1481	द्रू	र्	1830	अर्ह्	र्
580	भर्व्	र्	947	त्रि	र्	1500	री	र्	1836	प्री	र्
581	कर्व्	र्	957	प्रु	र्	1504	व्री	र्	1845	गर्ह्	र्
582	खर्व्	र्	959	रु	र्	1505	भ्री	र्	1846	मार्ग्	र्
583	गर्व्	र्	965	त्रै	र्	1549	ऊर्ज्	र्	1852	वर	र्
584	अर्व्	र्	1034	रु	र्	1551	वर्ण्	र्	1863	स्वर	र्
585	शर्व्	र्	1044	ब्रू	र्	1552	चूर्ण्	र्	1868	सार	र्
586	सर्व्	र्	1053	श्रा	र्	1589	छर्द्	र्	1877	कुमार	र्
613	वर्ष्	र्	1054	द्रा	र्	1612	शूर्प्	र्	1902	शूर	र्
636	गर्ह्	र्	1057	रा	र्	1622	श्वर्त्	र्	1903	वीर	र्

1906	सत्र	र्	903	ग्लै	ल्	1006	वे	व्	511	ईर्ष्य्	ष्
1908	सूत्र	र्	904	म्लै	ल्	1008	ह्वे	व्	913	क्षै	ष्
1909	मूत्र	र्	958	प्लु	ल्	1010	श्वि	व्	1036	क्षु	ष्
1911	पार	र्	1058	ला	ल्	1048	वी	व्	1122	पुष्प्	ष्
1912	तीर	र्	1139	ली	ल्	1050	वा	व्	1276	क्षि	ष्
1915	कत्र	र्	1483	लू	ल्	1077	वेवी	व्	1407	क्षि	ष्
1917	चित्र	र्	1501	ली	ल्	1254	वृ	व्	1506	क्षी	ष्
1921	मिश्र	र्	1502	व्ली	ल्	1486	वृ	व्	1685	विष्क्	ष्
1924	छिद्र	र्	1503	प्ली	ल्	1490	वृ	व्	1686	निष्क्	ष्
143	वल्ग्	ल्	1570	श्वल्क्	ल्	1509	वृ	व्	1862	पष	ष्
390	शल्भ्	ल्	1571	वल्क्	ल्	1813	वृ	व्	1883	गवेष	ष्
391	वल्भ्	ल्	1611	शुल्ब्	ल्	1907	गर्व	व्	1910	रूक्ष	ष्
392	गल्भ्	ल्	1618	शुल्क्	ल्	918	शै	श्	101	वस्क्	स्
398	जल्प्	ल्	1770	बल्ह्	ल्	1032	शी	श्	102	मस्क्	स्
492	वल्ल्	ल्	1811	ली	ल्	1145	शो	श्	202	सस्ज्	स्
494	मल्ल्	ल्	1865	कल	ल्	1249	शि	श्	915	सै	स्
496	भल्ल्	ल्	1878	शील	ल्	1292	व्रश्च्	श्	935	सृ	स्
498	कल्ल्	ल्	1880	वेल	ल्	1488	शृ	श्	941	सु	स्
531	चुल्ल्	ल्	1881	पल्पूल	ल्	100	ष्वष्क्	ष्	1031	सू	स्
532	फुल्ल्	ल्	1904	स्थूल	ल्	236	क्षि	ष्	1041	सु	स्
533	चिल्ल्	ल्	508	मव्य्	व्	255	वेष्ट्	ष्	1055	प्सा	स्
540	वेल्ल्	ल्	921	वै	व्	256	चेष्ट्	ष्	1079	संस्त्	स्
550	श्वल्ल्	ल्	931	ह्वृ	व्	257	गोष्ट्	ष्	1099	सृ	स्
637	गल्ह्	ल्	932	स्वृ	व्	258	लोष्ट्	ष्	1132	सू	स्
639	बल्ह्	ल्	934	ह्वृ	व्	509	सूर्क्ष्य्	ष्	1147	सो	स्
641	वल्ह्	ल्	939	ध्वृ	व्	510	ईर्क्ष्य्	ष्	1247	सु	स्

1248	सि	स्	1899	गृह	ह्
1284	भ्रस्ज्	स्	1901	कुह	ह्
1291	लस्ज्	स्			
1408	सू	स्			
1415	मस्ज्	स्			
1477	सि	स्			
1590	पुस्त्	स्			
1591	बुस्त्	स्			
1631	मुस्त्	स्			
1683	बस्त्	स्			
1711	कुस्म्	स्			
1884	वास	स्			
1885	निवास	स्			
1918	अंस	स्			
1931	रस	स्			
1942	वस	स्			
899	हृ	ह्			
1083	हु	ह्			
1089	हा	ह्			
1090	हा	ह्			
1097	हृ	ह्			
1257	हि	ह्			
1858	रह	ह्			
1866	चह	ह्			
1867	मह	ह्			
1871	स्पृह	ह्			

Roots with Final Conjunct 550 Roots

Though rarely governed by any Ashtadhyayi Sutra, yet to see the last letter as a Conjunct can make one master the Dhatupatha. 3 स्पर्ध् र्ध् 9 स्कुन्द् न्द् 10 श्विन्द् न्द् 11 वन्द् न्द् 12 भन्द् न्द् 13 मन्द् न्द् 14 स्पन्द् न्द् 15 क्लिन्द् न्द् 19 स्वर्द् र्द् 20 उर्द् र्द् 21 कुर्द् र्द् 22 खुर्द् र्द् 23 गुर्द् र्द् 29 पर्द् र्द् 35 श्रन्थ् न्थ् 36 ग्रन्थ् न्थ् 37 कत्थ् त्थ् 42 मन्थ् न्थ् 43 कुन्थ् न्थ् 44 पुन्थ् न्थ् 45 लुन्थ् न्थ् 46 मन्थ् न्थ् 55 अर्द् र्द् 56 नर्द् र्द् 57 गर्द् र्द् 58 तर्द् र्द् 59 कर्द् र्द् 60 खर्द् र्द् 61 अन्त् न्त् 62 अन्द् न्द् 63 इन्द् न्द् 64 बिन्द् न्द् 65 गण्ड् ण्ड् 66 निन्द् न्द् 67 नन्द् न्द् 68 चन्द् न्द् 69 त्रन्द् न्द् 70 कन्द् न्द् 71 क्रन्द् न्द् 72 क्लन्द् न्द् 73 क्लिन्द् न्द् 74 शुन्ध् न्ध् 83 स्रङ्क् ङ्क् 84 श्रङ्क् ङ्क् 85 श्लङ्क् ङ्क् 86 शङ्क् ङ्क् 87 अङ्क् ङ्क् 88 वङ्क् ङ्क् 89 मङ्क् ङ्क् 94 कङ्क् ङ्क् 95 वङ्क् ङ्क् 96 श्वङ्क् ङ्क् 97 त्रङ्क् ङ्क् 100 ष्वष्क् ष्क् 101 वस्क् स्क् 102 मस्क् स्क् 107 रङ्घ् ङ्घ् 108 लङ्घ् ङ्घ् 109 अङ्घ् ङ्घ् 110 वङ्घ् ङ्घ् 111 मङ्घ् ङ्घ् 116 फक्क् क्क् 118 तङ्क् ङ्क्119 बुक्क् क्क् 129 उङ्ख् ङ्ख् 131 वङ्ख् ङ्ख् 133 मङ्ख् ङ्ख् 135 नङ्ख् ङ्ख् 137 रङ्ख् ङ्ख् 139 लङ्ख् ङ्ख् 141 इङ्ख् ङ्ख् 142 ईङ्ख् ङ्ख् 143 वल्ग् ल्ग् 144 रङ्ग् ङ्ग् 145 लङ्ग् ङ्ग् 146 अङ्ग् ङ्ग् 147 वङ्ग् ङ्ग् 148 मङ्ग् ङ्ग् 149 तङ्ग् ङ्ग् 150 त्वङ्ग् ङ्ग् 151 श्रङ्ग् ङ्ग् 152 श्लङ्ग् ङ्ग् 153 इङ्ग् ङ्ग् 154 रिङ्ग् ङ्ग् 155 लिङ्ग् ङ्ग् 156 युङ्ग् ङ्ग् 157 जुङ्ग् ङ्ग् 158 बुङ्ग् ङ्ग् 160 मङ्घ् ङ्घ् 161 शिङ्घ् ङ्घ् 162 वर्च् र्च् 167 श्वञ्च् ञ्च् 169 कञ्च् ञ्च् 170 काञ्च् ञ्च् 172 मुञ्च् ञ्च् 173 मञ्च् ञ्च् 174 पञ्च् ञ्च् 177 ऋञ्ज् ञ्ज् 185 कुञ्च् ञ्च् 186 क्रुञ्च् ञ्च् 187 लुञ्च् ञ्च् 188 अञ्च् ञ्च् 189 वञ्च् ञ्च् 190 चञ्च् ञ्च् 191 तञ्च् ञ्च् 192 त्वञ्च् ञ्च् 193 म्रुञ्च् ञ्च् 194 म्लुञ्च् ञ्च् 201 ग्लुञ्च् ञ्च् 202 सस्ज् स्ज् 203 गुञ्ज् ञ्ज् 204 अर्च् र्च् 205 म्लेच्छ् च्छ् 206 लच्छ् च्छ् 207 लाञ्छ् ञ्छ् 208 वाञ्छ् ञ्छ् 209 आञ्छ् ञ्छ् 211 हुर्छ् र्छ् 212 मुर्छ् र्छ् 213 स्फुर्छ् र्छ् 214 युच्छ् च्छ् 215 उञ्छ् ञ्छ् 216 उच्छ् च्छ् 218 ध्रञ्ज् ञ्ज् 220 धृञ्ज् ञ्ज् 222 ध्वञ्ज् ञ्ज् 224 अर्ज् र्ज् 225 सर्ज् र्ज् 226 गर्ज् र्ज् 227 तर्ज् र्ज् 228 कर्ज् र्ज् 229 खर्ज् र्ज् 233 खञ्ज् ञ्ज् 235 स्फूर्ज् र्ज् 239 लञ्ज् ञ्ज् 241 लाञ्ज् ञ्ज् 243 जञ्ज् ञ्ज् 245 तुञ्ज् ञ्ज् 247 गञ्ज् ञ्ज् 249 गृञ्ज् ञ्ज् 251 मुञ्ज् ञ्ज् 254 अट्ट् ट्ट् 255 वेष्ट् ष्ट् 256 चेष्ट् ष्ट् 257 गोष्ट् ष्ट् 258 लोष्ट् ष्ट् 259 घट्ट् ट्ट् 261 अण्ठ् ण्ठ् 262 वण्ठ् ण्ठ् 263 मण्ठ् ण्ठ् 264 कण्ठ् ण्ठ् 265 मुण्ठ् ण्ठ् 268 हिण्ड् ण्ड् 269 हुण्ड् ण्ड् 270 कुण्ड् ण्ड् 271 वण्ड् ण्ड् 272 मण्ड् ण्ड् 273 भण्ड् ण्ड् 274 पिण्ड् ण्ड् 275 मुण्ड् ण्ड् 276 तुण्ड् ण्ड् 277 हुण्ड् ण्ड् 278 चण्ड् ण्ड् 279 शण्ड् ण्ड् 280 तण्ड् ण्ड् 281 पण्ड् ण्ड् 282 कण्ड् ण्ड् 283 खण्ड् ण्ड् 321 मण्ड् ण्ड् 322 कुण्ड् ण्ड् 325 चुण्ड्

ण्ड् 326 मुण्ड् ण्ड् 327 रुण्ट् ण्ट् 328 लुण्ट् ण्ट् 342 कुण्ठ् ण्ठ् 343 लुण्ठ् ण्ठ् 344 शुण्ठ् ण्ठ् 345 रुण्ठ् ण्ठ् 346 लुण्ठ् ण्ठ् 347 चुड्ड् ड्ड् 348 अड्ड् ड्ड् 349 कड्ड् ड्ड् 361 गण्ड् ण्ड् 375 कम्प् म्प् 376 रम्ब् म्ब् 377 लम्ब् म्ब् 378 अम्ब् म्ब् 379 लम्ब् म्ब् 386 स्तम्भ् म्भ् 387 स्कम्भ् म्भ् 388 जम्भ् म्भ् 389 जृम्भ् म्भ् 390 शल्भ् ल्भ् 391 वल्भ् ल्भ् 392 गल्भ् ल्भ् 393 श्रम्भ् म्भ् 398 जल्प् ल्प् 405 तुम्प् म्प् 407 त्रुम्प् म्प् 409 तुम्फ् म्फ् 411 त्रुम्फ् म्फ् 412 पर्प् र्प् 414 रम्फ् म्फ् 415 अर्ब् र्ब् 416 पर्ब् र्ब् 417 लर्ब् र्ब् 418 बर्ब् र्ब् 419 मर्ब् र्ब् 420 कर्ब् र्ब् 421 खर्ब् र्ब् 422 गर्ब् र्ब् 423 शर्ब् र्ब् 424 सर्ब् र्ब् 425 चर्ब् र्ब् 426 कुम्ब् म्ब् 427 लुम्ब् म्ब् 428 तुम्ब् म्ब् 429 चुम्ब् म्ब् 431 सृम्भ् म्भ् 433 शुम्भ् म्भ् 434 घिण्ण् ण्ण् 435 घुण्ण् ण्ण् 436 घृण्ण् ण्ण् 438 घूर्ण् र्ण् 467 हम्म् म्म् 492 वल्ल् ल्ल् 494 मल्ल् ल्ल् 496 भल्ल् ल्ल् 498 कल्ल् ल्ल् 508 मव्य् व्य् 509 सूक्ष्य् ष्य् 510 ईर्क्ष्य् ष्य् 511 ईर्ष्य् ष्य् 513 शुच्य् च्य् 514 हर्य् र्य् 531 चुल्ल् ल्ल् 532 फुल्ल् ल्ल् 533 चिल्ल् ल्ल् 540 वेल्ल् ल्ल् 550 श्वल्ल् ल्ल् 556 अभ्र् भ्र् 557 वभ्र् भ्र् 558 मभ्र् भ्र् 569 उर्व् र्व् 570 तुर्व् र्व् 571 थुर्व् र्व् 572 दुर्व् र्व् 573 धुर्व् र्व् 574 गुर्व् र्व् 575 मुर्व् र्व् 576 पुर्व् र्व् 577 पर्व् र्व् 578 मर्व् र्व् 579 चर्व् र्व् 580 भर्व् र्व् 581 कर्व् र्व् 582 खर्व् र्व् 583 गर्व् र्व् 584 अर्व् र्व् 585 शर्व् र्व् 586 सर्व् र्व् 587 इन्व् न्व् 588 पिन्व् न्व् 589 मिन्व् न्व् 590 निन्व् न्व् 591 हिन्व् न्व् 592 दिन्व् न्व् 593 धिन्व् न्व् 594 जिन्व् न्व् 595 रिन्व् न्व् 596 रन्व् न्व् 597 धन्व् न्व् 598 कृन्व् न्व् 602 धुक्ष् क्ष् 603 धिक्ष् क्ष् 604 वृक्ष् क्ष् 605 शिक्ष् क्ष् 606 भिक्ष् क्ष् 608 दक्ष् क्ष् 609 दीक्ष् क्ष् 610 ईक्ष् क्ष् 613 वर्ष् र्ष् 629 शंस् न्स् 633 बंह् बंह् 634 मंह् न्ह् 636 गर्ह् र्ह् 637 गल्ह् ल्ह् 638 बर्ह् र्ह् 639 बल्ह् ल्ह् 640 वर्ह् र्ह् 641 वल्ह् ल्ह् 652 घुंष् न्ष् 654 अक्ष् क्ष् 655 तक्ष् क्ष् 656 त्वक्ष् क्ष् 657 उक्ष् क्ष् 658 रक्ष् क्ष् 659 निक्ष् क्ष् 660 त्रक्ष् क्ष् 661 स्त्रक्ष् क्ष् 662 नक्ष् क्ष् 663 वक्ष् क्ष् 664 मृक्ष् क्ष् 665 तक्ष् क्ष् 666 सूर्क्ष् क्ष् 667 काङ्क्ष् क्ष् 668 वाङ्क्ष् क्ष् 669 माङ्क्ष् क्ष् 670 द्राङ्क्ष् क्ष् 671 ध्राङ्क्ष् क्ष् 672 ध्वाङ्क्ष् क्ष् 716 जर्ज् र्ज् 717 चर्च् र्च् 718 झर्झ् र्झ् 728 शंस् न्स् 732 रंह् न्ह् 734 दृंह् न्ह् 736 बृंह् न्ह् 740 अर्ह् र्ह् 754 स्रंस् न्स् 755 ध्वंस् वंस् 756 भ्रंस् न्स् 757 स्रम्भ् म्भ् 761 स्यन्द् न्द् 769 क्षञ्ज् ञ्ज् 770 दक्ष् क्ष् 772 कन्द् न्द् 773 क्रन्द् न्द् 774 क्लन्द् न्द् 861 हिक्क् क्क् 862 अञ्च् ञ्च् 876 बुन्द् न्द् 892 भ्रक्ष् क्ष् 893 भ्लक्ष् क्ष् 976 स्वञ्ज् ञ्ज् 979 स्कन्द् न्द् 987 सञ्ज् ञ्ज् 989 दंश् दंश् 999 रञ्ज् ञ्ज् 1017 चक्ष् क्ष् 1024 कंस् न्स् 1025 निंस् न्स् 1026 निञ्ज् ञ्ज् 1028 पिञ्ज् ञ्ज् 1039 ऊर्णु र्णु 1071 जक्ष् क्ष् 1079 संस्त् स्त् 1122 पुष्प् ष्प् 1167 रञ्ज् ञ्ज् 1225 भ्रंश् रंश् 1270 दम्भ् म्भ् 1284 भ्रस्ज् स्ज् 1291 लस्ज् स्ज् 1292 व्रश्च् श्च् 1294 उञ्छ् ञ्छ् 1295 उच्छ् च्छ् 1296 ऋच्छ् च्छ् 1297 मिच्छ् च्छ् 1298 जर्ज् र्ज् 1299 चर्च् र्च् 1300 झर्झ् र्झ् 1303 उब्ज् ब्ज् 1304 उज्झ् ज्झ् 1308 तृम्फ् म्फ् 1310 तुम्प् म्प् 1312 तुम्फ् म्फ् 1314 दृम्फ् म्फ् 1316 ऋम्फ् म्फ् 1318 गुम्फ् म्फ् 1320 उम्भ् म्भ्

1322 शुम्भ् म्भ् 1339 घूर्ण् र्ण् 1350 तृंह् न्ह् 1413 प्रच्छ् च्छ् 1415 मस्ज् स्ज् 1423 विच्छ् च्छ् 1448 इन्ध् न्ध् 1453 भञ्ज् ञ्ज् 1456 हिंस् न्स् 1457 उन्द् न्द् 1458 अञ्ज् ञ्ज् 1459 तञ्च् ञ्च् 1480 क्नू क्नू 1508 बन्ध् न्ध् 1510 श्रन्थ् न्थ् 1511 मन्थ् न्थ् 1512 श्रन्थ् न्थ् 1513 ग्रन्थ् न्थ् 1514 कुन्थ् न्थ् 1535 चिन्त् न्त् 1536 यन्त्र् त्र् 1537 स्फुण्ड् ण्ड् 1538 लक्ष् क्ष् 1541 मिन्द् न्द् 1542 ओलण्ड् ण्ड् 1549 ऊर्ज् र्ज् 1550 पक्ष् क्ष् 1551 वर्ण् र्ण् 1552 चूर्ण् र्ण् 1555 सम्ब् म्ब् 1556 शम्ब् म्ब् 1557 भक्ष् क्ष् 1558 कुट्ट् ट्ट् 1559 पुट्ट् ट्ट् 1560 चुट्ट् ट्ट् 1561 अट्ट् ट्ट् 1562 सुट्ट् ट्ट् 1563 लुण्ठ् ण्ठ् 1566 तुञ्ज् ञ्ज् 1567 पिञ्ज् ञ्ज् 1569 सान्त्व् त्व् 1570 श्वल्क् ल्क् 1571 वल्क् ल्क् 1575 पन्थ् न्थ् 1576 पिच्छ् च्छ् 1577 छन्द् न्द् 1581 खण्ड् ण्ड् 1582 कण्ड् ण्ड् 1583 कुण्ड् ण्ड् 1584 गुण्ड् ण्ड् 1585 खुण्ड् ण्ड् 1586 वण्ट् ण्ट् 1587 मण्ड् ण्ड् 1588 भण्ड् ण्ड् 1589 छर्द् र्द् 1590 पुस्त् स्त् 1591 बुस्त् स्त् 1593 नक्क् क्क् 1594 धक्क् क्क् 1595 चक्क् क्क् 1596 चुक्क् क्क् 1611 शुल्ब् ल्ब् 1612 शूर्प् र्प् 1615 पण्ड् ण्ड् 1616 पंस् न्स् 1618 शुल्क् ल्क् 1619 चम्प् म्प् 1620 क्षम्प् म्प् 1621 छञ्ज् ञ्ज् 1622 श्वर्त् र्त् 1623 श्वभ्र् भ्र् 1630 घट्ट् ट्ट् 1631 मुस्त् स्त् 1632 खट्ट् ट्ट् 1633 सट्ट् ट्ट् 1634 स्फिट्ट् ट्ट् 1635 चुम्ब् म्ब् 1637 पुंस् न्स् 1638 टङ्क् ङ्क् 1641 चूर्ण् र्ण् 1643 अर्क् र्क् 1645 शुण्ठ् ण्ठ् 1648 मार्ज् र्ज् 1649 मर्च् र्च् 1651 पञ्च् ञ्च् 1654 वर्ध् र्ध् 1655 कुम्ब् म्ब् 1656 लुम्ब् म्ब् 1657 तुम्ब् म्ब् 1659 चुण्ट् ण्ट् 1661 म्रक्ष् क्ष् 1662 म्लेच्छ् च्छ् 1664 बर्ह् र्ह् 1665 गुर्द् र्द् 1666 जंस् न्स् 1669 पिण्ड् ण्ड् 1674 दंश् न्श् 1675 दंस् न्स् 1678 तन्त्र् त्र् 1679 मन्त्र् त्र् 1681 तर्ज् र्ज् 1682 भर्त्स् त्स् 1683 बस्त् स्त् 1684 गन्ध् न्ध् 1685 विष्क् ष्क् 1686 निष्क् ष्क् 1692 यक्ष् क्ष् 1696 लक्ष् क्ष् 1697 कुत्स् त्स् 1702 कुट्ट् ट्ट् 1703 वञ्च् ञ्च् 1711 कुस्म् स्म् 1712 चर्च् र्च् 1713 बुक्क् क्क् 1714 शब्द् ब्द् 1716 जम्भ् म्भ् 1725 अर्ज् र्ज् 1727 क्रन्द् न्द् 1729 तंस् न्स् 1731 अर्ह् र्ह् 1738 अञ्च् ञ्च् 1739 लिङ्ग् ङ्ग् 1755 तुञ्ज् ञ्ज् 1756 मिञ्ज् ञ्ज् 1757 पिञ्ज् ञ्ज् 1758 लुञ्ज् ञ्ज् 1759 भञ्ज् ञ्ज् 1760 लङ्घ् ङ्घ् 1761 त्रंस् न्स् 1762 पिंस् न्स् 1763 कुंस् न्स् 1764 दंश् न्श् 1765 कुंश् न्श् 1767 घण्ट् ण्ट् 1768 बृंह् न्ह् 1769 बर्ह् र्ह् 1770 बल्ह् ल्ह् 1773 विच्छ् च्छ् 1780 तर्क् र्क् 1784 लञ्ज् ञ्ज् 1785 अञ्ज् ञ्ज् 1786 दंस् न्स् 1787 भृंश् न्श् 1788 रुंश् न्श् 1790 रुंस् न्स् 1792 पुण्ट् ण्ट् 1795 रङ्घ् ङ्घ् 1796 लङ्घ् ङ्घ् 1798 रंह् न्ह् 1799 मंह् न्ह् 1800 लण्ड् ण्ड् 1808 अर्च् र्च् 1825 ग्रन्थ् न्थ् 1828 अर्द् र्द् 1829 हिंस् न्स् 1830 अर्ह् र्ह् 1832 शुन्ध् न्ध् 1837 श्रन्थ् न्थ् 1838 ग्रन्थ् न्थ् 1845 गर्ह् र्ह् 1846 मार्ग् र्ग् 1847 कण्ठ् ण्ठ् (कथादिः 1905 अर्थ् र्थ् 1906 सत्र् त्र् 1907 गर्व् र्व् 1908 सूत्र् त्र् 1909 मूत्र् त्र् 1910 रूक्ष् क्ष् 1915 कत्र् त्र् 1916 बष्क् ष्क् 1917 चित्र् त्र् 1921 मिश्र् श्र् 1925 अन्ध् न्ध् 1926 दण्ड् ण्ड् 1927 अङ्क् ङ्क् 1928 अङ्ग् ङ्ग् 1938 वर्ण् र्ण् 1939 पर्ण् र्ण् 1940 विष्क् ष्क्)

Roots with Initial Conjunct 390 Roots

Though rarely governed by any Ashtadhyayi Sutra, yet helpful.
7.4.61 शर्पूर्वाः खयः । Regarding Conjunct in Reduplicate letter.

3 स्पर्ध् 9 स्कुन्द् 10 श्विन्द् 14 स्पन्द् 15 क्लिन्द् 18 स्वद् 19 स्वर्द् 26 ह्राद् 27 ह्लाद् 28 स्वाद् 35 श्रन्थ् 36 ग्रन्थ् 40 च्युत् 41 श्च्युत् 69 त्रन्द् 71 क्रन्द् 72 क्लन्द् 73 क्लिन्द् 77 श्लोक् 78 द्रेक् 79 ध्रेक् 82 स्रेक् 83 स्रङ्क् 84 श्रङ्क् 85 श्लङ्क् 96 श्वङ्क् 97 त्रङ्क् 99 त्रौक् 100 ष्वष्क् 114 द्राघ् 115 श्लाघ् 124 द्राख् 125 ध्राख् 127 श्लाख् 150 त्वङ्ग् 151 श्रङ्ग् 152 श्लङ्ग् 166 श्वच् 167 श्वञ्च् 175 स्तुच् 180 भ्रेज् 181 भ्राज् 186 क्रुञ्च् 192 त्वञ्च् 193 म्रुञ्च् 194 म्लुञ्च् 195 म्रुच् 196 म्लुच् 197 ग्रुच् 198 ग्लुच् 201 ग्लुञ्च् 205 म्लेच्छ् 210 ह्रीच्छ् 213 स्फुर्छ् 217 ध्रज् 218 ध्रञ्ज् 221 ध्वज् 222 ध्वञ्ज् 235 स्फूर्ज् 236 क्षि 237 क्षीज् 253 व्रज् 260 स्फुट्287 द्राड् 288 ध्राड् 292 म्लेट् 293 म्रेड् 324 प्रुड् 329 स्फुट् 350 क्रीड् 364 स्तिप् 365 स्तेप् 366 ग्लेप् 370 ग्लेप् 374 त्रप् 381 क्लीब् 382 क्षीब् 386 स्तम्भ् 387 स्कम्भ् 393 श्रम्भ् 394 स्तुभ् 406 त्रुप् 407 त्रुम्प् 410 त्रुफ् 411 त्रुम्फ् 442 क्षम् 450 क्वण् 451 व्रण् 452 भ्रण् 453 ध्वण् 456 श्रोण् 457 श्लोण् 459 ध्रण् 461 स्तन् 466 द्रम् 473 क्रम् 485 क्नूय् 486 क्ष्माय् 487 स्फाय् 488 प्याय् 503 ग्लेव् 506 म्लेव् 518 श्मील् 519 स्मील् 520 क्ष्मील् 539 क्ष्वेल् 544 स्खल् 549 श्वल् 550 श्वल्ल् 554 त्सर् 555 क्मर् 560 ष्ठिव् 567 क्षीव् 568 क्षेव् 607 क्लेश् 619 प्रेष् 622 ह्रेष् 628 भ्यस् 630 ग्रस् 631 ग्लस् 642 प्लिह् 646 द्राह् 651 ग्लह् 656 त्वक्ष् 660 त्रक्ष् 661 स्त्रक्ष् 670 द्राङ्क्ष् 671 ध्राङ्क्ष् 672 ध्वाङ्क्ष् 701 श्रिष् 702 श्लिष् 703 प्रुष् 704 प्लुष् 711 ह्रस् 712 ह्लस् 741 द्युत् 742 श्वित् 744 स्विद् 751 क्षुभ् 754 स्रंस् 755 ध्वंस् 756 भ्रंस् 757 स्रम्भ् 761 स्यन्द् 764 व्यथ् 765 प्रथ् 766 प्रस् 767 म्रद् 768 स्खद् 769 क्षञ्ज् 771 क्रप् 773 क्रन्द् 774 क्लन्द् 775 त्वर् 776 ज्वर् 782 स्तक् 787 ह्रग् 788 ह्लग् 790 स्तग् 798 श्रण् 799 श्रथ् 800 क्नथ् 801 क्रथ् 802 क्लथ् 804 ज्वल् 805 ह्वल् 806 ह्मल् 807 स्मृ 810 श्रा 811 ज्ञा 816 ध्वन् 817 स्वन् 820 स्खद् 823 भ्राज् 824 भ्राश् 825 भ्लाश् 826 स्यम् 827 स्वन् 828 ध्वन् 830 स्तम् 831 ज्वल् 835 ट्वल् 836 स्थल् 846 क्वथ् 850 भ्रम् 851 क्षर् 856 क्रुश् 867 प्रोथ् 881 व्यय् 884 भ्रेष् 885 भ्लेष् 887 स्पश् 892 भ्रक्ष् 893 भ्लक्ष् 897 श्रि 903 ग्लै 904 म्लै 905 द्यै 906 द्रै 907 ध्रै 908 ध्यै 910 स्त्यै 911 स्त्यै 913 क्षै 919 श्रै 922 स्तै 923 स्नै 926 घ्रा 927 ध्मा 928 स्था 929 म्ना 931 ह्वृ 932 स्वृ 933 स्मृ 934 ह्वृ 939 ध्वृ 940 स्रु 942 श्रु 943 ध्रु 945 द्रु 947 ज्रि 948 स्मि 955 च्यु 956 ज्यु 957 प्रु 958 प्लु 963 श्यै 964 प्यै 965 त्रै 976 स्वञ्ज् 978 स्विद् 979 स्कन्द् 986

त्यज् 1001 त्विष् 1007 व्ये 1008 ह्वे 1010 श्वि 1013 द्विष् 1036 क्षु 1037 क्ष्णु 1038 स्नु 1040 द्यु 1043 स्तु 1044 ब्रू 1052 स्ना 1053 श्रा 1054 द्रा 1055 प्सा 1060 ख्या 1061 प्रा 1068 स्वप् 1069 श्वस् 1082 हनु 1085 ह्री 1109 स्त्रिव् 1110 ष्ठिव् 1111 स्नुस् 1112 स्नस् 1113 क्नस् 1114 व्युष् 1115 प्लुष् 1117 त्रस् 1121 क्षिप् 1124 स्तिम् 1125 स्तीम् 1126 व्रीड् 1140 व्री 1144 प्री 1161 क्लिश् 1181 व्यध् 1186 श्लिष् 1188 स्विद् 1189 क्रुध् 1190 क्षुध् 1197 द्रुह् 1199 स्नुह् 1200 स्निह् 1204 श्रम् 1205 भ्रम् 1206 क्षम् 1207 क्लम् 1215 व्युष् 1216 प्लुष् 1225 भ्रंश् 1239 क्षुभ् 1242 क्लिद् 1244 क्ष्विद् 1252 स्तृ 1259 स्पृ 1265 स्तिघ् 1276 क्षि 1284 भ्रस्ज् 1285 क्षिप् 1292 व्रश्च् 1293 व्यच् 1301 त्वच् 1337 द्रुण् 1344 क्षुर् 1349 स्तृह् 1373 स्फुट् 1375 त्रुट् 1388 स्थुड् 1389 स्फुर् 1390 स्फुल् 1391 स्फुड् 1393 व्रुड् 1394 क्रुड् 1400 ध्रु 1407 क्षि 1413 प्रच्छ् 1422 स्पृश् 1443 क्षुद् 1465 क्षण् 1466 क्षिण् 1473 क्री 1474 प्री 1475 श्री 1478 स्कु 1480 क्नू 1481 द्रू 1484 स्तॄ 1499 ज्या 1502 व्ली 1503 प्ली 1504 व्री 1505 भ्री 1506 क्षी 1507 ज्ञा 1510 श्रन्थ् 1512 श्रन्थ् 1513 ग्रन्थ् 1519 क्षुभ् 1522 क्लिश् 1524 ध्रस् 1527 प्रुष् 1528 प्लुष् 1533 ग्रह् 1537 स्फुण्ड् 1546 श्रथ् 1553 प्रथ् 1565 श्वठ् 1570 श्वल्क् 1572 स्निह् 1573 स्मिट् 1574 श्लिष् 1578 श्रण् 1597 क्षल् 1617 व्रज् 1620 क्षम्प् 1622 श्वर्त् 1623 श्वभ्र् 1624 ज्ञप् 1634 स्फिट्ट् 1658 ह्लप् 1661 म्रक्ष् 1662 म्लेच्छ् 1663 ब्रूस् 1672 स्तुप् 1680 स्पश् 1690 भ्रूण् 1693 स्यम् 1698 त्रुट् 1722 स्फुट् 1727 क्रन्द् 1732 ज्ञा 1741 त्रस् 1746 च्यु 1749 ग्रस् 1761 त्रंस् 1805 स्वद् 1815 ज्रि 1823 श्रथ् 1825 ग्रन्थ् 1836 प्री 1837 श्रन्थ् 1838 ग्रन्थ्

(कथादिः अग्लोपि 1855 श्वठ् 1859 स्तन् 1863 स्वर् 1870 श्रथ् 1871 स्पृह् 1875 क्षोट् 1889 ध्वन् 1892 ग्राम् 1897 स्तेन् 1904 स्थूल् 1923 स्तोम् 1932 व्यय् 1937 व्रण् 1941 क्षिप्)

Identical Roots in Dhatupatha

Note: Some of these will differ due to Tag

1c	188	अञ्चु	5c	1260	आपॢ	1c	179	एजृ
1c	862	अञ्चु	10c	1839	आपॢ	1c	234	एजृ
10c	1738	अञ्चु	6c	1357	इल	6c	1289	ओविजी
1c	254	अट्ट	10c	1660	इल	7c	1460	ओविजी
10c	1561	अट्ट	4c	1127	इष	1c	264	कठि
1c	444	अण	6c	1351	इष	10c	1847	कठि
4c	1175	अण	9c	1525	इष	1c	360	कड
1c	465	अम	2c	1019	ईड	6c	1380	कड
10c	1720	अम	10c	1667	ईड	1c	282	कडि
1c	204	अर्च	2c	1018	ईर	10c	1582	कडि
10c	1808	अर्च	10c	1810	ईर	1c	449	कण
1c	224	अर्ज	1c	611	ईष	1c	794	कण
10c	1725	अर्ज	1c	684	ईष	10c	1715	कण
1c	55	अर्द	1c	215	उच्छि	1c	70	कदि
10c	1828	अर्द	6c	1294	उच्छि	1c	772	कदि
1c	740	अर्ह	1c	216	उच्छी	1c	497	कल
10c	1731	अर्ह	6c	1295	उच्छी	10c	1604	कल
10c	1830	अर्ह	9c	1524	उध्रस	10c	1865	कल
1c	886	अस	10c	1742	उध्रस	1c	647	काशृ
2c	1065	अस	1c	936	ऋ	4c	1162	काशृ
1c	635	अहि	3c	1098	ऋ	1c	301	किट
10c	1797	अहि	4c	1245	ऋधु	1c	319	किट
			5c	1271	ऋधु			

1c	951	कुङ्	1c	990	कृष	1c	246	गज
6c	1401	कुङ्	6c	1286	कृष	10c	1647	गज
1c	184	कुच	1c	71	क्रदि	1c	65	गडि
1c	857	कुच	1c	773	क्रदि	1c	361	गडि
6c	1368	कुच	1c	72	क्लदि	1c	583	गर्व
10c	1558	कुट्ट	1c	774	क्लदि	10c	1907	गर्व
10c	1702	कुट्ट	1c	15	क्लिदि	1c	636	गर्ह
1c	270	कुडि	1c	73	क्लिदि	10c	1845	गर्ह
1c	322	कुडि	1c	236	क्षि	1c	546	गल
10c	1583	कुडि	5c	1276	क्षि	10c	1699	गल
6c	1335	कुण	6c	1407	क्षि	4c	1120	गुध
10c	1893	कुण	4c	1121	क्षिप	9c	1517	गुध
4c	1233	कुप	6c	1285	क्षिप	1c	970	गुप
10c	1779	कुप	10c	1941	क्षिप	4c	1234	गुप
1c	426	कुबि	1c	751	क्षुभ	10c	1771	गुप
10c	1655	कुबि	4c	1239	क्षुभ	1c	23	गुर्द
10c	1701	कूट	9c	1519	क्षुभ	10c	1665	गुर्द
10c	1890	कूट	1c	283	खडि	1c	937	गॄ
10c	1896	कूट	10c	1581	खडि	10c	1707	गॄ
6c	1435	कृती	4c	1170	खिद	9c	1513	ग्रन्थ
7c	1447	कृती	6c	1436	खिद	10c	1825	ग्रन्थ
10c	1748	कृप	7c	1449	खिद	10c	1838	ग्रन्थ
10c	1869	कृप						

1c	366	ग्लेपृ
1c	370	ग्लेपृ
1c	763	घट
10c	1723	घट
10c	1766	घट
1c	259	घट्ट
10c	1630	घट्ट
1c	746	घुट
6c	1385	घुट
1c	437	घुण
6c	1338	घुण
1c	653	घुषिर्
10c	1726	घुषिर्
1c	438	घूर्ण
6c	1339	घूर्ण
1c	938	घृ
3c	1096	घृ
10c	1650	घृ
1c	93	चक
1c	783	चक
1c	399	चप
10c	1626b	चप
1c	469	चमु
5c	1274	चमु
1c	559	चर
10c	1745	चर
1c	717	चर्च
6c	1299	चर्च
10c	1712	चर्च
1c	832	चल
6c	1356	चल
10c	1608	चल
1c	729	चह
10c	1626	चह
10c	1866	चह
5c	1251	चिञ्
10c	1629	चिञ्
6c	1377	चुट
10c	1613	चुट
1c	429	चुबि
10c	1635	चुबि
10c	1552	चूर्ण
10c	1641	चूर्ण
10c	1833	छद
10c	1935	छद
1c	716	जर्ज
6c	1298	जर्ज
1c	833	जल
10c	1543	जल
4c	1211	जसु
10c	1668	जसु
10c	1718	जसु
1c	561	जि
1c	946	जि
10c	1793	जि
6c	1326	जुड
6c	1379	जुड
10c	1646	जुड
1c	811	ज्ञा
9c	1507	ज्ञा
10c	1732	ज्ञा
1c	947	ज्रि
10c	1815	ज्रि
1c	804	ज्वल
1c	831	ज्वल
1c	718	झर्झ
6c	1300	झर्झ

1c	689	झष
1c	891	झष
1c	743	ञिमिदा
4c	1243	ञिमिदा
1c	744	ञिष्विदा
1c	978	ञिष्विदा
4c	1232	डिप
6c	1371	डिप
10c	1671	डिप
10c	1677	डिप
1c	968	डीङ्
4c	1135	डीङ्
1c	310	णट
1c	781	णट
1c	54	णद
10c	1778	णद
1c	752	णभ
4c	1240	णभ
9c	1520	णभ
6c	1282	णुद
6c	1426	णुद
10c	1579	तड
10c	1801	तड
8c	1463	तनु
10c	1840	तनु
1c	985	तप
4c	1159	तप
10c	1818	तप
1c	227	तर्ज
10c	1681	तर्ज
1c	971	तिज
10c	1652	तिज
1c	534	तिल
6c	1354	तिल
10c	1607	तिल
1c	245	तुजि
10c	1566	तुजि
10c	1755	तुजि
1c	404	तुप
6c	1309	तुप
1c	408	तुफ
6c	1311	तुफ
1c	428	तुबि
10c	1657	तुबि
1c	753	तुभ
4c	1241	तुभ
9c	1521	तुभ
1c	405	तुम्प
6c	1310	तुम्प
1c	409	तुम्फ
6c	1312	तुम्फ
4c	1195	तृप
6c	1307	तृप
10c	1819	तृप
6c	1375	त्रुट
10c	1698	त्रुट
1c	608	दक्ष
1c	770	दक्ष
1c	548	दल
10c	1751	दल
10c	1674	दशि
10c	1764	दशि
10c	1675	दसि
10c	1786	दसि
4c	1107	दिवु
10c	1706	दिवु
10c	1724	दिवु

4c	1196	दृप	1c	281	पडि	4c	1151	पूरी
6c	1313	दृप	10c	1615	पडि	10c	1803	पूरी
6c	1323	दृभी	4c	1169	पद	1c	528	पूल
10c	1821	दृभी	10c	1898	पद	10c	1636	पूल
5c	1255	धूञ्	1c	925	पा	2c	1030	पृची
10c	1835	धूञ्	2c	1056	पा	7c	1462	पृची
1c	396	धूप	2c	1028	पिजि	3c	1086	पॄ
10c	1772	धूप	10c	1567	पिजि	10c	1548	पॄ
1c	960	धृङ्	10c	1757	पिजि	1c	765	प्रथ
6c	1412	धृङ्	1c	274	पिडि	10c	1553	प्रथ
1c	943	ध्रु	10c	1669	पिडि	4c	1115	प्लुष
6c	1400	ध्रु	6c	1367	पुट	4c	1216	प्लुष
1c	816	ध्वन	10c	1753	पुट	9c	1528	प्लुष
1c	828	ध्वन	10c	1913	पुट	1c	973	बध
10c	1889	ध्वन	4c	1119	पुथ	10c	1547	बध
10c	1545	नट	10c	1775	पुथ	1c	638	बर्ह
10c	1791	नट	1c	841	पुल	10c	1664	बर्ह
1c	174	पचि	10c	1601	पुल	10c	1769	बर्ह
10c	1651	पचि	1c	700	पुष	1c	840	बल
1c	296	पट	4c	1182	पुष	10c	1628	बल
10c	1752	पट	9c	1529	पुष	1c	639	बल्ह
10c	1856	पट	10c	1750	पुष	10c	1770	बल्ह

6c	1359	बिल
10c	1606	बिल
1c	119	बुक्क
10c	1713	बुक्क
1c	858	बुध
4c	1172	बुध
1c	736	बृहि
10c	1768	बृहि
1c	998	भज
10c	1733	भज
1c	307	भट
1c	780	भट
1c	273	भडि
10c	1588	भडि
1c	495	भल
10c	1700	भल
1c	441	भाम
10c	1872	भाम
1c	1	भू
10c	1747	भू
10c	1844	भू
1c	682	भूष
10c	1730	भूष
1c	850	भ्रमु
4c	1205	भ्रमु
1c	111	मघि
1c	160	मघि
1c	272	मडि
1c	321	मडि
10c	1587	मडि
1c	815	मदी
4c	1208	मदी
1c	42	मन्थ
9c	1511	मन्थ
1c	730	मह
10c	1867	मह
1c	634	महि
10c	1799	महि
3c	1088	माङ्
4c	1142	माङ्
1c	972	मान
10c	1709	मान
10c	1843	मान
6c	1364	मिल
6c	1429	मिल
6c	1374	मुट
10c	1614	मुट
1c	275	मुडि
1c	326	मुडि
1c	16	मुद
10c	1740	मुद
1c	529	मूल
10c	1603	मूल
2c	1066	मृजू
10c	1848	मृजू
6c	1327	मृड
9c	1516	मृड
4c	1164	मृष
10c	1849	मृष
1c	205	म्लेछ
10c	1662	म्लेछ
1c	984	यम
10c	1625	यम
2c	1033	यु
10c	1710	यु
4c	1177	युज
10c	1806	युज

1c	107	रघि
10c	1795	रघि
1c	999	रञ्ज
4c	1167	रञ्ज
1c	297	रट
1c	334	रट
1c	445	रण
1c	795	रण
1c	713	रस
10c	1931	रस
1c	731	रह
10c	1627	रह
10c	1858	रह
1c	732	रहि
10c	1798	रहि
4c	1180	राध
5c	1262	राध
5c	1275	रि
6c	1404	रि
1c	694	रिष
4c	1231	रिष
1c	747	रुट
10c	1783	रुट
1c	693	रुष
4c	1230	रुष
10c	1670	रुष
10c	1538	लक्ष
10c	1696	लक्ष
1c	108	लघि
10c	1760	लघि
10c	1796	लघि
1c	238	लज
10c	1920	लज
1c	239	लजि
10c	1784	लजि
1c	359	लड
10c	1540	लड
1c	377	लबि
1c	379	लबि
1c	714	लस
10c	1728	लस
1c	155	लिगि
10c	1739	लिगि
4c	1179	लिश
6c	1421	लिश
1c	314	लुट
1c	748	लुट
4c	1222	लुट
6c	1381	लुट
10c	1754	लुट
1c	337	लुठ
1c	749	लुठ
1c	343	लुठि
1c	346	लुठि
1c	427	लुबि
10c	1656	लुबि
4c	1238	लुभ
6c	1305	लुभ
1c	677	लूष
10c	1610	लूष
1c	76	लोकृ
10c	1776	लोकृ
1c	164	लोचृ
10c	1777	लोचृ
1c	88	वकि
1c	95	वकि
2c	1063	वच
10c	1842	वच

1c	189	वञ्चु
10c	1703	वञ्चु
1c	300	वट
1c	779	वट
10c	1857	वट
10c	1919	वट
1c	1009	वद
10c	1841	वद
1c	462	वन
1c	463	वन
1c	803	वन
10c	1551	वर्ण
10c	1938	वर्ण
1c	1005	वस
2c	1023	वस
10c	1744	वस
10c	1942	वस
6c	1423	विछ
10c	1773	विछ
2c	1064	विद
4c	1171	विद
7c	1450	विद
10c	1708	विद
6c	1358	विल
10c	1605	विल
10c	1685	विष्क
10c	1940	विष्क
2c	1029	वृजी
7c	1461	वृजी
10c	1812	वृजी
5c	1254	वृञ्
10c	1813	वृञ्
1c	758	वृतु
4c	1160	वृतु
10c	1781	वृतु
1c	759	वृधु
10c	1782	वृधु
1c	881	व्यय
10c	1932	व्यय
4c	1114	व्युष
4c	1215	व्युष
1c	253	व्रज
10c	1617	व्रज
1c	451	व्रण
10c	1937	व्रण
1c	340	शठ
10c	1564	शठ
10c	1691	शठ
10c	1854	शठ
1c	855	शद्लृ
6c	1428	शद्लृ
1c	1000	शप
4c	1168	शप
1c	490	शल
1c	843	शल
1c	687	शिष
10c	1817	शिष
10c	1789	शीक
10c	1826	शीक
1c	523	शील
10c	1878	शील
1c	341	शुठ
10c	1644	शुठ
1c	344	शुठि
10c	1645	शुठि
1c	74	शुन्ध
10c	1832	शुन्ध

1c	432	शुभ	1c	163	षच	1c	887	स्पश
1c	750	शुभ	1c	997	षच	10c	1680	स्पश
6c	1321	शुभ	1c	854	षद्लृ	1c	260	स्फुट
1c	433	शुम्भ	6c	1427	षद्लृ	6c	1373	स्फुट
6c	1322	शुम्भ	1c	852	षह	10c	1722	स्फुट
1c	760	शृधु	4c	1128	षह	1c	807	स्मृ
1c	873	शृधु	10c	1809	षह	1c	933	स्मृ
10c	1734	शृधु	1c	941	षु	5c	1259	स्मृ
1c	798	श्रण	2c	1041	षु	1c	817	स्वन
10c	1578	श्रण	2c	1031	षूङ्	1c	827	स्वन
1c	799	श्रथ	4c	1132	षूङ्	7c	1456	हिसि
10c	1546	श्रथ	1c	25	षूद	10c	1829	हिसि
10c	1823	श्रथ	10c	1717	षूद	1c	269	हुडि
10c	1870	श्रथ	1c	560	ष्ठिवु	1c	277	हुडि
9c	1510	श्रन्थ	4c	1110	ष्ठिवु	1c	266	हेठ
9c	1512	श्रन्थ	4c	1200	ष्णिह	9c	1532	हेठ
10c	1837	श्रन्थ	10c	1572	ष्णिह	1c	285	होडृ
1c	810	श्रा	1c	18	ष्वद	1c	354	होडृ
2c	1053	श्रा	10c	1805	ष्वद	1c	931	ह्वृ
4c	1186	श्लिष	1c	935	सृ	1c	934	ह्वृ
10c	1574	श्लिष	3c	1099	सृ			
10c	1565	श्वठ	4c	1178	सृज			
10c	1855	श्वठ	6c	1414	सृज			

This list will show at a glance how the conjugational tenses and moods show a form variation due to the Gana Vikarana, and the non-conjugational tenses and moods will not.

English Meaning of Roots - Index

Gives a possible literal English meaning of all the Roots. **Indexed wrt Dhatu Serial No**. Some Roots seem to have the same meaning, but that may not be true in actual literature. The meaning or its essence may differ wrt time, place, person, situation, or emotion. Also, we have given only one literal meaning, whereas most Dhatus have multiple meanings. Again, with an Upasarga, the meaning can change drastically.

This index is simply for a quick reference.

1081 चर्करीतं च not a Root, a grammatical reference to a secondary affix.

1 भू evolve and be , 2 एध् evolve , 3 स्पर्ध् 576 पुर्व् 1263 साध् 1912 तीर् compete , 4 गाध् 928 स्था stand , 5 बाध् 266 हेठ् 341 शुठ् 887 स्पश् 1438 रुध् obstruct , 6 नाथ् 7 नाध् 55 अर्द् 865 चत् 866 चद् 1413 प्रच्छ् ask , 8 दध् 1489 पॄ support , 9 स्कुन्द् 21 कुर्द् 335 हठ् jump , 10 श्विन्द् 742 श्वित् whitewash , 11 वन्द् 981 नम् salute , 12 भन्द् make auspicious , 13 मन्द् 37 कत्थ् 115 श्लाघ् 289 शाड् 383 शीभ् 384 चीभ् 390 शल्भ् 440 पन् 728 शंस् 1019 ईड् 1035 नु 1043 स्तु 1106 गा 1397 नू 1643 अर्क् 1667 ईड् 1691 शठ् 1859 स्तन् 1923 स्तोम् praise , 14 स्पन्द् 1389 स्फुर् throb , 15 क्लिन्द् 73 क्लिन्द् lament , 16 मुद् 592 दिन्व् 1129 सुह् 1882 वात् be happy , 17 दद् 481 दय् 796 चण् donate , 18 स्वद् 19 स्वर्द् 28 स्वाद् 1737 लग् taste , 20 उर्द् 895 माह् 1062 मा 1088 मा 1142 मा 1611 शुल्ब् 1612 शूर्प् 1686 निष्क् measure , 22 खुर्द् 499 तेव् 853 रम् sport , 23 गुर्द् 24 गुद् 350 क्रीड् 359 लड् 500 देव् 1107 दिव् 1356 चल् 1383 कुड् play , 25 सूद् 1717 सूद् eject , 26 ह्राद् 56 नर्द् 78 द्रेक् 79 ध्रेक् 247 गञ्ज् 248 गृज् 249 गृञ्ज् 250 मुज् 251 मुञ्ज् 311 पिट् 316 विट् 376 रम्ब् 377 लम्ब् 378 अम्ब् 379 लम्ब् 385 रेभ् 444 अण् 445 रण् 446 वण् 451 व्रण् 452 भ्रण् 453 ध्वण् 459 ध्रण् 462 वन् 497 कल् 625 नास् 710 तुस् 711 ह्रस् 712 ह्लस् 724 मश् 795 रण् 816 ध्वन् 826 स्यम् 827 स्वन् 828 ध्वन् 909 रै 911 स्त्यै 916 कै 932 स्वृ 951 कु 953 उ 1042 कु 1103 धिष् 1335 कुण् 1341 कुर् 1480 क्रू 1648 मार्ज् 1693 स्यम् 1778 नद् 1863 स्वर् 1889 ध्वन् sound , 27 ह्लाद् 1208 मद् 1229 हृष् be glad , 29 पर्द् 760 शृध् belch , 30 यत् 763 घट् 1347 वृह् endeavour , 31 युत् 32 जुत् 68 चन्द् 162 वर्च् 169 कञ्च् 170 काञ्च् 179 एज् 180 भ्रेज् 181 भ्राज् 312 हट् 432 शुभ् 433 शुम्भ् 460 कन् 624 भास् 647 काश् 741 द्युत् 750 शुभ् 823 भ्राज् 824 भ्राश् 825 भ्लाश् 1001 त्विष् 1051 भा 1074 चकास् 1076 दीधी 1150 दीप् 1162 काश् 1302 ऋच् 1448 इन्ध् 1469 घृण् 1753 पुट् 1754 लुट् 1756 मिञ्ज् 1757 पिञ्ज् 1758 लुञ्ज् 1759 भञ्ज् 1760 लङ्घ् 1762 पिंस् 1764 दंश् 1768 बृंह् 1769 बर्ह् 1770 बल्ह् 1772 धूप् 1773 विच्छ् 1775 पुथ् 1777 लोच् 1781 वृत् 1782 वृध् 1783 रुट् 1784

लञ्ज् 1786 दंस् 1787 भृंश् 1788 रुंश् 1789 शीक् 1790 रुंस् 1791 नट् 1792 पुण्ट् 1795 रङ्घ् 1796 लङ्घ् 1798 रंह् 1799 मंह् 1800 लण्ड् 1802 नल् shine , 33 विथ् 34 वेथ् 606 भिक्ष् 863 याच् 1470 वन् beg , 35 श्रन्थ् be loose , 36 ग्रन्थ् 627 नस् 931 ह्वृ 1113 क्रस् be crooked , 38 अत् go constantly , 39 चित् 1101 कि 1673 चित् perceive , 40 च्युत् 1096 घृ 1138 री 1650 घृ trickle , 41 श्च्युत् 365 स्तेप् 761 स्यन्द् ooze , 42 मन्थ् 314 लुट् 848 मथ् 1222 लुट् 1511 मन्थ् stir , 43 कुन्थ् 46 मन्थ् 58 तर्द् 404 तुप् 405 तुम्प् 406 त्रुप् 407 त्रुम्प् 408 तुफ् 409 तुम्फ् 410 त्रुफ् 411 त्रुम्फ् 427 लुम्ब् 428 तुम्ब् 430 सृभ् 431 सृम्भ् 570 तुर्व् 571 थुर्व् 572 दुर्व् 598 कृन्व् 680 यूष् 681 जूष् 687 शिष् 690 शष् 691 वष् 692 मष् 737 तुह् 738 दुह् 739 उह् 752 नभ् 753 तुभ् 799 श्रथ् 800 क्नथ् 802 क्लथ् 803 वन् 874 मृध् 1153 धूर् 1193 रध् 1240 नभ् 1253 कृ 1297 मिच्छ् 1309 तुप् 1310 तुम्प् 1311 तुफ् 1312 तुम्फ् 1313 दृप् 1324 चृत् 1349 स्तृह् 1610 लूष् 1633 सट्ट् 1634 स्फिट्ट् 1663 ब्रूस् 1668 जस् 1685 विष्क् 1718 जस् 1735 यत् 1804 रुज् 1828 अर्द् 1937 व्रण् hurt , 44 पुन्थ् 244 तुज् 569 उर्व् 584 अर्व् 801 क्रथ् 1119 पुथ् 1133 दू 1154 गूर् 1277 चिरि 1278 जिरि 1314 दृम्फ् 1337 द्रुण् 1465 क्षण् 1466 क्षिण् 1635 चुम्ब् 1930 दुःख् cause pain , 45 लुन्थ् 280 तण्ड् 338 उठ् 890 छष् 912 खै 1273 दघ् 1281 तुद् 1436 खिद् 1456 हिंस् 1579 तड् 1801 तड् 1829 हिंस् strike , 47 सिध् 81 सेक् 82 स्रेक् 83 स्रङ्क् 84 श्रङ्क् 85 श्लङ्क् 94 कङ्क् 96 श्वङ्क् 98 ढौक् 99 त्रौक् 100 ष्वष्क् 101 वस्क् 102 मस्क् 103 टिक् 104 टीक् 107 रङ्घ् 109 अङ्घ् 110 वङ्घ् 128 उख् 129 उङ्ख् 130 वख् 131 वङ्ख् 136 रख् 137 रङ्ख् 138 लख् 139 लङ्ख् 140 इख् 141 इङ्ख् 142 ईङ्ख् 143 वल्ग् 144 रङ्ग् 145 लङ्ग् 146 अङ्ग् 147 वङ्ग् 149 तङ्ग् 150 त्वङ्ग् 151 श्रङ्ग् 152 श्लङ्ग् 155 लिङ्ग् 166 श्वच् 167 श्वञ्च् 176 ऋज् 182 ईज् 188 अञ्च् 189 वञ्च् 191 तञ्च् 192 त्वञ्च् 193 म्रुञ्च् 194 म्लुञ्च् 195 म्रुच् 196 म्लुच् 201 ग्लुञ्च् 230 अज् 252 वज् 253 व्रज् 261 अण्ठ् 281 पण्ड् 318 इट् 319 किट् 320 कट् 345 रुण्ठ् 346 लुण्ठ् 352 हुड् 353 हूड् 354 होड् 372 रेप् 413 रफ् 414 रम्फ् 417 लर्ब् 418 बर्ब् 419 मर्ब् 420 कर्ब् 421 खर्ब् 422 गर्ब् 423 शर्ब् 424 सर्ब् 425 चर्ब् 465 अम् 468 मीम् 474 अय् 475 वय् 477 मय् 478 चय् 479 तय् 480 नय् 482 रय् 490 शल् 512 हय् 514 हर्य् 534 तिल् 535 वेल् 540 वेल्ल् 541 पेल् 542 फेल् 543 शेल् 547 सल् 556 अभ्र् 557 वभ्र् 558 मभ्र् 564 मीव् 578 मर्व् 586 सर्व् 595 रिन्व् 611 ईष् 616 जेष् 617 नेष् 619 प्रेष् 635 अंह् 642 प्लिह् 661 स्त्रक्ष् 719 पिस् 720 पेस् 725 शव् 770 दक्ष् 794 कण् 798 श्रण् 805 ह्वल् 844 हुल् 847 पथ् 860 कस् 877 वेण् 881 व्यय् 884 भ्रेष् 885 भ्लेष् 935 सृ 936 ऋ 944 दु 950 गा 957 प्रु 959 रु 963 श्यै 979 स्कन्द् 982 गम् 1018 ईर् 1024 कंस् 1045 इ 1048 वी 1049 या 1077 वेवी 1089 हा 1098 ऋ 1099 सृ 1127 इष् 1143 ई 1169 पद् 1236 रुप् 1257 हि 1287 ऋष् 1296 ऋच्छ् 1326 जुड् 1379 जुड् 1400 ध्रु 1404 रि 1405 पि 1421 लिश् 1423 विच्छ् 1467 ऋण् 1497 ॠ 1500 री 1503 प्ली 1568 पिस् 1575 पन्थ् 1604 कल् 1619 चम्प् 1622 श्वर्त् 1623 श्वभ्र् 1741 त्रस् 1761 त्रंस् 1824 मी 1898 पद् go , 48 सिध् 1905 अर्थ् request , 49 खाद् 391 वल्भ् 470 छम् 471 जम् 472 झम् 546 गल् 579 चर्व् 631 ग्लस् 715 घस् 889 चष् 892 भ्रक्ष् 893 भ्लक्ष् 1011 अद् 1055 प्सा 1071 जक्ष् 1111 स्नुस् 1523

अश् 1557 भक्ष् 1874 खेट् eat , 50 खद् be steady , 51 बद् 943 ध्रु be firm , 52 गद् 716 जर्ज् say , 53 रद् 878 खन् dig , 54 नद् 235 स्फूर्ज् 1860 गद् thunder , 57 गर्द् 226 गर्ज् 246 गज् 1163 वाश् 1647 गज् roar , 59 कर्द् rumble , 60 खर्द् 989 दंश् 1674 दंश् 1675 दंस् bite , 61 अन्त् 62 अन्द् 168 कच् 508 मव्य् 524 कील् 575 मुर्व् 599 मव् 967 मू 1479 यु 1508 बन्ध् 1547 बध् 1638 टङ्क् 1719 पश् 1913 पुट् bind , 63 इन्द् have great power , 64 बिन्द् 287 द्राड् 288 ध्राड् 1886 भाज् split , 65 गण्ड् 361 गण्ड् affect cheek , 66 निन्द् 240 लाज् 241 लाञ्ज् 636 गर्ह् 637 गल्ह् 871 निद् 872 नेद् 1681 तर्ज् 1845 गर्ह् blame , 67 नन्द् 175 स्तुच् 745 रुच् 1128 सह् 1144 प्री 1167 रञ्ज् 1184 तुष् be pleased , 69 त्रन्द् 574 गुर्व् 645 वाह् 1210 यस् 1396 गुर् 1694 गूर् make effort , 70 कन्द् 71 क्रन्द् 72 क्लन्द् 1008 ह्वे 1498 गॄ 1896 कूण् call , 74 शुन्ध् be purified , 75 शीक् 163 सच् 362 तिप् 589 मिन्व् 657 उक्ष् 698 विष् 937 गृ 938 घृ 1434 सिच् sprinkle , 76 लोक् 164 लोच् 1914 धेक् look , 77 श्लोक् compose verses , 80 रेक् 86 शङ्क् 1745 चर् doubt , 87 अङ्क् 792 अक् go like a snake , 88 वङ्क् be bad , 89 मङ्क् 160 मङ्घ् 321 मण्ड् 515 अल् 678 रूष् 682 भूष् 817 स्वन् 1587 मण्ड् 1730 भूष् adorn , 90 कक् 208 वाञ्छ् 668 वाङ्क्ष् 888 लष् 1351 इष् 1852 वर् wish , 91 कुक् 434 घिण्ण् 435 घुण्ण् 436 घृण्ण् 651 ग्लह् 879 चीव् 891 झष् 1058 ला 1533 ग्रह् 1550 पक्ष् 1649 मर्च् 1680 स्पश् 1749 ग्रस् take , 92 वृक् 650 गृह् 1899 गृह् seize , 93 चक् 783 चक् 907 ध्रै 1195 तृप् be satisfied , 95 वङ्क् bow , 97 त्रङ्क् 105 तिक् 106 तीक् 111 मङ्घ् 132 मख् 133 मङ्ख् 134 नख् 135 नङ्ख् 148 मङ्ग् 153 इङ्ग् 190 चञ्च् 202 सस्ज् 217 ध्रज् 218 ध्रञ्ज् 219 धृज् 220 धृञ्ज् 221 ध्वज् 222 ध्वञ्ज् 296 पट् 371 मेप् 412 पर्प् 416 पर्ब् 467 हम्म् 476 पय् 545 खल् 559 चर् 596 रन्व् 597 धन्व् 660 त्रक्ष् 769 क्षञ्ज् 821 फण् 832 चल् 843 शल् 862 अञ्च् 886 अस् 983 सृप् 1336 शुन् 1683 बस्त् 1862 पष् move , 108 लङ्घ् 726 शश् leap , 112 राघ् 114 द्राघ् 762 क्लृप् 1261 शक् be able , 113 लाघ् be equal , 116 फक्क् 154 रिङ्ग् 403 चुप् move slowly , 117 तक् laugh at , 118 तङ्क् 333 कठ् live in distress , 119 बुक्क् 695 भष् 1713 बुक्क् bark , 120 कख् 159 घघ् 721 हस् 784 कख् 1746 च्यु laugh , 121 ओख् 122 राख् 123 लाख् 124 द्राख् 125 ध्राख् 1183 शुष् be dry , 126 शाख् 127 श्लाख् 587 इन्व् 1260 आप् 1264 अश् 1272 अह् pervade , 156 युङ्ग् 158 बुङ्ग् 527 तूल् 731 रह् 1627 रह् 1858 रह् give up , 157 जुङ्ग् 1743 मुच् leave , 161 शिङ्घ् 838 नल् 926 घ्रा smell , 165 शच् 1017 चक्ष् 1658 ह्लप् speak clearly , 171 मच् 332 मठ् be arrogant , 172 मुञ्च् 1178 सृज् 1211 जस् set free , 173 मञ्च् 493 मल् 494 मल्ल् hold , 174 पञ्च् explain in detail , 177 ऋञ्ज् 178 भृज् 1284 भ्रस्ज् fry , 183 शुच् 263 मण्ठ् 442 क्षम् 1161 क्लिश् 1849 मृष् suffer , 184 कुच् 461 स्तन् sound loudly , 185 कुञ्च् be curved , 186 क्रुञ्च् be curved , 187 लुञ्च् 276 तुण्ड् 1386 तुड् pluck , 197 ग्रुच् 1563 लुण्ठ् rob , 198 ग्लुच् 199 कुज् 200 खुज् 327 रुण्ट् 328 लुण्ट् 676 मूष् 1530 मुष् 1534 चुर् 1897 स्तेन् steal , 203 गुञ्ज् 237 क्षीज् 450 क्वण् 978 स्विद् 1369 गुज् hum , 204 अर्च् 1642 पूज् 1692 यक्ष् 1808 अर्च् 1830 अर्ह् 1867 मह् worship , 205 म्लेच्छ् 1662

म्लेच्छ् speak incorrectly , 206 लच्छ् 1696 लक्ष् mark , 207 लाञ्छ् distinguish , 209 आञ्छ् lengthen , 210 ह्रीच्छ् feel ashamed , 211 हुर्छ् move crookedly , 212 मुर्छ् 1198 मुह् faint , 213 स्फुर्छ् 1463 तन् 1651 पञ्च् 1678 तन्त्र् 1840 तन् spread , 214 युच्छ् 393 श्रम्भ् be careless , 215 उञ्छ् 684 ईष् 1294 उञ्छ् 1362 शिल् 1363 सिल् 1524 ध्रस् 1742 ध्रस् glean , 216 उच्छ् 1295 उच्छ् finish , 223 कूज् make inarticulate sound , 224 अर्ज् 1725 अर्ज् procure , 225 सर्ज् earn , 227 तर्ज् 441 भाम् 1872 भाम् threaten , 228 कर्ज् 229 खर्ज् pain , 231 तेज् 245 तुञ्ज् 265 मुण्ठ् 395 गुप् 489 ताय् 600 अव् 658 रक्ष् 962 दे 1056 पा 1370 गुड् 1454 भुज् 1548 पॄ 1583 कुण्ड् 1609 पाल् 1666 जंस् protect , 232 खज् 283 खण्ड् churn , 233 खञ्ज् 551 खोल् 552 खोर् limp , 234 एज् 259 घट्ट् 368 केप् 369 गेप् 375 कम्प् 536 चेल् 538 खेल् 812 चल् 1117 त्रस् 1255 धु 1630 घट्ट् shake , 236 क्षि 855 शद् 1156 जूर् 1428 शद् decay , 238 लज् 239 लञ्ज् 284 हेड् 285 होड् 351 तुड् 1562 सुट्ट् 355 रौड् disrespect , 242 जज् 243 जञ्ज् 1173 युध् 1922 सङ्ग्राम् fight , 254 अट्ट् transgress , 255 वेष्ट् 300 वट् 778 हेट् 1265 स्तिघ् 1392 चुड् 1447 कृत् surround , 256 चेष्ट् 358 अड् 618 एष् 643 वेह् try , 257 गोष्ट् assemble , 258 लोष्ट् 269 हुण्ड् 664 मृक्ष् 1631 मुस्त् gather , 260 स्फुट् 530 फल् 1722 स्फुट् burst , 262 वण्ठ् go alone , 264 कण्ठ् 1847 कण्ठ् mourn , 267 एठ् annoy , 268 हिण्ड् wander , 270 कुण्ड् 322 कुण्ड् 696 उष् 701 श्रिष् 702 श्लिष् 703 प्रुष् 704 प्लुष् 991 दह् 1114 व्युष् 1115 प्लुष् 1158 चूर् 1216 प्लुष् 1820 छृद् 1890 कूट् burn , 271 वण्ड् partition , 272 मण्ड् 1816 रिच् 1918 अंस् 1919 वट् divide , 273 भण्ड् jest , 274 पिण्ड् 348 अड्ड् 1381 लुट् 1444 युज् 1669 पिण्ड् join , 275 मुण्ड् shave head , 277 हुण्ड् 456 श्रोण् 457 श्लोण् 1223 उच् 1251 चि 1555 सम्ब् 1556 शम्ब् 1629 चि 1676 डप् 1740 मुद् 1822 दृभ् 1921 मिश्र् collect , 278 चण्ड् 663 वक्ष् 1189 क्रुध् 1233 कुप् 1517 गुध् 1670 रुष् be angry , 279 शण्ड् 299 शट् 1720 अम् be ill , 282 कण्ड् 290 शौट् 360 कड् 581 कर्व् 582 खर्व् 583 गर्व् 1196 दृप् 1380 कड् 1907 गर्व् be proud , 286 बाड् flood , 291 यौट् join together , 292 म्लेट् 293 म्रेड् 357 लोड् be mad , 294 कट् rain , 295 अट् 1205 भ्रम् 850 भ्रम् roam , 297 रट् 334 रट् 402 लप् 495 भल् 496 भल्ल् 612 भाष् 641 वल्ह् 717 चर्च् 780 भट् 864 रेट् 1009 वद् 1044 ब्रू 1063 वच् 1298 जर्ज् 1763 कुंस् 1765 कुंश् 1766 घट् 1767 घण्ट् 1771 गुप् 1774 चीव् 1785 अञ्ज् 1793 जि 1797 अंह् 1842 वच् speak , 298 लट् be childish , 301 किट् alarm , 302 खिट् be frightened , 303 शिट् 1561 अट्ट् despise , 304 सिट् 905 द्यै insult , 305 जट् clot , 306 झट् be collected , 307 भट् wear , 308 तट् be elevated , 309 खट् 629 शंस् 632 ईह् 667 काङ्क्ष् 669 माङ्क्ष् 1080 वश् 1202 तम् 1687 लल् desire , 310 नट् 781 नट् 1116 नृत् dance , 313 सट् be a part of , 315 चिट् 463 वन् 501 सेव् 502 गेव् 503 ग्लेव् 504 पेव् 505 मेव् 506 म्लेव् 588 पिन्व् 697 जिष् 998 भज् 1509 वृ serve , 317 बिट् 1000 शप् 1168 शप् curse , 323 मुड् punch , 324 प्रुड् 708 घृष् 1452 पिष् 1515 मृद् 1516 मृड् 1626 चह् 1637 पुंस् grind , 325 चुण्ड् be less , 326 मुण्ड् 1348 तृह् 1350 तृंह् 1552 चूर्ण् 1558 कुट्ट् 1614 मुट् crush , 329 स्फुट्

1213 दस् 1276 क्षि 1488 शॄ 1520 नभ् 1593 नक्क् 1594 धक्क् 1615 पण्ड् 1616 पंस् 1716 जम्भ् destroy , 330 पठ् read , 331 वठ् be powerful , 336 रुठ् 1443 क्षुद् 1317 गुफ् 1318 गुम्फ् strike against , 337 लुठ् knock down , 339 पिठ् inflict pain , 340 शठ् 729 चह् 1293 व्यच् 1866 चह् deceive , 342 कुण्ठ् be blunted , 343 लुण्ठ् 1644 शुठ् be idle , 344 शुण्ठ् 920 पै 921 वै dry , 347 चुड्ड् make foreplay , 349 कड्ड् be hard , 356 रोड् be drunk , 363 तेप् 777 गड् distill , 364 स्तिप् drop , 366 ग्लेप् 370 ग्लेप् 1073 दरिद्रा be poor , 367 वेप् 539 क्ष्वेल् 751 क्षुभ् 806 ह्मल् 1239 क्षुभ् 1487 धू 1519 क्षुभ् 1835 धू tremble , 373 लेप् go near , 374 त्रप् 1054 द्रा 1290 लज् 1291 लस्ज् be ashamed , 380 कब् 1028 पिञ्ज् 1739 लिङ्ग् paint , 381 क्लीब् be timid , 382 क्षीब् be intoxicated , 386 स्तम्भ् 387 स्कम्भ् stop , 388 जभ् 389 जृम्भ् yawn , 392 गल्भ् 1269 धृष् be bold , 394 स्तुभ् prevent , 396 धूप् 1702 कुट्ट् 1818 तप् heat , 397 जप् do japa , 398 जल्प् prattle , 399 चप् 1569 सान्त्व् 1879 साम् console , 400 सप् 730 मह् honour , 401 रप् talk , 415 अर्ब् go towards , 426 कुम्ब् 491 वल् 492 वल्ल् 525 कूल् 665 तक्ष् 787 ह्लग् 788 ह्लग् 789 सग् 790 स्तग् 934 ह्वृ 1007 व्ये 1039 ऊर्णु 1120 गुध् 1252 स्तृ 1301 त्वच् 1358 विल् 1387 थुड् 1391 स्फुड् 1543 जल् 1577 छन्द् 1584 गुण्ड् 1632 खट्ट् 1655 कुम्ब् 1935 छद् 1943 तुत्थ् 1833 छद् cover , 429 चुम्ब् 659 निक्ष् 1025 निंस् kiss , 437 घुण् 1338 घुण् roll , 438 घूर्ण् 1339 घूर्ण् 10 श्विन्द् whirl , 439 पण् 513 शुच्य् barter , 443 कम् 464 सन् 1200 स्निह् 1474 प्री 1572 स्निह् 1887 सभाज् love , 447 भण् be frank , 448 मण् murmur , 449 कण् cry in distress , 454 ओण् remove , 455 शोण् redden , 458 पैण् permit , 466 द्रम् go about , 469 चम् 673 चूष् 925 पा 1141 पी 1274 चम् drink , 473 क्रम् walk , 483 ऊय् weave , 484 पूय् 1453 भञ्ज् 1493 दॄ 1580 खड् 1581 खण्ड् 1585 खुण्ड् 1659 चुण्ट् break , 485 क्नूय् make cracking sound , 486 क्ष्माय् 537 केल् be shaken , 487 स्फाय् 633 बंह् 634 मंह् 675 पूष् 733 दृह् 734 दृंह् 735 बृह् 736 बृंह् 859 रुह् 1010 श्वि 1104 धन् grow , 488 प्याय् 964 प्यै be exuberant , 498 कल्ल् 620 रेष् utter indistinctly , 507 रेव् go flying , 509 सूर्क्ष्य् 511 ईर्ष्य् be jealous , 510 ईर्क्ष्य् envy , 516 फल् 941 सु 1041 सु produce , 517 मील् 518 श्मील् 519 स्मील् 1715 कण् wink , 520 क्ष्मील् twinkle , 521 पील् be stupid , 522 नील् dye blue , 523 शील् contemplate , 526 शूल् have stomach pain , 528 पूल् 1636 पूल् 1672 स्तुप् heap , 529 मूल् be rooted , 531 चुल्ल् make amorous gestures , 532 फुल्ल् 1122 पुष्प् 1373 स्फुट् bloom , 533 चिल्ल् be wanton , 544 स्खल् stumble , 548 दल् 1751 दल् burst open , 549 श्वल् 550 श्वल्ल् walk fast , 553 धोर् walk properly , 554 त्सर् sneak in , 555 क्मर् be crooked in mind or body , 560 ष्ठिव् 567 क्षीव् 568 क्षेव् 1110 ष्ठिव् 1112 स्नस् spit , 561 जि 946 जि conquer , 562 जीव् 1412 धृ live , 563 पीव् 565 तीव् 566 नीव् 1904 स्थूल् be fat , 573 धुर्व् 685 कष् 686 खष् 1012 हन् 1241 तुभ् 1279 दाश् 1315 ऋफ् 1316 ऋम्फ् 1331 मृण् 1446 तृद् 1455 तृह् 1492 मॄ 1506 क्षी 1521 तुभ् 1567 पिञ्ज् 1721 चट् kill , 577 पर्व् 898 भृ 1061 प्रा 1319 उभ् 1320 उम्भ् 1689 तूण्

fill , 580 भर्व् be violent , 585 शर्व् 688 जष् 689 झष् 693 रुष् 694 रिष् 1231 रिष् 1419 रुश् 1420 रिश् 1476 मी 1485 कॄ 1496 कॄ 1684 गन्ध् injure , 590 निन्व् 699 मिष् 992 मिहृ 1457 उन्द् wet , 591 हिन्व् 593 धिन्व् 594 जिन्व् 674 तूष् 1151 पूर् 1258 पॄ 1307 तृप् 1308 तृम्फ् 1705 मद् 1803 पूर् satisfy , 601 धाव् 732 रंह् 945 द्रु run , 602 धुक्ष् 603 धिक्ष् 1445 छृद् kindle , 604 वृक्ष् accept , 605 शिक्ष् learn , 607 क्लेश् 1027 शिञ्ज् speak indistinctly , 608 दक्ष् be rich , 609 दीक्ष् give diksha , 610 ईक्ष् 988 दृश् 1916 बष्क् 1940 विष्क् see , 613 वर्ष् 1123 तिम् 1124 स्तिम् 1125 स्तीम् 1242 क्लिद् 1244 क्ष्विद् be wet , 614 गेष् 1846 मार्ग् seek , 615 पेष् make one stay , 621 हेष् 622 ह्रेष् neigh , 623 कास् cough , 626 रास् 713 रस् 1727 क्रन्द् cry , 628 भ्यस् 1084 भी 1505 भ्री be afraid , 630 ग्रस् 1410 गॄ swallow , 638 बर्ह् 639 बल्ह् be the best , 640 वर्ह् 1060 ख्या 1708 विद् tell , 644 जेह् attempt , 646 द्राह् awaken , 648 ऊह् conjecture , 649 गाह् dive , 652 घुंष् 1093 निज् clean , 653 घुष् 1726 घुष् 224 अर्ज् proclaim , 654 अक्ष् 897 श्रि reach , 655 तक्ष् chop , 656 त्वक्ष् trim , 662 नक्ष् come near , 666 सूर्क्ष् 1411 दृ 1590 पुस्त् 1591 बुस्त् 1843 मान् respect , 670 द्राङ्क्ष् 671 ध्राङ्क्ष् 672 ध्वाङ्क्ष् croak , 677 लूष् 1186 श्लिष् 1574 श्लिष् 1729 तंस् 1864 रच् decorate , 679 शूष् give birth , 683 ऊष् be diseased , 700 पुष् 1182 पुष् 1628 बल् nourish , 705 पृष् 1157 शूर् trouble , 706 वृष् shower , 707 मृष् sprinkle holy water , 709 हृष् lie , 714 लस् 980 यभ् 1166 नह् copulate , 718 झर्झ् 1300 झर्झ् 1571 वल्क् utter , 722 निश् think over , 723 मिश् 954 ङु make a sound , 727 शस् mow down , 740 अर्ह् 1731 अर्ह् deserve , 743 मिद् 1243 मिद् 1541 मिन्द् 1811 ली melt , 744 स्विद् 1188 स्विद् sweat , 746 घुट् come back , 747 रुट् 955 च्यु 1224 भृश् 1225 भ्रंश् fall down , 748 लुट् 749 लुठ् 782 स्तक् 1385 घुट् resist , 754 स्रंस् 756 भ्रंस् 845 पत् 960 धृ 1545 नट् 1861 पत् fall , 755 ध्वंस् 1147 सो be destroyed , 757 स्रम्भ् trust , 758 वृत् 1065 अस् 1171 विद् be , 759 वृध् increase , 764 व्यथ् be sorrowful , 765 प्रथ् 1553 प्रथ् be famous , 766 प्रस् 1554 पृथ् 1906 सत्र् extend , 767 म्रद् 1437 पिश् pound , 768 स्खद् 947 ज्रि win , 771 क्रप् 1744 वस् pity , 772 कन्द् 773 क्रन्द् grieve , 774 क्लन्द् be sad , 775 त्वर् hasten , 776 ज्वर् be feverish , 779 वट् utter filthy , 785 रग् suspect , 786 लग् unite , 791 कग् no specific meaning , 793 अग् move distractedly , 797 शण् 882 दाश् 894 दास् 930 दा 1057 रा 1091 दा 1578 श्रण् give , 804 ज्वल् burn brightly , 807 स्मृ 1047 इ remember , 808 दॄ 1698 त्रुट् break asunder , 809 नॄ 899 हृ 1495 नॄ take away , 810 श्रा 918 शै 919 श्रै 996 पच् 1053 श्रा 1475 श्री cook , 811 ज्ञा 1268 सघ् 1677 डिप् hit , 813 छद् 867 प्रोथ् be strong , 814 लड् loll the tongue , 815 मद् rejoice , 818 शम् 1527 प्रुष् 1528 प्लुष् be calm , 819 यम् 820 स्खद् serve food , 822 राज् sparkle , 829 सम् be patient , 830 स्तम् 1234 गुप् 1305 लुभ् be confused , 831 ज्वल् glow , 833 जल् be sharp , 834 टल् 835 ट्वल् be perturbed , 836 स्थल् stand firm , 837 हल् 1286 कृष् plough , 839 पल् go away , 840 बल् 1069 श्वस् 1070 अन् 1175 अण्

breathe , 841 पुल् 1601 पुल् be great , 842 कुल् 1723 घट् accumulate , 846 क्रथ् boil , 849 वम् 1199 स्नुह् 1589 छर्द् vomit , 851 क्षर् 940 स्रु 1004 वह् flow , 852 सह् 1809 सह् tolerate , 854 सद् 1021 आस् 1427 सद् sit , 856 क्रुश् wail , 857 कुच् come in contact , 858 बुध् 875 बुध् 876 बुन्द् 1064 विद् 1172 बुध् 1471 मन् 1507 ज्ञा 1624 ज्ञप् 1707 गृ 1732 ज्ञा know , 861 हिक्क् hiccup , 868 मिद् 869 मेद् 870 मेध् understand , 873 शृध् moisten , 878 खन् dig , 880 चाय् 1776 लोक् observe , 883 भेष् 1289 विज् 1821 दृभ् fear , 896 गुह् 1082 ह्नु hide , 900 धृ 922 स्तै put on , 901 नी lead , 902 धे suck , 903 ग्लै 904 म्लै fade , 906 द्रै 1068 स्वप् 1078 सस् 1079 संस्त् 1357 इल् sleep , 908 ध्यै 1177 युज् meditate , 910 स्त्यै be crowded , 913 क्षै waste , 914 जै reduce , 915 सै decline , 917 गै sing , 923 स्नै wrap , 924 दै 966 पू 1026 निञ्ज् 1118 कुथ् 1165 शुच् 1832 शुन्ध् 1848 मृज् purify , 927 ध्मा 1050 वा blow , 929 म्ना 1525 इष् repeat , 933 स्मृ reflect , 939 ध्वृ bend , 942 श्रु listen , 948 स्मि smile , 949 गु sound indistinctly , 952 घु make noise , 956 ज्यु come close , 958 प्लु float , 961 मे exchange , 965 त्रै defend , 968 डी 1135 डी fly , 969 तॄ swim , 970 गुप् desire to despise , 971 तिज् desire to stir up , 972 मान् desire to know , 973 बध् desire to bind , 974 रभ् 1482 पू begin , 975 लभ् 1839 आप् get , 976 स्वञ्ज् hug , 977 हद् 1399 गु empty bowels , 984 यम् 1203 दम् 1536 यन्त्र् 1806 युज् restrain , 985 तप् make hot , 986 त्यज् 1090 हा 1304 उज्झ् abandon , 987 सञ्ज् 1218 कुस् 1514 कुन्थ् embrace , 990 कृष् be irresistible , 993 कित् desire to dwell , 994 दान् desire to cut , 995 शान् 1037 क्ष्णु 1145 शो 1249 शि sharpen , 997 सच् be familiar , 999 रञ्ज् dye , 1002 यज् 1029 वृज् sacrifice , 1003 वप् sow , 1005 वस् 1407 क्षि 1665 गुर्द् 1942 वस् dwell , 1006 वे knit , 1013 द्विष् hate , 1014 दुह् milk , 1015 दिह् set curd , 1016 लिह् lick , 1020 ईश् rule , 1022 शास् 1855 श्वठ् bless , 1023 वस् dress up , 1030 पृच् 1418 छुप् 1422 स्पृश् 1462 पृच् 1807 पृच् touch , 1031 सू 1704 वृष् be pregnant , 1032 शी lie down , 1033 यु combine , 1034 रु make sound , 1036 क्षु sneeze , 1038 स्नु yield , 1040 द्यु 1266 तिक् 1267 तिग् 1831 सद् attack , 1046 इ 1712 चर्च् study , 1052 स्ना 1415 मस्ज् bathe , 1059 दा 1292 व्रश्च् 1342 खुर् 1372 छुर् 1377 चुट् 1378 छुट् 1435 कृत् 1440 छिद् 1483 लू 1613 चुट् 1654 वर्ध् 1881 पल्पूल् 1934 छेद् cut , 1066 मृज् 1597 क्षल् wash , 1067 रुद् weep , 1072 जागृ be awake , 1075 शास् 1625 यम् control , 1083 हु do havan , 1085 ह्री be shy , 1086 पॄ 1529 पुष् nurture , 1087 भृ 1620 क्षम्प् 1750 पुष् 1827 चीक् bear , 1092 धा put , 1094 विज् 1215 व्युष् 1451 शिष् 1526 विष् 1586 वण्ट् 1752 पट् separate , 1095 विष् expand , 1097 हृ use force , 1100 भस् make bright , 1102 तुर् hurry , 1105 जन् 1149 जन् 1531 खच् be born , 1108 सिव् sew , 1109 स्निव् be dried , 1121 क्षिप् 1209 अस् 1250 मि 1285 क्षिप् 1605 विल् 1865 कल् 1875 क्षोट् 1941 क्षिप् throw , 1126 व्रीड् send forth , 1130 जॄ 1131 झॄ 1494 जॄ 1814 जॄ grow old , 1132 सू bring forth , 1134 दी 1137 मी 1403 मृ 53 रद् die ,

1136 धी 1903 वीर् be brave , 1139 ली adhere to , 1140 व्री 1160 वृत् 1226 वृश् 1254 वृ 1504 व्री choose , 1146 छो 1148 दो 1375 त्रुट् tear , 1152 तूर् go quickly , 1155 घूर् 1595 चक्क् torture , 1159 तप् be prosperous , 1164 मृष् 1187 शक् endure , 1170 खिद् 1449 खिद् be depressed , 1174 रुध् be kind , 1176 मन् 1450 विद् 1535 चिन्त् think , 1179 लिश् be small , 1180 राध् be favourable , 1181 व्यध् pierce , 1185 दुष् be corrupt , 1190 क्षुध् be hungry , 1191 शुध् be clean , 1192 सिध् 1598 तल् 1911 पार् accomplish , 1194 नश् perish , 1197 द्रुह् be inimical , 1201 शम् be quiet , 1204 श्रम् take pains , 1206 क्षम् pardon , 1207 क्लम् wilt , 1212 तस् cast upwards , 1214 वस् be thoughtful , 1217 बिस् cast , 1219 बुस् 1909 मूत्र् urinate , 1220 मुस् 1439 भिद् cleave , 1221 मस् 1599 तुल् weigh , 1227 कृश् be lean , 1228 तृष् be thirsty , 1230 रुष् 1256 दु 1416 रुज् be hurt , 1232 डिप् 1282 नुद् 1371 डिप् 1671 डिप् send , 1235 युप् be disturbed , 1237 लुप् be perplexed , 1238 लुभ् be greedy , 1245 ऋध् 1271 ऋध् prosper , 1246 गृध् covet , 1247 सु squeeze for offering , 1248 सि 1477 सि tie , 1259 स्पृ attract , 1262 राध् be complete , 1270 दम्भ् be hypocrite , 1275 रि 1280 दृ give pain , 1283 दिश् show , 1288 जुष् 1819 तृप् 1836 प्री 1929 सुख् please , 1299 चर्च् discuss , 1303 उब्ज् make straight , 1306 रिफ् speak roughly , 1317 गुफ् 1318 गुम्फ् 1856 पट् string together , 1321 शुभ् 1322 शुम्भ् be beautiful , 1323 दृभ् compose , 1325 विध् arrange , 1327 मृड् be merry , 1328 पृड् 1329 पृण् 1330 वृण् enjoy , 1332 तुण् be uneven , 1333 पुण् be virtuous , 1334 मुण् promise , 1340 सुर् have incredible valour , 1343 मुर् encircle , 1344 क्षुर् 1398 धू scratch , 1345 घुर् be fierce , 1346 पुर् precede , 1352 मिष् open eyes , 1353 किल् be white , 1354 तिल् 1433 लिप् 1607 तिल् anoint , 1355 चिल् 1388 स्थुड् dress , 1359 बिल् 1606 बिल् make hole , 1360 निल् misunderstand , 1361 हिल् sport amorously , 1364 मिल् 1429 मिल् meet , 1365 लिख् write , 1366 कुट् 1417 भुज् curve , 1367 पुट् clasp , 1368 कुच् 1459 तञ्च् 1688 कूण् contract , 1374 मुट् 1724 दिव् rub , 1376 तुट् quarrel , 1382 कृड् solidify , 1384 पुड् quit , 1390 स्फुल् quiver , 1393 व्रुड् drown , 1394 क्रुड् 1395 भृड् sink , 1401 कु cry out , 1402 पृ be busy , 1406 धि possess , 1408 सू excite , 1409 कॄ scatter , 1414 सृज् create , 1424 विश् enter , 1425 मृश् ponder , 1426 नुद् impel , 1430 मुच् release , 1431 लुप् grate , 1432 विद् 1883 गवेष् find , 1441 रिच् empty , 1442 विच् sift , 1458 अञ्ज् make clear , 1460 विज् shake with fear , 1461 वृज् 1812 वृज् let go , 1464 सन् offer , 1468 तृण् eat grass , 1472 कृ work , 1473 क्री buy , 1478 स्कु hop , 1481 द्रू create violence , 1484 स्तॄ cover with shawl , 1486 वॄ 1813 वृ like , 1490 वॄ distribute , 1491 भॄ condemn , 1499 ज्या 1815 ज्रि be old , 1501 ली 1844 भू obtain , 1502 व्ली find out , 1510 श्रन्थ् release new product , 1512 श्रन्थ् 1513 ग्रन्थ् 1837 श्रन्थ् 1838 ग्रन्थ् put together , 1518 कुष् extract , 1522 क्लिश् torment , 1532 हेठ् take rebirth ,

1537 स्फुण्ड् jest , 1538 लक्ष् notice , 1539 कुन्द्र् tell a lie , 1540 लड् fondle , 1542 ओलण्ड् throw up , 1544 पीड् oppress , 1546 श्रथ् 1734 शृध् strive , 1549 ऊर्ज् strengthen , 1551 वर्ण् order , 1559 पुट्ट् diminish , 1560 चुट्ट् be less , 1564 शठ् leave incomplete , 1565 श्वठ् be incomplete , 1566 तुञ्ज् 1755 तुञ्ज् reside , 1570 श्वल्क् 1714 शब्द् lecture , 1573 स्मिट् scorn , 1576 पिच्छ् press flat , 1582 कण्ड् separate chaff , 1588 भण्ड् do auspicious act , 1592 चुद् push on , 1596 चुक्क् cause trouble , 1600 दुल् swing , 1602 चुल् raise , 1603 मूल् plant , 1608 चल् maintain , 1617 व्रज् prepare , 1618 शुल्क् tax , 1621 छञ्ज् bear with , 1639 धूस् embellish , 1640 कीट् colour , 1641 चूर्ण् pulverize , 1645 शुण्ठ् dry , 1646 जुड् 1936 लाभ् prompt , 1652 तिज् stir up , 1653 कृत् recite , 1656 लुम्ब् be hidden , 1657 तुम्ब् be invisible , 1660 इल् urge , 1661 म्रक्ष् mix , 1664 बर्ह् srike , 1679 मन्त्र् consult , 1682 भर्त्स् revile , 1690 भ्रूण् hope , 1695 शम् declare , 1697 कुत्स् abuse , 1699 गल् pour out , 1700 भल् scrutinize , 1701 कूट् abstain , 1703 वञ्च् cheat , 1706 दिव् feel sad , 1709 मान् be rigid , 1710 यु abuse , 1711 कुस्म् smile indecently , 1728 लस् be intelligent , 1733 भज् grant , 1736 रक् 1931 रस् relish , 1738 अञ्च् individualise , 1747 भू 1748 क्लृप् imagine , 1779 कुप् 1826 शीक् scold , 1780 तर्क् guess , 1794 चि illumine , 1805 स्वद् savour , 1810 ईर् inspire , 1817 शिष् spare , 1823 श्रथ् liberate , 1825 ग्रन्थ् fasten , 1834 जुष् reason , 1841 वद् address , 1850 धृष् defeat , 1851 कथ् narrate , 1853 गण् 1927 अङ्क् 1928 अङ्ग् count , 1854 शठ् speak ill , 1857 वट् twist as a rope , 1868 सार् 1870 श्रथ् be weak , 1869 कृप् consider , 1871 स्पृह् long for , 1873 सूच् point out mistakes , 1876 गोम् besmear , 1877 कुमार् play like a boy , 1878 शील् practise , 1880 वेल् mark time , 1884 वास् light incense , 1885 निवास् stay , 1888 ऊन् lessen , 1891 सङ्केत् inform , 1892 ग्राम् 1894 गुण् invite , 1893 कुण् converse with , 1895 केत् hear , 1900 मृग् search , 1901 कुह् astonish , 1902 शूर् be a hero , 1908 सूत्र् tie cord , 1910 रूक्ष् be difficult , 1915 कत्र् slacken , 1917 चित्र् take a picture , 1920 लज् be seen , 1924 छिद्र् pierce the ears , 1925 अन्ध् be blind , 1926 दण्ड् punish , 1932 व्यय् spend , 1933 रूप् be fashionable , 1938 वर्ण् describe , 1939 पर्ण् make green

Latin Transliteration Chart

International Alphabet of Sanskrit Transliteration (I.A.S.T.)

a	ā	i	ī	u	ū	ṛ	ṝ	ḷ	
अ	आ	इ	ई	उ	ऊ	ऋ	ॠ	ऌ	
						◌ृ	◌ॄ	◌ॢ	
e	ai	o	au	ṃ	m̐	ḥ	Ardha Visarga	oṃ	
ए	ऐ	ओ	औ	◌ं	◌ँ	◌ः	◌ᳲ	ॐ	
Consonants are shown with a vowel ‘a = अ’ for uttering									
ka	क	ca	च	ṭa	ट	ta	त	pa	प
kha	ख	cha	छ	ṭha	ठ	tha	थ	pha	फ
ga	ग	ja	ज	ḍa	ड	da	द	ba	ब
gha	घ	jha	झ	ḍha	ढ	dha	ध	bha	भ
ṅa	ङ	ña	ञ	ṇa	ण	na	न	ma	म
ya	ra	la	va		ḷa	‘			
य	र	ल	व		ळ	ऽ			
					Consonant only				
śa	ṣa	sa	ha		ka	क्अ = क			
श	ष	स	ह		k	क्			

Alphabetical Index of Dhatus

Indexed on original Dhatu as in Dhatupatha.
Contains 1943 Dhatus along with Tag letters.
Shows Dhatu Number which is unique and easily referenced in standard Dhatupathas.

Easily locate dhatus that begin with a tag letter e.g.
उबुन्दिर् 876 , ञिइन्धी 1448 , टुओश्वि 1010 , etc.

Dhatus with णो नः नत्वम् are under ण् , e.g. णक्ष 662 , णख 134

Dhatus with षः सः सत्वम् are under ष् , e.g. षगे 789 , षघ 1268

इदित् Dhatus e.g. अकि 87 , अजि 1785 , अठि 261

Dhatus that have a penultimate नकार are listed with the नकार changed to the corresponding row class nasal, e.g.
अञ्चु 188 , तुम्प 1311

Out of 1943 Roots, there are some 662 Dhatus that are commonly found in literature. These have been **highlighted** to aid one's study.

अंस 1918	अन 1070	असु 1209	ईखि 142	उध्रस् 1524	ऋम्फ 1316
अक 792	अनोरुध 1174	अह 1272	ईङ् 1143	उध्रस् 1742	ऋषी 1287
अकि 87	अन्य 1925	अहि 635	ईज 182	उन्दी 1457	ऋ 1497
अक्षू 654	अबि 378	अहि 1797	ईड 1019	उबुन्दिर् 876	एजृ 179
अग 793	अभ्र 556	आङः क्रन्द 1727	ईड 1667	उज 1303	एजृ 234
अगि 146	अम 465	आङः शसि 629	ईर 1018	उभ 1319	एठ 267
अघि 109	अम 1720	आङः शासु 1022	ईर 1810	उम्भ 1320	एध 2
अङ्क 1927	अय 474	आङः षद 1831	ईर्ष्य 510	उद 20	एषृ 618
अङ्ग 1928	अर्क 1643	आछि 209	ईर्ष्य 511	उर्वी 569	ओखु 121
अज 230	अर्च 204	आपू 1260	ईश 1020	उष 696	ओणृ 454
अजि 1785	अर्च 1808	आपू 1839	ईशुचिर् 1165	उहिर् 739	ओप्यायी 488
अञ्चु 188	अर्ज 224	आस 1021	ईष 611	ऊन 1888	ओलजी 1290
अञ्चु 862	अर्ज 1725	इक 1047	ईष 684	ऊयी 483	ओलडि 1542
अञ्चु 1738	अर्थ 1905	इख 140	ईह 632	ऊर्ज 1549	ओलस्जी 1291
अञ्चु 1458	अर्द 55	इखि 141	उक्ष 657	ऊर्णुञ् 1039	ओविजी 1289
अट 295	अर्द 1828	इगि 153	उख 128	ऊष 683	ओविजी 1460
अट 254	अर्ब 415	इङ् 1046	उखि 129	ऊह 648	ओवै 921
अट 1561	अर्व 584	इट 318	उड् 953	ऋ 936	ओव्रश्यू 1292
अठि 261	अर्ह 740	इण् 1045	उच 1223	ऋ 1098	ओहाक् 1090
अड 358	अर्ह 1731	इदि 63	उछि 215	ऋच 1302	ओहाड् 1089
अड्ड 348	अर्ह 1830	इल 1357	उछि 1294	ऋछ 1296	कक 90
अण 444	अल 515	इल 1660	उछी 216	ऋज 176	ककि 94
अण 1175	अव 600	इवि 587	उछी 1295	ऋजि 177	कख 120
अत 38	अश 1523	इष 1127	उछृदिर् 1445	ऋणु 1467	कखे 784
अति 61	अशू 1264	इष 1351	उज्झ 1304	ऋधु 1245	कगे 791
अद 1011	अस 886	इष 1525	उठ 338	ऋधु 1271	कच 168
अदि 62	अस 1065	ईक्ष 610	उतृदिर् 1446	ऋफ 1315	कचि 169

कटी 320	कल 1604	कूट 1366	कुस्म 1711	क्रथ 800	क्रथे 846
कटे 294	कल 1865	कुट्ट **1558**	कुह 1901	क्रसु 1113	क्षजि 769
कठ 333	कल्ल 498	कुट्ट 1702	कूज 223	क्रुञ् 1480	क्षणु 1465
कठि 264	कष 685	कुठि **342**	कूट 1701	क्रूयी 485	क्षपि 1620
कठि 1847	कस 860	कुड 1383	कूट 1890	क्र्मर 555	क्षमू **1206**
कड 360	कसि 1024	कुडि 270	कूट 1896	क्रथ 801	क्षमूष् 442
कड 1380	काक्षि 667	कुडि 322	कूण 1688	क्रदि 71	क्षर 851
कडि 282	कान्चि 170	कुडि 1583	कूल 525	क्रदि 773	क्षल 1597
कडि 1582	काश्र 647	कुण 1335	कृञ् **1253**	क्रप 771	क्षि 236
कड़ 349	काश्र 1162	कुण 1893	कृड 1382	क्रमु 473	क्षि 1276
कण 449	कासु 623	कुत्स **1697**	कृती **1435**	क्रीड़ 350	क्षि 1407
कण 794	कि 1101	कुथ 1118	कृती 1447	क्रुञ्च 186	क्षिणु **1466**
कण 1715	किट 301	कुथि **43**	कृप 1869	क्रुड 1394	क्षिप **1121**
कत्थ **37**	किट 319	कुद्रि 1539	कृपू 762	क्रुध 1189	क्षिप **1285**
कत्र 1915	कित **993**	कुन्थ 1514	कृवि 598	क्रुश 856	क्षिप 1941
कथ **1851**	किल 1353	कुप **1233**	कृश **1227**	क्रुथ 802	क्षीज 237
कदि 70	कीट 1640	कुप 1779	कृष 990	क्रुदि 72	क्षीबृ 382
कदि 772	कील 524	कुबि 426	कृष **1286**	क्रुदि 774	क्षीबु 567
कनी **460**	कु **1042**	कुबि 1655	कृ **1409**	क्रमु **1207**	क्षीष् 1506
कपि 375	कुक 91	कुमार 1877	कृ **1496**	क्रिदि **15**	क्षुदिर् **1443**
कबृ 380	कुङ्क् 951	कुर 1341	कृञ्**1485**	क्रिदि **73**	क्षुध **1190**
कमु **443**	कुङ्क् 1401	कुर्द **21**	कृत **1653**	क्रिदू **1242**	क्षुभ 751
कर्ज 228	कुच 184	कुल 842	कृप 1748	क्रिश **1161**	क्षुभ **1239**
कर्द **59**	कुच 857	कुशि 1765	केत 1895	क्रिशू **1522**	क्षुभ 1519
कर्ब 420	कुच 1368	कुष 1518	केपृ 368	क्रीबृ 381	क्षुर 1344
कर्व 581	कुजु 199	कुस **1218**	केल् 537	क्रेश 607	क्षेबु 568
कल **497**	कुञ्च **185**	कुसि 1763	कै 916	क्रण 450	क्षै 913

क्षोट् 1875	खुडि 1585	गल 546	गुर्द 1665	ग्राम 1892	घुषिर् 653
क्ष्णु 1037	खुर 1342	गल 1699	गुर्वी 574	ग्रुचु 197	घुषिर् 1726
क्ष्मायी 486	खुर्द 22	गल्भ 392	गूह् 896	ग्लसु 631	घूरी 1155
क्ष्मील 520	खेट 1874	गल्ह 637	गूर 1694	ग्लह 651	घूर्ण 438
क्ष्वेलृ 539	खेलृ 538	गवेष 1883	गूरी 1154	ग्लुचु 198	घूर्ण 1339
खच 1531	खै 912	गा 1106	गृ 937	ग्लुञ्चु 201	घृ 938
खज 232	खोर्ऋ 552	गाङ् 950	गृ 1707	ग्लेपृ 366	घृ 1096
खजि 233	खोलृ 551	गाधृ 4	गृज 248	ग्लेपृ 370	घृ 1650
खट 309	ख्या 1060	गाहू 649	गृजि 249	ग्लेवृ 503	घृणि 436
खट्ट 1632	गज 246	गु 1399	गृधु 1246	ग्लै 903	घृणु 1469
खड 1580	गज 1647	गुङ् 949	गृह 1899	घघ 159	घृषु 708
खडि 283	गजि 247	गुज 1369	गृह् 650	घट 763	घ्रा 926
खडि 1581	गड 777	गुजि 203	गृ 1410	घट 1723	ङुङ् 954
खद 50	गडि 65	गुड 1370	गृ 1498	घट 1766	चक 93
खनु 878	गडि 361	गुडि 1584	गेपृ 369	घटि 1767	चक 783
खर्ज 229	गण 1853	गुण 1894	गेवृ 502	घट्ट 259	चकासृ 1074
खर्द 60	गद 52	गुद 24	गेषृ 614	घट्ट 1630	चक्क 1595
खर्ब 421	गदी 1860	गुध 1120	गै 917	घसृ 715	चक्षिङ् 1017
खर्व 582	गन्ध 1684	गुध 1517	गोम 1876	घिणि 434	चञ्चु 190
खल 545	गमू 982	गुप 970	गोष्ट 257	घुङ् 952	चट 1721
खष 686	गर्ज 226	गुप 1234	ग्रथि 36	घुट 746	चडि 278
खाद् 49	गर्द 57	गुप 1771	ग्रन्थ 1513	घुट 1385	चण 796
खिट 302	गर्ब 422	गुपू 395	ग्रन्थ 1825	घुण 437	चते 865
खिद 1170	गर्व 583	गुफ 1317	ग्रन्थ 1838	घुण 1338	चदि 68
खिद 1436	गर्व 1907	गुम्फ 1318	ग्रस 1749	घुणि 435	चदे 866
खिद 1449	गर्ह 636	गुरी 1396	ग्रसु 630	घुर 1345	चप 399
खुजु 200	गर्ह 1845	गुर्द 23	ग्रह 1533	घुषि 652	चह चप 1626

306

चपि 1619	चित्र 1917	चृती 1324	जनी 1149	जुतृ 32	झष 689	
चमु **469**	चिरि 1277	चेलृ 536	जप **397**	जुष 1834	झष 891	
चमु 1274	चिल 1355	चेष्ट **256**	जभि 1716	जुषी **1288**	झृष् 1131	
चय 478	चिल्ह 533	च्यु 1746	जभी 388	जूरी 1156	ञिइन्धी **1448**	
चर 559	चीक 1827	च्युङ् 955	जमु 471	जृष 681	ञिक्षिदा 1244	
चर **1745**	चीभृ 384	च्युतिर् **40**	जर्ज 716	जृभि **389**	ञितृषा **1228**	
चर्करीतं 1081	चीव 1774	छंजि 1621	जर्ज 1298	जृ **1494**	ञित्वरा 775	
चर्च 717	चीवृ 879	छद 1833	जल **833**	जृ 1814	ञिधृषा **1269**	
चर्च 1299	चुक्क 1596	छद 1935	जल 1543	जृष् **1130**	ञिफला 516	
चर्च **1712**	चुट 1377	छदि 1577	जल्प **398**	जेष्ट 616	ञिभी **1084**	
चर्ब 425	चुट 1613	छदिः 813	जष 688	जेह् 644	ञिमिदा 743	
चर्व **579**	चुटि 1659	छमु 470	जसि 1666	जै 914	ञिमिदा 1243	
चल **832**	चुट्ट 1560	छर्द **1589**	जसु 1211	झप 1624	ञिष्पप 1068	
चल 1356	चुड 1392	छष 890	जसु 1668	ज्ञा 811	ञिष्विदा **744**	
चल 1608	चुडि 325	छिदिर् **1440**	जसु 1718	ज्ञा **1507**	ञिष्विदा 978	
चलिः 812	चुड्ड 347	छिद्र 1924	जागृ **1072**	ज्ञा 1732	टकि 1638	
चष 889	चुद 1592	छुट 1378	जि **561**	ज्या **1499**	टल 834	
चह 729	चुप 403	छुप 1418	जि 946	ज्युङ् 956	टिकृ 103	
चह 1866	चुबि **429**	छुर 1372	जि 1793	ज्रि 947	टीकृ 104	
चायृ 880	चुबि 1635	छृदी 1820	जिरि 1278	ज्रि 1815	टुओश्वि **1010**	
चि 1794	चुर **1534**	छेद 1934	जिवि 594	ज्वर **776**	टुओस्फूर्जा 235	
चिञ् **1251**	चुल 1602	छो 1146	जिष्णु 697	ज्वल 804	टुक्षु 1036	
चिञ् 1629	चुल्ल 531	जक्ष **1071**	जीव **562**	ज्वल **831**	टुदु **1256**	
चिट 315	चूरी 1158	जज 242	जुगि 157	झट 306	टुनदि **67**	
चित 1673	चूर्ण 1552	जजि 243	जुद 1326	झमु 472	टुभ्राजृ **823**	
चिति **1535**	चूर्ण 1641	जट 305	जुद 1379	झर्झ 718	टुभ्राश 824	
चिती **39**	चूष **673**	जन 1105	जुद 1646	झर्झ 1300	टुम्लाश 825	

टुमस्जो 1415	णद 54	णू 1397	तसि 1729	तुप 404	तृप 1819
टुयाचृ 863	णद 1778	णेट्ट 872	तसु 1212	तुप 1309	तृम्फ 1308
टुवम 849	णभ 752	णेषृ 617	तायृ 489	तुफ 408	तृह 1455
टुवेपृ 367	णभ 1240	तक 117	तिक 1266	तुफ 1311	तृहू 1348
ड्वल 835	णभ 1520	तकि 118	तिकृ 105	तुबि 428	तृ 969
डप 1676	णम 981	तक्ष 665	तिग 1267	तुबि 1657	तेज 231
डिप 1232	णय 480	तक्षू 655	तिज 971	तुभ 753	तेपृ 363
डिप 1371	णल 838	तगि 149	तिज 1652	तुभ 1241	तेवृ 499
डिप 1671	णश 1194	तब्बु 191	तिपृ 362	तुभ 1521	त्यज 986
डिप 1677	णस 627	तब्बू 1459	तिम 1123	तुम्म 405	त्रकि 97
डीङ् 968	णह 1166	तट 308	तिल 534	तुम्म 1310	त्रक्ष 660
डीङ् 1135	णासृ 625	तड 1579	तिल 1354	तुम्फ 409	त्रदि 69
डुकृञ् 1472	णिक्ष 659	तड 1801	तिल 1607	तुम्फ 1312	त्रपूष 374
डुक्रीञ् 1473	णिजि 1026	तडि 280	तीकृ 106	तुर 1102	त्रस 1741
डुदाञ् 1091	णिजिर् 1093	तत्रि 1678	तीर 1912	तुर्बी 570	त्रसि 1761
डुधाञ् 1092	णिदि 66	तनु 1463	तीव 565	तुल 1599	त्रसी 1117
डुपचष् 996	णिट्ट 871	तनु 1840	तुज 244	तुष 1184	त्रुट 1375
डुभृञ् 1087	णिल 1360	तप 985	तुजि 245	तुस 710	त्रुट 1698
डुमिञ् 1250	णिवि 590	तप 1159	तुजि 1566	तुहिर् 737	त्रुप 406
डुलभष् 975	णिश 722	तप 1818	तुजि 1755	तूण 1689	त्रुफ 410
डुवप् 1003	णिसि 1025	तमु 1202	तुट 1376	तूरी 1152	त्रुम्म 407
ढौकृ 98	णीञ् 901	तय 479	तुड 1386	तूल 527	त्रुम्फ 411
णक्ष 662	णील 522	तर्क 1780	तुडि 276	तूष 674	त्रैङ् 965
णख 134	णीव 566	तर्ज 227	तुडु 351	तृण 1468	त्रौकृ 99
णखि 135	णु 1035	तर्ज 1681	तुण 1332	तृन्हू 1350	त्वक्षु 656
णट 310	णुद 1282	तर्द 58	तुल्थ 1943	तृप 1195	त्वगि 150
णट 781	णुद 1426	तल 1598	तुद 1281	तृप 1307	त्वच 1301

त्वच्चु 192	दाश 1279	द्भी 1821	द्विष 1013	घेट् 902	नल 1802
त्विष 1001	दाश्र 882	दम्फ 1314	धक्ष 1594	धोर्न्रिं 553	नाथृ 6
तसर 554	दासृ 894	दशिर् 988	धन 1104	ध्मा 927	नाघृ 7
थुड 1387	दिवि 592	दह 733	धवि 597	ध्मै 908	निवास 1885
थुर्वी 571	दिवु 1107	दहि 734	धावु 601	ध्यै 908	निष्क 1686
दंश 989	दिवु 1706	दृ 808	धि 1406	ध्रज 217	नृती 1116
दक्ष 608	दिवु 1724	दृ 1493	धिक्ष 603	ध्रजि 218	नृ 809
दक्ष 770	दिश 1283	देङ् 962	धिवि 593	ध्राक्षि 671	नृ 1495
दघ 1273	दिह 1015	देवृ 500	धिष 1103	ध्राखृ 125	पक्ष 1550
दण्ड 1926	दीक्ष 609	दैप् 924	धीङ् 1136	ध्राडृ 288	पचि 174
दद 17	दीङ् 1134	दो 1148	धुक्ष 602	ध्रु 943	पचि 1651
दध 8	दीधीङ् 1076	द्यु 1040	धुञ् 1255	ध्रु 1400	पट 296
दमु 1203	दीपी 1150	द्युत 741	धुर्वी 573	ध्रेकृ 79	पट 1752
दम्मु 1270	दु 944	द्यै 905	धृ 1398	ध्रै 907	पट 1856
दय 481	दुःख 1930	द्रम 466	धूञ् 1487	ध्वंसु 755	पठ 330
दरिद्रा 1073	दुर्वी 572	द्रा 1054	धूञ् 1835	ध्वज 221	पडि 281
दल 548	दुल 1600	द्राक्षि 670	धूप 396	ध्वजि 222	पडि 1615
दल 1751	दुष 1185	द्राखृ 124	धूप 1772	ध्वण 453	पण 439
दशि 1674	दुह 1014	द्राघृ 114	धूरी 1153	ध्वन 816	पत 1861
दशि 1764	दुहिर् 738	द्राडृ 287	धूस 1639	ध्वन 828	पतृ 845
दसि 1675	दूङ् 1133	द्राह 646	धृङ् 960	ध्वन 1889	पथि 1575
दसि 1786	द 1280	दु 945	धृङ् 1412	ध्वाक्षि 672	पथे 847
दसु 1213	दङ् 1411	द्रुण 1337	धृज 219	ध्वृ 939	पद 1169
दह 991	दप 1196	द्रुह 1197	धृजि 220	नक्ष 1593	पद 1898
दाण् 930	दप 1313	द्रूञ् 1481	धृष् 900	नट 1545	पन 440
दान 994	दभ 1822	द्रेकृ 78	धृष 1850	नट 1791	पय 476
दाप् 1059	दभी 1323	द्रै 906	धेक 1914	नर्द 56	पर्ण 1939

पर्द 29	पिसृ 719	पूज 1642	प्रछ 1413	बद 51	बुधिर् 875
पर्प 412	पीड़ 1141	पूज़ 1482	प्रथ 765	बघ 973	बुस 1219
पर्व 416	पीड 1544	पूयी 484	प्रथ 1553	बघ 1547	बुस्त 1591
पर्व 577	पील 521	पूरी 1151	प्रस 766	बन्घ 1508	बृह 735
पल 839	पीव 563	पूरी 1803	प्रा 1061	बर्ब 418	बृहि 736
पल्पूल 1881	पुंस 1637	पूल 528	प्रीड़ 1144	बहं 638	बृहि 1768
पश 1719	पुट 1367	पूल 1636	प्रीज़ 1474	बहं 1664	बृज 1044
पष 1862	पुट 1753	पूष 675	प्रीज़ 1836	बहं 1769	ब्रूस 1663
पसि 1616	पुट 1913	पृ 1258	प्रुड़ 957	बल 840	भक्ष 1557
पा 925	पुटि 1792	पृड़ 1402	प्रुद 324	बल 1628	भज 998
पा 1056	पुट्ठ 1559	पृच 1807	प्रुष 1527	बल्ह 639	भज 1733
पार 1911	पुड 1384	पृची 1030	प्रुषु 703	बल्ह 1770	भजि 1759
पाल 1609	पुण 1333	पृची 1462	प्रेषृ 619	बष्क 1916	भज्ञो 1453
पि 1405	पुथ 1119	पृड 1328	प्रोथृ 867	बस्त 1683	भट 307
पिछ 1576	पुथ 1775	पृण 1329	फ्रिह 642	बहि 633	भट 780
पिजि 1028	पुथि 44	पृथ 1554	फ्री 1503	बाड़ 286	भडि 273
पिजि 1567	पुर 1346	पृषु 705	फ्लुड़ 958	बाघृ 5	भडि 1588
पिजि 1757	पुर्व 576	पृ 1086	फ्षुष 1115	बिट 317	भण 447
पिट 311	पुल 841	पृ 1489	फ्षुष 1216	बिदि 64	भदि 12
पिठ 339	पुल 1601	पृ 1548	फ्षुष 1528	बिल 1359	भर्त्स 1682
पिडि 274	पुष 700	पेळ 541	फ्षुषु 704	बिल 1606	भर्व 580
पिडि 1669	पुष 1182	पेवृ 504	प्सा 1055	बिस 1217	भल 495
पिवि 588	पुष 1529	पेषृ 615	फक्क 116	बुक्क 119	भल 1700
पिश 1437	पुष 1750	पेसृ 720	फण 821	बुक्क 1713	भलु 496
पिषृ 1452	पुष्म 1122	पै 920	फल 530	बुगि 158	भष 695
पिस 1568	पुस्त 1590	पैणृ 458	फुल 532	बुध 858	भस 1100
पिसि 1762	पूड़ 966	प्यैड़ 964	फेल 542	बुध 1172	भा 1051

भाज 1886	भ्रमु 1205	मदि 13	माङ् 1142	मुच् 1430	मृजू 1066
भाम 441	भ्रस्ज 1284	मदी 815	मान 972	मुज 250	मृजु 1848
भाम 1872	भ्राजृ 181	मदी 1208	मान 1709	मुजि 251	मृड 1327
भाष 612	भ्री 1505	मन 1176	मान 1843	मुट 1374	मृड 1516
भासृ 624	भ्रूण 1690	मनु 1471	मार्ग 1846	मुट 1614	मृण 1331
भिक्ष 606	भ्रेजृ 180	मन्थ 42	मार्जे 1648	मुठि 265	मृद 1515
भिदिरृ 1439	भ्रेषृ 884	मन्थ 1511	माह् 895	मुड 323	मृधु 874
भुज 1454	भ्लक्ष 893	मन्न्र 558	मिछ 1297	मुडि 275	मृश 1425
भुजो 1417	भ्लेषृ 885	मय 477	मिजि 1756	मुडि 326	मृष 1164
भृ 1747	मकि 89	मर्च 1649	मिदि 1541	मुण 1334	मृष 1849
भृ 1	मख 132	मर्ब 419	मिट् 868	मुद 16	मृषु 707
भृ 1844	मखि 133	मर्व 578	मिल 1364	मुद 1740	मृ 1492
भूष 682	मगि 148	मल 493	मिल 1429	मुर 1343	मेड् 961
भूष 1730	मघि 111	मल्ल 494	मिवि 589	मुर्छा 212	मेद 869
भृजी 178	मघि 160	मव 599	मिश 723	मुर्वी 575	मेधृ 870
भृञ् 898	मच 171	मव्य 508	मिश्र 1921	मुष 1530	मेपृ 371
भृड 1395	मचि 173	मश 724	मिष 1352	मुस 1220	मेवृ 505
भृशि 1787	मठ 332	मष 692	मिषु 699	मुस्त 1631	म्ना 929
भृशु 1224	मठि 263	मसी 1221	मिह 992	मुह 1198	म्रक्ष 1661
भृ 1491	मडि 272	मस्क 102	मी 1824	मूड् 967	म्रद 767
भेषृ 883	मडि 321	मह 730	मीङ् 1137	मूत्र 1909	म्रुचु 195
भ्यस 628	मडि 1587	मह 1867	मीञ् 1476	मूल 529	म्रुच्चु 193
भ्रंशु 1225	मण 448	महि 634	मीमृ 468	मूल 1603	म्रेडृ 293
भ्रंसु 756	मत्रि 1679	महि 1799	मील 517	मूष 676	म्लुचु 196
भ्रक्ष 892	मथि 46	मा 1062	मीव 564	मृक्ष 664	म्लुच्चु 194
भ्रण 452	मथे 848	माक्षि 669	मुच 1743	मृग 1900	म्लेछ 205
भ्रमु 850	मद 1705	माङ् 1088	मुचि 172	मृड् 1403	म्लेछ 1662

311

क्षेटृ 292	रक 1736	रह **731**	रुज 1804	रोडृ 356	लष 888	
क्षेवृ 506	**रक्ष 658**	रह 1627	रुजो 1416	रौडृ 355	लस 714	
है 904	रख 136	रह 1858	रुट 747	**लक्ष 1538**	लस 1728	
यक्ष 1692	रखि 137	रहि 732	रुट 1783	लक्ष 1696	**ला 1058**	
यज 1002	रगि 144	रहि 1798	रुटि 327	लख 138	**लाखृ** 123	
यत 1735	रगे 785	**रा 1057**	रुठ 336	लखि 139	**लाघृ 113**	
यती 30	रघि 107	राखृ 122	रुठि 345	लग 1737	लाछि 207	
यत्रि 1536	रघि 1795	राघृ 112	**रुदिरू 1067**	लगि 145	लाज 240	
यभ 980	**रच 1864**	**राजृ 822**	**रुधिरू 1438**	**लगे 786**	लाजि 241	
यम 984	**रञ 999**	राध 1180	रुप 1236	**लघि 108**	लाभ 1936	
यम 1625	**रञ 1167**	राध 1262	रुश 1419	लघि 1760	**लिख 1365**	
यमो 819	**रट 297**	रासृ 626	रुशि 1788	लघि 1796	**लिगि 155**	
यसु 1210	रट 334	रि 1275	रुष 693	लछ 206	लिगि 1739	
या 1049	रण 445	रि 1404	**रुष 1230**	लज 238	**लिप 1433**	
यु 1033	रण 795	रिगि 154	रुष 1670	लज 1920	लिश 1179	
यु 1710	**रद 53**	**रिच 1816**	रुसि 1790	लजि 239	लिश 1421	
युगि 156	रघ 1193	**रिचिरू 1441**	**रुह 859**	लजि 1784	**लिह 1016**	
युछ 214	रप 401	रिफ 1306	रूक्ष 1910	लट 298	ली 1501	
युज 1177	रफ 413	रिवि 595	**रूप 1933**	लड 359	**ली 1811**	
युज 1806	रफि 414	रिश 1420	रूष 678	लड 1540	**लीडृ 1139**	
युजिर् 1444	रबि 376	रिष 694	रेकृ 80	लडि 1800	लुजि 1758	
युज् 1479	**रभ 974**	रिष 1231	रेटृ 864	लडिः 814	**लुब्ध 187**	
युतृ 31	**रमु 853**	री 1500	रेपृ 372	**लप 402**	लुट 314	
युध 1173	रय 482	रीडृ 1138	रेभृ 385	लबि 377	लुट 748	
युप 1235	रवि 596	**रु 1034**	रेवृ 507	लबि 379	**लुट 1222**	
यूष 680	रस 713	रुडृ 959	रेषृ 620	लर्ब 417	लुट 1381	
यौटृ 291	**रस 1931**	**रुच 745**	रै 909	लल 1687	लुट 1754	

312

लुटि 328	वखि 131	वर्च **162**	वाह् 645	वृजी **1461**	व्यध **1181**
लुठ 337	वगि 147	वर्ण **1551**	विचिर् **1442**	वृजी **1812**	व्यय 881
लुठ 749	वघि 110	वर्ण **1938**	विछ **1423**	वृञ् **1254**	व्यय **1932**
लुठि 343	वच **1063**	वर्ध 1654	विछ 1773	वृञ 1813	व्युष 1114
लुठि 346	वच **1842**	वर्ष 613	विजिर् **1094**	वृण 1330	व्युष 1215
लुण्ठ 1563	वज 252	वर्ह 640	विट 316	वृतु **758**	व्येञ् **1007**
लुथि 45	वञ्चु 189	वल **491**	विथृ 33	वृतु 1160	व्रज 253
लुप 1237	वञ्चु **1703**	वल्क 1571	विद **1064**	वृतु 1781	व्रज 1617
लुप्र **1431**	वट 300	वल्ग 143	विद **1171**	वृधु **759**	व्रण 451
लुबि 427	वट 779	वल्भ 391	विद **1450**	वृधु 1782	व्रण 1937
लुबि 1656	वट 1857	वल्ह 492	विद 1708	वृश 1226	ब्री **1504**
लुभ **1238**	वट 1919	वल्ह 641	विदू **1432**	वृष 1704	ब्रीड् 1140
लुभ 1305	वटि 1586	वश **1080**	विध 1325	वृष **706**	ब्रीड **1126**
लूञ् **1483**	वठ 331	वष 691	विल 1358	वृहू 1347	ब्रुड 1393
लूष 677	वठि 262	वस **1005**	विल 1605	वृ **1490**	ह्री 1502
लूष 1610	वडि 271	वस **1023**	विश **1424**	वृञ् **1486**	शंसु **728**
लेप् 373	वण 446	वस 1744	विष 1526	वेञ् **1006**	शक **1187**
लोकृ **76**	वद **1009**	वस 1942	विषु 698	वेणृ 877	शकि **86**
लोकृ 1776	वद 1841	वसु 1214	विष्णू **1095**	वेथृ 34	शक्ल **1261**
लोचृ **164**	वदि **11**	वस्क 101	विष्क 1685	वेल 1880	शच 165
लोचृ 1777	वन 462	वह **1004**	विष्क 1940	वेल् 535	शट 299
लोडृ 357	वन 463	वा **1050**	वी **1048**	वेल् 540	शठ 340
लोष्ट 258	वन 803	वाक्षि 668	वीर 1903	वेवीड् 1077	शठ 1564
वकि 88	वनु **1470**	वाछि **208**	वृक 92	वेष्ट **255**	शठ 1691
वकि 95	वभ्र 557	वात 1882	वृक्ष 604	वेह 643	शठ 1854
वक्ष 663	वय 475	वाश्र 1163	वृङ् **1509**	व्यच 1293	शडि 279
वख 130	वर 1852	वास 1884	वृजी 1029	व्यथ **764**	शण 797

313

शद् 855	शिल 1362	शुल्ब 1611	श्रथि 35	श्ठ 1855	षस 1078
शद‍ृ 1428	शिष 687	शुष 1183	श्रन्भ 1510	श्भ्र 1623	षस्ज 202
शप 1000	शिष 1817	शूर 1902	श्रन्थ 1512	श्र्त 1622	षस्ति 1079
शप 1168	शिषू 1451	शूरी 1157	श्रन्थ 1837	श्ल 549	षह 852
शब्द 1714	शीक 1789	शूर्प 1612	श्रमु 1204	श्ल्क 1570	षह 1128
शम 1695	शीक 1826	शूल 526	श्रम्मु 393	श्ल्लु 550	षह 1809
शमृ 1201	शीकृ 75	शूष 679	श्रा 810	श्वस 1069	षान्त्व 1569
शमो 818	शीङ्ग 1032	श्रघु 760	श्रा 1053	श्विता 742	षिच 1434
शम्ब 1556	शीभृ 383	श्रघु 873	श्रिञ् 897	श्विदि 10	षिञ् 1248
शर्ब 423	शील 523	श्रघु 1734	श्रिषु 701	षगे 789	षिञ् 1477
शर्व 585	शील 1878	शृ 1488	श्रीञ् 1475	षघ 1268	षिट 304
शल 490	शुच 183	शेलृ 543	श्रु 942	षच 163	षिध 47
शल 843	शुच्य 513	शै 918	श्रै 919	षच 997	षिधु 1192
शल्भ 390	शुठ 341	शो 1145	श्रोणृ 456	षज्ञ 987	षिधू 48
शव 725	शुठ 1644	शोणृ 455	श्रकि 85	षट 313	षिल 1363
शश 726	शुठि 344	शौटृ 290	श्रगि 152	षट्ट 1633	षिवु 1108
शष 690	शुठि 1645	श्र्युतिर् 41	श्राखृ 127	षण 464	षु 941
शसु 727	शुध 1191	श्मील 518	श्राघृ 115	षणु 1464	षु 1041
शाखृ 126	शुन 1336	श्यैङृ 963	श्लिष 1186	षद् 854	षुञ् 1247
शाङृ 289	शुन्य 74	श्रकि 84	श्लिष 1574	षद् 1427	षुट्ट 1562
शान 995	शुन्य 1832	श्रगि 151	श्लिषु 702	षप 400	षुर 1340
शासु 1075	शुभ 432	श्रण 798	श्लोकृ 77	षम 829	षुह 1129
शिक्ष 605	शुभ 750	श्रण 1578	श्लोणृ 457	षम्ब 1555	षू 1408
शिधि 161	शुभ 1321	श्रथ 799	श्वकि 96	षर्ज 225	षूङ् 1031
शिजि 1027	शुम्म 433	श्रथ 1546	श्वच 166	षर्ब 424	षूङ् 1132
शिञ् 1249	शुम्म 1322	श्रथ 1823	श्वचि 167	षर्व 586	षूद् 25
शिट 303	शुल्क 1618	श्रथ 1870	श्ठ 1565	षल 547	षूद् 1717

षृभु 430	ष्णा 1052	सृज 1178	स्फायी 487	स्वर्द 19	ह्रञ् 899
षृम्मु 431	ष्णिह् 1200	सृज 1414	स्फिट् 1634	स्वाद 28	ह्रष 1229
षेवृ 501	ष्णिह् 1572	सृपृ 983	स्फुट 260	स्वृ 932	ह्रषु 709
षै 915	ष्णु 1038	सेकृ 81	स्फुट 1373	हट 312	हेठ 266
षो 1147	ष्णुसु 1111	स्कन्दिरृ 979	स्फुट 1722	हठ 335	हेड 778
ष्क 782	ष्णुह 1199	स्कभि 387	स्फुटिरृ 329	हद 977	हेडृ 284
ष्गे 790	ष्णै 923	स्कुञ् 1478	स्फुड 1391	हन 1012	हेषृ 621
ष्न 461	ष्मिङ् 948	स्कुदि 9	स्फुडि 1537	हम्म 467	होडृ 285
ष्भि 386	ष्वञ्ज 976	स्खद 768	स्फुर 1389	हय 512	होडृ 354
ष्म 830	ष्वद 18	स्खदिः 820	स्फुर्छा 213	हर्य 514	हुडृ 1082
ष्विघ 1265	ष्वद 1805	स्खल 544	स्फुल 1390	हल 837	ह्वल 806
ष्विपृ 364	ष्वष्क 100	स्तन 1859	स्मिट 1573	हसे 721	ह्गे 787
ष्विम 1124	ष्विदा 1188	स्तृञ् 1252	स्मील 519	हि 1257	ह्रस 711
ष्वीम 1125	सङ्केत 1891	स्तूह 1349	स्मृ 807	हिक्क 861	ह्राद 26
ष्रुच 175	सङ्ग्राम 1922	स्तृञ् 1484	स्मृ 933	हिदि 268	ह्री 1085
ष्रुज् 1043	सत्र 1906	स्तेन 1897	स्यन्दू 761	हिल 1361	ह्रीच 210
ष्रुप 1672	सभाज 1887	स्तोम 1923	स्यम 1693	हिवि 591	हेषृ 622
ष्रुभु 394	साध 1263	स्त्यै 910	स्यमु 826	हिसि 1456	ह्गे 788
ष्रेपृ 365	साम 1879	स्थुड 1388	स्रंसु 754	हिसि 1829	ह्रप 1658
ष्रै 922	सार 1868	स्थूल 1904	स्रकि 83	हु 1083	ह्रस 712
ष्रै 911	सुख 1929	स्पदि 14	स्रम्भु 757	हुडि 269	ह्रादि 27
ष्रक्ष 661	सूच 1873	स्पर्ध 3	स्रिवु 1109	हुडि 277	ह्रल 805
ष्ल 836	सूत्र 1908	स्पश 887	स्रु 940	हुडु 352	हू 931
ष्वा 928	सूर्क्ष 666	स्पश 1680	स्रेकृ 82	हुर्छी 211	हृ 934
ष्विवु 560	सूर्च्य 509	स्मृ 1259	स्वन 817	हुल 844	हेठ 1532
ष्विवु 1110	सृ 935	स्पृश 1422	स्वन 827	हुडृ 353	ह्वेष् 1008
ष्णसु 1112	सृ 1099	स्पृह 1871	स्वर 1863	हृ 1097	

Standard Alphabetical Index

Indexed on Dhatu ready for Conjugation.

Contains 1943-1=1942 Dhatus without Tag letters (ग० सू०1081.चर्करीतं)
Shows Dhatu Number which is unique and easily referenced in standard Dhatupathas.

Easily locate dhatus without tag e.g. बुन्द् 876 , इन्ध् 1448 , श्वि 1010

Dhatus with णो नः नत्वम् are under न e.g. नक्ष 662 , नख 134

Dhatus with षः सः सत्वम् are under स e.g. सगे 789 , सघ 1268

इदित् Dhatus are listed with the नुम् augment e.g.
अङ्क 87 , अञ्ज 1785 , अण्ठ 261

Dhatus that have a penultimate नकार are listed with the नकार changed to the corresponding row class nasal, e.g. अञ्च् 188 , तुम्प् 1311

Out of 1943 Roots, there are some 662 Dhatus that are commonly found in literature. Two of these did not make it to the index, being alternate listed in the dhatu sutra. These are ध्राघ् 114 and धू 1255. However स्विद् 1188 is present.

10c Roots 1851 कथ् to 1943 तुत्थ् are shown with halant, since during conjugation the अकार gets dropped.

अंस् 1918	अन् 1070	अस् 1065	ईड् 1667	उष् 696	ओण् 454
अंह् 635	अन्त् 61	अस् 1209	ईर् 1018	उह् 739	ओलण्ड् 1542
अंह् 1797	अन्द् 62	अह् 1272	ईर् 1810	ऊन् 1888	कंस् 1024
अक् 792	अन्घ् 1925	आञ्छ् 209	ईर्ष्य् 510	ऊय् 483	कक् 90
अक्ष् 654	अभ्र् 556	आप् 1260	ईर्ष्य् 511	ऊर्ज् 1549	कख् 120
अग् 793	अम् 465	आप् 1839	ईश् 1020	ऊर्णु 1039	कख् 784
अङ्क् 87	अम् 1720	आस् 1021	ईष् 611	ऊष् 683	कग् 791
अङ्क् 1927	अम्ब् 378	इ 1045	ईष् 684	ऊह् 648	कङ् 94
अङ्ग् 146	अय् 474	इ 1046	ईह् 632	ऋ 936	कच् 168
अङ्घ् 1928	अर्क् 1643	इ 1047	उ 953	ऋ 1098	कच्छ् 169
अछ् 109	अर्च् 204	इख् 140	उक्ष् 657	ऋच् 1302	कट् 294
अज् 230	अर्च् 1808	इह् 141	उख् 128	ऋच्छ् 1296	कट् 320
अञ्च् 188	अर्ज् 224	इञ् 153	उह् 129	ऋज् 176	कठ् 333
अञ्च् 862	अर्ज् 1725	इट् 318	उच् 1223	ऋञ्ज् 177	कड् 360
अञ्च् 1738	अर्थ् 1905	इन्द् 63	उच्छ् 216	ऋण् 1467	कड् 1380
अञ्ज् 1458	अर्द् 55	इन्घ् 1448	उच्छ् 1295	ऋध् 1245	कड् 349
अञ्ज् 1785	अर्द् 1828	इन्घ् 587	उज्झ् 1304	ऋध् 1271	कण् 449
अट् 295	अर्ब् 415	इल् 1357	उञ्छ् 215	ऋफ् 1315	कण् 794
अट् 254	अर्व् 584	इल् 1660	उञ्छ् 1294	ऋम्फ् 1316	कण् 1715
अट् 1561	अर्ह् 740	इष् 1127	उठ् 338	ऋष् 1287	कण्ठ् 264
अड् 358	अर्ह् 1731	इष् 1351	उन्द् 1457	ऋ 1497	कण्ठ् 1847
अड् 348	अर्ह् 1830	इष् 1525	उज् 1303	एज् 179	कण्ड् 282
अण् 444	अल् 515	ई 1143	उभ् 1319	एज् 234	कण्ड् 1582
अण् 1175	अव् 600	ईक्ष् 610	उम्भ् 1320	एठ् 267	कत्थ् 37
अण्ठ् 261	अश् 1264	ईह् 142	उद् 20	एध् 2	कत्र् 1915
अत् 38	अश् 1523	ईज् 182	उर्व् 569	एष् 618	कथ् 1851
अद् 1011	अस् 886	ईड् 1019		ओख् 121	कन् 460

317

कन्द् 70	कु 951	कुप् 1779	कृ 1409	क्रथ् 802	क्षी 1506	
कन्द् 772	कु 1042	कुमार् 1877	कृ 1485	क्रन्द् 72	क्षीज् 237	
कब् 380	कु 1401	कुम्ब् 426	कृ 1496	क्रन्द् 774	क्षीब् 382	
कम् 443	कुंश् 1765	कुम्ब् 1655	कृत् 1653	क्रम् 1207	क्षीव् 567	
कम्प् 375	कुंस् 1763	कुर् 1341	कृप् 762	क्रिद् 1242	क्षु 1036	
कर्ज् 228	कुक् 91	कुर्द् 21	कृप् 1748	क्रिन्द् 15	क्षुद् 1443	
कर्द् 59	कुच् 184	कुल् 842	केत् 1895	क्रिन्द् 73	क्षुध् 1190	
कर्ब् 420	कुच् 857	कुष् 1518	केप् 368	क्रिश् 1161	क्षुभ् 751	
कर्व् 581	कुच् 1368	कुस् 1218	केल् 537	क्रिश् 1522	क्षुभ् 1239	
कल् 497	कुज् 199	कुस्म् 1711	कै 916	क्रीब् 381	क्षुभ् 1519	
कल् 1604	कुञ्च् 185	कुह् 1901	क्रथ् 800	क्रेश् 607	क्षुर् 1344	
कल् 1865	कुट् 1366	कूज् 223	क्रस् 1113	क्रण् 450	क्षेव् 568	
कल्ल् 498	कुट्ट् 1558	कूट् 1701	कू 1480	क्रथ् 846	क्षै 913	
कष् 685	कुट्ट् 1702	कूट् 1890	कूय् 485	क्षञ्ज् 769	क्षोट् 1875	
कस् 860	कुड् 1383	कूट् 1896	कूर् 555	क्षण् 1465	क्ष्णु 1037	
काङ्क्ष् 667	कुण् 1335	कूण् 1688	क्रथ् 801	क्षम् 442	क्ष्माय् 486	
काश् 170	कुण् 1893	कूल् 525	कन्द् 71	क्षम् 1206	क्ष्मील् 520	
काश् 647	कुण्ठ् 342	कॄ 1253	कन्द् 773	क्षम्प् 1620	क्ष्विद् 1244	
काश् 1162	कुण्ड् 270	कॄ 1472	कन्द् 1727	क्षर् 851	क्ष्वेल् 539	
कास् 623	कुण्ड् 322	कृड् 1382	कप् 771	क्षल् 1597	खच् 1531	
कि 1101	कुण्ड् 1583	कृत् 1435	क्रम् 473	क्षि 236	खज् 232	
किट् 301	कुत्स् 1697	कृत् 1447	क्री 1473	क्षि 1276	खञ्ज् 233	
किट् 319	कुथ् 1118	कृन्व् 598	क्रीड् 350	क्षि 1407	खट् 309	
कित् 993	कुन्थ् 43	कृप् 1869	कुञ्च् 186	क्षिण् 1466	खट्ट् 1632	
किल् 1353	कुन्थ् 1514	कृश् 1227	कुड् 1394	क्षिप् 1121	खड् 1580	
कीट् 1640	कुन्द् 1539	कृष् 990	क्रुध् 1189	क्षिप् 1285	खण्ड् 283	
कील् 524	कुप् 1233	कृष् 1286	क्रुश् 856	क्षिप् 1941	खण्ड् 1581	

खद् 50	गण् 1853	गुड् 1370	गृ 1498	घट् 1766	चकास् 1074
खन् 878	गण्ड् 65	गुण् 1894	गेप् 369	घट् 259	चक् 93
खर्ज् 229	गण्ड् 361	गुण्ड् 1584	गेव् 502	घट् 1630	चक् 783
खर्द् 60	गद् 52	गुद् 24	गेष् 614	घण्ट् 1767	चक् 1595
खर्ब् 421	गद् 1860	गुध् 1120	गै 917	घस् 715	चक्ष् 1017
खर्व् 582	गन्ध् 1684	गुध् 1517	गोम् 1876	घिण्ण् 434	चञ्च् 190
खल् 545	गम् 982	गुप् 395	गोष्ट् 257	घु 952	चट् 1721
खष् 686	गर्ज् 226	गुप् 970	ग्रन्थ् 36	घुष् 652	चण् 796
खाद् 49	गर्द् 57	गुप् 1234	ग्रन्थ् 1513	घुट् 746	चण्ड् 278
खिट् 302	गर्ब् 422	गुप् 1771	ग्रन्थ् 1825	घुट् 1385	चत् 865
खिद् 1170	गर्व् 583	गुफ् 1317	ग्रन्थ् 1838	घुण् 437	चद् 866
खिद् 1436	गर्व् 1907	गुम्फ् 1318	ग्रस् 630	घुण् 1338	चन्द् 68
खिद् 1449	गह् 636	गुर् 1396	ग्रस् 1749	घुण्ण् 435	चप् 399
खुज् 200	गह् 1845	गुर्द् 23	ग्रह् 1533	घुर् 1345	चह् 1626
खुण्ड् 1585	गल् 546	गुर्द् 1665	ग्राम् 1892	घुष् 653	चम् 469
खुर् 1342	गल् 1699	गुर्व् 574	ग्रुच् 197	घुष् 1726	चम् 1274
खुर्द् 22	गल्भ् 392	गुह् 896	ग्लस् 631	घूर् 1155	चम्प् 1619
खेट् 1874	गल्ह् 637	गूर् 1154	ग्लह् 651	घूर्ण् 438	चय् 478
खेल् 538	गवेष् 1883	गूर् 1694	ग्लुच् 198	घूर्ण् 1339	चर् 559
खै 912	गा 950	गृ 937	ग्लुञ्च् 201	घृ 938	चर् 1745
खोर् 552	गा 1106	गृ 1707	ग्लेप् 366	घृ 1096	चर्करीतं च 1081
खोल् 551	गाध् 4	गृज् 248	ग्लेप् 370	घृ 1650	चर्च् 717
ख्या 1060	गाह् 649	गृञ्ज् 249	ग्लेव् 503	घृण् 1469	चर्च् 1299
गज् 246	गु 949	गृध् 1246	ग्लै 903	घृण्ण् 436	चर्च् 1712
गज् 1647	गु 1399	गृह् 650	घच् 159	घृष् 708	चर्ब् 425
गञ्ज् 247	गुज् 1369	गृह् 1899	घट् 763	घ्रा 926	चर्व् 579
गड् 777	गुञ्ज् 203	गृ 1410	घट् 1723	ङु 954	चल् 812

319

चल् 832	चुड् 347	छष् 890	जस् 1211	झप् 1624	डिप् 1677
चल् 1356	चुण्ट् 1659	छिद् 1440	जस् 1668	झा 811	डी 968
चल् 1608	चुण्ड् 325	छिद्र 1924	जस् 1718	झा 1507	डी 1135
चष् 889	चुद् 1592	छुट् 1378	जागृ 1072	झा 1732	ढौक् 98
चह् 729	चुप् 403	छुप् 1418	जि 561	ज्या 1499	तंस् 1729
चह् 1866	चुम्ब् 429	छुर् 1372	जि 946	ज्यु 956	तक् 117
चाय् 880	चुम्ब् 1635	छृद् 1445	जि 1793	त्रि 947	तक्ष् 655
चि 1251	चुर् 1534	छृद् 1820	जिन्व् 594	त्रि 1815	तक्ष् 665
चि 1629	चुल् 1602	छेद् 1934	जिरि 1278	ज्वर् 776	तङ्क् 118
चि 1794	चुल्ल् 531	छो 1146	जिष् 697	ज्वल् 804	तङ्ग् 149
चिट् 315	चूर् 1158	जंस् 1666	जीव् 562	ज्वल् 831	तञ्च् 191
चित् 39	चूर्ण् 1552	जक्ष् 1071	जुङ् 157	झट् 306	तञ्च् 1459
चित् 1673	चूर्ण् 1641	जज 242	जुड् 1326	झम् 472	तट् 308
चित्र 1917	चूष् 673	जज्ञ 243	जुड् 1379	झर्झ् 718	तड् 1579
चिन्त् 1535	चृत् 1324	जट् 305	जुड् 1646	झर्झ् 1300	तड् 1801
चिरि 1277	चेल् 536	जन् 1105	जुत् 32	झष् 689	तण्ड् 280
चिल् 1355	चेष्ट् 256	जन् 1149	जुष् 1288	झष् 891	तन् 1463
चिल्ल् 533	च्यु 955	जप् 397	जुष् 1834	ञू 1131	तन् 1840
चीक् 1827	च्यु 1746	जम् 471	जूर् 1156	टङ्क् 1638	तन्त्र 1678
चीभ् 384	च्युत् 40	जम्भ् 388	जूष् 681	टल् 834	तप् 985
चीव् 879	छज्ज् 1621	जम्म् 1716	जृम्भ् 389	टिक् 103	तप् 1159
चीव् 1774	छद् 813	जर्ज् 716	जृ 1130	टीक् 104	तप् 1818
चुक्क् 1596	छद् 1833	जर्ज् 1298	जृ 1494	ड्वल् 835	तम् 1202
चुट् 1377	छद् 1935	जल् 833	जृ 1814	डप् 1676	तय् 479
चुट् 1613	छन्द् 1577	जल् 1543	जेष् 616	डिप् 1232	तर्क 1780
चुट्ट् 1560	छम् 470	जल्प् 398	जेह् 644	डिप् 1371	तर्ज् 227
चुड् 1392	छर्द् 1589	जष् 688	जै 914	डिप् 1671	तर्ज् 1681

तर्द् 58	तुद् 1281	तृप् 1195	त्वक्ष् 656	दह् 991	द्र 1280
तल् 1598	तुप् 1309	तृप् 1307	त्वङ् 150	दा 930	द्र 1411
तस् 1212	तुप् 1309	तृप् 1819	त्वच् 1301	दा 1059	द्रंह् 734
ताय् 489	तुफ् 408	तृम्फ् 1308	त्वञ्च् 192	दा 1091	द्रप् 1196
तिक् 105	तुफ् 1311	तृष् 1228	त्वर् 775	दान् 994	द्रप् 1313
तिक् 1266	तुभ् 753	तृह् 1348	त्विष् 1001	दाश् 882	द्रभ् 1323
तिग् 1267	तुभ् 1241	तृह् 1455	त्सर् 554	दाश् 1279	द्रभ् 1821
तिज् 971	तुभ् 1521	तृ 969	थुड् 1387	दास् 894	द्रभ् 1822
तिज् 1652	तुम्म् 405	तेज् 231	थुर्व् 571	दिन्व् 592	द्रम्फ् 1314
तिप् 362	तुम्म् 1310	तेप् 363	दंश् 989	दिव् 1107	द्रश् 988
तिम् 1123	तुम्फ् 409	तेव् 499	दंश् 1674	दिव् 1706	द्रह् 733
तिल् 534	तुम्फ् 1312	त्यज् 986	दंश् 1764	दिव् 1724	दृ 808
तिल् 1354	तुम्ब् 428	त्रंस् 1761	दंस् 1675	दिश् 1283	दृ 1493
तिल् 1607	तुम्ब् 1657	त्रक्ष् 660	दंस् 1786	दिह् 1015	दे 962
तीक् 106	तुर् 1102	त्रङ्क् 97	दक्ष् 608	दी 1134	देव् 500
तीर् 1912	तुर्व् 570	त्रन्द् 69	दक्ष् 770	दीक्ष् 609	दै 924
तीव् 565	तुल् 1599	त्रप् 374	दघ् 1273	दीघी 1076	दो 1148
तुज् 244	तुष् 1184	त्रस् 1117	दण्ड् 1926	दीप् 1150	द्यु 1040
तुञ्ज् 245	तुस् 710	त्रस् 1741	दद् 17	दु 944	द्युत् 741
तुञ्ज् 1566	तुह् 737	त्रुट् 1375	दघ् 8	दु 1256	द्यै 905
तुञ्ज् 1755	तूण् 1689	त्रुट् 1698	दम् 1203	दुःख् 1930	द्रम् 466
तुट् 1376	तूर् 1152	त्रुप् 406	दम्भ् 1270	दुर्व् 572	द्रा 1054
तुड् 351	तूल् 527	त्रुफ् 410	दय् 481	दुल् 1600	द्राख् 124
तुड् 1386	तूष् 674	त्रुम्फ् 407	दरिद्रा 1073	दुष् 1185	द्राघ् 114
तुण् 1332	तृंह् 1350	त्रुम्फ् 411	दल् 548	दुह् 738	द्राङ्क् 670
तुण्ड् 276	तृण् 1468	त्रै 965	दल् 1751	दुह् 1014	द्राड् 287
तुत्थ् 1943	तृद् 1446	त्रौक् 99	दस् 1213	दू 1133	द्राह् 646

द्रु 945	घृ 900	ध्वन् 816	नाथ् 6	पक्ष् 1550	पष् 1862	
द्रुण् 1337	घृ 960	ध्वन् 828	नाध् 7	पच् 996	पा 925	
द्रुह् 1197	घृ 1412	ध्वन् 1889	नास् 625	पञ्च् 174	पा 1056	
द्रू 1481	घृज् 219	ध्वाङ्क्ष् 672	निस् 1025	पञ्च् 1651	पार् 1911	
द्रेक् 78	घृञ्ज् 220	ध्वृ 939	निक्ष् 659	पट् 296	पाल् 1609	
द्रै 906	घृष् 1269	नक्ष् 1593	निज् 1093	पट् 1752	पि 1405	
द्विष् 1013	घृष् 1850	नक्ष् 662	निञ्ज् 1026	पट् 1856	पिंस् 1762	
ध्रक्ष् 1594	घे 902	नख् 134	निद् 871	पठ् 330	पिच्छ् 1576	
धन् 1104	घेक् 1914	नह्न् 135	निन्द् 66	पण् 439	पिञ्ज् 1028	
धन्व् 597	घोर् 553	नट् 310	निन्व् 590	पण्ड् 281	पिञ्ज् 1567	
धा 1092	घ्मा 927	नट् 781	निल् 1360	पण्ड् 1615	पिञ्ज् 1757	
धाव् 601	घ्यै 908	नट् 1545	निवास् 1885	पत् 845	पिट् 311	
धि 1406	घ्रज् 217	नट् 1791	निश् 722	पत् 1861	पिठ् 339	
धिक्ष् 603	घ्रञ्ज् 218	नद् 54	निष्क् 1686	पथ् 847	पिण्ड् 274	
धिन्व् 593	घ्रण् 459	नद् 1778	नी 901	पद् 1169	पिण्ड् 1669	
धिष् 1103	घ्रस् 1524	नन्द् 67	नील् 522	पद् 1898	पिन्व् 588	
धी 1136	घ्रस् 1742	नभ् 752	नीव् 566	पन् 440	पिश् 1437	
धु 1255	घ्राख् 125	नभ् 1240	नु 1035	पन्थ् 1575	पिष् 1452	
धुक्ष् 602	घ्राङ्क्ष् 671	नभ् 1520	नुद् 1282	पय् 476	पिस् 719	
धुर्व् 573	घ्राड् 288	नम् 981	नुद् 1426	पर्ण् 1939	पिस् 1568	
धू 1398	घ्रु 943	नय् 480	नू 1397	पर्द् 29	पी 1141	
धू 1487	घ्रु 1400	नर्द् 56	नृत् 1116	पर्प् 412	पीड् 1544	
धू 1835	घ्रेक् 79	नल् 838	नृ 809	पर्ब् 416	पील् 521	
धूप् 396	घ्रै 907	नल् 1802	नृ 1495	पर्व् 577	पीव् 563	
धूप् 1772	ध्वंस् 755	नश् 1194	नेद् 872	पल् 839	पुंस् 1637	
धूर् 1153	ध्वज् 221	नस् 627	नेष् 617	पल्पूल् 1881	पुट् 1367	
धूस् 1639	ध्वञ्ज् 222	नह् 1166	पंस् 1616	पश् 1719	पुट् 1753	
	ध्वण् 453					

322

पुट् 1913	पृ 1258	प्री 1836	बर्ह् 638	बृह् 735	भिक्ष् 606
पुट्ट् 1559	पृ 1402	प्रु 957	बर्ह् 1664	ब्रू 1044	भिद् 1439
पुड् 1384	पृच् 1030	प्रुड् 324	बर्ह् 1769	ब्रूस् 1663	भी 1084
पुण् 1333	पृच् 1462	प्रुष् 703	बल् 840	भक्ष् 1557	भुज् 1417
पुण्ट् 1792	पृच् 1807	प्रुष् 1527	बल् 1628	भज् 998	भुज् 1454
पुथ् 1119	पृड् 1328	प्रेष् 619	बल्ह् 639	भज् 1733	भू 1
पुथ् 1775	पृण् 1329	प्रोथ् 867	बल्ह् 1770	भञ्ज् 1453	भू 1747
पुन्थ् 44	पृथ् 1554	प्लिह् 642	बष्क् 1916	भञ्ज् 1759	भू 1844
पुर् 1346	पृष् 705	प्ली 1503	बस्त् 1683	भट् 307	भूष् 682
पुर्व् 576	पृ 1086	ल़ु 958	बाड् 286	भट् 780	भूष् 1730
पुल् 841	पृ 1489	लुष् 704	बाध् 5	भण् 447	भृ 898
पुल् 1601	पृ 1548	लुष् 1115	बिट् 317	भण्ड् 273	भृ 1087
पुष् 700	पेल् 541	लुष् 1216	बिन्द् 64	भण्ड् 1588	भृंश् 1787
पुष् 1182	पेव् 504	लुष् 1528	बिल् 1359	भन्द् 12	भृज् 178
पुष् 1529	पेष् 615	प्सा 1055	बिल् 1606	भर्त्स् 1682	भृड् 1395
पुष् 1750	पेस् 720	फक्क् 116	बिस् 1217	भर्व् 580	भृश् 1224
पुष्प् 1122	पै 920	फण् 821	बुक्क् 119	भल् 495	भृ 1491
पुस्त् 1590	पैण् 458	फल् 516	बुक्क् 1713	भल् 1700	भेष् 883
पू 966	प्याय् 488	फल् 530	बुञ् 158	भल् 496	भ्यस् 628
पू 1482	प्ये 964	फुल्ल् 532	बुध् 858	भष् 695	भ्रंश् 1225
पूज् 1642	प्रन्छ् 1413	फेल् 542	बुध् 875	भस् 1100	भ्रंस् 756
पूय् 484	प्रथ् 765	बंह् 633	बुध् 1172	भा 1051	भ्रक्ष् 892
पूर् 1151	प्रथ् 1553	बद् 51	बुन्द् 876	भाज् 1886	भ्रण् 452
पूर् 1803	प्रस् 766	बध् 973	बुस् 1219	भाम् 441	भ्रम् 850
पूल् 528	प्रा 1061	बध् 1547	बुस्त् 1591	भाम् 1872	भ्रम् 1205
पूल् 1636	प्री 1144	बन्घ् 1508	बृंह् 736	भाष् 612	भ्रस्ज् 1284
पूष् 675	प्री 1474	बर्ब् 418	बृंह् 1768	भास् 624	भ्राज् 181

भ्राज् 823	मद् 1208	मा 1142	मील् 517	मृष् 676	म्लुच् 196
भ्राश् 824	मद् 1705	माङ्क् 669	मीव् 564	मृ 1403	म्लुञ्च् 194
भ्री 1505	मन् 1176	मान् 972	मुच् 1430	मृक्ष् 664	म्लेच्छ् 205
भ्रूण 1690	मन् 1471	मान् 1709	मुच् 1743	मृग् 1900	म्लेच्छ् 1662
भ्रेज् 180	मन्त्र् 1679	मान् 1843	मुज् 250	मृज् 1066	म्लेट् 292
भ्रेष् 884	मन्थ् 42	मार्ग् 1846	मुञ्च् 172	मृज् 1848	म्लेव् 506
भ्लक्ष् 893	मन्थ् 46	मार्ज् 1648	मुञ्ज् 251	मृड् 1327	म्लै 904
भ्लाश् 825	मन्थ् 1511	माह् 895	मुट् 1374	मृड् 1516	यक्ष् 1692
भ्लेष् 885	मन्द् 13	मि 1250	मुट् 1614	मृण् 1331	यज् 1002
मंह् 634	मभ्र् 558	मिच्छ् 1297	मुड् 323	मृद् 1515	यत् 30
मंह् 1799	मय् 477	मिञ्ज् 1756	मुण् 1334	मृध् 874	यत् 1735
मख् 132	मर्च् 1649	मिद् 743	मुण्ठ् 265	मृश् 1425	यन्त्र् 1536
मङ्क् 89	मर्ब् 419	मिद् 868	मुण्ड् 275	मृष् 707	यभ् 980
मङ्ख् 133	मर्व् 578	मिद् 1243	मुण्ड् 326	मृष् 1164	यम् 819
मज्ज् 148	मल् 493	मिन्द् 1541	मुद् 16	मृष् 1849	यम् 984
मञ्च् 111	मल्ल् 494	मिन्व् 589	मुद् 1740	मृ 1492	यम् 1625
मञ्ज् 160	मव् 599	मिल् 1364	मुर् 1343	मे 961	यस् 1210
मच् 171	मव्य् 508	मिल् 1429	मुर्छ् 212	मेद् 869	या 1049
मज्ज् 173	मश् 724	मिश् 723	मुर्व् 575	मेध् 870	याच् 863
मठ् 332	मष् 692	मिश्र् 1921	मुष् 1530	मेप् 371	यु 1033
मण् 448	मस् 1221	मिष् 699	मुस् 1220	मेव् 505	यु 1479
मण्ठ् 263	मस्क् 102	मिष् 1352	मुस्त् 1631	म्ना 929	यु 1710
मण्ड् 272	मस्ज् 1415	मिह् 992	मुह् 1198	म्रक्ष् 1661	युङ्क् 156
मण्ड् 321	मह् 730	मी 1137	मू 967	म्रद् 767	युच्छ् 214
मण्ड् 1587	मह् 1867	मी 1476	मूत्र् 1909	म्रुच् 195	युज् 1177
मथ् 848	मा 1062	मी 1824	मूल् 529	म्रुञ्च् 193	युज् 1444
मद् 815	मा 1088	मीम् 468	मूल् 1603	म्रेड् 293	युज् 1806

324

युत् 31	रभ् 974	री 1138	रेट् 864	लड् 1540	ली 1501	
युध् 1173	रम् 853	री 1500	रेप् 372	लण्ड् 1800	ली 1811	
युप् 1235	रम्फ् 414	रु 959	रेभ् 385	लप् 402	लुञ्ब् 187	
यूष् 680	रम्ब् 376	रु 1034	रेव् 507	लभ् 975	लुञ्ब् 1758	
यौट् 291	रय् 482	रुंश् 1788	रेष् 620	लम्ब् 377	लुट् 314	
रंह् 732	रस् 713	रुंस् 1790	रै 909	लम्ब् 379	लुट् 748	
रंह् 1798	रस् 1931	रुच् 745	रोड् 356	लर्ब् 417	लुट् 1222	
रक् 1736	रह् 731	रुज् 1416	रौड् 355	लल् 1687	लुट् 1381	
रक्ष् 658	रह् 1627	रुज् 1804	लक्ष् 1538	लष् 888	लुट् 1754	
रख् 136	रह् 1858	रुट् 747	लक्ष् 1696	लस् 714	लुठ् 337	
रग् 785	रा 1057	रुट् 1783	लख् 138	लस् 1728	लुठ् 749	
रङ्घ् 137	राख् 122	रुठ् 336	लग् 786	लस्ज् 1291	लुण्ट् 328	
रङ्ज् 144	राघ् 112	रुण्ट् 327	लग् 1737	ला 1058	लुण्ठ् 343	
रञ्ज् 107	राज् 822	रुण्ठ् 345	लङ्घ् 139	लाख् 123	लुण्ठ् 346	
रञ्ज् 1795	राध् 1180	रुद् 1067	लङ् 145	लाघ् 113	लुण्ठ् 1563	
रच् 1864	राध् 1262	रुध् 1174	लङ् 108	लाज् 240	लुन्थ् 45	
रज् 999	रास् 626	रुध् 1438	लङ् 1760	लाञ्छ् 207	लुप् 1237	
रञ्ज् 1167	रि 1275	रुप् 1236	लङ् 1796	लाञ्ज् 241	लुप् 1431	
रट् 297	रि 1404	रुश् 1419	लञ्च् 206	लाभ् 1936	लुभ् 1238	
रट् 334	रिङ्ज् 154	रुष् 693	लज् 238	लिख् 1365	लुभ् 1305	
रण् 445	रिच् 1441	रुष् 1230	लज् 1290	लिङ्ज् 155	लुम्ब् 427	
रण् 795	रिच् 1816	रुष् 1670	लज् 1920	लिङ्ज् 1739	लुम्ब् 1656	
रद् 53	रिन्व् 595	रुह् 859	लञ्ज् 239	लिप् 1433	लू 1483	
रध् 1193	रिफ् 1306	रूक्ष् 1910	लञ्ज् 1784	लिश् 1179	लूष् 677	
रन्व् 596	रिश् 1420	रूप् 1933	लट् 298	लिश् 1421	लूष् 1610	
रप् 401	रिष् 694	रूष् 678	लड् 359	लिह् 1016	लेप् 373	
रफ् 413	रिष् 1231	रेक् 80	लड् 814	ली 1139	लोक् 76	

लोक् 1776	वद् 1841	वस् 1214	विल् 1605	वृ 1486	ब्री 1504
लोच् 164	वन् 462	वस् 1744	विश् 1424	वृ 1490	ब्रीड् 1126
लोच् 1777	वन् 463	वस् 1942	विष् 698	वे 1006	ब्रुड् 1393
लोड् 357	वन् 803	वस्क् 101	विष् 1095	वेण् 877	ब्री 1502
लोष्ट् 258	वन् 1470	वह् 1004	विष् 1526	वेथ् 34	शंस् 629
वक्ष् 663	वन्द् 11	वा 1050	विष्क् 1685	वेप् 367	शंस् 728
वख् 130	वप् 1003	वाङ्क्ष् 668	विष्क् 1940	वेल् 535	शक् 1187
वङ्क् 88	वभ्र 557	वाञ्छ् 208	वी 1048	वेल् 1880	शक् 1261
वङ्क् 95	वम् 849	वात् 1882	वीर् 1903	वेह्ल् 540	शङ्क् 86
वङ्ग् 131	वय् 475	वाश् 1163	वृ 1254	वेवी 1077	शच् 165
वज् 147	वर् 1852	वास् 1884	वृ 1509	वेष्ट् 255	शट् 299
वह् 110	वर्च् 162	वाह् 645	वृ 1813	वेह् 643	शठ् 340
वच् 1063	वर्ण् 1551	विच् 1442	वृक् 92	वै 921	शठ् 1564
वच् 1842	वर्ण् 1938	विच्छ् 1423	वृक्ष् 604	व्यच् 1293	शठ् 1691
वज् 252	वर्ध् 1654	विच्छ् 1773	वृज् 1029	व्यथ् 764	शठ् 1854
वश्च् 189	वर्ष् 613	विज् 1094	वृज् 1461	व्यध् 1181	शण् 797
वश्च् 1703	वर्ह् 640	विज् 1289	वृज् 1812	व्यय् 881	शण्ड् 279
वट् 300	वल् 491	विज् 1460	वृण् 1330	व्यय् 1932	शद् 855
वट् 779	वल्क् 1571	विट् 316	वृत् 758	व्युष् 1114	शद् 1428
वट् 1857	वल्ग् 143	विथ् 33	वृत् 1160	व्युष् 1215	शप् 1000
वट् 1919	वल्भ् 391	विद् 1064	वृत् 1781	व्ये 1007	शप् 1168
वठ् 331	वल्ह् 492	विद् 1171	वृध् 759	ब्रज् 253	शब्द् 1714
वण् 446	वल्ह् 641	विद् 1432	वृध् 1782	ब्रज् 1617	शम् 818
वण्ट् 1586	वश् 1080	विद् 1450	वृश् 1226	ब्रण् 451	शम् 1201
वण्ठ् 262	वष् 691	विद् 1708	वृष् 706	ब्रण् 1937	शम् 1695
वण्ड् 271	वस् 1005	विध् 1325	वृष् 1704	ब्रश्च् 1292	शाम्ब् 1556
वद् 1009	वस् 1023	विल् 1358	वृह् 1347	ब्री 1140	शर्ब् 423

शर्व् 585	शील् 523	श्रथ् 873	श्रि 897	ष्ठित् 742	सर्व् 586
शल् 490	शील् 1878	श्रथ् 1734	श्रिष् 701	ष्ठिन्द् 10	सल् 547
शल् 843	शुच् 183	शृ 1488	श्री 1475	ष्ठिव् 560	सस् 1078
शल्भ् 390	शुच् 1165	शेल् 543	श्रु 942	ष्ठिव् 1110	सस्ज् 202
शव् 725	शुच्य् 513	शै 918	श्रे 919	ष्ष्क् 100	सह् 852
शश् 726	शुठ् 341	शो 1145	श्रोण् 456	संस्त् 1079	सह् 1128
शष् 690	शुठ् 1644	शोण् 455	श्लङ्ख् 85	सग् 789	सह् 1809
शस् 727	शुण्ठ् 344	शौट् 290	श्लञ्ज् 152	सघ् 1268	साध् 1263
शाख् 126	शुण्ठ् 1645	श्युत् 41	श्लाख् 127	सङ्केत् 1891	सान्त्व् 1569
शाड् 289	शुध् 1191	श्मील् 518	श्लाघ् 115	सङ्ग्राम् 1922	साम् 1879
शान् 995	शुन् 1336	श्यै 963	श्लिष् 702	सच् 163	सार् 1868
शास् 1022	शुन्ध् 74	श्रङ्ख् 84	श्लिष् 1186	सच् 997	सि 1248
शास् 1075	शुन्ध् 1832	श्रञ्ज् 151	श्लिष् 1574	सज्ज् 987	सि 1477
शि 1249	शुभ् 432	श्रण् 798	श्लोक् 77	सट् 313	सिच् 1434
शिक्ष् 605	शुभ् 750	श्रण् 1578	श्लोण् 457	सट्ट् 1633	सिट् 304
शिङ्घ् 161	शुभ् 1321	श्रथ् 799	श्वङ्क् 96	सण् 464	सिध् 47
शिञ्ज् 1027	शुम्भ् 433	श्रथ् 1546	श्वच् 166	सत्र् 1906	सिध् 48
शिट् 303	शुम्भ् 1322	श्रथ् 1823	श्वञ्ज् 167	सद् 854	सिध् 1192
शिल् 1362	शुल्क् 1618	श्रथ् 1870	श्वठ् 1565	सद् 1427	सिल् 1363
शिष् 687	शुल्व् 1611	श्रन्थ् 35	श्वठ् 1855	सद् 1831	सिव् 1108
शिष् 1451	शुष् 1183	श्रन्थ् 1510	श्वभ्र् 1623	सन् 1464	सु 941
शिष् 1817	शूर् 1157	श्रन्थ् 1512	श्वर्त् 1622	सप् 400	सु 1041
शी 1032	शूर् 1902	श्रन्थ् 1837	श्वल् 549	सभाज् 1887	सु 1247
शीक् 75	शूर्प् 1612	श्रम् 1204	श्वल्क् 1570	सम् 829	सुख् 1929
शीक् 1789	शूल् 526	श्रम्भ् 393	श्वल्ल् 550	सम्ब् 1555	सुट्ट् 1562
शीक् 1826	शूष् 679	श्रा 810	श्वस् 1069	सर्ज् 225	सुर् 1340
शीभ् 383	शृध् 760	श्रा 1053	श्वि 1010	सर्व् 424	सुह् 1129

सू 1031	स्तक् 782	स्थूल् 1904	स्फूर्ज् 235	स्वृ 932	ह्र 1097
सू 1132	स्तग् 790	स्रस् 1112	स्मि 948	हट् 312	हृष् 709
सू 1408	स्तन् 461	स्रा 1052	स्मिट् 1573	हठ् 335	हृष् 1229
सूच् 1873	स्तन् 1859	स्निह् 1200	स्मील् 519	हद् 977	हेठ् 266
सूत्र 1908	स्तम् 830	स्निह् 1572	स्मृ 807	हन् 1012	हेड् 284
सूद् 25	स्तम्भ् 386	स्नु 1038	स्मृ 933	हम्म् 467	हेड् 778
सूद् 1717	स्तिघ् 1265	स्नुस् 1111	स्यन्द् 761	हय् 512	हेष् 621
सूर्क्ष् 666	स्तिप् 364	स्नुह् 1199	स्यम् 826	हर्य् 514	होड् 285
सूर्य् 509	स्तिम् 1124	स्नै 923	स्यम् 1693	हल् 837	होड् 354
सृ 935	स्तीम् 1125	स्पन्द् 14	स्रंस् 754	हस् 721	ह्र 1082
सृ 1099	स्तु 1043	स्पर्ध् 3	स्रङ्क् 83	हा 1089	ह्रल् 806
सृज् 1178	स्तुच् 175	स्पश् 887	स्रम्भ् 757	हा 1090	ह्रग् 787
सृज् 1414	स्तुप् 1672	स्पश् 1680	स्रिव् 1109	हि 1257	ह्रस् 711
सृप् 983	स्तुभ् 394	स्पृ 1259	स्रु 940	हिंस् 1456	ह्राद् 26
सृभ् 430	स्तृ 1252	स्पृश् 1422	स्रेक् 82	हिंस् 1829	ह्री 1085
सृम्भ् 431	स्तृह् 1349	स्पृह् 1871	स्वज्ज् 976	हिक्क् 861	ह्रीच्छ् 210
सेक् 81	स्तॄ 1484	स्फाय् 487	स्वद् 18	हिण्ड् 268	हेष् 622
सेव् 501	स्तेन् 1897	स्फिट् 1634	स्वद् 1805	हिन्व् 591	ह्रग् 788
सै 915	स्तेप् 365	स्फुट् 260	स्वन् 817	हिल् 1361	ह्रप् 1658
सो 1147	स्तै 922	स्फुट् 329	स्वन् 827	हु 1083	ह्रस् 712
स्कन्द् 979	स्तोम् 1923	स्फुट् 1373	स्वप् 1068	हुड् 352	ह्राद् 27
स्कम्भ् 387	स्त्यै 910	स्फुट् 1722	स्वर् 1863	हुण्ड् 269	ह्रल् 805
स्कु 1478	स्त्यै 911	स्फुड् 1391	स्वर्द् 19	हुण्ड् 277	ह्रू 931
स्कुन्द् 9	स्रक्ष् 661	स्फुण्ड् 1537	स्वाद् 28	हुई 211	ह्रू 934
स्खद् 768	स्थल् 836	स्फुर् 1389	स्विद् 744	हुल् 844	हेठ् 1532
स्खद् 820	स्था 928	स्फुई 213	स्विद् 978	हूई 353	हे 1008
स्खल् 544	स्थुड् 1388	स्फुल् 1390	स्विद् 1188	ह 899	

328

Maheshwar Sutras

माहेश्वराणि सूत्राणि are sounds that are a rearrangement of the Devanagari Alphabet for grammatical use. Listed at the start of the Ashtadhyayi Sutrapatha.

1	अइउण्	All vowels = अच्
2	ऋऌक्	Simple vowels = अक्
3	एओङ्	Diphthongs = एच्
4	ऐऔच्	Semivowels = यण्
5	हयवरट्	All consonants = हल्
6	लँण्	ल्+अँ, No nasal for र्
7	ञमङणनम्	5th of row = Nasals = ञम्
8	झभञ्	4th of row = झष्
9	घढधष्	are all soft consonants
10	जबगडदश्	3rd of row = जश् (soft)
11	खफछठथचटतव्	1st and 2nd of row = खय्
12	कपय्	are all hard consonants
13	शषसर्	Sibilants (hard) = शर्
14	हल्	Aspirate is soft

Consonants have been written with अकार solely for enunciation.

But the लँण् = ल् अँ ण् contains लकार, anunasika Tag अँ, and a consonant Tag ण् ।

Maheshwar Sutras Elucidated

SN	Sutra	Tag	The magic		
1	अ इ उ	ण्	All vowels = अच्	All vowels	Simple vowels
2	ऋ ऌ	क्	Simple vowels = अक्		
3	ए ओ	ङ्	Diphthongs = एच्		diphthongs
4	ऐ औ	च्	Semivowels = यण्		
5	ह य व र	ट्	All consonants = हल्	All consonants	Aspirate & Semi vowels
6	ल	ण्			
7	ञ म ङ ण न	म्	5th of row = all Nasals = ञम्		nasals
8	झ भ	ञ्	4th of row = झष्		Maha prana
9	घ ढ ध	ष्	= are soft consonants		
10	ज ब ग ड द	श्	3rd of row = जश् (soft consonants)		Alpa prana
11	ख फ छ ठ थ च ट त	व्	1st and 2nd of row = खय्		1st and 2nd of row
12	क प	य्	= are hard consonants		
13	श ष स	र्	Sibilants are hard consonants = शर्		
14	ह	ल्	Aspirate is soft consonant		

SN	Sutra	Tag	Mouth Tongue Position	
1	अ इ उ	ण्	Guttural, palatal, labial	Simple vowels
2	ऋ ऌ	क्	Cerebral, dental	
3	ए ओ	ङ्	Gutturo-palatal, gutturo-labial	diphthongs
4	ऐ औ	च्	Gutturo-palatal, gutturo-labial	
5	ह य व र	ट्	Guttural, dento-labial, dento-labial, dento-labial	Aspirate & semivowels
6	ल	ण्	dento-labial अन्तःस्थ:	
7	ञ म ङ ण न	म्	Palatal, labial, guttural, cerebral, dental	nasals
8	झ भ	ञ्	Palatal, labial	Maha prana
9	घ ढ ध	ष्	Guttural, cerebral, dental	
10	ज ब ग ड द	श्	Palatal, labial, guttural, cerebral, dental	Alpa prana
11	ख फ छ ठ थ च ट त	व्	Guttural, labial, palatal, cerebral, dental, palatal, cerebral, dental	Maha prana
12	क प	य्	Guttural, labial	Alpa prana
13	श ष स	र्	Sibilants – उष्माण: hot	Alpa prana
14	ह	ल्	Aspirate – breathe in	Maha prana

Pratyaharas

SN	Maheshwar Sutras	Pratyaharas	Count
1	अइउण्	अण्	1
2	ऋऌक्	अक् इक् उक्	3
3	एओङ्	एङ्	1
4	ऐऔच्	अच् इच् एच् ऐच्	4
5	हयवरट्	अट्	1
6	लँण्	अण् इण् यण् (रँ)	3
7	ञमङणनम्	अम् यम् ङम् (ञम्)	3
8	झभञ्	यञ्	1
9	घढधष्	झष् भष्	2
10	जबगडदश्	अश् हश् वश् झश् जश् बश्	6
11	खफछठथँचटतव्	छव् (खँ)	1
12	कपय्	यय् मय् झय् खय् (चय्) (ञय्)	4
13	शषसर्	यर् झर् खर् चर् शर्	5
14	हल्	अल् हल् वल् रल् झल् शल्	6
		Basic Count of Pratyaharas =	41
Extended Count 41 + 3 = 44 + 2 with later grammarians =			46

References

Author	Title	Year	Ed	Publisher
Jaya Shankar Lal Tripathi	काशिका न्यास-पदमञ्जरी-भावबोधिनी-सहिता Vol 9	1994	1st	Tara Book Agency, Varanasi
O. K. Munshi	Dhaturupaprapanca Vol I & II	2006	1st	University of Calicut, Calicut
Muni Lavanya Vijaya Suri	धातुरत्नाकरः Vol I	2006	1st	Rashtriya Sanskrit Sansthan, New Delhi
Harekanta Mishra	बृहद्धातुकुसुमाकरः	2007	1st	Chaukhamba Sanskrit Pratishthan, Delhi
Vijaypal Vidyavaridhi	माधवीया धातुवृत्तिः	2009	2nd	Ram Lal Kapoor Trust, Sonipat
Yudhisthir Mimansak	संस्कृत धातु कोषः	2009	1st	Ram Lal Kapoor Trust, Sonipat
Pushpa Dikshit	पाणिनीयधातुपाठः सार्थः	2011	1st	Samskrita Bharati, New Delhi
Pushpa Dikshit	अष्टाध्यायी सहजबोध Vol 1, 2, 3	2017	3rd	Pratibha Prakashan, Delhi
Govind Acharya	वैयाकरणसिद्धान्तकौमुदी - मूलमात्रम्	2015	1st	Chaukhamba Surbharati Prakashan, Varanasi
Ashwini Kumar Aggarwal	Dhatupatha of Panini: Accented Roots with English Meanings and Verbs iii/1 forms in Present Tense	2017	1st	Devotees of Sri Sri Ravi Shankar Ashram, Punjab
	Dhatupatha Dhatukosha	2020	1st	
Ashwini Kumar Aggarwal, Sadhvi Hemswaroopa	Sanskrit Verb conjugation using Ashtadhyayi Sutras	2022	1st	Devotees of Sri Sri Ravi Shankar Ashram, Punjab
	Dhatupatha Verbs in 10 Lakaras Vol I II III	2024	1st	

Online Links
https://sanskrit.uohyd.ac.in/

https://www.sanskritworld.in/

https://ashtadhyayi.com/

Epilogue

The Dhatupatha is Panini's library of Sounds that serves as input to the Ashtadhyayi program. Its intelligent, concise and exemplary coding is regarded in awe by foremost programmers of today and has stood its ground over 2500 years. Dhatus are the backbone sounds of creation, they exist in every atom and particle as the intrinsic vibration.

सर्वे भवन्तु सुखिनः । सर्वे सन्तु निरामयाः ।

सर्वे भद्राणि पश्यन्तु । मा कश्चिद् दुःख भाग् भवेत् ॥

ॐ शान्तिः शान्तिः शान्तिः ॥

When faith has blossomed in life, Every step is led by the Divine.
Sri Sri Ravi Shankar

Om Namah Shivaya

जय गुरुदेव

www.ingramcontent.com/pod-product-compliance
Lightning Source LLC
LaVergne TN
LVHW020428070526
838199LV00004B/320
* 9 7 8 9 3 4 8 0 1 2 9 6 8 *